A IDEIA DE ÁFRICA

Coleção África e os Africanos

Coordenadores:
Álvaro Pereira do Nascimento – Universidade Federal Rural do Rio de Janeiro (UFRRJ)
José Costa D'Assunção Barros – Universidade Federal Rural do Rio de Janeiro (UFRRJ)
José Jorge Siqueira – Universidade Federal do Maranhão (UFMA)

Conselho consultivo:
Alexsander Gebara – Universidade Federal Fluminense (UFF)
Kabengele Munanga – Universidade de São Paulo (USP)
Mariza Soares – Universidade Federal Fluminense (UFF)
Mônica Lima – Universidade Federal do Rio de Janeiro (UFRJ)
Nei Lopes – Universidade Federal Rural do Rio de Janeiro (UFRRJ)
Robert Wayne Slenes – Universidade Estadual de Campinas (Unicamp)
Selma Pantoja – Universidade de Brasília (UnB)

Dados Internacionais de Catalogação na Publicação (CIP)
(Câmara Brasileira do Livro, SP, Brasil)

Mudimbe, V.Y.
    A ideia de África / V.Y. Mudimbe ; tradução de Fábio Roberto Lucas. – Petrópolis, RJ : Vozes, 2022. – (Coleção África e os Africanos)

    Título original: The idea of Africa.
    Bibliografia.
    ISBN 978-65-5713-652-2

    1. África – Civilização – Filosofia 2. Filosofia africana 3. História cultural I. Título. II. Série.

22-116822   CDD-199.6

Índices para catálogo sistemático:
1. Filosofia africana   199.6

Eliete Marques da Silva – Bibliotecária – CRB-8/9380

A IDEIA DE ÁFRICA

V.Y. MUDIMBE

Tradução de Fábio Roberto Lucas

EDITORA VOZES

Petrópolis

© 1999, V.Y. Mudimbe.

Tradução realizada a partir do original em inglês intitulado *The Idea of Africa*.
Esta edição é autorizada pela editora original em inglês, Indiana University Press.

Direitos de publicação em língua portuguesa – Brasil:
2022, Editora Vozes Ltda.
Rua Frei Luís, 100
25689-900 Petrópolis, RJ
www.vozes.com.br
Brasil

Todos os direitos reservados. Nenhuma parte desta obra poderá ser reproduzida
ou transmitida por qualquer forma e/ou quaisquer meios (eletrônico ou mecânico,
incluindo fotocópia e gravação) ou arquivada em qualquer sistema ou banco de
dados sem permissão escrita da editora.

CONSELHO EDITORIAL

Diretor
Gilberto Gonçalves Garcia

Editores
Aline dos Santos Carneiro
Edrian Josué Pasini
Marilac Loraine Oleniki
Welder Lancieri Marchini

Conselheiros
Elói Dionísio Piva
Francisco Morás
Ludovico Garmus
Teobaldo Heidemann
Volney J. Berkenbrock

Secretário executivo
Leonardo A.R.T. dos Santos

Editoração: Maria da Conceição B. de Sousa
Diagramação: Sheilandre Desenv. Gráfico
Revisão gráfica: Nilton Braz da Rocha / Fernando Sergio Olivetti da Rocha
Capa: Editora Vozes
Ilustração de capa: Alexander Lesnitsky por Pixabay

ISBN 978-65-5713-652-2 (Brasil)
ISBN 0-85255-234-3 (Estados Unidos)

Este livro foi composto e impresso pela Editora Vozes Ltda.

Para Daniel e Claude.

Anthropologie ist jene Deutung des Menschen, die im Grunde schon weiss, was der Mensch ist und daher nie fragen kann, wer er sei. Denn mit dieser Frage müsste sie sich als selbst erschüttert und überwunden bekennen.

*

A antropologia é aquela interpretação do homem que fundamentalmente sempre já sabe o que o homem é; portanto, nunca pode perguntar quem ele é. Pois, com esta questão, ela teria de reconhecer que está abalada e superada.

HEIDEGGER, M. Die Zeit des Weltbildes [O tempo da imagem do mundo"]. *Holzwege* (Caminhos de floresta). Frankfurt am Main: Vittorio Klostermann, 1950), p. 69-104; aqui, p. 103, Addendum 10.

Sumário

Ilustrações, 9

Prefácio, 11

1 Símbolos e a interpretação do passado da África, 25

2 Qual ideia de África?, 84

3 O poder do paradigma grego, 129

4 Domesticação e o conflito de memórias, 175

5 *Reprendre*, 246

Conclusão, 325

Referências, 335

Índice, 361

ILUSTRAÇÕES

Hércules entre os pigmeus, de Filóstrato, 28

África, do atlas mundial de Gerald Mercator, 1595, 49

Mapa da África, 1744, 51

Mulheres africanas, 1591, 53

O mundo no tempo de Heródoto, 440 a.C., 132

Prefácio

Este livro é sobre uma ideia, a ideia de África. O que é essa ideia e como ela se relaciona com a literatura contemporânea? Ao voltar a essa pergunta, obriguei-me a enfrentar um problema simples: que tipos de histórias sobre a África devo contar aos meus dois filhos "americanizados"?

Teria sido fácil, muito fácil, explorar as representações e categorias exóticas da África, como ilustradas, por exemplo, na literatura inglesa ou francesa, e marginalizar o continente africano no campo que Bernard Mouralis chamou de "Contre-littératures". Existe, como sabemos, uma tradição que, durante séculos, transmitiu uma ideia exótica da África. Em vez de fundamentar este projeto a partir dessa tradição literária polêmica e controversa, prefiro entender o conceito e a história de tal literatura de um modo que me permita superar a continuidade e a onipresença dessa imaginação pautada no exotismo e, ao mesmo tempo, dar conta de sua concepção. Consequentemente, minhas referências e análises podem ser surpreendentes. Elas justapõem, com efeito, fontes e convenções muito diferentes. Elas constituem um mosaico que – embora dê testemunho de uma ideia de África tal como ela é exposta dentro da tradição ocidental e inclua, de fato, as reações dos africanos diante dessa ideia – não faz elaborações a partir de antigas designações descritivas do continente, mas enseja perguntas acerca da credibilidade dessas descrições e acerca da autenticidade das identidades, geografias e mitologias africanas apresentadas na literatura.

Lembremos que o próprio nome do continente é, em si mesmo, um grande problema. Os gregos deram-lhe o nome de Líbia e costumavam chamar qualquer pessoa negra de *Aitiopes*. A confusão começa com os romanos. Eles tinham uma província em seu império conhecida como África, e seus intelectuais usavam a mesma palavra para *tertia orbis terrarum pars* ("terceira parte do globo terrestre"; p. ex.: SALÚSTIO. *Guerra de Jugurta*, 17: 3), ou seja, o continente que conhecemos seria o terceiro, depois da Europa e da Ásia. Com a "descoberta" europeia da África no século XV, a confusão ficou completa.

Sequência da obra *A invenção da África* (1988), este livro expõe viagens até uma "ideia" multifacetada do continente africano. Como abordada e delimitada aqui, esta ideia é um produto do Ocidente, que foi concebida e transmitida por meio de sistemas de conhecimento conflitantes. Desde Heródoto, as autorrepresentações do Ocidente sempre incluíram imagens de povos situados fora de suas fronteiras culturais e imaginárias. O problema paradoxal é que esses forasteiros foram concebidos e situados geograficamente a distância, mas, ainda assim, foram também imaginados e rejeitados como se fossem o outro lado do sujeito pensante europeu, seu outro lado íntimo, no modelo analógico da tensão entre o *ser em si* e o *ser para si*. De todo modo, desde o século XV, a ideia de África tem misturado novas interpretações científicas e ideológicas com os campos semânticos de conceitos como "primitivismo" e "selvageria". A expansão geográfica da Europa e de sua civilização era então uma saga de proporções míticas e sagradas. O único problema – um grande problema – é que à medida que essa civilização se desenvolvia, ela submetia o mundo à sua memória; ao mesmo tempo, porém, ela parecia ser sancionada pelos males mais inconcebíveis que uma pessoa insana poderia ter imaginado, males que ela mesma produzia. Focando apenas nos últimos cinco séculos, é possível mencionar três monstruosidades extraordinárias que aparentam ser uma parte intrínseca da história ocidental: o tráfico de escravos e sua política desde o século XV; o colonialismo e o imperialismo vigentes no final do século XVIII e ao longo do século XIX; o fascismo e o nazismo do século XX.

Neste livro, começo analisando a tradução francesa da obra *Ícones*, do grego Filóstrato, feita por Blaise de Vigenère (1614) e o tratado sobre melancolia escrito pelo inglês Robert Burton (1621), em seguida passo a uma pesquisa sintética a respeito dos contatos que os gregos tiveram com o continente africano e chego aos dilemas acerca do relativismo, do paradigma grego e seu poder. Por fim, abordo as políticas da memória. Também analiso a reativação contemporânea dos textos gregos realizada por intelectuais negros e as discussões sobre "razão etnológica", primitivismo e "domesticação" colonial. Ao final, confronto um impasse atual: qual ideia de África as ciências sociais oferecem hoje? Em resumo, esses cinco capítulos são histórias escritas para meus filhos "americanizados" nascidos na África.

O escopo intelectual aqui articulado expõe a África como um paradigma da diferença. Para os gregos, essa peculiaridade não parecia significar mais do que significavam as palavras África, Etiópia e Líbia, como demonstrou Alain Bourgeois (1971). Os asiáticos e os europeus do norte também eram "bárbaros" e funcionavam dentro do imaginário grego como uma ordem uniforme de alteridade. Creio ter sido a Europa dos séculos XV e XVI que inventou o selvagem como uma representação de seu próprio duplo negado. Por meio dos escritos de viajantes e exploradores, uma "biblioteca colonial" começa a tomar forma ao final do século XIX. Ela representa um conjunto de conhecimentos construído com o propósito explícito de traduzir e decifrar fielmente o objeto africano. Com efeito, ela realizou um projeto político no qual, supostamente, o objeto desvelaria seu ser, seus segredos, seus potenciais para um senhor que poderia, finalmente, domesticá-lo. Por certo, a amplitude e a ambição dessa biblioteca colonial disseminam a noção de desvio como o melhor símbolo da ideia de África. Eu realmente faço referências a essa biblioteca colonial, que, para além de seus ajustes e arranjos, oferece traços e reflexos de uma tradição ainda mais longa. Mas tentei contornar sua violência epistemológica incluindo seus pesadelos, bem como os frágeis pressupostos de seu saber maçante.

Pode ser útil notar que *A ideia de África*, como *A invenção da África*, não trata da história das paisagens africanas e suas civilizações. Desde os anos de 1920, intelectuais africanos, sobretudo antropólogos e historiadores, têm interrogado tais paisagens e tais civilizações, reconstruindo de novas formas, pedaço por pedaço, as frágeis genealogias que testemunham vitalidades históricas até então invisíveis para os estudantes de questões africanas. Ademais, *A invenção da África* não foi uma apresentação da história da antropologia africana, nem mesmo da conversão colonial do continente. E *a ideia de África* certamente não está comprometida com essa perspectiva. Ela também não aborda, de nenhum modo, aquilo que se poderia chamar de conquistas africanas.

A invenção da África surgiu de uma hipótese muito simples. Em todas as sociedades – para se referir imprudentemente ao Conflito de Interpretações, de Paul Ricoeur (1974) – sempre se encontra, em princípio, uma espécie de grau zero do discurso: uma interpretação primária e popular dos eventos fundadores da cultura e de seu devir histórico. Não há tanta importância em qualificar esse discurso como portador de um conjunto de lendas e mitos, pois sua função mais comum é testemunhar – ingenuamente, sem dúvidas – certo dinamismo histórico. Silenciosa, mas permanente, essa referência discreta e, ao mesmo tempo, sistemática a uma gênese marca as práticas cotidianas de uma comunidade. As famílias reencenam esse discurso no dia a dia de suas vidas; as mães transmitem conscientemente suas regras a seus filhos (ensinando as origens de uma cultura à medida que pressionam a criança a internar uma civilização, com seus valores e suas normas espirituais e culturais). E a comunidade como um todo – por meio de seus procedimentos de iniciação, escolarização e socialização – fará com que se produza um cidadão que partilhe do "modo de sentir" de uma tradição, um cidadão que, desse modo, atuará e reagirá normalmente e corretamente na sua vida adulta cotidiana. O pensamento que determina o comportamento é consistente e remete silenciosamente a uma espécie de estatuto mestre, mesmo que esse movimento não seja consciente quando se atualiza na prática da vida cotidiana. A Torá é esse estatuto na tradição judaica. O Novo Testamento cumpriu uma função semelhante no ocidente cristão.

Existe, também em princípio, de modo mais explícito em certas sociedades e menos em outras, um segundo nível dos discursos. Esses se desenvolvem criticamente e vêm à tona como disciplinas intelectuais da cultura: História, Sociologia, Economia, ou seja, como saberes disciplinares que transcendem o primeiro nível discursivo e que, por seu poder crítico, domesticam o domínio da sabedoria popular e o inscrevem num campo racional. É nesse nível que a identidade de uma cultura e sua dinâmica se manifesta como projeto e invenção, como um construto que afirma conter, dentro de um quadro regular, as essências do passado e suas características, o "espírito da cultura", por assim dizer, no sentido específico ilustrado, por exemplo, pelo conceito romântico de *Volkgeist*.

A ruptura com o nível dos acontecimentos fundadores é nítida. Na verdade, o que essa descontinuidade expõe é um ponto de interrogação que se abre em outras práticas discursivas, se aceitamos as grades de classificação de Pierre Bourdieu: de um lado, a fenomenologia como uma leitura crítica e autocrítica que começa dentro de um assunto determinado, apreende rigorosamente suas percepções e as transforma em discurso e também em conhecimento; de outro lado, o perigoso empreendimento etnofilosófico, tão bem-ilustrado nos estudos africanistas por Placide Tempels e seus discípulos. Negando seu fundamento subjetivo, a etnofilosofia alegou ser uma tradução "científica" perfeita de um sistema "filosófico" implícito que estaria na experiência cotidiana lá fora, e qualificou-se como um discurso objetivo, em sua proposta de que a *chose du texte* primária animando a prática da vida cotidiana poderia ser apreendida discursivamente de modo definitivo e fiel. Tal ambição parece excessiva. Mesmo os discursos mais objetivistas do segundo nível – por exemplo, a história ou a sociologia nas ciências sociais, a física ou a química nas ciências naturais – não negam que suas proposições realmente transformam e mudam, de modo sistemático e radical, as vozes, traduções e apreensões anteriores do que estaria supostamente lá fora.

Por fim, há um discurso de terceiro nível, um discurso que, em princípio, deveria ser crítico em relação a outros discursos (e interrogaria suas modalidades, significações, objetivos). Ao mesmo tempo, por vocação, tal discurso precisaria ser autocrítico. Deve estar claro que o desvio entre o segundo e o terceiro nível é na prática frágil, como testemunha, por exemplo, a filosofia de Hegel, em seu magnífico resumo de todos os pressupostos do discurso de segundo nível na experiência e na história europeia. De todo modo, ao menos teoricamente, nada nos impede de conceber esse terceiro nível como aquele no qual um meta-discurso poderia trazer à tona a história das histórias de uma determinada cultura, ou, como Lucien Braun demonstrou em seu livro, a possibilidade de uma "história da história da filosofia". Em nosso caso, seria útil uma história das histórias de antropologia e da história africanas. E isso será apenas um primeiro passo dentro de um empreendimento crítico e autocrítico indefinidamente continuado. A partir dessa perspectiva, é óbvio que, para abordar as questões "O que é a África?" ou "Como definimos as culturas africanas?", não se pode negligenciar um corpo de conhecimento no qual a África foi subsumida por disciplinas ocidentais, tais como Antropologia, História, Teologia ou qualquer outro discurso científico, como tentei demonstrar muito concretamente em *A invenção da África* e em *Fábulas e parábolas* (1991). Este é o nível no qual situo este novo projeto.

Ao ler algumas críticas de meus livros, minha primeira reação foi ficar em silêncio. Para usar uma metáfora, por que eu deveria ser obrigado a jogar xadrez com pessoas que pareciam não conhecer as regras do jogo? Com efeito, para além do positivismo, tenho tentado compreender a ordem epistemológica poderosa, mas invisível, que aparentemente possibilita, em dados períodos, certo tipo de discurso sobre a África e, na verdade, sobre qualquer grupo social africano, asiático ou europeu. Como diz Michel Foucault, por um lado, a história da ciência traça o progresso da descoberta, a formulação dos problemas e o conflito das controvérsias; ela também analisa teorias em sua economia interna e, em resumo, descreve os processos e produtos da consciência científica. Mas, por outro lado, ela tenta recuperar o que eludiu essa consciência: as influências que a afetaram, as filosofias implícitas que lhe eram subjacentes, as temáticas não formuladas, os obstáculos invisíveis; ela descreve o inconsciente da atividade científica. Esse inconsciente é sempre o lado negativo da ciência, aquilo que lhe resiste, que a desvia, que a perturba.

Não duvido que exista nos discursos primários das culturas africanas uma leitura que possa estar relacionada com *la chose du texte*, com suas autoridades locais fundamentais. No entanto, eis o fato: os discursos africanos têm sido silenciados radicalmente ou, na maioria dos casos, convertidos por discursos ocidentais conquistadores. Os saberes populares locais têm sido subsumidos criticamente por disciplinas "científicas". Este processo implicou não apenas uma transcendência da localidade original, mas também, por meio da tradução (que é, na realidade, uma transmutação), o acontecimento daquilo que eu chamo de "invenção" da África. Em *A invenção da África* e em *Fábulas e parábolas,* observo e analiso este fato e tento distinguir níveis de interpretação e ordens de historicidade. Como observado em *A invenção da África*, os intérpretes ocidentais, bem como os analistas africanos, têm utilizado categorias e sistemas conceituais que dependem de uma ordem epistemológica ocidental. Mesmo nas descrições mais explicitamente "afrocêntricas", os modelos de análise – de modo visível ou invisível, consciente ou inconsciente – referem-se à mesma ordem. O que isto significa para o campo dos estudos africanistas?

Neste livro, exploro o conceito da África reunindo todos os níveis de interpretação, e examino suas raízes na tradição ocidental assim como suas referências a tal tradição focando em algumas de suas constelações pretéritas e atuais, envolvendo-me igualmente como leitor. A variedade dos textos escolhidos reflete meus códigos estéticos e éticos. A forma como compreendo e analiso essa "ideia de África" desordenada e desordenadora (desordenada tanto por sua história quanto por sua interpretação, desordenadora nos diferentes níveis de sua percepção) se relaciona de modo válido e autêntico com minha subjetividade e com minha experiência como africano que ensina antropologia cultural e história das ideias? Dito de outro modo: o que faço aqui é ou não válido? Se não é válido, não tem interesse e deveria ser descartado; se é válido, demonstra apenas o óbvio e, por isso, deveria ser descartado também. Portanto, o realinhamento correto ou incorreto da "ideia" de África com as histórias bem conhecidas de exotismo ou com as celebrações da alteridade é apenas uma história e pode ser questionado.

Em muitos aspectos, *A ideia de África* é tanto o produto quanto a continuação de *A invenção da África*, na medida em que afirma existirem características naturais, atributos culturais e, provavelmente, valores que contribuem para a realidade da África como um continente e para a existência de suas civilizações como constituintes de uma totalidade diferente daquelas, digamos, da Ásia e da Europa. Por outro lado, qualquer análise detectaria o fato de que a África (assim como a Ásia e a Europa) é representada nas universidades ocidentais por "fantasias" e "construções" compostas por intelectuais e escritores desde os gregos antigos. É provavelmente óbvio que tais construções simplificaram as complexidades culturais e tornaram complexo *o ser* destes continentes como objetos. No caso da África, elas têm obedecido a uma ordem externa e formulado paradigmas que hoje em dia poderíamos tender a ligar com a pré-história e a história das narrativas africanistas. Em nome de uma diferença, elas sempre invocaram um direito a uma visibilidade particular. A história deste direito, por si só, testemunha paradoxalmente uma vontade de verdade por parte da ordem ocidental, vontade que há séculos vem "inventando" a África. A história recente da antropologia cultural pode fornecer o melhor exemplo disso.

Do evolucionismo ao pós-estruturalismo, passando pelo difusionismo (ilustrado pela escola vienense de Schmidt), pelo funcionalismo de Malinowski (e suas derivações na Inglaterra e nos

Estados Unidos), pela etnofilosofia francesa – iniciada no começo dos anos de 1940 por Marcel Griaule e tematizada pelo missionário belga Placide Tempels, autor da célebre obra *Filosofia banto* (que se encontra na posição desconfortável de ser rejeitado simultaneamente por filósofos e por antropólogos profissionais) – chegando às obras magistrais de Claude Lévi-Strauss e de Luc de Heusch, a história da antropologia da cultura indica muito nitidamente que a disciplina não faz comentários sobre as suas próprias transformações fundamentais, mas sobre as regras para avançar corretamente as proposições da disciplina. Nos termos de Michel Foucault, "o que se supõe no ponto de partida não é algum sentido que deve ser redescoberto, nem uma identidade que deve ser reiterada; é aquilo que deve ser solicitado para a construção de novas afirmações. Para uma disciplina existir, deve haver a possibilidade de formular – e de fazê-lo *ad infinitum* – proposições novas" (FOUCAULT, 1982). As atuais reações negativas em relação ao funcionalismo ou ao estruturalismo atualizam vividamente uma percepção distorcida proveniente da chamada crítica pós-modernista, no domínio das humanidades e das ciências sociais. O evolucionismo na antropologia não é a infância do funcionalismo; e o difusionismo não anuncia necessariamente o estruturalismo. E, em todo caso, como Ivan Karp me lembra em uma nota pessoal, não devemos rejeitá-los imediatamente, mas vê-los como fases no desenvolvimento de um discurso, fases que contêm aspectos positivos e negativos.

O mito positivista de uma história causal – um transplante simplista e, infelizmente, preguiçoso dos modelos das ciências naturais do século XIX – tem ocultado o fato de que, a partir do período evolucionista no final do século XVIII, o próprio objetivo da antropologia era dar conta da diferença. A armadilha causalista tão magnificamente representada por Edward Burnett Tylor e Thomas Frazer, em sua ingenuidade, não indica, por exemplo, a necessidade do estruturalismo, exatamente da mesma forma que Diodoro Sículo ou Filóstrato não estão silenciosamente presentes nas histórias de Heródoto escritas cinco séculos antes. Genealogias, causalidades etc. são apenas ferramentas que se pode usar para organizar grades hipotéticas para compreender transformações de paradigmas, a peculiaridade das narrativas, seu poder de negociação cultural e política. Assim, no que diz respeito à antropologia africana, a questão mais pertinente talvez não seja sobre a unidade e a significação do campo; muito menos sobre a criatividade, originalidade e sofisticação progressiva das contribuições realizadas por sucessivos intelectuais, digamos, de Tylor a Claude Lévi-Strauss e Luc de Heusch. Em vez disso, ao tomar como acontecimentos diferentes correntes como evolucionismo, difusionismo, funcionalismo, estruturalismo, e ao questionar quais foram ou quais são as condições de possibilidade de tais correntes, podemos fazer uma pergunta importante: quais configurações intelectuais elas testemunham? Desta perspectiva, torna-se interessante observar que ninguém na história da disciplina deve ser visto como "aberrante"; também é interessante perceber que, para um estudante da história das ideias, seria irritante interrogar, por exemplo, por que Sir Evans-Pritchard ou Meyer Fortes não são pensáveis no século XVII ou como entendemos Herskovits, Lévi-Strauss ou Mveng como produtos do século XX? Em resumo, o verdadeiro problema parece ser sobre as configurações epistemológicas e os tipos de práticas discursivas que elas tornam possíveis.

* * *

Gostaria de agradecer as contribuições de vários colegas e amigos. Katya Azoulay, Arnd Bohm, Elisabeth Boyi, Stanley Blair, Gaurav Desai, Marjolijn de Jager, Denise McCoskey e Rigobert Obongui me ajudaram, aconselharam e apoiaram. Sou grato imensamente a Bogumil Jewsiewicki, Ivan Karp e Allen Roberts por suas críticas e sugestões. Minha gratidão vai também para Rita Henshaw, que digitou a primeira versão deste livro, e para meus colaboradores diretos no Programa de Pós-Graduação em Literatura da Universidade de Duke, Priscilla Lane e Dan Pillay, por sua assistência qualificada e paciente. Devo também meus sinceros agradecimentos a Janet Rabinowitch da Indiana University Press, e ao meu editor, Nan Miller, cujas contribuições para o texto foram muito além do que eu poderia esperar.

Algumas partes do livro foram publicadas em outros lugares, como periódicos ou projetos coletivos. Agradeço aos editores pela permissão de reescrevê-las e incluí-las no livro, e particularmente a Henry Finder (*Transition*) e a Susan Vogel do Centro de Artes Africanas de Nova York. Um trecho deste livro, *Amazonas, bárbaros e monstros*, foi publicado em uma edição do *South Atlantic Quarterly* editada por Frederic Jameson e dedicada às pesquisas docentes em andamento na Duke University.

A bibliografia inclui livros que eu consultei e tinha em mãos. Eles não são necessariamente versões originais. Suas datas especificam a edição e sua editora. Optei por usar e me referir às versões em inglês mesmo quando conhecia bem o original em idioma estrangeiro. Assim, quando, na bibliografia, refiro-me a um original não inglês, a tradução dele em meu texto foi feita por mim.

Dedico este livro a meus dois filhos, Daniel e Claude, e, numa espécie de eco, a Monsieur Willy Bal, que há trinta anos, em Lovanium e em Lovain, ensinou-me o essencial das técnicas que ainda estou usando na decodificação de culturas e histórias. De fato, o projeto deste livro vem de uma reação que tive ao ler o relatório que ele apresentou na reunião mensal da Academia Belga de Literatura em junho de 1990, discurso que falava sobre o que significa ser um "Wallon 'wallonnant' et 'tiers mondialiste'"[1], o que significa ler a si mesmo como uma margem nas narrativas concebidas e escritas por aqueles que têm poder discursivo.

---

1. O título do relatório de Bal se refere a Valônia, região sul da Bélgica vinculada à história do Povo Valão (wallon em francês), de origem celta e latina. O texto em questão aborda os dilemas do Terceiro Mundo a partir da perspectiva de um linguista que estuda línguas como "o valão ocidental [...], o creole de Casamansa, o português popular de Angola e o francês do mercado de Treichville (Abidjan)" [N.T.].

A IDEIA DE ÁFRICA

Hoc Opus Eruditissimo et Dilectissimo Magistro Willy Bal discipulus gratus dedicat[2].

---

2. O discípulo grato dedica esta obra ao eruditíssimo e diletíssimo Prof. Willy Bal.

1

Símbolos e a interpretação do passado da África

Do destino francês de Hércules aos espaços exóticos de Robert Burton

> *Credenda sunt omnia, nihil enim est incredible.*
> *Facilia Deo omnia sunt, nihil est impossible[3].*
> FICINO. *Theologia Platonica*, 301.

O destino francês de Hércules nos Ícones de Filóstrato

Na obra *Ícones*, Flavio Filóstrato, um grego de Lemnos nascido em 170 d.C., conta a história de Hércules entre os pigmeus da Líbia e faz afirmações moralizantes sobre a miséria da existência humana (é preciso ter em mente que a Líbia na antiga geografia grega designa o continente africano). Após sua vitória sobre Anteu, "a peste", Hércules fica exaurido e decide descansar. O herói grego é atacado durante o sono por pigmeus, que são representados como um "exército" de formigas negras. Eles são retratados como "filhos da terra", ou seja, como Anteu, "filhos da carne". Ao tentar vingar a morte de Anteu e destruir Hércules, os pigmeus confirmam a tensão entre os reinos terreno e espiritual, indivíduos fortes e fracos, e afirmam a prevalência desses últimos. De fato, no final da história, Hércules se levanta, esmaga seus agressores, coloca-os todos em sua bolsa e os leva para Euristeu.

---

3. Todas as coisas devem ser críveis; nada é, de fato, inacreditável. Tudo é fácil para Deus, nada é impossível.

Certamente Blaise de Vigenère, em sua tradução francesa de 1614, engrandece a cena e sua mensagem, anexando à sua economia argumentativa uma ilustração de página inteira do gesto moralizante de Filóstrato:

> *Le pauvre Hercule ayant sué sang et eau à nettoyer le pays de cette peste d'Antée, ce loup-garou, brigand et bourreau infame; tout las et travaillé du combat encore [...] le voilà [...] agacé, assailli par une petite racaille [...]; lesquels bouillonant de la terre à guise d'une fourmilière, sans mesurer leurs forces à la sienne, sans peser ni considérer l'événement de la chose, ayant plus le coeur de nuire à autrui, que de se conserver eux-mêmes [...]* (VIGENÈRE, 1614: 482).

*

> Após suar sangue e água limpando o país dessa peste, Anteu, esse lobo, bandido e carrasco infame, o pobre Hércules, ainda muito cansado e exaurido pelo combate [...] é irritado, perturbado por uma pequena ralé [...] que, saindo da terra sob a forma de um formigueiro, não mede suas forças com a dele, não reflete nem pensa sobre o que acontecia, pois tinha mais o propósito de ferir os outros do que de se preservar.

A ilustração (VIGENÈRE, 1614: 480) expõe e ecoa essa lição e as contradições. Anteu era um filho da terra e um bandido. Seu corpo poderoso foi derrotado. Ele está agora abandonado no local da luta, mas em perspectiva, no topo da imagem, como se pertencesse a um passado distante. Hércules é retratado em sono profundo, seus músculos relaxados, mas seu ser ainda ilustra uma força enfática e domina o centro do quadro. No fundo, ao redor do herói, vindo do chão, "formigas pigmeus" militarizadas tentam lutar contra Hércules. Não parece necessário comentar a mensagem: a sabedoria consiste em conhecer a si mesmo e não se preocupar com o negócio dos outros, particularmente quando se é objetivamente fraco.

O modelo é Hércules! Ele tem aqui todo o prestígio da força física, da consciência intelectual e da sabedoria espiritual. Seu papel como modelo depende não apenas de suas próprias virtudes e capacidades, mas também do fato de que essas qualidades são cuidadosamente organizadas por um espaço e uma tradição cujas estruturas servem como criação e afirmação de seu ser. Sua saudável autoconsciência e seu corpo são falam de um paradigma: o poder é histórico, cultural e, nesse caso, descende visivelmente do divino. A imagem, a história e os comentários regulam tal paradigma ou normalidade, na medida em que os opositores de Hércules não podem transgredir a fatalidade de seu papel: o de serem aberrantes, pequenas "coisas" moralmente doentes, brotando do solo como formigas.

É preciso notar que no texto de Filóstrato (1931), assim como na tradução francesa de Vigenère, os pigmeus líbios funcionam visivelmente como uma memória mítica e como um antiparadigma histórico. A rigor, eles são um exemplo privilegiado, pois, no que representam, fazem convergir as medidas destas duas imaginações diferentes: o mítico se sobrepõe a um conhecimento supostamente histórico e objetivo. De fato, a notação acrescentada à história de Filóstrato cita fontes clássicas de Homero, Plínio, Amiano Marcelino e outros, às quais faremos referência numa próxima seção. No entanto, estranhamente, ela é introduzida pelo que parece ser uma abordagem etnográfica:

> Destes pigmeus [*pygmées*] não apenas os poetas, mas também historiadores e naturalistas têm falado com certeza como de algo verdadeiro e real. Que os anões [*nains*] existem é um fato comum e bem conhecido do qual não se pode duvidar. Lembro-me de estar em Roma em 1566, num banquete do falecido Cardeal De Vitelli, em que fomos servidos por uns trinta e quatro anões, muito pequenos e a maioria deles deformados e disformes (VIGENÈRE, 1614: 483).

Hércules entre os pigmeus, de Filóstrato

Uma reprodução da Edição Bodleiana da obra *Ícones*, de Filóstrato, traduzida por Blaise de Vigenère, 1614. *Les images ou tableaux de platte peinture*. Paris: Chez la Veuve Abel L'Angellier.

Disponível em https://archive.org/details/gri_33125008279560/page/480/mode/2up • https://ia802706.us.archive.org/BookReader/BookReaderImages.php?zip=/14/items/gri_33125008279560/gri_33125008279560_jp2.zip&file=gri_33125008279560_jp2/gri_33125008279560_0503.jp2&id=gri_33125008279560&scale=2&rotate=0

A polarização entre os antagonistas se torna insuportável. Não há dúvida de que a representação de toda a história ilumina algo mais. No entanto, não faria sentido, nesta fase da análise, confrontar

Filóstrato e de Vigenère no que diz respeito à veracidade de seus textos. Será que eles realmente acreditavam no parentesco entre Anteu e os pigmeus líbios, na realidade de uma cultura semelhante à das formigas, e na probabilidade de todo o evento que coloca Hércules contra os pigmeus? Estas são perguntas vãs, na medida em que lidamos com discursos que parecem transcender a oposição atual entre verdadeiro e falso (cf., p. ex., VEYNE, 1988). Nossos autores afirmam ser capazes de distinguir, por exemplo, um "hindu" de um "etíope", vários tipos de "negros", e muitas outras criaturas estranhas. Em todo caso, eles prestam atenção aos relatos dos viajantes sobre continentes e países distantes e seus habitantes (p. ex., VIGENÈRE, 1614: 870-872).

Os próprios textos na exploração da história mítica fornecem o que é um significado bastante evidente de seu projeto. Primeiro ponto: ao confundir os significantes "pigmeu" e "anão", eles estabelecem uma entidade inexistente, cujo significado funciona na fábula como exemplo de estupidez: *Dum vitant stulti vitia, in contraria currunt* (ao tentarem evitar erros, os estúpidos acabam por cometê-los); e, como consequência, *decidit in Scyllam, cupiens vitare Charybdim* (desejando evitar Caríbdis, o tolo desaba em Cila). Segundo ponto: os textos explicitam a excepcional tensão cultural existente entre Hércules e os pigmeus, qualificados como "filhos da terra", ou seja, aqueles que vivem segundo paixões do corpo, completamente subservientes aos seus prazeres e violências. Assim, o comentarista pode, nas anotações, passar da primeira qualificação para uma segunda: "as Sagradas Escrituras os chamam de filhos dos homens". Uma citação autorizada de Albertus Magnus permite uma transferência desta distinção para uma classificação de seres, situando o pigmeu no fundo da escala humana, um pouco antes dos símios: "Albert au troisième chapitre du premier livre des Animaux, appelle les Pygmées hommes sauvages, participant de vrai aucunement de notre nature, en tant que touche quelque premier motif de la délibération" (Albert, no capítulo três de seu livro sobre animais, chama os pigmeus de selvagens, pois, de verdade, eles não partilham nada de nossa natureza, no que diz respeito a qualquer aspecto primário da reflexão) (VIGENÈRE, 1614: 484-485). Assim, a história se impõe como uma parábola. No que expõe, na riqueza paradoxal de suas fontes, modelos e hipóteses conflitantes, ela visa unir pelo menos três coisas: um legado de conhecimento que remonta aos gregos e latinos, um novo entendimento sobre o lugar do ser humano (suas semelhanças e diferenças) na natureza, e questões de antropologia filosófica. Entretanto, o que se aprende nesta confusão parece simples: os textos são, a rigor, *legenda* de segundo nível, misturas de fatos, histórias, símbolos, pressupostos e similares arranjados de acordo com uma grade de leitura que lhe era contemporânea.

Essa confusão atesta a existência de uma busca tanto pela readaptação de uma antiga ordem de saber quanto por sua reformulação como uma perspectiva radicalmente nova (cf., p. ex., GROETHUYSEN, 1953). O que Michel Foucault diz a respeito dos estudos de Aldrovandi poderia, portanto, ser expandido e incluir não apenas nossos autores, mas a maioria dos estudantes de variedades humanas (cf., p. ex., HODGEN, 1971) no século XVI e no início do século XVII.

> Não há descrições aqui, apenas lenda. E, com efeito, para Aldrovandi e seus contemporâneos, tratava-se de *coisas-legenda* para serem lidas. Porém, a razão para isso não era que eles priorizassem a autoridade dos homens em relação à precisão de um olho sem preconceitos, mas o fato de a própria natureza ser um tecido inquebrável de palavras e signos, de descrições e características, de discursos e formas. Quando se lida com a tarefa de escrever uma *história* dos animais, é inútil e impossível escolher entre a profissão do naturalista e do compilador: um tem de coletar numa única e mesma forma de conhecimento tudo que foi *visto* ou *ouvido*, tudo que foi *contado*, seja pela natureza ou pelos homens, pela linguagem do mundo, pela tradição ou pelos poetas (FOUCAULT, 1973: 39-40).

Gostaria de invocar outro texto, uma ilustração mais concreta, qual seja, a economia geral do livro *Anatomia da melancolia*, de

Robert Burton (1621), com suas orientações gerais de uma antropologia mítica, visando rearticular a fábula de Hércules entre os pigmeus, segundo todo o complexo sistema de semelhanças, simpatias e antipatias ao qual Foucault se refere e no qual o Pigmeu, como um signo, exemplificaria outra abstração, a do selvagem. Essa última, como Michel De Certeau sugeriu (1982), teria sido, como figura cultural, a etapa que precede o "sujeito econômico".

Os espaços exóticos de Robert Burton

> *Insanus vobis videor, non deprecor ipse quo minus insanus*[4].
> PETRÔNIO. AM, DTR: 120.

Foi Michel De Certeau que afirmou: "na história que se desloca do problema do misticismo no século XVI ao problema da economia, o homem primitivo se situa entre os dois. Como figura cultural (ou mesmo epistemológica), ele prepara o segundo problema invertendo o primeiro; no final do século XVII, ele foi apagado, substituído pelo nativo, pelo colonizado ou pelo deficiente mental" (cf. DE CERTEAU, 1982: 227). À primeira vista, o livro *A Anatomia da melancolia* não se refere diretamente a este tipo de figura cultural. O texto de Burton, volumoso tanto em tamanho quanto em erudição, tem outro propósito: cobrir "cientificamente" o território da melancolia, analisar suas formas, causas, sintomas e, por fim, lançar luz sobre as técnicas mais adequadas para sua cura. No entanto, o texto provém de um período particular, da época que encorajava "coletas de curiosidades" (HODGEN, 1971: 162-201) e, de uma maneira geral, coleções de costumes e tradições. Pode-se citar, por exemplo, as histórias de J. Boemus, *Omnium gentium mores, leges, ritus, ex multis clarissimis rerum scriptoribus* (*Costumes, leis e ritos de todas as nações, segundo muitos ilustríssimos escritores das coisas*, 1520), a obra de F. Deserpz, *Recueil de la diversité*

---

4. Pareço-lhes insano, não me cobro para ser menos insano.

des habits qui sont de présent en usage tant ès pays d'Europe, Asie, Affrique et Illes sauvages, le tout fait après le naturel (Antologia da diversidade dos hábitos que estão em uso atualmente em países da Europa, Ásia, África e Ilhas selvagens, tudo feito naturalmente, 1576), ou o tratado de A. de Bruyn, *Omnium pene Europae, Asiae, Aphricae atque Americae gentium habitus* (Características de todos os homens das nações da Europa, da Ásia e da América, 1581). É um período notável por permitir e libertar esta nova forma de conhecimento, um período que, saindo do século XV, interpreta o mundo, suas virtudes e suas evocações de acordo com a expansão do espaço europeu, tal como representado pelo planisfério publicado por Mercator em 1569.

Nesse contexto, as imagens do "selvagem" impõem reconhecimento: no discurso científico e filosófico, elas exprimem o negativo, são sobrepostas como uma questão, como ironia ou como uma provocação aos textos ortodoxos. Ao mesmo tempo, elas põem à prova a ordem do conhecimento e a da tradição. Tais imagens são múltiplas, afirma De Certeau. Por exemplo, elas podem indicar "uma sabedoria 'popular' em comparação às redes de 'civilidade' e à profissionalização de intelectuais; ou um caso 'extraordinário' comparado a uma normalização de comportamentos e métodos; uma perambulação para fora do espaço regulado pelas Igrejas estabelecidas ou pelos estados promulgados desde o começo do cristianismo etc." (1982: 278). Mas também, e de forma característica, as imagens do "selvagem" se estendem por toda a dimensão da expansão geográfica. As histórias europeias sobre a conquista dos navegadores e dos exploradores ultramarinos coincidirão com o rigor do conhecimento e partilharão da mesma fidelidade que o espírito colonizador tinha em relação às imagens culturalmente integradas ou rejeitadas.

A discordância surge então como um forte critério de definição. Ela organiza a lacuna que a distância e a diferença criaram à luz das práticas colonizadoras, práticas que, no conjunto, serão constantes do século XVI ao século XX e encenarão a submissão de outras paisagens, outros povos e outros valores (cf. MOURALIS, 1975: 66-105) a um paradigma normativo.

Se, por sua intenção, *A anatomia da melancolia* diverge do caminho tomado pelo *corpus* explicitamente exótico do início do século XVII, ela ainda dá testemunho disso: primeiro, porque está solidamente de acordo com uma concepção predominante do período (HODGEN, 1971: 184); segundo, porque as imagens do primitivo oferecidas nesta obra são aquelas que emergem nas fronteiras dos valores normativos do círculo geográfico europeu. São também aquelas que, dentro ou fora deste contexto, aparecem como monstruosidades ou como corpos exuberantes e excessivos. Com efeito, essa segunda razão semeia confusão no espaço exótico de *A anatomia da melancolia*. O "selvagem", integrado ou rejeitado, não tem rosto, não tem cor e, obviamente, não tem voz. Ele é um pretexto. Se ele (ou ela) aparece, ele (ou ela) é simplesmente um resultado ou, de modo mais geral, uma metáfora que emergiu diretamente dos sonhos e das leituras de Robert Burton, que escreveu um volumoso tratado sobre a melancolia para evitar sucumbir à própria melancolia (AM, DTR: 20)[5].

Robert Burton era um homem inglês e da Igreja. Nasceu em 1577 em Lindlye (Leicestershire), e estudou em Brasenose College e na Christ Church. Em 1616, tornou-se vigário em St. Thomas (Oxford) e, de 1630 até sua morte em 1640, foi pastor

---

5. A edição utilizada é a de Holbrook Jackson, cujo título completo é *The Anatomy of Melancholy: What it is, with all the kinds, causes, symptomes, prognostickes and several cures of it* (*A anatomia da melancolia: o que ela é, com todos os seus tipos, causas, sintomas, prognósticos e diferentes curas* (Nova York: Random House, 1932; edição em brochura, 1977). As passagens citadas foram comparadas com a versão de 1638, a 5ª ed., corrigida por Burton. Neste texto, AM é a abreviação usada. DTR é a abreviatura de *Demócrito ao leitor*, prefácio que abre o volume. Os livros que efetivamente apresentam o tratado sobre a melancolia são referidos por seus correspondentes numerais romanos. Assim, p. ex., II se refere ao segundo livro do tratado. A tradução de extratos latinos e a adaptação moderna do inglês foram feitas pelo autor deste livro. Como regra, porém, as citações em latim de Burton foram mantidas como estavam.

em Seagrave. Talvez se esperasse que a Inglaterra, o Ocidente em geral e o cristianismo em particular guardassem as chaves que tornariam possível interpretar o espaço exótico que sua obra construiu. Mas o que temos é apenas isto: sobre a Inglaterra, ele afirma sarcasticamente que ela "é um paraíso para as mulheres e um inferno para os cavalos, enquanto a Itália é um paraíso para os cavalos e um inferno para as mulheres" (AM III: 265). Se Burton celebra a "beleza" de Deus, a preparação do Apocalipse e sua tradição no Ocidente (AM III: 313-318) como um cético pessimista, ele também toma uma posição firme e mais detalhada sobre a extensão da idolatria, da incredulidade e das extravagâncias do mal no mundo. "Onde Deus possui um templo", ele escreve, "o mal terá uma capela; lá onde Deus recebe sacrifícios, o mal receberá oferendas; lá onde Deus é cerimonialmente celebrado, o mal terá suas tradições" (AM III: 321). Pode-se dizer que é um cínico quem afirma: *Divisum imperium cum Jove Daemon habet*[6] (AM III: 322): o império foi dividido entre Deus e satanás.

Um cínico? No prefácio, ao explicar o simbolismo de seu pseudônimo, Democritus Junior, ele se humilha de acordo com as exigências do período: *parvus sum, nullus sum, altum nec spiro, nec spero*[7] (AM, DTR: 17). Mas isso é dito apenas para melhor se fazer passar por um fantasma e assombrar seus leitores. Ele se considera o descendente de uma raça de forasteiros voluntários, à imagem daquele pequeno Demócrito que, segundo Hipócrates e Diógenes Laércio, era melancólico por natureza, "evitava a companhia dos homens e, na solidão de seu jardim em Abdera, dedicava-se exclusivamente aos seus estudos" (AM, DTR: 16). É sob este símbolo que Burton interpreta tanto as raízes de sua existência quanto os sinais organizadores de sua pesquisa e de sua filosofia. "Tenho levado", ele diz, "uma vida de silêncio, sedentária, solitária, discreta, *mihi et musis*[8], inteiramente ocupada com estudos, quase

---

6. "O demônio tem o império dividido com Deus."
7. "Sou pequeno, sou nulo, não respiro fundo nem aspiro alto."
8. "Eu e minhas musas."

tão longa quanto a de Xenocrates em Atenas até sua velhice, *ad senectam fere*[9]; como a dele, uma vida inteiramente dedicada ao aprendizado da sabedoria" (AM, DTR: 17). Ele explica:

> Eu não sou pobre, nem rico, *nihil est, nihil deest*[10]; tenho pouco, mas não preciso de nada: toda a minha riqueza está na torre de Minerva. [...] À imitação de Demócrito em seu jardim, levo uma vida monástica, *ipse mihi theatrum*[11], longe do tumulto e do barulho do mundo, *et tanquam in specula positus*[12], mas, por assim dizer, acima de todos vocês à maneira de um estoico, *Stoicus sapiens, omnia saecula, praeterita praesentiaque videns, uno velut intuitu*[13] (AM, DTR: 18).

O mundo é um espetáculo para ele. Mas embora tenha uma concepção de vida que certamente depende desse mundo, Burton não está de modo algum constrangido por isso. Ele se vê como um estoico, mas também como um visionário, e assume um projeto bem radical: com a ajuda de seus sentidos, ele planeja demolir e frustrar explicações em nome de seu direito à razão. "Sou apenas um espectador", ele confessa,

> que observa as fortunas e aventuras dos outros, ouvindo as notícias e rumores: guerras, epidemias, incêndios, massacres, assassinatos, movimentos celestiais dos meteoros, milagres, aparições etc.: sou um leitor atento de tudo o que é publicado e um observador do que acontece: paradoxos, cismas, heresias, controvérsias filosóficas ou religiosas etc.

Em resumo, ele é uma inteligência e, ao mesmo tempo, um olho e um ouvido, que está simultaneamente perto e longe, contemplando a confusão e a desordem do mundo a partir de cima.

---

9. "Até quase a velhice."

10. "Não há nada, não falta nada."

11. "Minha vida é meu próprio teatro."

12. "Como se posto no espelho."

13. "O sábio estoico, que vê todos os tempos, pretéritos e atuais, numa única visada."

Tal como os modelos que invoca, Diógenes e Demócrito, ele também foi para o mundo e para a briga, *non tam sagax observator, ac simplex recitator*[14] (AM, DTR: 19), mais como observador do que como recitador. Obviamente, ele riu da loucura desenfreada e simpatizou com a miséria que não podia aliviar. Entretanto, é com um vívido sentimento de impotência que Burton voltaria à sua solidão, tendo ao mesmo tempo o propósito de oferecer sua compreensão sobre as polarizações como contribuição para o conhecimento da loucura do mundo. Tudo o que resta a fazer então, ele pensa, é recuperar a nostalgia pela Antiguidade e, por meio das transgressões e aberrações contemporâneas, reencontrar o significado primordial do plano de Demócrito o Velho. Uma de suas obras perdidas tratou do local e da importância da *atra bilis*, ou seja, da melancolia. Porém, acrescenta Burton, ele estaria vivendo essa atualização de um sonho ancestral à maneira de Vétio segundo Macróbio[15], ou seja, com o propósito de trazer ao seu leitor, à espécie humana, prazer e conhecimento: *simul et jucunda et idonea dicere vitae / Lectorem delectando simul atque monendo*[16] (AM, DTR: 21).

Esta é a postura, pode-se dizer, do filósofo ou do cético do início do século XVII. No entanto, se tal postura recusa a vida que ela analisa a partir de uma posição elevada, também é questionada em seu próprio desejo de sugerir um sentido para essa mesma vida. Ela não desarma diretamente a loucura ou a insanidade detalhando ao longo do tratado os estados e impulsos da melancolia, mas os subverte perigosamente em outras formas de desejo: a realeza sagrada da Antiguidade e o poder profético.

14. "Não mais sagaz como observador do que simples como narrador."

15. Vétio Pretextato foi um membro da elite política romana do século IV d.C., retratado por Macróbio nas *Saturnais*, como um dos comensais do banquete apresentado no livro e que, segundo palavras do próprio personagem, teria como propósito verter o ócio em negócio útil – *otium in negotium vertere* – e fazer bom uso do lazer que lhes foi concedido, passando o dia inteiro em conversações instrutivas [N.T.].

16. "Dizer simultaneamente as coisas alegres e idôneas da vida / deleitando e aconselhando o leitor ao mesmo tempo."

Em suma, encontramos uma imagem que se aproxima bastante do "homem selvagem", que é, segundo De Certeau, "uma brilhante invenção dos séculos XIV e XV que precedeu (e sem dúvida moldou) a descoberta ocidental dos 'selvagens' do Novo Mundo no século XVI", uma imagem que "introduz no simbólico o que a cidade exorciza, na época em que os carnavais, excluídos dos dias santos por serem muito caros, se transformam em sábados noturnos de feiticeiros e bruxas" (1982: 272). De Certeau encontra ali a imagem dos vencidos, mas de um vencido que "fala do que não pode ser esquecido". Em outras palavras, pode-se dizer que Burton, em geral, abre a porta para o que ainda é possível. Ele não é nem um Huss nem um Lutero, nem mesmo um daqueles místicos do início do século XVII que contribuem para a reorganização da topografia religiosa e social (DE CERTEAU, 1975). Ele estaria mais para um esteta que trabalha com os recursos potenciais ou reais de países, seres e virtudes: às vezes teólogo, filósofo, filólogo, geógrafo, profeta, ele medita sobre a precariedade do mundo, o corpo de continentes distantes e as pulsões do universo que ele gostaria de criar. Esses reinos são, na realidade, apenas espelhos: eles encontram sua fonte nos poderes, nas obsessões do próprio autor, na memória de seu espaço geográfico, e em sua tradição cultural.

Consideremos, por exemplo, suas notas sobre a África, América e Ásia. A África é um lugar de interesses risíveis. Seus habitantes são tão miseráveis quanto os indígenas da América e, segundo Leão o Africano, *natura viliores sunt, nec apud suos duces majore in pretio quam si canes essent*[17] (AM I: 351). A vida deles é simplesmente a miséria total: *miseram, laboriosam, calamitosam vitam agunt, et inopem, infelicem, rudiores asinis, ut e brutis plane natos dicas*[18] (AM I: 351). O que Burton apresenta está longe de ser uma descrição geográfica. Não é sequer um *corpus* de trabalho

---

17. "São os mais baixos em natureza; nem mesmo seus líderes seriam mais estimados do que cães."

18. "Levam uma vida miserável, laboriosa, calamitosa e pobre, infeliz; são brutos como asnos, de modo que se diz nitidamente que nasceram de animais."

etnológico no estilo dos comentários de Michel de Montaigne. É uma construção que recorre vagamente ao conhecimento adquirido por livros e guias de viagem. Destas referências surge o tema e a imagem insistente do continente africano como "lugar recusado": um pedaço de terra quente em que seres patéticos vivem de raízes, ervas e leite de camelo (AM I: 230); um lugar monstruoso e, portanto, como Bodin indicou (BROWN, 1939), um lugar onde, acima de tudo, a loucura e a melancolia reinam supremas (AM I: 237-238). De fato, se não fosse assim, como explicar que a África produz e sustenta a vida de tantos animais venenosos, enquanto esses não vivem, por exemplo, na Irlanda? (AM II: 43). Assim, o continente africano é um "continente rejeitado", um lugar de extremos negativos, mesmo em certas realizações que, em outros lugares, constituiriam uma promessa de equilíbrio e salvação: basta pensar no confronto entre o cristianismo do Preste João na África Oriental e os horrores da poligamia, da circuncisão, do jejum radical, cultos aberrantes segundo São Tomé etc.[19] Mesmo assim, paradoxalmente, esse "espaço recusado" poderia um dia ser convertido em outro corpo, ele poderia encontrar sentido, como ocorreu com a América e a Terra Australis, ou seja, com a chegada das colônias de imigrantes (AM III: 246).

A América cai na mesma categoria abjeta da África: ela é bárbara (AM I: 97), desproporcional (AM II: 36 e 41), tem uma fauna estranha (AM II: 43). Seus habitantes são pagãos supersticiosos e idólatras (AM III: 322). No entanto, um sinal foi plantado na história para seu benefício e seu despertar: foi por ordem divina que Cristóvão Colombo descobriu esse continente (AM II: 60). A

---

19. Esse trecho se refere à lenda medieval do Preste João, soberano de um reino cristão maravilhoso imaginado em algum lugar distante no Oriente, isolado no meio de nações pagãs, formado pelos cristãos que teriam sido convertidos por São Tomé em suas viagens (tal como narrados pelo texto apócrifo do século III d.C.: *Atos de Tomé*). A lenda ganha força entre os séculos X e XV d.C., conforme se avolumam contatos entre Ocidente e Oriente: em princípio, imaginava-se que o lendário reino do Preste João estaria na Índia ou na Mongólia, mas, com a crescente presença portuguesa na África, ganha mais circulação a hipótese de que tal reinado se localizaria na Etiópia [N.T.].

partir daquele momento, os espanhóis do México, por exemplo, começaram a restabelecer a dignidade da humanidade suprimindo sacrifícios monstruosos, como a oferta diária dos corações e entranhas de corpos humanos ainda vivos, *viva hominum corda e viventium corporibus extracta*[20] (AM III: 360).

A Ásia não parece existir como um corpo geográfico. O misterioso reino do Padre João pode ser encontrado lá, uma hipótese que Burton observou devidamente (AM II: 36). Mas no próprio trabalho, a Ásia é apenas um qualificador. Ela inclui a Arábia e a China, a primeira como um imenso deserto, uma terra ardente, áspera e seca (AM II: 47), a segunda como um enigma, uma terra no fim do mundo, um país civilizado, pacífico, governado de forma exemplar, livre de toda loucura, um lugar onde *commune bonum* de Aristóteles parece vigorar. Para Burton, a China é a realização da vitória da mente sobre a loucura, tal como a Itália foi sob Augusto (AM I: 79 e 102). Mas a Ásia desdobra outros símbolos, sinais ambíguos em sua audácia, como a Babilônia e seus jardins suspensos (AM II: 75), o Cairo com suas centenas de milhares de cortesãs e seus vícios triunfantes (AM III: 247). O Oriente Médio, um dos portões de acesso para a Ásia, é, ao mesmo tempo, uma entrada para o Ocidente. A poligamia, as belezas da noite, os belos jovens do Cairo são anulados pelas tentações obscuras conhecidas em Fez, Roma, Nápoles, Florença, Veneza ou em qualquer outra grande cidade da Europa. Essa tentação indica uma trajetória (AM III: 247): é a partir dessas mesmas regiões, também, que perigos, tão fascinantes quanto assustadores, têm surgido: a história do antigo Egito e suas superstições, os negócios entre os sírios e persas, os grupos hereges cristãos etc.

Na verdade, os círculos exóticos e a selvageria imaginária – uma parte tão importante dos relatos etnológicos dos séculos XVI e XVII (HODGEN, 1971; HAMMOND; JABLOW, 1977) – não contêm a intenção essencial de Burton. Se, ao tratar de nações

---

20. "Corações humanos vivos extraídos de corpos vivos."

"civilizadas" ou "bárbaras", a civilidade de uma parece positiva comparada às supostas perversões de outra, tal comparação não é motivada por fascínio nem mesmo pelo fato de ser o tema em questão. Burton procura provas e contraprovas, a fim de construir sua tese. O valor dos "reinos" como seres, estejam eles na Europa ou em outro lugar, deriva de uma conexão singular: aquela que Burton estabelece entre o esquema de seu discurso e a verdade nua, a verdade absoluta, da qual, ele escreve em outro lugar, Lutero seria uma "testemunha heroica" (AM III: 334).

A África e a América são, obviamente, corpos exóticos, mas sem mistério. Afinal, elas são transparentes e se revelam como espaços sobre os quais a versatilidade da desordem, o reino do mal e a força todo-poderosa dos falsos deuses atuam (AM III: 365-366). Tais corpos, como o da Ásia, podem ser definidos por meio de um corte, de uma separação, ou até mesmo de uma rejeição, por meio, enfim, daquilo que exprime uma lacuna em relação à norma. Assim, a marginalidade é, ao mesmo tempo, acidente (histórico), maldição (religiosa) e, felizmente, também uma promessa (escatológica) de uma possível reconciliação com o centro-normalidade.

A partir daí, a tese de Burton, se é possível falar dela como uma tese, parece indicar uma negação de toda e qualquer diversidade, bem como uma redução de todo e qualquer espaço marginal. De fato, é perigoso falar de uma tese. O que traz o autor de *A anatomia da melancolia* de volta à realidade é o espírito de uma época que pensa e repensa uma "redistribuição do espaço" a partir de uma "mesma base" que é "uma forma histórica, uma prática da dicotomia, e não um conteúdo homogêneo" (DE CERTEAU, 1982: 30-31). Concretamente, o marginalismo espacial dos territórios não ocidentais seria dissolvido na expansão da geografia e da história europeia, a ponto de elas terem se considerado suficientemente poderosas para restabelecer a uniformidade do Gênesis, eliminando as monstruosidades acidentais que resultaram das diversas marchas da história (cf. HODGEN, 1971: 254-349). Em todo caso, esse é o tema que Burton expõe na dicotomia entre o universo cristão e o pagão, que sobreporia ao mundo físico uma geografia espiritual corrompida.

Por outro lado, se o primeiro domínio implica a existência real de um espaço cristão, não significa apenas isso: não há homologia entre o universo cristão e o espaço concreto que é a "Europa cristã". O universo cristão preferiria antes declarar uma espécie de privilégio que é historicamente excepcional; ou, mais precisamente, seria um lugar onde o sentido (e, portanto, o bom-senso) é praticado de modo exato, em que os sentidos e *desejos* são colonizados pela verdade. Com efeito, diz Burton, basta olhar para os pagãos: "eles retratam Deus e, de mil maneiras, mutilam a compreensão que se pode ter dele; nossos hereges, cismáticos e certos estudiosos não são muito diferentes em seus modos de agir" (AM II: 59). Assim, em oposição ao universo cristão, o reino pagão ou campo da desordem é também uma área cultural: de acordo com o rigoroso estilo geográfico de Edward Brerewood (1565-1613), se as regiões do mundo conhecido fossem divididas em trinta partes iguais, a parte cristã seria representada por cinco unidades, a parte muçulmana por seis e a parte idólatra por dezenove (HODGEN, 1971: 218-219). Mas Burton entende o reino do mal como uma extensão espiritualmente indefinida de espaço. A geografia dos espaços exóticos – tanto os da África como os da América – nada mais é do que o desdobramento de um desejo de desobediência igualmente presente na Europa. Ela oferece um esboço do imenso trabalho prejudicial realizado pelo Mal e por seus agentes: hereges, impostores, políticos, profetas e pregadores falsos (AM III: 328).

A retomada, ou seja, a fundação, de um novo espaço de civilidade e de significado – uma comunidade que encarnaria a negação da selvageria e da loucura (AM, DTR: 97) – realiza-se concretamente como uma celebração profética da reversão de tudo aquilo que Burton despreza, de tudo aquilo cuja sinceridade ele questiona: as mitologias antigas e modernas, o papado e o catolicismo, os messianismos, as superstições e a política das nações em geral (AM III: 325-372). É um mundo imenso que ele nega em favor de uma utopia, a Nova Atlântida, na qual, ele escreve, "reinarei livremente, construirei cidades, estabelecerei leis e emitirei decretos como achar conveniente" (AM I: 97). Ditadura ou teocracia? Ele responde: *pictoribus atque poetis*[21] etc. – você sabe a liberdade que os poetas sempre tomaram e, além disso, meu predecessor, Demócrito, foi um político [...], um homem de lei como alguns dizem; por que então eu não poderia seguir seus passos?" (AM I: 97-98).

O reino de Burton está, simbolicamente, fora do mundo conhecido. Ele pode estar situado igualmente na *Terra Australis incognita*, ou em alguma ilha pouco acessível no Oceano Pacífico, assim como no coração do continente americano ou no litoral norte da Ásia (AM I: 98). Seja qual for o caso, ele a localizaria "em um lugar temperado, ou talvez abaixo do equador, aquele paraíso mundano, o *ubi semper virens laurus*"[22] (AM I: 98). É evidente que a nova Atlântida é signo de algo mais. No entanto, é preciso notar que o caráter mítico de sua localização não se manifesta apenas na multiplicidade de lugares possíveis e na sua imprecisão, mas também, e talvez mais ainda, no fato de que as referências vagas a esses lugares se aplicam a espaços classicamente exóticos. E o efeito procurado afirma a si mesmo: Burton sonhava com um lugar significativo que reconciliasse uma desordem vivida e um presente ideal desde o início dos tempos.

O autor organiza essa utopia rigorosamente com a ajuda de três princípios normativos: controle sobre o espaço físico e humano, controle sobre o espírito da cidade e controle sobre as regras fundadoras da ordem da vida humana.

O controle sobre o espaço físico e humano é, em seu sentido próprio, uma ferramenta para estabelecer um reinado "racional-

---

21. "Pintores e poetas etc." O "etc." sugere a sequência de uma célebre citação de Horácio: *Pictoribus atque poetis / Quidlibet audendi semper fuit aequa potestas* (pintores e poetas sempre tiveram poder semelhante de ousar o que quisessem).

22. "Onde sempre há folhagens verdejantes."

mente" organizado. A nova Atlântida será dividida em um número específico de províncias: doze ou treze. Cada uma delas terá um centro metropolitano que será seu coração geográfico. Todas as cidades obedecerão a orientações precisas quanto a seu local e sua construção: estarão situadas ao longo de uma hidrovia, demonstrarão uma forma harmoniosa (quadrada, retangular ou circular) e terão casas uniformes, instituições e edifícios úteis (igrejas, hospícios, hospitais, escolas, prisões, mercados, campos esportivos, possivelmente uma fortaleza), todos construídos com dinheiro estatal *ex publico aerario*[23] (AM, DTR: 99). Estes planos – incluindo os detalhes que Burton sugere a respeito das hidrovias nas cidades, a distribuição de terrenos ou a organização de reservas coletivas de alimentos – são configurações de um projeto utópico. Contudo, a partir da visão desenfreada desse sonho, eles fazem uma crítica à sociedade existente e, ao mesmo tempo, propõem novas fórmulas sociais e econômicas.

Seu desejo de controlar o espírito da cidade e as normas que governam a vida das pessoas é, nesse sentido, muito revelador do projeto de sociedade visado por Burton. Ele rejeita a sociedade igualitária como sendo utópica e julga a *Cidade do sol*, de Campanella, e a *Nova Atlântida*, de Bacon, como puramente fabulares, meras fantasias. Para ir ainda mais longe: a comunidade platônica é, diz ele, em muitos aspectos, "impiedosa, absurda e ridícula" (AM, DTR: 101). O que Burton propõe é uma igualdade proporcional, que refletiria uma hierarquia tão fixa quanto flexível em sua estrutura (com seus três tipos de títulos de nobreza: por nascimento, por eleição, por outorga) e que funcionaria como uma monarquia. Afinal – aqui ele invocará um adágio monarquista – a liberdade funciona bem sob a administração de um bom monarca: *numquam libertas gratior extat, quam sub rege pio*[24] (AM I: 101).

Uma monarquia, sem dúvidas, mas uma que seria capaz de oferecer a Burton um modelo de comunidade (AM I: 102-103).

---

23. "Extraído do erário público."
24. "A liberdade nunca se revela mais aprazível do que sob um rei piedoso."

Ele a percebe como um Estado providencial (os cegos, os fracos, os necessitados, os idosos, todos receberão cuidados do bem comum); um Estado pacifista (ninguém pode carregar armas na cidade e nunca haverá uma guerra ofensiva); um Estado legalista e paternalista (*Nisi aliter dispensatum fuerit*[25], nenhum casamento para homens antes dos 25 anos, para mulheres antes dos 20; no caso da viuvez, nenhum novo casamento até seis meses após a morte do cônjuge; um código de manutenção da casa que ensinaria aos casais como viver etc.); e, de um modo muito notável, um estado moral. Assim, neste reino haveria sacerdotes que seguiriam verdadeiramente o exemplo de Cristo, homens de lei que valorizariam seus vizinhos, médicos humildes e gentis, uma aristocracia honesta, e filósofos que conheceriam a si próprios. Punições severas seriam aplicadas àqueles que escolhessem o vício e o pecado: o sacrilégio seria punido com o corte das mãos e o perjúrio com o corte da língua; o ladrão seria enviado para trabalhar nos navios ou nas minas; o assassino e o adúltero, condenados à morte.

Em resumo, Robert Burton está refazendo o mundo. E o mito da nova Atlântida que ele projeta com normas extremas é estabelecido dentro de uma pureza totalitária. Essa é uma consequência de seu ponto de partida: a rejeição de uma sociedade corrompida. A invocação de espaços exóticos como locais de fundação da monarquia virtuosa já nos mostrou que a utopia profética seria erguida como símbolo de algo outro. O retorno a Demócrito, o Velho, a figura paterna, dá a Burton o direito ao poder: tanto para reescrever o conhecimento perdido na memória de seu tempo como também para pronunciar sua perícia e seu juízo sobre a forma como o espírito cristão funciona. A dupla herança se confunde em ambiguidade. Os sinais de melancolia e de loucura aparecem, a partir daí, como as raízes de um mal óbvio e geral: "o mundo inteiro é melancólico, louco, podre, assim como tudo que nele vive" (AM, DTR: 120).

Tudo e todos estão afetados. Uma massa enciclopédica de informações multiplica os jogos e as funções da loucura, faz ci-

---

25. "Caso não for arranjado de outro modo."

tações descontroladas e dá início a um universo descentralizado, que arde em relâmpagos de rebaixamento e falta de sentido. De um lado estão os seres humanos. Todos eles são desequilibrados, apavorantes, perdidos. Vejam, ele diz, filósofos, escritores, estudiosos, esses ditadores do conhecimento, *priscae sapientiae dictatores*[26] (AM, DTR: 110), todos dizendo mais ou menos belas idiotices, *ineptiarum delicias*[27] (AM, DTR: 113); os amantes, ingênuos por acreditarem na reconciliação entre amor e conhecimento, *amare et sapere*, são, todos eles, loucos; a juventude é estúpida, *stulti adolescentuli* (AM, DTR: 113, 114); o homem, cada homem – por suas virtudes, seus conhecimentos, suas falhas –, testemunha apenas uma coisa: a loucura; epicuristas, ateus, cismáticos, hereges, alquimistas, aqueles que são irascíveis, invejosos, ambiciosos, lascivos, valentes, sábios, os príncipes do mundo, tanto os de ontem como os de hoje. Todos são loucos. Na verdade, diz ele, ecoando Ulrich Hutten, ninguém é realmente são: ninguém realmente sabe de nada, ninguém é desprovido de vício, ninguém é puro, ninguém parece feliz com sua condição, ninguém ama realmente ninguém, ninguém é bom, sábio ou feliz: *nam, Nemo omnibus horis sapit, Nemo nascitur sine vitiis, Crimine Nemo caret, Nemo sorte sua vivit contentus, Nemo in amore sapit, Nemo bonus, Nemo sapiens, Nemo est ex omni parti beatus*[28] (AM, DTR: 117). Quanto aos objetos, eles carregam ou provocam o mesmo tipo de vertigem. Seria uma tarefa hercúlea, escreve Burton, registrar toda a loucura das construções, trabalhos e luxos, *insanas substructiones, insanos labores, insanum luxum*[29] (AM, DTR: 116). E tudo é mencionado: livros, arquitetura, façanhas, ações, movimentos, até que, em uma palavra, nada funcione,

---

26. "Ditadores da sabedoria antiga."

27. "Delícias de tolices."

28. "Pois ninguém é sábio em todas as horas, ninguém nasce sem vícios, ninguém é desprovido de culpa, ninguém vive contente com sua sorte, ninguém é sábio no amor, ninguém é bom, ninguém é sadio, ninguém é feliz em tudo".

29. "Fundações insanas, trabalhos insanos, luxo insano."

nada seja saudável. Razão e equilíbrio se tornam belas mentiras. O barco, diz ele, citando o italiano Fabato, é louco:

> [...] ele nunca fica calmo e os marinheiros estão loucos para se exporem dessa forma ao perigo; pois as águas consistem numa raiva insana em constante movimento; e os ventos, como tudo mais, perderam a direção, não sabem de onde vieram nem para onde podem estar indo; e os homens que embarcam e assim saem pelo mar são os mais loucos de todos [...] (AM, DTR: 116).

A loucura como o apocalipse do mundo é uma metáfora na qual Burton também se tranca: *"Nos numerus sumus*[30], somos uma multidão, confesso: sou tão tolo e louco como qualquer outro [...]. E meu único desejo, para mim e para todos, é encontrar um bom médico e ter finalmente um espírito melhor" (AM, DTR: 119-120). O aparente fanático assim não encarna nem a pureza nem a excelência do raciocínio, apenas um desejo secreto de trabalhar contra a instabilidade do mundo, decifrar o trivial, reduzir o papel do mal e sua subversão: "os principais demônios subvertem o mundo cristão. Judeus, gentios e muçulmanos andam por aí, *extra callem*[31]; a resistência deles é relativamente inexistente [ao mal], *eos enim pulsare negligit, quos quieto jure possidere se sentit"*[32] (AM III: 364). O texto traz assim a moralidade de uma cultura ao seu ápice. Se o dedo acusador é então virado para si mesmo, é porque ele aponta para a vocação final de um espaço eleito. O significado torna-se "etnocêntrico". Os horizontes exóticos e suas nuanças são dissipados. O que resta são imagens de doenças a serem curadas e, um pouco por trás disso, a figura teimosa de um profeta filosófico que pontifica o caminho para a salvação dos corpos e das almas de seu povo: "não vivam isolados, não sejam ociosos. *Sperate miseri,*

---

30. "Somos numerosos."

31. "Fora do caminho."

32. "Que ele negligencia agitar quem ele sente possuir por um direito pacificado."

cavete felices"[33]; tenham fé, vocês que são pobres; tenham cuidado, vocês que são felizes (AM III: 432).

No que acreditar?

Burton propõe uma utopia na qual os mitos e a fabricação dos mitos interagem e são interdependentes. Por certo, ele os distingue em sua mente, mas é na conexão entre eles que uma tese se elabora: os "selvagens" estão por toda a parte e é imperativo voltar aos modelos gregos para salvar o tecido da civilização. A geografia separa e determina *a priori* universos de loucura e selvageria, em oposição àqueles que deveriam representar e encarnar o sentido, a sabedoria, a civilização. Assim, apesar de o tratado de Burton reafirmar a proximidade entre os selvagens internos – que assim ficaram por serem moral e espiritualmente corruptos – e os selvagens externos, a reunião dos dois grupos não enfraquece o desvio geográfico e o que ele significa cultural e historicamente. A fábula de Hércules entre os pigmeus pode ser vinculada a esse argumento.

Como o tratado de Burton sobre a melancolia, os *Ícones* de Filóstrato, comentado por Blaise de Vigenère, também pertence a um gênero moralizante. Em ambos os casos, os paradigmas míticos se sucedem em elos progressivos. Da forma mais idealizadora, cada um desses paradigmas justifica uma cultura como projeto incompleto, com seus valores melhores e mais fundamentais, bem como seu destino, inscritos nos signos que a tornaram possível. O discurso é autocentrado. Ele promove explicitamente a vocação cultural inequívoca que deseja transmitir, contrabalança a identidade de sua experiência espacial e histórica com aquela ou aquelas que ocupam as margens de seu espaço concreto e de seu espaço simbólico. O "selvagem" (*Silvaticus*) é aquele que vive no mato, na floresta, realmente longe da *polis*, da *urbs*; por extensão, o "selvagem" pode designar qualquer ser marginal, estrangeiro,

---

33. "Miseráveis, tenham esperança; felizes, tenham cuidado."

o desconhecido, qualquer um que seja diferente e que, como tal, se torna o impensável, aquele cuja presença simbólica ou real na *polis* ou na *urbs* aparece em si mesma como um acontecimento cultural: *comment peut-on être Persan?*[34] Esta pergunta estipula mais do que um simples problema de representação, como na fábula de Hércules. Tal questão define, de fato, um fundamento egocêntrico de uma experiência, seu conteúdo e seus valores. Ela sugere também, no mesmo movimento, que o Outro não pode não ser o outro lado, a proposição negativa de si mesmo que deve ser dominada em sua própria contradição e absolutamente convertida aos ideais de verdade desse si mesmo. Se necessário, a história – uma memória codificada como uma lição sobre o que aconteceu no passado – funcionaria tanto como justificação quanto como um direito para tal possível violência. No entanto, como diz Paul Veyne, nós sabemos que...

> A reflexão histórica é uma crítica que diminui as pretensões do conhecimento e se limita a falar verdadeiramente sobre verdades sem presumir que existe uma verdadeira política ou ciência.
>
> Esta crítica é contraditória, e é possível afirmar a verdade de que não existem verdades? Sim, e com isso não estamos jogando o jogo, ensinado pelos gregos, do mentiroso que está mentindo quando diz "eu minto", o que é, portanto, verdade. Uma pessoa é mentirosa não em geral, mas em particular, quando diz isto ou aquilo. Um indivíduo que dissesse "eu sempre inventei histórias" não estaria inventando nada ao dizer isso se especificasse: "minha narrativa consistia em acreditar que minhas sucessivas imaginações eram verdades inscritas na natureza das coisas" (VEYNE,1988: 126).

Filóstrato, Blaise de Vigenère ou Robert Burton apresentam verdades? Uma resposta negativa ou positiva não parece importante, já que seus textos se revelam como resultados e reflexos de uma cadeia intelectual e suas determinações. Verificar a fidelidade de

---

34. "Como é possível ser persa?"

suas referências e a autenticidade de suas fontes pode fazer sentido. Mas questionar suas representações autocentradas do Eu e do Outro parece inútil. Adaptando uma declaração de Orígenes ao meu ponto de vista, eu afirmaria que os acontecimentos históricos, tal como as interpretações míticas, não podem ser submetidos à prova lógica, mesmo quando são ou parecem autênticos. Orígenes acrescenta:

> Para ser justo, sem se deixar enganar, entretanto, é necessário, ao ler livros de história, discriminar entre eventos autênticos, aos quais aderimos; aqueles nos quais devemos discernir um significado alegórico secreto e que são figurativos; e, por fim, eventos indignos de crença, que foram escritos para obter algum prazer" [o texto aqui é questionável; outros leem: "que foram escritos para lisonjear certas pessoas"] (in: VEYNE, 1988: 143).

África, do atlas mundial de Gerald Mercator, 1595
Fonte da imagem: Wikipedia.
Disponível em https://pt.m.wikipedia.org/wiki/Ficheiro:Mercator_Africa_037.jpg

Quando a África foi descoberta?

> *Pois é somente no caso das regiões mais notórias e respeitáveis que as migrações, as divisões do país, as mudanças nos nomes, e tudo mais desse tipo, são bem conhecidas. Na verdade, nossos ouvidos foram preenchidos dessas coisas por muitos, particularmente pelos gregos, que vieram a se tornar os mais faladores de todos os homens.*
> ESTRABÃO. *Geografia*: 3, 4, 19.

A África foi descoberta no século XV. Isso, pelo menos, é o que diz a maioria dos livros de história. Os professores o ensinam, os estudantes o aceitam como verdade. Em todo caso, por que duvidar? Os meios propagam a veracidade desse fato nas sagas dos exploradores europeus. Tomada em seu sentido primeiro, tal descoberta (i. é, essa revelação, essa observação) significou e ainda significa a violência primária indicada pela palavra. O tráfico de escravos foi narrado em conformidade, e o mesmo movimento de redução progressivamente garantiu a invasão gradual do continente.

Nesse sentido específico, houve, sem dúvida, uma descoberta. No entanto, pode-se perguntar com bastante seriedade: é mesmo historicamente verdade que o continente foi descoberto no século XV? Sabemos o que está inscrito nesta descoberta, as novas ordens culturais que ela permitiu e, em termos de conhecimento, os textos que seus discursos construíram e cuja realização se encontra no que chamo de "biblioteca colonial". Olhando novamente, porém, torna-se evidente que, na verdade, a descoberta do século XV não foi o primeiro contato do continente com os estrangeiros. Por isso, tal descobrimento exprime apenas um ponto de vista, o europeu. Consideremos algumas evidências.

O *periplus* de Neco[35] ocorreu muito antes, no século VI a.C. Heródoto detalha o empreendimento da tripulação fenícia a serviço

---

35. Referência à circum-navegação (em grego: *periplous*) do continente africano comandada pelo Faraó Neco por volta de 610 a.C. [N.T.].

Mapa da África, 1744
HEYDT, J.W. *Alterneuste Geographisch und Topographische Schau-Platz von Africa und Oost-Indien*, 1744.
Disponível em https://archive.org/details/allerneuestergeo00heyd/page/n23/mode/2up • https://ia601201.us.archive.org/BookReader/BookReaderImages.php?zip=/25/items/allerneuestergeo00heyd/heydt_1741_jp2.zip&file=heydt_1741_jp2/heydt_1741_0023.jp2&id=allerneuestergeo00heyd&scale=8&rotate=0

do Faraó egípcio, a primeira exploração conhecida do continente, "que é rodeado pelo mar, exceto onde faz fronteira com a Ásia" (IV, 42); ao final, sem o saber, o historiador grego dá provas da circum-navegação: "foi no terceiro ano que a tripulação contornou os Pilares de Héracles (o Cabo da Boa Esperança) e veio para o Egito". Lá eles disseram – e talvez alguns acreditem, embora eu não o creia – que, ao navegar pela Líbia, eles tinham o sol à sua direita" (Heródoto IV, 42). De fato, no Hemisfério Sul, o sol só podia estar à direita da tripulação navegando pelo Cabo. O que

51

parecia inacreditável para Heródoto *é*, paradoxalmente, a prova-chave de que a circum-navegação era real. Notemos também que, para Heródoto, o nome do continente como um todo era Líbia.

Sataspes, um príncipe aquemênida (filho de uma das irmãs de Dario), tentou repetir – muito provavelmente entre 485 e 465 a.C. – o feito da expedição de Neco, mas desta vez circum-navegando o continente de oeste a leste. A missão falhou porque, segundo Heródoto, Sataspes "temia a duração e a solidão da viagem e assim retornou sem cumprir a tarefa imposta por sua mãe" (IV, 43). A equipe do príncipe se preocupava em conhecer os povos locais, ao contrário dos fenícios de Neco. E esta é a história que ele contou a Xerxes quando voltou de sua missão fracassada: "Então, voltando a Xerxes, ele contou em sua história como, quando estava mais distante, navegou por um país de homenzinhos que vestiam roupas de folhas de palmeira; tais homens, sempre que ele e seus homens chegavam a terra com seu navio, deixavam suas cidades e fugiam para as colinas" (HERÓDOTO, IV, 43). Se chegaram mesmo a existir na costa oeste da África, esses "homenzinhos" parecem ter desaparecido há muito tempo.

Outra expedição, certamente mais emocionante, mas cheia de mistérios e incoerências, foi organizada a partir do próprio continente africano pelos cartagineses (HANNON, 1855). Sua data é desconhecida, provavelmente final do século VI a.C. Seu objetivo era duplo: organizar colônias nas costas (segundo documentos, 60 navios e 30 mil imigrantes, entre homens e mulheres, fizeram parte da expedição) e explorar o continente. A expedição de Hannon aparentemente alcançou o Monte Camarões (cf. tb. MVENG, 1972: 45-46).

Por fim, gostaria de mencionar um texto pouco conhecido, *Périplo do Mar da Eritreia* (o atual Mar Vermelho), de autor desconhecido, provavelmente escrito em Alexandria, e datado entre 130 e 95 a.C. (cf. HUNTINGFORD, 1980). Trata-se, certamente, de uma descrição em primeira mão e, como notado por G.W.B. Huntingford, de "um texto que mostra, além disso, todos os sinais de ser obra de um homem que esteve presente na maioria dos lugares que menciona" (1980: 5). Seu relato acerca do litoral oriental vai de Muos Hormos (provavelmente o local hoje chamado de Abu sharm al-qibli no Mar Vermelho, cerca de 480km ao sul de Suez) a Rhapta na costa da Azânia (atual Tanzânia). Como sugerido por G. Mathew, Rhapta possivelmente "jaz perdida no delta do Rio Rufiji" (in: HUNTINGFORD, 1980: 100). O *Periplus* detalha as mercadorias exportadas da costa – que incluem canela, gomas perfumadas em geral, incenso, marfim, corno de rinoceronte, carapaça de tartaruga – e indica a origem específica de cada uma delas.

Se a história da região chamada de Troglodutike por Ptolomeu (*Geografia*, IV, 7, 27) é quase inexistente, a etnologia parece vaga mas intrigante, e deve ser comparada com outras descrições anti-

Mulheres africanas, 1591
LOPEZ, O.; PIGAFETTA, F. *Relatione*, 1591.
Da esquerda para a direita: uma aristocrata, uma mulher comum e uma escrava.
Disponível em https://archive.org/search.php?query=Odoardo+Lopez

gas, como as de Agatárquides e Estrabão. Algumas características interessantes foram observadas: circuncisão, como ainda praticada, pelos Nandi e Masai; enterro dos mortos cobrindo o corpo com pedras, como é costume entre os Galla (Etiópia), os Masai (Quênia) e os Zande (Congo e Sudão); e, ainda mais notável, como diz Huntingford, "o costume de rir em funerais. O Povo Nandi costumava enterrar uma pessoa muito idosa sem mostrar tristeza e com gargalhadas e conversas, pois, diziam eles, 'ela chegou agora onde esperava chegar há muito tempo'" (1980: 145). A prática de rir nos funerais sempre foi muito difundida nas partes leste e central do continente.

A esses *peripla* pode-se acrescentar, entre muitos outros (cf. MVENG, 1972), o breve relato da exploração de Cílax de Carianda pela costa oeste (MÜLLER, 1882, I: 152-153), o de Pólibo, sintetizado por Plínio (V, 1) e o de Eudoxo (PLÍNIO, II, 67).

Reativando os textos antigos

Tais *peripla* constituem apenas uma expressão e, de modo geral, uma coleção bastante limitada de olhares gregos e latinos sobre o continente. Existem outros olhares, outros textos, comentários e reproduções por meio de representações artísticas do que foi visto, dito ou aprendido sobre o continente chamado Líbia. Alain Bourgeois, um acadêmico francês que residiu no Senegal por certo tempo, resume o essencial, em *La Grèce antique devant la négritude* (A Grécia antiga diante da negritude, 1971), ao distinguir três temas principais: Grécia e África; os negros – tal como são percebidos pelos gregos no que diz respeito à sua anatomia, alimentação, habitação, guerras, luxo, sistemas políticos, sociedade, costumes, religião, sabedoria, línguas etc.; e os negros na Grécia. No final de sua pesquisa, com espanto, ele observa:

> *Que conclure, enfin, sinon que les rapports de la Grèce et de la Négritude, qu'on eût pu croire a priori négligeables ou presque nuls, se sont révélés d'une insoupçonnable richesse? Il n'était pas nécessaire que les*

écrivains fissent grand étalage de leurs connaissances sur l'Afrique, au demeurant bornées et fragmentaires, nécessairement. Mais en fait ils ont su beaucoup plus qu'on ne s'y serait attendu et de ce qu'ils ont su, ils ont tiré un parti extraordinaire (1971: 124).

*

O que concluir, enfim, senão que as relações da Grécia e da Negritude – que se poderia acreditar negligenciáveis ou quase nulos *a priori* – revelaram ter uma riqueza insuspeita? Não era necessário que os escritores fizessem uma grande exibição de seus conhecimentos sobre a África, que permaneciam necessariamente limitados e fragmentados. Porém, eles realmente conheceram muito mais do que se esperaria e, daquilo que eles conheceram, fizeram um proveito extraordinário.

* * *

Il est réconfortant de voir que, au rebours de tant de peuples qui se sont tournés vers l'Afrique que par convoitise, pour sa richesse en or, en ivoire, en main d'oeuvre, les grecs d'il y a plus de deux millenaires ont regardé avec admiration les negres en tant qu'hommes, fraternellement (1971: 125).

*

É reconfortante ver que, ao contrário de tantos outros povos que se viraram para a África apenas por ganância, por sua riqueza em ouro, em marfim, em mão de obra, os gregos de mais de dois milênios atrás olharam com admiração para os negros, como homens, fraternalmente.

A pesquisa de Bourgeois tem um ancestral que ela reconhece e integra: o estudo de A. Berthelot, *L'Afrique saharienne et soudanaise, ce qu'en ont connu les Anciens* (A África Saariana e Sudanesa, o que os antigos conheceram dela, 1927). Por outro lado, ela pode ser vista como representativa de uma corrente pós-década de 1940, que se cruza com a romantização do movimento da *Négritude* em busca de uma identidade africana. O objetivo desse movimento, desde seu lançamento em Paris nos anos de 1930, realizado por Aimé Césaire, Alioune Diop, Léon-Gontran Damas e Léopold Sédar Senghor, é celebrar os valores das experiências históricas e culturais dos negros. O conceito de *négritude* está no título do livro de Bourgeois e percorre igualmente todo o texto, que, a propósito, é introduzido por Leopold Sedar Senghor. A partir desta bagagem intelectual e ideológica, Bourgeois revela e recupera, nos textos gregos, características e designações relativas aos africanos. Por um lado, esses textos antigos são analisados a partir de suas referências explícitas aos africanos, da coesão de suas avaliações positivas e da visibilidade de suas representações concretas, como no caso de pinturas e esculturas. Por outro lado, a mensagem que eles revelam – uma mensagem que tem sido ignorada, manchada ou silenciada por séculos de erudição ocidental – é silenciosamente retomada dentro de um projeto do século XX: o negro é belo. O ajuste entre esses dois lados segue, em ambos os casos, uma nova política de leituras filológicas ou, mais exatamente, uma política textual contemporânea e original (cf., p. ex., MVENG, 1972: 205-214).

Quando se começa a refletir sobre a imagem que emerge do excelente livro de Bourgeois, duas questões principais se apresentam. Em primeiro lugar, os textos gregos citados são tratados como uma espécie de totalidade sincrônica. No entanto, eles cobrem vários séculos e não só são influenciados por sensibilidades culturais marcadamente diferentes, mas também dependem dessas normas extremamente diversas e muitas vezes contraditórias. Bourgeois, o filólogo, sabe tão bem quanto possível como diferenciar a credibilidade e as convenções das fontes mitológicas daquelas relativas às produções literárias e artísticas. Ao contrário do manuseio renascentista do conhecimento, tais gêneros se distinguem aqui, e sua diferença irredutível é reconhecida, assim como o estatuto de seu conteúdo. No entanto, como o objetivo é avaliar uma representação grega dos povos negros, nenhum dos gêneros é excluído. Todos recebem a mesma atenção e são acionados como um meio para formar um "ícone". Assim, por exemplo, as invocações lisonjeiras de Homero (*Ilíada*, I: 423; XXIII: 206) de negros fiéis e piedosos parecem pertencer à mesma ordem descritiva, por exemplo, do retrato de Heródoto relativo aos egípcios e povos negros (p. ex., II: 104; IV: 55; VII: 70) e da celebração que Píndaro faz ao jardim etíope de Zeus (*Píticas*, IX: 53) ou ainda da materialidade de um objeto como os perfis negroides do vaso tebano de Kabirion, retratando Circe oferecendo uma bebida a Ulisses.

Em segundo lugar, essa integração de gêneros tem um efeito estranho, o de incorporar o máximo de informações na tela. Em vez de um quadro rudimentar e realista – afinal, comparado a Aristóteles, Homero sabia pouco sobre os africanos – temos um monstro de beleza plena: um conceito religioso celebrado no século VI a.C., um corpo representado no século IV e uma psicologia proveniente diretamente das descrições do século III. De fato, um texto como o de Bourgeois se entrega à ingenuidade de uma escrita pautada em semelhanças e diferenças, como a de Hércules entre os pigmeus líbios, para se referir à minha fábula inicial. Entretanto, apesar de suas magníficas realizações, o texto de Bourgeois faz uso involuntário de metáforas reflexivas em vez das figuras espontâneas, limitadas, sempre incompletas, que podemos desenhar a partir de representações antigas. Deve-se também reconhecer que a abrangência do quadro não exclui sinais de contradição provocados pelas próprias exigências do método. Por exemplo, no estudo da anatomia do negro, lê-se Heródoto, que, no meio de muitas observações sensatas, escreve muito seriamente que o esperma de um homem negro é negro (III: 97). Depois disso, ainda será preciso ficar atordoado com as hipóteses de Aristóteles sobre a natureza dos cabelos e dentes das pessoas negras (p. ex., III: 9).

Como resultado de um empreendimento como o de Bourgeois, vê-se tanto um projeto de conhecimento quanto, mais especificamente, uma nova forma de vincular as passagens gregas sobre a África e sobre os africanos ao discurso e à percepção da história de hoje. Em suma, o direito africano à dignidade se afirma nessa reativação de textos antigos e no questionamento da objetividade da história.

Esse acontecimento pode ser datado. Uma história africana, em particular a da parte subsaariana do continente, parece não existir, pelo menos não academicamente, antes da década de 1940. Com efeito, presumia-se que a história africana deveria ter começado com a descoberta europeia do continente no século XV, e que as sociedades africanas se tornaram históricas no momento de sua colonização. As forças em ação dos anos de 1920 aos anos de 1940, influenciadas progressivamente pelos conceitos de subjetividade, autonomia local das culturas e relativismo dos valores, questionaram a universalidade da experiência ocidental e sua vontade de verdade, reavaliando-as criticamente. O conceito de história se metamorfoseou (cf., p. ex., BRAUDEL, 1980), possibilitando restaurar o passado de culturas não ocidentais, independentes de uma presença ocidental. O livro de Jan Vansina *De la Tradition orale: essai de méthode historique* (Sobre a tradição oral: ensaio de método histórico, 1961) foi certamente uma surpresa, mas quem praticava a "arte" da história conhecia muito bem a importância sagrada dos documentos escritos para o exame, a interpretação e a constituição de um passado. Desse ponto de vista, Bourgeois aparentemente joga com muita segurança: ele usa apenas evidências escritas. No entanto, ele é tão subversivo quanto Vansina, talvez até mais. Primeiro, ele reagrupa referências do que poderia parecer uma simples curiosidade: africanos presentes no mundo suave, neutro e perfeitamente higienizado da civilização grega, um universo solidamente ocupado por séculos de erudição ocidental e seus comentários a respeito de suas próprias raízes culturais. Então, por meio desses portadores de nada mais que uma cor vaga, alguns nomes duvidosos (líbio, etíope etc.) e suas manifestações mais óbvias – em textos raros e em vasos, por exemplo – Bourgeois sub-repticiamente exige uma reinterpretação.

> *Il est clair que les Grecs, tant de l'époque homérique que de l'époque classique, voire de l'époque alexandrine, poètes, historiens, moralistes, ont, de près ou de loin, connu et apprécié les Nègres, non avec une curiosité de dilettantes, sans le moindre préjugé racial, mais bien au contraire avec les sentiments les plus favorables et dans les termes les plus flatteurs* (BOURGEOIS, 1971: 125).

*

> É evidente que os gregos, tanto da época homérica quanto da época clássica, quiçá da época alexandrina, poetas, historiadores, moralistas, de perto ou à distância, conheceram e apreciaram os negros, sem nenhuma curiosidade diletante, nem o menor preconceito racial, mas, muito pelo contrário, com os sentimentos mais favoráveis e nos termos mais lisonjeiros.

Leopold Senghor entendeu a mensagem. Ela afirma bem suas próprias convicções. Protegendo-se com uma referência à autoridade de um de seus ex-professores, Paul Rivet, ele escreve, no prefácio do livro de Bourgeois:

> *Quand les Indo-Européens, quand les Grecs – grands, les cheveux blonds et les yeux bleus – débouchèrent sur les flots de la Méditerranée, ivres de soleil et de fureur, ils y trouvèrent un peuple brun, doux et poli, paisible et raffiné; un peuple métis, composé de Négroïdes et de Sémito-Chamites* (BOURGEOIS, 1971: 8).

*

> Quando os indo-europeus, quando os gregos – grandes, com cabelos loiros e olhos azuis – chegaram às margens do Mediterrâneo, ébrios de sol e de furor, encontraram ali um povo *moreno*, delicado e polido, pacífico e refinado; um povo mestiço, composto de negroides e de sêmito-camitas.

Assim, encontramos uma revisão da história tradicional. O que pode parecer uma idiossincrasia de Bourgeois e Senghor é na verdade a abordagem mais prudente nas reavaliações da história do continente africano entre 1940-1950. Eugène Guernier, professor do Instituto de Ciências Políticas da Universidade de Paris, já havia exposto – em seu *L'apport de l'Afrique à la pensée humaine* (A contribuição da África para o pensamento humano, 1952) – todo um sistema protestando contra a história tradicional. Ele enfatizou a origem africana da humanidade e da consciência humana, as raízes africanas do *homo artifex*, a originalidade da civilização egípcia e a grande contribuição da parte norte do continente, que ele chamou de *Berbérie*, para a constituição da racionalidade e do conhecimento europeu. O acadêmico senegalês Cheikh Anta Diop, egiptólogo e físico, aprofundou essas teses em dois livros, *Nations nègres et culture* (Nações negras e cultura, 1955) e *Antériorité des civilisations nègres* (Anterioridade das civilizações negras, 1967), nos quais ele vinculou a África negra ao Egito. A nova ortodoxia encontrou sua expressão mais elegante no livro *Histoire de l'Afrique* (História da África, 1972), de Joseph Ki-Zerbo. Sua perspectiva foi rigorosamente retrabalhada em dois empreendimentos monumentais: as histórias da África encomendadas pela Unesco e pela Universidade de Cambridge. Mais recentemente, *Black Athena* (Atena negra, 1987 e 1991) de Martin Bernal acentuou fortemente a hipótese de Cheikh Anta Diop ao observar o "fator negro" analisado pelo erudito senegalês nas "raízes afroasiáticas" da civilização greco-romana clássica.

Na realidade, as informações que o *corpus* grego oferece sobre o continente africano são relativamente limitadas em comparação com o material disponível para a Ásia, por exemplo. R. Lonis (1981) sugeriu que a descrição grega da África poderia ser reduzida a três abordagens principais: uma representação mítica, da época de Homero até as artes do século VI; uma reflexão antropológica, composta a partir de meados do século V por meio de dados iconográficos e a partir do período helenístico por meio de textos literários;

por fim, a representação do africano como o Outro desconhecido a ser temido. Eu tenderia, pessoalmente, a conceituar apenas dois modelos: o mítico e o antropológico. A ordem cronológica proposta poderia ser mantida se considerada apenas como um simples quadro metodológico. Com efeito, a descrição da parte norte da África feita por Heródoto (Livro IV) participa dos dois modelos: ela faz uma descrição antropológica das comunidades que vivem entre o Egito e o Lago Tritonis; além do lago, projeta alguns monstros míticos, povos com cabeça de cão ou sem cabeça, bem como seres humanos com olhos nos peitos. O mesmo pode ser dito das descrições de Diodoro Sículo (Livro III) e muitos outros.

O movimento geral no qual ocorre a reativação dos textos gregos é mais do que uma simples revisão dos estudos acadêmicos tradicionais. Significa, de fato, uma inversão de perspectivas, que sinaliza uma grande ruptura epistemológica. Significa uma reconversão completa dos conceitos orientadores e, mais especificamente, para emprestar aqui os termos de Foucault, a distribuição de tudo dentro da ordem de seu sistema, regras e normas (1973: 359-361). Como consequência, controvérsias foram suscitadas pela nova ortodoxia – no que diz respeito, aparentemente, ao detalhamento de pontos importantes, como o referente de *melas*[36] no grego antigo, a credibilidade científica da tradição oral, ou as relações linguísticas precisas entre as línguas egípcias coptas e africanas; tudo, enfim, que tornou possível tais controvérsias. O paradoxo – mas será mesmo um paradoxo? – reside no fato de que essa inversão epistemológica, que sanciona as histórias africanas como recursos e reflexões de suas próprias culturas regionais e de seus contatos transculturais, é a mesma no Ocidente; ou, mais exatamente, ela define um momento da história recente do conhecimento no Ocidente, um momento que apaga dicotomias e cujo melhor símbolo seria Freud. Com efeito, para citar Foucault, dado

---

36. μελάς (mélas, grego ático) ou μελανός (melanós, grego koine) são as palavras do grego antigo que indicariam a cor preta [N.T.].

que Freud é "o primeiro a apagar radicalmente a divisão do positivo e do negativo (do normal e do patológico, do compreensível e do incomunicável, do significante e do insignificante), compreende-se como ele anuncia a transição de uma análise em termos de funções, conflitos e significações para uma análise em termos de normas, regras e sistemas" (FOUCAULT, 1973: 361).

A partir desse ponto de vista, a obsessão atual de alguns intelectuais negros com o antigo Egito e a Grécia torna-se bastante intrigante. Ela coloca uma questão interessante ao sugerir que o poder filológico ou histórico não é transcultural, mas, entretanto, trata textos antigos bem conhecidos e perfeitamente situados no espaço como um domínio virgem à espera de uma nova regência. É possível ver como a psicanálise seria uma companheira silenciosa para tais projetos, para essa nova vontade de verdade em busca de suas fundações. Entretanto, aqui não é o lugar para analisar essa paixão e suas ambiguidades.

Entre as façanhas mais originais neste sentido, refiro-me, cronologicamente, a quatro livros:

1) O livro de Drusilla Dunjee Houston – *Wonderful Ethiopians of the Ancient Cushite Empire* (Etíopes maravilhosos do antigo Império Cuxita, 1926; última edição, 1985) – celebra os fundadores de uma civilização brilhante. Houston (1876-1941), uma historiadora e filóloga autodidata, demonstra um impressionante conhecimento enciclopédico de seu assunto. Sua pesquisa teria sido uma contribuição de primeira linha se fosse mais crítica em relação a suas fontes e aplicasse mais rigorosamente as normas dos métodos históricos e filológicos.

2) A obra de Grace Hadley Beardsley – *The Negro in Greek and Roman Civilization: A Study of the Ethiopian Type* (O negro na civilização grega e romana: um estudo do tipo etíope, 1929) – é considerada um clássico no gênero. Ex-professora de Latim e História no Goucher College, Beardsley combina informações impecáveis com habilidades afiadas em análises literárias (capítulo 1, sobre o etíope na literatura grega, e

capítulo 11, sobre o etíope na literatura romana); história (como no capítulo 2, sobre o etíope na Grécia); história da arte, com o estudo de vasos de plástico (capítulo 3), pintura de vasos (capítulo 4), terracotas (capítulo 7), bronzes helenísticos (capítulos 8 e 9) e arte romana (capítulo 12); e ainda o que hoje podemos chamar de sociopsicologia, com sua exploração do tipo etíope no século IV (capítulo 5), o etíope no mundo helenístico (capítulo 6) e o caráter do etíope (capítulo 10).

3) Frank Snowden Jr., professor de Clássicos da Universidade Howard, em seu livro *Blacks in Antiquity* (Negros na Antiguidade, 1970), oferece um estudo mais orientado para a literatura e procura provar que "a visão greco-romana dos negros não era uma idealização romântica de povos distantes e desconhecidos, mas uma rejeição fundamental da cor como critério de avaliação dos homens" (SNOWDEN, 1970: 216).

4) Engelbert Mveng, *Les Sources grecques de l'histoire négro--africaine depuis Homère jusqu'à Strabon* (As fontes gregas da histórica negro-africana desde Homero até Estrabão, 1972), é o mais filológico de todos. Padre jesuíta e acadêmico de Camarões, Mveng oferece uma sinopse de sua tese de doutorado defendida na Universidade de Paris. Trata-se principalmente de uma análise de documentos escritos e dados arqueológicos (epigráficos e iconográficos), que atestam o conhecimento da África entre os gregos. O conjunto está organizado de forma nítida: a) A apresentação das fontes, b) uma exposição crítica dos problemas relativos às fontes, c) uma análise do conteúdo das fontes.

Martin Bernal, em sua *Atena negra*, livro que eu analiso extensivamente no capítulo três deste livro, distingue três grupos ao se referir à classificação que Jacob Carruthers fez de intelectuais negros interessados pela presença africana na antiguidade greco--romana e na história egípcia. Distingue três grupos principais: o primeiro inclui "as velhas espátulas", que, "sem qualquer treinamento", dedicaram seus talentos à causa da história negra e das contribuições negras; o segundo, "que inclui George Washington Williams, W.E.B. Dubois, John Hope Franklin, Anthony Nogueira e Ali Mazrui", teria, segundo Carruthers, "simplesmente argumentado que os negros tinham alguma participação na construção da civilização egípcia, junto com outras raças"; um terceiro grupo, no qual se encontra Cheikh Anta Diop, Ben Jochannan e Chacellor Williams, dá uma importância essencial à iniciativa africana. Com razão, observa Bernal:

> Assim, no final da década de 1980, vejo uma luta contínua entre os estudiosos negros sobre a questão da natureza "racial" dos antigos egípcios. Por outro lado, não há nenhuma divisão séria entre eles sobre a questão da alta qualidade da civilização egípcia e de seu papel central na formação da Grécia (BERNAL, 1987: 436).

Nomeação e metaforização

Na maioria dos dicionários do século XVI, é a nomenclatura latina que reproduz a si mesma. *Africano* é equivalente de *Afer*, tanto substantivo quanto adjetivo, e simplesmente designa qualquer pessoa do continente, independentemente de sua cor. Ela traduz literalmente *Africanus*. O renomado Cipião Romano, que não era negro, é historicamente conhecido como *Africanus Scipio*, assim como Agostinho de Hipona. Esse último, caso voltasse a este mundo, muito provavelmente, e para sua surpresa, seria considerado um homem negro pelo sistema de classificação racial de imigrantes dos Estados Unidos. Mas esse é outro problema. Para os romanos, a *África* designa corretamente uma de suas províncias, e os africanos, os *Afri* ou *Africani*, seus habitantes: *populi partis Africae, quam dicimus septentrionalis, exceptis Aegyptiis, Numidiis, Mauris, ei maxime qui sub Carthaginiensium imperio tenebantur*[37] (*Thesaurus*

---

37. O povo daquela parte da África, que chamamos setentrional, exceto habitantes do Egito, da Numídia e da Mauritânia, especialmente aqueles que estavam sob o Império Cartaginês.

Linguae Latinae, I, 125: 53s.). No entanto, em obras técnicas e literárias se encontra outro significado, o de uma terceira parte do mundo (*tertia orbis terrarum pars*[38]; p. ex., PLÍNIO. *História Natural*, 2: 123), um significado que nesse ponto equivale à *Líbia* do grego clássico. A concordância ainda é percebida nos séculos XVI e XVII, como indica Robert Estienne: África ou Líbia, *Lybia et Hesperia a Graecis appellata*, chamada de Líbia e de Hespéria pelos gregos (ESTIENNE, 1740, I: 1.156).

Aethiops, o nome próprio do filho de Vulcano na mitologia grega, é a qualificação genérica de qualquer pessoa de pele escura (ESTIENNE, 1816-1818). A palavra, como observado no *Thesaurus Linguae Latinae* (I, 1554: 62), apresenta um número impressionante de variações sonoras (*ae* e *a*; *th* e *t*, *i* e *y*).

O significado, entretanto, foi constante ao longo da história grega antiga (cf. BEARDSLEY, 1929). Por outro lado, *Aethiopia*, diz Isidoro, qualifica o continente: *dicta a calore – colore – populorum quos solis vicinitas torret*[39] (*Origines*, 14, 5, 14). A referência murmura uma singularidade: a terra ou o continente é chamado de *Aethiopia* porque – e aqui há uma confusão textual que traz uma imagem à tona, qual seja: o calor (*calore*) ou a cor (*colore*) das pessoas que vivem perto do sol e que as queima. Nessa perspectiva, podemos assim entender uma antiga distinção entre a *Aethiopia* oriental e ocidental: *Aethiopia duae sunt una circa ortum solis, altera circa occasum in Mauretania*[40], existem duas Etiópias, uma ao leste, a segunda ao oeste, na Mauritânia (ISIDORO. *Origines*, 14, 5, 16; *Thesaurus Linguae Latinae*, I, 1157, 4).

Apesar desta definição, que distingue nitidamente uma *Aethiopia* ocidental de uma oriental, a noção tem sido confundida desde o início. Homero, por exemplo, localiza seus etíopes junto

---

38. Terceira parte do globo terrestre.

39. Diz-se do calor – da cor – do povo que à proximidade do sol queima.

40. São duas Etiópias, uma próxima do nascer do sol, outra perto do pôr do sol na Mauritânia.

com os outros líbios (*Odisseia*, IV: 84s.). No texto de Heródoto, a noção parece realmente polissêmica. Em oposição à parte norte do continente, habitada pelos líbios, a Etiópia é descrita como o país além do Egito, no fim do mundo (III, 25), e também como a região mais ao sul a ser habitada (III, 114). Diodoro Sículo (III, 8-9) atualiza essa mesma variação de significados ao descrever os etíopes. Ele os situa "nas terras que ficam nas duas margens do Nilo e nas ilhas do rio", e detecta "aqueles que habitam acima de Meroé" e até se refere aos etíopes que, segundo Estrabão (XVII, 2, 3), habitam a área próxima à zona tórrida. Em todo caso, é certo que, no século I d.C., o continente como um todo já fora dividido em três partes principais pelos geógrafos: Egito, Líbia e Etiópia, a última correspondente mais ou menos à África Subsaariana (cf. MVENG, 1972).

O declínio do uso da Aethiopia como nome do continente começa com as explorações europeias do século XV, que promovem, entre outras curiosidades, *Nigritia* como nome do continente. A *Nigritia*, do latim *niger*, já era conhecida pelos geógrafos antigos, e seus habitantes eram chamados *Nigriti* (p. ex., Pompônio Mela, I, 4). A palavra *niger* em latim corresponde ao termo *melas* em grego e, no que diz respeito à cor dos seres humanos, traduz estritamente o grego *Aithiops*, ou seja, um rosto queimado pelo sol (cf., p. ex., MVENG, 1972), um valor neutro que ainda pode ser encontrado no dicionário de Cotgrave de 1611: "neigre adj., de la couleur d'un nègre". É interessante notar que o dicionário Richelet já havia introduzido, em 1566, a palavra *nigritude*, um substantivo feminino, que significa aqueles de "cor negra".

Na Europa do século XVIII, surge uma conexão evidente e forte entre o continente africano e o conceito de primitivismo e, portanto, de selvageria. Etimologicamente, "primitivo" indica simplesmente o originário, e, no sentido mais estrito, a África é, provavelmente, o lugar de origem da humanidade. "Selvagem", do latim tardio *silvaticus*, como exposto na leitura do tratado de Burton, é equivalente à marginalidade e, a partir do ponto de vista de um espaço normativo cultural, designa os incultos. Por exemplo, em francês, desde o período medieval até o século XVII, *savage* muitas vezes significa simplesmente "estranho", ou, como definido por Dubois, Lagane e Lerond na França do século XVIII, "associal".

Há imensos problemas envolvidos na designação do século XVIII como o momento de articulação estratégica dos conceitos de primitivismo e selvageria. De fato, a grande era das explorações ocorreu entre 1485 (a viagem de Bartolomeu Diaz pela África) e 1541 (o fim da missão de Jacques Cartier). Informações e descrições acerca dos "selvagens" recém-descobertos tiveram acesso à consciência europeia, que se esforça para afirmar seu *Cogito* diante daquilo que "ele" define como radicalmente diferente.

Mas a maioria dos debates e hipóteses teóricas – por exemplo, de Joseph de Acosta, Pedro Mexia, Sir Walter Raleigh, Pierre Viret – sobre esse novo "outro", do século XV ao XVIII, partilham de duas características principais: eles dependem, essencialmente, de um argumento religioso e moral; e ficam rigorosamente limitados ao âmbito de uma antropologia filosófica fixa (cf. PAGDEN, 1982). Nesse sentido, as teorias sobre a difusão, a degeneração ou o ambientalismo começam a operar e, em todos os casos, expõem uma complicação: como explicar a verdade do Gênesis se a humanidade não descende de um só povo? Por outro lado, se a geografia, como hipótese, pode explicar a variedade das culturas humanas, é possível aceitá-la e suas implicações sem se opor ao Gênesis? (cf. HODGEN, 1971). Os debates e teorias ensejaram proposições que hierarquizaram os seres humanos na cadeia natural do ser. Eles contribuíram para antropologias filosóficas estáticas, imóveis, e não para uma possível temporalização das diferenças naturais e culturais. Desse modo, também conduziram à concepção de uma antropologia histórica, que, devido a seus deslocamentos espaciais, teria que enfrentar o problema do relativismo cultural. Como Hodgen relata:

> A ruptura veio no século XVIII com Leibniz e Erasmus Darwin. "As diferentes classes de ser", disse o gran-

de filósofo alemão, "cuja totalidade forma o universo, estão nas ideias de Deus, que conhece distintamente suas gradações essenciais [...]. Desse modo, os homens estão ligados aos animais, esses às plantas, e essas novamente aos fósseis [...]. Todas as ordens de seres naturais devem necessariamente formar apenas uma série, na qual as diferentes classes, como tantos elos, estão tão intimamente ligadas [...] que é impossível para o sentido ou para a imaginação determinar onde qualquer uma dessas classes começa ou termina; [...] [e todas] estão grávidas de um estado futuro [...] [ou] de uma mudança ordenada". O Dr. Darwin foi além, em comentários que teriam enchido de horror os zoólogos e botânicos anteriores. Antecipando Lamarck em quinze anos, ele notou que "quando paramos para pensar [...] nas grandes mudanças que vemos produzidas naturalmente nos animais após seu nascimento [...] só podemos nos convencer de que [...] todos os animais passam por perpétuas transformações [...] e muitas dessas formas ou propensões adquiridas são transmitidas à sua posteridade". No entanto, ao longo da vida de Lineu e durante muitas décadas depois, a crença na fixidez das espécies foi tão respeitável entre os cientistas quanto uma crença em Deus. Deus ainda era pensado como o criador pessoal de todo tipo de mosquito ou fruto (HODGEN, 1971: 470).

Mais importante ainda, note-se que, na historicização das culturas humanas, a Era das Luzes se inscreve num horizonte cartesiano e o revitaliza: "Se Deus é a fonte das leis naturais, então pode-se dizer que o mundo não foi 'produzido de uma só vez em um estado acabado e perfeito', mas veio gradualmente à existência". A importância dessa visão, escreve Margaret Hodgen, citando um Dr. Bock, "reside no fato de que uma divindade, cujos caminhos são talvez misteriosos e além do alcance da razão humana [...] foi agora substituída por uma inexorável regularidade e legalidade operando 'uniformemente em todos os tempos e lugares'. Foi este princípio de legalidade e uniformidade que foi usado pelos modernos para demonstrar a inevitabilidade da mudança progressiva do conhecimento" (HODGEN, 1971: 449-450). O evolucionismo deriva precisamente desse *locus* epistemológico, que, ao mesmo tempo, localiza seu próprio infortúnio. Na medida em que o Iluminismo historiciza as culturas humanas e, especificamente, deseja deter seu crescimento e diversificação (cf. DUCHET, 1971), tal tendência poderia ainda funcionar sem (principalmente) se demorar na historicidade de sua própria civilização? Em tudo, a nova ordem do conhecimento, que poderia ter levado à criação de uma imensa tabela de sistemas históricos de diferenças, acabou sendo a base de uma hipótese altamente controversa (cf. LÉVI-STRAUSS, 1952 e 1976): uma escala de civilizações tida como parâmetro indicativo dos méritos humanos, dos valores culturais e, de fato, do progresso técnico. A antropologia cultural, em suas piores expressões, tornou-se então o espelho que reflete sociedades "primitivas", ao focalizar suas posições particulares na cadeia linear das civilizações. Mais tarde, ela passou a prestar serviços aos empreendimentos coloniais, analisando as condições para a conversão dessas sociedades.

Tal é o contexto que metaforiza os nomes da África. Considerando apenas o discurso produzido (cf. tb. BHABHA, 1986) e incessantemente repetido em livros da "biblioteca colonial", esse contexto – ou mais exatamente sua vontade de verdade – fura palavras antigas, constrói estereótipos, cede adjetivos notáveis aos africanos e outros "primitivos", estabelecendo, por fim, sua missão civilizadora. É assim a conjunção da antropologia e dos projetos coloniais ao final do século XVIII e início do século XIX que aprimora os conceitos e atualiza, na imagem dos colonizados, todas as metáforas negativas trabalhadas por cinco séculos de explorações europeias pelo mundo (cf., p. ex., HAMMOND; JABLOW, 1977).

Os exploradores e navegadores dos séculos anteriores conheceram africanos e os descreveram, às vezes sem nenhuma simpatia. Eles o fizeram em nome de uma diferença e não necessariamente por causa de uma política intelectual preconceituosa. As pinturas que eles fazem são, visivelmente, autocentradas culturalmente.

Mas é importante saber que, ao contrário do realismo grego, por exemplo, as representações dos séculos XVI e XVII, em geral, "ocidentalizam" ou, mais especificamente, como ilustrado na antologia de Willy Bal (1963), "italianizam" corpos negros de acordo com princípios de similitude. Que tais desenhos não excluam em seu conjunto a antipatia significa simplesmente que a individualidade dos seres e das coisas, suas diferenças, devem ser preservadas (cf., p. ex., FOUCAULT, 1973: 17-23). As sementes do preconceito já estão lá. Ideologias vigorosas são construídas, expõem ininterruptamente a lógica das diferenças e, em última instância, servirão aos traficantes de escravos. Mas ainda não existe, propriamente falando, uma "ciência". Consequentemente, todos os paradoxos parecem possíveis: o escandaloso tráfico de escravos, por um lado; por outro, eventos como a reunião de Vasco da Gama com os Hotentotes em 1497. Para saudar o viajante português, esses tocam suas flautas, cantam e dançam. Quando terminam, o cortês da Gama comanda as trombetas dos navios e convida seus homens a cantar e dançar a fim de agradecer aos anfitriões. Somente a partir do século XVIII, graças ao Iluminismo, existe uma "ciência" da diferença: a antropologia. Ela "inventa" uma ideia de África. O colonialismo fará mais elaborações a partir dessa ideia.

Mas é possível prosseguir com essa declinação. De ideia, a África se transformou em uma metáfora. Por exemplo, em *The Modern Everyman* (O homem comum moderno, 1948), de Michael Burn, o personagem principal irrompe em dado momento e ilustra muito bem essa metáfora: "[...] nosso filho deve seguir aprendendo ao lado da Vida, / Como um explorador, como um colonizador, / Para sempre pousar em continentes virgens, / Para sempre abrir novas Áfricas / De pensamento, experimentação, imaginação, / seguindo nascentes para encontrar seu mar final, / Subindo rios até sua fonte primordial, / Uma pedra viva do laboratório. / Um Cortez da mente, o Magalhães do cérebro"! (BURN, 1948: 14).

Romanus Pontifex *(1454) e a expansão da Europa*

Na sua bula *Inter Coetera* (Entre outros) de 1493, o Papa Alexandre VI declara:

> Entre outras obras bem agradáveis à majestade divina e estimadas em nossos corações, certamente a mais elevada é esta: que especialmente em nossos tempos a fé católica e a religião cristã sejam exaltadas e em todos os lugares cresça e se espalhe, que a saúde das almas seja cuidada e que as nações bárbaras sejam derrubadas e trazidas para a mesma fé.

Esta declaração, assim como o significado geral da bula, tem duas implicações importantes. Em primeiro lugar, ela indica que, como sucessor de São Pedro, o papa é um representante visível do próprio Deus e está, portanto, acima dos reis. Por isso, ele pode, como faz nesse texto *Inter Coetera*, "dar, conceder e atribuir para sempre [aos reis europeus] países e ilhas [recentemente] descobertos". Em segundo lugar, os não cristãos não têm direito de possuir ou negociar qualquer domínio no contexto internacional então existente e, portanto, sua terra é objetivamente uma *terra nullius* (terra de ninguém) que pode ser ocupada e apreendida pelos cristãos a fim de explorar a riqueza que Deus criou para ser compartilhada por toda a humanidade. Assim, esses cristãos colonizadores estarão, na verdade, ajudando os "irmãos" inferiores a se inserirem na história real e verdadeira da salvação.

A *Inter Coetera* é apenas uma das cartas papais oficiais que dão esses direitos às casas recém-filiadas de Aragão e Castela. Ela foi assinada em 3 de maio de 1493. Outros documentos se seguiram: uma segunda, *Inter Coetera* (II), data de 28 de junho de 1493, e outra, *Eximiae devotionis* (Devoção exímia"), de julho de 1493 (que, por razões políticas, foi datada como se houvesse sido emitida em 3 de maio); essas foram seguidas por *Dudum siquidem* (Não faz muito tempo, 25 de setembro de 1493), *Aeterni Regis* (Rei Eterno, 21 de junho de 1497) e *Eximiae Devotionis* (II) (16 de novembro de 1591), todas de Alexandre VI. A estas bulas do papa espanhol a seu rei deve-se acrescentar a *Universalis Ecclesiae* (Igreja Universal) de 29 de julho de 1508, do Papa Júlio II. Além de dar ao rei da Espanha poder absoluto sobre as terras recém-descobertas, estes documentos também lhe deram poder sobre as estruturas eclesiásticas no Novo Mundo. O rei devia pagar pelos processos de evangelização, pela construção de igrejas e pela organização do novo cristianismo. E ele teria influência na designação dos bispos. *Inter Coetera II* (28 de junho de 1493) confirmou que todas as terras descobertas ou a serem descobertas além das cem léguas a oeste e ao sul dos Açores pertenceriam à Espanha. O Tratado de Tordesilhas (7 de junho de 1493) empurrou a linha de demarcação para mais longe, 270 léguas a oeste da original. Ele tornou o Brasil "português" em vez de "espanhol" e dividiu o mundo entre Portugal e Espanha.

Alexandre VI deu aos "Reis de Castela e Leão todos os países e ilhas singularmente mencionados acima [...] até agora descobertos e a serem descobertos". É preciso notar que *Inter Coetera* I e II, assim como os outros documentos citados, foram prefigurados pela bula papal menos conhecida de Nicolau V, papa de 1447 a 1455 e fundador da biblioteca do Vaticano. Diz-se que, com ele, o Renascimento "ocupou o papado", embora geralmente a expressão seja usada para designar o pontificado de Leão X (1513-1521), um Médici.

Romanus Pontifex (Pontífice Romano, 1454) é uma das várias bulas papais que documentam o *ius patronatus* (direito de patronagem) português, conjunto que também inclui *dum diversas* (dado que separado, 18 de junho de 1452). *Ineffabilis et Summi* (Inefável e elevadíssimo, 1° de junho de 1497) de Alexandre VI, *Dudum pro Parte* (Anteriormente, sobre a divisão, 31 de março de 1516) de Leão X, e *Aequum Reputamus*, de Paulo III (Consideramos justo, 3 de novembro de 1534), que codificou as disposições e direitos definidos em *Dum Diversas, Ineffabilis et Summi*, e *Dudum pro Parte*. Essas bulas papais estipulam os direitos, privilégios e obrigações da Casa de Portugal na colonização de países recém-descobertos.

Romanus Pontifex (1454) é uma carta de cinco páginas na versão de 1730 da *Magnum Bullarium Romanum seu ejusdem Continuatio* (Bulário Romano ou Continuação) que eu consultei. O início é interessante, pois menciona a história recente, mas seus tons de fundo aludem aos tempos antigos:

> *Alfonso Lusitaniae Regi cujus Filius Henricus studio iter in Indiam Orientalem aperiendi usque ad Guineam et Nigrum Fluvium penetraverat, et insulas varias detexerat*[41].

A referência a Alfonso diz respeito a eventos históricos: as descobertas feitas pelo *Infante* Henrique o Navegador (1395-1460) em suas explorações. *Inter Coetera* do Papa Calisto III (13 de março de 1456) deu a esse infante de Portugal, que também era o grande mestre da Ordem Militar de Cristo, o *ius patronatus* sobre todos os países descobertos e a serem descobertos na África, ao longo de seu caminho até o Sul da Ásia. Henrique, ou, mais especificamente, seu executor – o grande prior da Ordem Militar de Cristo, residente no convento de Tomar, Portugal – tinha poder civil e religioso absoluto sobre esses países. Em 1514, o poder jurisdicional passaria para o bispo de Funchal e o *ius patronatus* seria devolvido ao rei. A segunda parte da citação elogia Henrique por abrir a rota para a "Índia Oriental": o infante havia penetrado na Guiné até o Rio Negro (*ad Guineam et Nigrum Fluvium penetraverat*). Essa referência geográfica também tem tons clássicos. No primeiro século, Plínio (*História Natural* V, 8, 44) falava do *Nigri fluvio eadem natura quae Nilo*, o Rio Negro, que tinha as mesmas características que o Nilo.

O segundo parágrafo de *Romanus Pontifex* estabelece a autoridade política e teológica da carta. Seu autor declara seu título oficial: *Romanus Pontifex Regni coelestis clavigeri sucessor; et*

---

41. Alfonso, rei de Portugal, cujo filho Henrique, com desejo de fazer uma viagem até a Índia, penetrara até a Guiné e o Rio Negro, e descobrira diversas ilhas.

Vicarius Jesus Christi" (Pontífice Romano, sucessor do detentor da chave do reino celestial; e Vigário de Jesus Cristo). É com essa qualidade que Nicolau escreve a Alfonso V, apoiado por uma história tanto religiosa quanto política do papado, invocada na polêmica bula *Unam Sanctam* (11 de julho de 1302) de Bonifácio VIII, bula que afirma o primado do poder espiritual (do papa) sobre o poder temporal (dos reis): "Pertence ao poder espiritual instituir o temporal e julgá-lo se não for bom [...]. Dizemos, declaramos e definimos que se submeter ao pontífice romano é para qualquer criatura uma necessidade para a salvação".

No segundo parágrafo da bula Nicolau especifica a missão da colonização: expandir o cristianismo. E ele convida o rei a seguir a tradição exemplificada pela Casa Real de Portugal: um compromisso de difundir o nome de Jesus nos territórios mais remotos do mundo.

> *Catholicus et versus omnium Creatoris Christimiles, ipsiusque fidei acerrimus ac fortissimus defensor, et intrepidus pugil*[42].

A missão é detalhada no terceiro parágrafo, e é diretamente ligada às explorações portuguesas. Uma referência explícita, mais uma, é feita às realizações do *Infante* Henrique, que levou o nome de Cristo para a Índia e para a Guiné: *usque ad Indos, qui Christi nomen colere dicuntur navigabile fieret [...] ad Ghineam provinciam tandem pervenirent*[43]. Não é possível saber com certeza que Guiné é aqui mencionada, mas poderia ser a Etiópia dos antigos geógrafos, já que os navegadores haviam chegado à nascente do Nilo (*ad ostium cujusdam magni fluminis Nilis communiter pervenirent*[44]).

---

42. Católico e soldado de Cristo em favor do criador de tudo, o defensor mais vigoroso e forte da sua fé, e intrépido lutador.

43. "[...] [ele] faria navegável todo o caminho até os habitantes da Índia, de quem se diz que adoram o nome de Cristo, [...] até que chegassem finalmente à Província da Guiné."

44. "Eles geralmente chegariam à entrada do grande Rio Nilo."

O quarto parágrafo da bula é aterrorizante. Em nome de Deus, ela dá ao Rei de Portugal e seus sucessores o direito não só de colonizar, mas também de impor pela força a conversão ao cristianismo e de escravizar *Saracenos ac paganos* (sarracenos e pagãos) perpetuamente. A afirmação central é a seguinte:

> *Nos praemissa omnia et singula debita meditatione pesantes, et attendentes, quod cum olim praefato Alfonso Regi quoscumque Saracenos ac Paganos aliosque. [...] Dominia, possessiones, et mobilia et immobilia bona quaecumque per eos detenta ac possessa invadendi, conquirendi, expugnandi, debellandi et subjugandi,* illorumque personas in perpetuam servitute, *ac Regna, Ducatus, Comitatus, Principatus, Dominia, possessiones et bona sibi et successoribus suis applicandi, appropriando, ac in suos successorumque usus et utilitatem convertendi,* aliis nostris literis *plenam et liberam inter cetera concessimus facultatem* [ênfases minhas][45].

O conceito de *terra nullius* consiste no direito de desapossar todos os sarracenos e outros não cristãos de todos os seus bens (móveis e imóveis), no direito de invadir e conquistar as terras desses povos, de expulsá-los e, quando necessário, de combatê-los e submetê-los à servidão perpétua (*debellandi et subjugandi illorumque personas in perpetuam servitude*[46]), além de expropriar todas as suas posses.

Nos dois últimos parágrafos, Nicolau reinscreve sua carta dentro da tradição política de sua Igreja e do poder espiritual do papado.

---

45. "Nós, pesando e considerando com devida meditação todas e cada uma das premissas, *com nossas outras cartas*, cedemos ao anteriormente mencionado Rei Alfonso a faculdade plena e irrestrita de, dentre outras coisas, invadir, conquistar, expugnar, derrotar e submeter todos e quaisquer sarracenos, pagãos e outros [inimigos de Cristo] *à servidão perpétua*, bem como [...] propriedades e todos os bens móveis e imóveis que esses detêm ou possuem; e [a faculdade] de anexar, apropriar e converter reinados, ducados, condados, principados, senhorios, possessões e bens para seu próprio uso e o de seus sucessores."

46. "Combatendo e submetendo essas pessoas à servidão perpétua."

O *Romanus Pontifex* faz várias observações. Primeiro, todos os povos não cristãos não têm direitos de propriedade sobre a terra em que vivem. Segundo, ao se encontrarem com os nativos, os cristãos europeus – nomeadamente os espanhóis e portugueses – deveriam convidar o rei ou chefe local e seus conselheiros para uma reunião, na qual esses seriam apresentados a uma interpretação cristã da história que seguia de perto o Antigo e o Novo Testamento. No final da reunião, os nativos seriam convidados a declarar sua submissão e a se converter. Se os nativos falhassem em aceitar a "verdade" e não se tornassem politicamente "colonizados", matar os nativos seria não apenas legal, mas também um ato de fé e um dever religioso para os colonizadores. O sistema filosófico subjacente ao *Romanus Pontifex* e à sua explicação de como lidar com os não ocidentais era aristotélica, filosofia que, como sabemos, também justifica a escravidão. Enquanto para o padre "liberal" Las Casas (1951) as duas bulas *Inter Coetera* indicavam que a Espanha tinha o direito de expandir o cristianismo na América, mas sem tomar as terras dos índios, para o Padre Sepúlveda, um rigoroso filósofo aristotélico, "todos os nativos estavam destinados a ser subjugados". Para Sepúlveda, Deus criara os nativos com um propósito, e seria moralmente errado se opor à escravidão e à exploração dos nativos, uma vez que isso frustraria tal propósito.

Um estudo abrangente da política *terra nullius* feito por Keller, Lissitzyn e Mann (1938) indica que, entre 1400 e 1800, nenhuma nação não europeia foi considerada detentora do direito de "possuir ou transferir qualquer domínio no sentido do direito internacional". Keller, Lissitzyn e Mann fornecem ilustrações concretas de técnicas europeias para a criação de direitos de soberania em terras recém--descobertas. Sobre a prática portuguesa, eles registram o seguinte:

> Em 1419, João Gonçalves Zarco descobriu a Ilha da Madeira. De acordo com as instruções que recebera do Infante Dom Henrique, ele tomou posse oficial da ilha por meio de três atos simbólicos: primeiro, ele ergueu uma cruz; segundo, uma missa foi celebrada; terceiro, torrões de terra da ilha foram tomados e levados na volta para Portugal, para serem entregues ao

Infante Dom Henrique. Depois, a ilha foi colonizada e se tornou parte de Portugal.

Em 1494, Diego Cão descobriu a foz do Rio Congo na costa oeste da África. Ele ergueu ali "um pilar de pedra com as armas reais e cartas de Portugal". Da mesma forma, em sua viagem à Índia, Vasco da Gama parou no Reino de Melinde, na costa leste da África.

No Reino de Melinde, na costa leste da África, Vasco da Gama e sua companhia fixaram uma amizade muito cordial com o rei. Os portugueses falaram com ele sobre uma "marca", o nome do rei de Portugal escrito sobre uma pedra, sinal desse rei, posta nos países de todos os amigos do rei português em comemoração de sua sinceridade. O rei de Melinde ficou muito agraciado com essa sagacidade, e queria que o pilar fosse colocado às portas de seu palácio, mas os portugueses responderam engenhosamente que, desse modo, quem entrasse no porto teria muitas dificuldades para ver a marca e que ela deveria ser exibida em um local mais proeminente. O Rei concordou e, assim, uma coluna alta de mármore branco, com os dois escudos, acima mencionados, com o nome do Rei Manoel I gravado na base, foi montada em uma colina alta com vista para o porto, visível desde longe no mar. Correa acrescenta que Vasco da Gama tinha consigo seis desses pilares, já devidamente gravados, ordenados por seu rei, que determinou que eles fossem instalados em países onde a amizade fosse estabelecida, para que essa amizade fosse lembrada para sempre, "para que ela pudesse ser vista por todas as nações que viessem mais tarde" (KELLER et al., 1938: 25).

Uma cerimônia mais elaborada ocorreu em 1481, quando Don Diego tomou posse formal da Costa da Guiné na África Ocidental.

> Então a cavalgada prosseguiu [...] até uma grande árvore a pouca distância do Povoado Aldea, tendo ali a situação mais desejável para sua fortaleza pretendida; os braços reais foram imediatamente expostos sobre a árvore e um altar erguido por baixo; toda a companhia prosseguiu para juntar-se à primeira missa que foi celebrada na Guiné (KELLER et al., 1938: 24).

Os espanhóis eram ainda menos informais. Sua prática usual geralmente incluía uma declaração formal de tomada de posse da *terra nullius*, um sinal físico simbolizando o ato, e uma encenação simbólica da nova soberania. Uma instrução real de 1514 para o explorador De Solis especifica os passos:

> A forma como você deve proceder na tomada de posse das terras e partes que descobrir é que, estando nessas terras ou partes descobertas, deve-se fazer perante um notário público e o maior número possível de testemunhas, as mais conhecidas, um ato de posse em nosso nome, cortando árvores e ramos, e cavando ou fazendo, se houver oportunidade, alguma pequena construção (*edifício*), que deve estar em uma parte em que há alguma colina marcada ou uma árvore grande, e então se dirá a quantas léguas esse marco está do mar, um pouco mais ou menos, e em que parte, e que sinais tem. E então uma estrutura deverá ser erguida ali, uma pessoa apresentará uma reclamação e você, como nosso capitão e juiz, deve se pronunciar e julgar o caso, de modo que, ao todo, tomará a dita posse; que será para a parte em que a tomar, e para todo o seu distrito (*partido*) e província ou ilha, e você deverá trazer o seu testemunho assinado pelo referido notário, de modo a dar fé (KELLER et al., 1938: 39-40).

De fato, a declaração formal estipula que o novo país é tomado em "nome do rei da Espanha". Assim, por exemplo, Colombo, durante sua primeira viagem em 1492, tomou posse de ilhas nas Índias Ocidentais "em nome dos monarcas espanhóis por proclamação pública e flâmulas tremulantes". E os exploradores espanhóis costumavam fixar cruzes, assim como Colombo em sua terceira e quarta viagens, bem como Vicente Yanez Pinzon e Diego de Lepe em 1500 na América do Sul, nos locais onde se realizavam as cerimônias de tomada de posse. Às vezes, a cerimônia física equivalia simplesmente a erguer uma pilha de pedras, como fez Balboa em 1513 na costa do Pacífico. Finalmente, a nova jurisdição e controle sobre a terra foi simbolizada em vários atos, como o corte de árvores ou beber água, como fez Pinzon na costa norte da América do Sul. Diego de Lepe também cortou árvores, mas, além disso, marcou seu nome em outras delas. Em sua segunda viagem, Colombo tomou posse de novos territórios por meio de uma cerimônia legal semelhante àquela pela qual Unamuno tomou posse de partes da costa da Califórnia, como descrito em um relatório de 1587:

> Depois de deixar ordens a bordo do navio quanto ao que deveria ser feito, e após ter eleito *alcaldes* e *regidores*[47], para que houvesse alguém para tomar posse do porto e o que mais pudesse ser descoberto, desembarquei com doze soldados [...]. Chegamos a esta colina e ela parecia ser um lugar adequado para tomar posse do porto e do país em nome de Sua Majestade; uma vez que eu e o resto da delegação havíamos desembarcado e atravessado o ponto de encontro e o porto do país tranquila e pacificamente, como em território pertencente ao seu domínio [*de la demarcacion i Corona del Rey*], eu fiz isso em nome do Rei Felipe, nosso mestre, na devida forma jurídica, por meio de Diego Vasquez Mexia (um dos *alcaldes* eleitos para esse fim) em sua capacidade de *Justicia*: erguemos uma cruz como sinal da fé cristã e da tomada de posse do porto e do país em nome de Sua Majestade; cortamos galhos das árvores que ali cresciam e realizamos as outras cerimônias costumeiras (KELLER et al., 1938: 40).

Os espanhóis tomavam posse de uma *terra nullius* com um simbolismo que muitas vezes incluía uma recitação conhecida como a *Requisição*, embora ela raramente fosse realizada em toda sua extensão especificada nas instruções. Em essência, tratava-se de uma apresentação sistemática da filosofia e da história cristã da criação aos nativos. Ao fim dessa recitação, esses nativos eram convidados "a jurar fidelidade ao papa e ao rei da Espanha". Se eles se recusassem a fazer o juramento, tornava-se legal ocupar a terra deles pela força, se necessário.

---

47. "Prefeitos e regentes."

A prática francesa antes do final do século XVII era bastante simples, comparada com as cerimônias espanholas ou inglesas. Era quase tão informal quanto a prática portuguesa. Mas, no último quarto do século XVII, ela assumiu uma forma altamente estruturada, como exemplifica o ritual de 14 de junho de 1671, durante o qual Daumont de Saint-Lusson – representante de Jean Talon, Intendente do Canadá e representante pessoal do rei da França – tomou posse da região do Lago Superior. Conduzindo seus homens, Saint-Lusson marchou até o topo de uma colina onde os chefes e representantes indígenas já estavam reunidos.

> Ao redor, estava uma grande multidão de índios, de pé ou de cócoras ou reclinados, com olhos e ouvidos atentos. Uma grande cruz de madeira havia sido preparada. Dablon [um dos missionários jesuítas da delegação], em forma solene, abençoou essa cruz, que depois foi levantada e plantada no chão, enquanto os franceses, expostos, cantavam a *Vexilla Regis*[48]. Em seguida, um poste de cedro foi plantado ao lado da cruz, com uma placa de metal acoplada, gravada com insígnias das armas reais; tudo isso ocorria enquanto os seguidores de Saint-Lusson cantavam o *Exaudiat*[49], e um dos jesuítas proferia uma oração pelo rei. Em seguida, Saint-Lusson avançou, e, segurando sua espada em uma mão e levantando com a outra um torrão de terra, proclamou em voz alta: "Em nome do Monarca Altíssimo, Poderoso e formidável, Luís, o décimo-quarto com esse nome, Rei Altíssimo Cristão da França e Navarra, tomo posse deste lugar, Sainte Marie du Saut, bem como dos Lagos Huron e Superior, da Ilha de Manitoulin, e de todas as terras, rios, lagos e riachos que lhe são contíguos – tanto as que foram descobertas como as que podem ser descobertas em seguida, em todo o seu comprimento e largura,

---

48. *Vexilla Regis Prodeunt* ("As bandeiras do rei avançam") é um hino latino cuja composição se atribui ao poeta cristão Venâncio Fortunato, que teria vivido na corte merovíngia no século VI d.C. [N.T.].
49. *Exaudiat te Dominus* ("Que o Senhor te ouça"), primeiro verso do Sl 19 [N.T.].

delimitadas, de um lado, pelos mares do Norte e do Oeste, e do outro, pelo Mar do Sul: declaro a essas nações que, a partir deste momento, elas são vassalas de Sua Majestade, obrigadas a obedecer suas leis e a seguir seus costumes; prometo-lhes em seu favor todo o socorro e proteção contra invasões de seus inimigos; declaro a todos os outros potentados, príncipes, soberanos, estados e repúblicas – a eles e a seus súditos – que não podem e não devem se apoderar ou se estabelecer em nenhuma parte dos países acima mencionados, a não ser sob o bom prazer de Sua Majestade Santíssima, e daquele que governará em seu nome; e isto sob pena de incorrer em seu ressentimento e no esforço de suas armas. Vive le Roy!" (KELLER et al., 1938: 125).

Desde o século XVI, a cerimônia britânica foi um procedimento altamente elaborado, que, como os espanhóis, incluiu etapas específicas: a primeira era a obtenção de cartas de patente. Em seguida, eram realizados vários ritos para tomar posse de um território em nome do rei ou da rainha, ritos que incluíam pelo menos os três seguintes: o erguimento de um sinal simbólico, uma declaração formal proclamando que a terra estava sob soberania inglesa e a promulgação de um conjunto de leis. A viagem de Sir Humphrey Gilbert fornece um exemplo típico. Cartas de patente – uma concessão real de privilégio exclusivo para suas descobertas – lhe foram dadas em 2 de junho de 1578. A rainha lhe deu "liberdade e licença [...] para descobrir, encontrar, procurar [...] terras, países e territórios bárbaros, que não são atualmente possuídos por nenhum príncipe ou povo cristão".

Em 1583, Gilbert ancorou em St. John's Harbour, Newfoundland. A cerimônia oficial de tomada de posse foi organizada em 5 de agosto de 1583, "na presença de toda a companhia e de alguns 'estrangeiros'". "Após o ritual, Gilbert, em nome do direito de soberania da Rainha Elizabeth e de suas próprias patentes, promulgou um código de três leis que: a) estabeleceu a Igreja da Inglaterra naquela terra nova ("Newfoundland"); b) tornou punível como alta traição qualquer ato prejudicial ao direito de posse da rainha; (c) tornou qualquer palavra de desonra à rainha um ato penalizável por meio de corte de orelhas e confisco de bens e navios.

Em conclusão, o *Romanus Pontifex* de 1454 moldou todos os acordos subsequentes relativos aos direitos sobre as terras recém-descobertas. Ele não só estabeleceu a base para as bulas papais seguintes, mas ao longo dos anos seus princípios básicos foram fielmente mantidos, mesmo quando suas políticas foram modificadas e transformadas para se adequar às demandas concretas da expansão dos projetos europeus. Apesar do grande número de acordos e contratos que foram feitos nesse contexto, nenhuma potência europeia considerou que os nativos tivessem qualquer soberania ou direitos aceitos sobre suas terras, exceto em alguns raros casos em territórios do sudeste e leste da Ásia, notadamente a China. Esses acordos eram, em sua finalidade e em sua forma, dispositivos que permitiam aos europeus entrar nesses territórios e construir *avant postes*.

A filosofia do *Romanus Pontifex* também expõe dois conceitos fundamentais que deveriam guiar a colonização. Primeiro, ela afirmava a primazia do papado sobre os reis cristãos, ao retomar sua expressão mais explícita e extrema, a da bula de Bonifácio VIII, *Unam Sanctam* de 1º de novembro de 1302. Em meados do século XV, tal primazia espiritual e tais direitos eram, como vimos, objeto de negociações políticas. Em segundo lugar, o *Romanus Pontifex* estabeleceu a ideia de *terra nullius*, ou seja, a noção de que os europeus teriam soberania fora da Europa e, em última instância, o direito de colonizar e de praticar a escravidão. Esta posição filosófica era considerada um produto da "lei natural". Ou seja, as raças humanas obedeceriam à mesma regra observada em florestas onde existem seres mais fortes e mais fracos, essas vivendo e se desenvolvendo sob a proteção daquelas. Seria a "missão" da raça mais forte ajudar seus "irmãos" inferiores a crescer; e em todo caso, de acordo com a doutrina, cabia à raça mais avançada assegurar a exploração de todos os bens feitos por

Deus para toda a humanidade. Em 1526, Francisco de Vitoria justificou as conquistas coloniais com base nos direitos comerciais cristãos, explicando que era intenção de Deus que todas as nações comerciassem entre si. Seu contemporâneo, Sepulveda, invocando a lição de Aristóteles, sustentava que os nativos haviam sido destinados por Deus a serem dominados. Em suma, de um ponto de vista cristão, opor-se ao processo de colonização ou de escravidão só poderia ser errado moralmente.

2

Qual ideia de África?

> *Si les discours doivent etre traités d'abord*
> *comme des ensembles d'événements discursifs,*
> *quel statut faut-il donner à cette notion*
> *d'événement qui fut si rarement prise en*
> *considération par les philosophes?*[50]
> FOUCAULT, M. *L'ordre du discours*: 59.

A reativação dos textos gregos, a inversão de perspectivas na história, testemunha uma transformação epistemológica. O conhecimento sobre a África agora se organiza segundo um novo modelo. Apesar da resiliência dos mitos primitivistas e evolucionistas, um novo discurso – mais exatamente, um novo tipo de relação com o objeto africano – foi estabelecido. A Antropologia, a mais comprometida das disciplinas durante a exploração da África, rejuvenesceu primeiro através do funcionalismo (durante o período colonial) e, no final da era colonial, na França, transmutou-se em estruturalismo. Ao fazê-lo, a Antropologia, pelo menos teoricamente, reavaliou seus próprios elos com tudo aquilo com que ela havia sido feita para servir, desde sua instituição como disciplina científica. Seja como for, em meados dos anos de 1950, ela se aliou a outras disciplinas (Economia, Geografia, História, Literatura etc.) na

---

50. "Se os discursos devem ser tratados desde o início como conjuntos de acontecimentos discursivos, qual estatuto deve ser dado a essa noção de acontecimento que foi tão raramente levada em consideração pelos filósofos?"

constituição de um novo e vago *corpus* científico que recebeu o nome de Africanismo ou conhecimento sobre a África. Interligadas no mesmo espaço epistemológico, mas radicalmente divididas por seus objetivos e métodos, tais disciplinas, no que diz respeito à ideia de África, viram-se cercadas entre as exigências concretíssimas de libertação política do continente, a designação de sua própria cientificidade e sua fundamentação filosófica. A figura africana era um fato empírico, mas por definição foi percebida, experimentada e promovida como sinal de absoluta alteridade. Uma passagem de *As palavras e as coisas* dramatiza esse ponto:

> Nessa figura empírica, e ainda assim estranha a (e em) tudo o que podemos experimentar, nossa consciência não encontra mais, como no século XVI, o traço de outro mundo; ela não constata mais a errância da razão extraviada; ela vê surgir o que nos é, perigosamente, mais próximo, como se, subitamente, o oco mesmo de nossa existência se perfilasse em relevo; a finitude a partir da qual nós somos, pensamos e sabemos se ergue de repente diante de nós, existência real e ao mesmo tempo impossível, pensamento que não podemos pensar, objeto para o nosso saber, mas que sempre se esconde dele (FOUCAULT, 1973: 375).

A partir dessa citação – um comentário sobre a figura da loucura como a verdade e a alteridade da experiência ocidental moderna – gostaria, paradoxalmente, de sugerir que, em geral, a verdade tem sido o objetivo do "africanismo" – aqui concebido como corpo de discursos sobre a África. Mas será realmente um paradoxo prestar atenção cuidadosa às figuras exóticas da África que, desde o século XV, testemunham uma fusão entre o continente e a loucura? (cf. HAMMOND; JABLOW, 1977; MOURALIS, 1988). Em todo caso, por mais estranho que pareça, deslocamentos, transformações e conversões metódicas dentro de discursos técnicos como a antropologia e a história africanas foram baseadas em critérios que visavam alcançar a verdade sobre a África e expressá-la em discursos "cientificamente" críveis. Em suas demandas, tais pesquisas explicariam, por exemplo, a tensão existente na antropologia entre evolucionismo, funcionalismo, difusionismo e estruturalismo.

Parece-me que os vários métodos de africanismo trouxeram consigo outra questão, que é uma questão importante. Ela trata da forma como elementos empíricos dão testemunho da verdade dos discursos teóricos e vice-versa. Com efeito, tal problema excede em larga medida as modalidades das escolas metodológicas africanistas. Em um artigo sobre "A busca por paradigmas como obstáculo à compreensão", Albert Hirschman observa que "um recente artigo acadêmico argumentou vigorosamente contra a coleta de materiais empíricos exercida como um fim em si mesmo e sem uma análise teórica suficiente para determinar critérios apropriados de seleção". Logo em seguida, Hirschman especifica seu próprio projeto: avaliar "a tendência à teorização compulsiva e insensata, uma doença tão prevalente e debilitante [...] quanto a propagação de trabalhos empíricos irrefletidos nas ciências sociais" (HIRSCHMAN, 1979: 163).

Levando a sério o relativismo cultural de Herskovits, eu sugeriria que a verdadeira questão não é uma oposição entre teoria e coleta empírica. Trata-se mais da escolha silenciosa e *a priori* da verdade visada por um determinado discurso. Nesse contexto, eu entendo a verdade como uma abstração derivada, como um signo e uma tensão. Unindo e separando simultaneamente objetivos conflitantes de sistemas constituídos com base em diferentes axiomas e paradigmas, a verdade não é uma ideia pura nem um objetivo simples.

"Seja qual for o caso, [um] desejo de unidade está no início e no fim de cada verdade. Mas assim que a exigência de uma única verdade entra na história como um objetivo da civilização, tal história é imediatamente afetada com uma marca de violência. Pois sempre se deseja fechar o nó muito cedo. A unidade *realizada* da verdade é justamente a mentira inicial" (RICOEUR, 1965: 176). Assim, como exemplo, temos as tensões do cristianismo ao amarrar, em 313 d.C., seu destino ao do Império Romano;

o poder paradoxal de uma expansão europeia para fora de suas fronteiras, que, há quase exatamente quinhentos anos, inventou e organizou o mundo em que vivemos hoje com base no conceito de lei natural; a mentira que justificava a escravidão e, a propósito de todos os territórios não europeus, a ideia de *terra nullius*, graças à qual Estados Unidos, Austrália e África do Sul são o que são hoje. As representações e signos que deram à memória oculta e violada desses países seu direito e pertinência como um princípio parecem ter desaparecido.

Estes tipos de sinais "paradoxais" podem ser menos interessantes. Eles revelam suas próprias contradições internas com demasiada facilidade. Mas será que posso ancorar esta afirmação da verdade como falha e lhe dar uma base filosófica por meio de uma reflexão que lide com as tarefas dos africanistas?

Permitam-me elaborar mais minha hipótese. A meu ver, a breve história do africanismo tornou óbvio que – para além da dicotomia entre conhecimento rudimentar e científico e para além da dicotomia entre ilusão e verdade – essa última presente no evolucionismo de Levy-Bruhl e seus discípulos, incluindo Evans-Pritchard – há um problema maior em relação às próprias condições do conhecimento. De um lado, a maioria de nós concordaria com Michel Foucault ao afirmar que algumas distinções devem ser feitas, distinções necessárias relativas à própria verdade – primeiro ponto: existe *"uma verdade que é da mesma ordem do objeto – a verdade que é gradualmente delineada, formada, estabilizada e dita através do corpo e dos rudimentos das percepções"*; segundo ponto: *"a verdade que aparece como ilusão"*; e o terceiro: concomitantemente, *"deve existir também uma verdade que é da ordem do discurso*, uma verdade que torna possível empregar, ao tratar da natureza ou da história do conhecimento, uma linguagem que será verdadeira" (cf. FOUCAULT, 1973: 320; ênfases minhas). Essas distinções devem ter uma aplicação universal. Por outro lado, há uma questão importante relativa ao estatuto de um discurso verdadeiro. Como observa Foucault, "ou esse discurso verdadeiro encontra seu fundamento e modelo na verdade empírica cuja gênese na natureza e na história ele refaz, para que se tenha *uma análise do tipo positivista* [...]; ou o discurso verdadeiro antecipa a verdade cuja natureza e história ele define [...], para que *se tenha um discurso do tipo escatológico*" (FOUCAULT, 1973: 320; ênfases minhas).

Essas distinções metodológicas – sobre tipos de verdade, condições de possibilidade de um discurso verdadeiro e tensões entre o tipo positivista e o tipo escatológico – fazem sentido. Existe realmente um modo de conceber rigorosamente a realidade da África enquanto não tivermos lidado com essas distinções?

A fim de elucidar algumas consequências teóricas das observações anteriores, gostaria de focar séria e detalhadamente o relativismo cultural, tal como ele é exposto por Melville Herskovits, o fundador dos estudos africanistas nos Estados Unidos. Em seguida, pretendo colocar brevemente em discussão um argumento contemporâneo e impactante feito por Jean-Loup Amselle, um estudioso francês, que é *maître de conférences* na École des Hautes Études en Sciences Sociales em Paris.

O relativismo cultural de Herskovits

Comecemos com uma questão simples. As investigações de Herskovits sobre antigas civilizações inquietarão até mesmo os mais céticos. Quão verdadeiro é o nosso conhecimento sobre elas? Ele escreve:

> [...] pode-se perguntar: nosso conhecimento a respeito das civilizações do paleolítico não é, na melhor das hipóteses, muito escasso? Será que não sabemos muito pouco da vida real do povo para julgá-lo? Em que tipo de habitações esses homens viviam desde os tempos mais remotos? Que tipo de linguagem falavam? Qual era sua religião e sua organização social? Que tipo de roupa vestiam? Quais alimentos, além da carne dos animais cujos ossos encontramos nos montes de lixo, eles comiam? Essas e muitas outras perguntas ocorrerão ao investigador; é lamentável que a maioria

delas não possa ser respondida com mais nada além de suposições, por mais astuciosas que sejam (HERS-KOVITS, 1929: 121).

Nessa frase é possível ver o que está em questão (assim como o significado real da chamada crise das ciências sociais em geral e dos estudos africanistas em particular). Como notou Benoît Verhaegen (1974), o problema reside na tensão entre, de um lado, a reivindicação e a vontade de verdade dos discursos empíricos (nos quais, supostamente, a realidade determina a credibilidade e a objetividade do discurso) e, de outro, as reivindicações dos discursos escatológicos (nos quais uma promessa e o valor de uma esperança são pressupostos para realizar uma verdade no processo de realização de seu ser). Como observado por Foucault, nessa tensão, de um ponto de vista contemporâneo, o marxismo entra em contato com a fenomenologia e concebe o ser humano como um objeto perturbador de conhecimento. Em poucas palavras, descobre-se que tanto Auguste Comte quanto Karl Marx testemunham uma configuração epistemológica na qual "a escatologia (como verdade objetiva proveniente do discurso do homem) e o positivismo (como verdade do discurso definida a partir da verdade do objeto) são indissociáveis" (FOUCAULT, 1973: 320-321).

Essa consciência deve se impor como uma exigência intelectual. A maioria dos projetos marxistas africanos nos anos de 1960 ignorou a complexidade de suas próprias raízes epistemológicas e assim apagou os paradoxos de seu próprio discurso e prática. Por outro lado, as obras não marxistas, ao ignorarem a história (como quadro de seus próprios discursos) e as historicidades conflitantes de seus "objetos" de conhecimento, tenderam a privilegiar a alegoria das sociedades fechadas, inexistentes e reduzidas a passados míticos, ou, como no caso do projeto de Mbiti (1971), estabeleceram um ambiente incerto, baseado num salto acrítico da história para a escatologia cristã. Em todos esses casos, um passado, uma história, ou, mais exatamente, histórias da África foram apagadas, e a ideia de África se viu reduzida a uma potencialidade. Aqui podemos nos lembrar dos conselhos de Herskovits:

> [...] não se enganem, o relativismo cultural é uma filosofia "rigorosa". Requer daqueles que a sustentam a alteração das respostas provenientes dos mais fortes condicionamentos culturais aos quais foram expostos e dos etnocentrismos implícitos nos sistemas de valor particulares de sua sociedade. No caso dos antropólogos, isso significa seguir implicações de dados que, confrontados ao nosso sistema de valores culturalmente aceito, ensejam conflitos nem sempre fáceis de resolver (HERSKOVITS, 1972: 37).

Eu questiono as lições marxistas sobre a África. No entanto, os marxistas pareciam de alguma forma corretos ao insistirem que há certa relação de necessidade entre a prática da ciência social e da política e, portanto, da ética. É possível se opor às deduções políticas marxistas, mas, com respeito à ideia de África, não há como ignorar a importância deles e as evidências que eles revelaram. Em termos de futuro, o custo (ou preço) das mitologias sociais (desenvolvimento, modernização etc.) que foram inventadas pelo funcionalismo, pela antropologia aplicada e pelo colonialismo exige uma redefinição do discurso e da prática "africanista" em simetria com a redefinição das nossas expectativas políticas. Em termos de passado, o mesmo raciocínio é válido: qual é o preço a ser pago para trazer de volta à luz o que foi enterrado, borrado, ou simplesmente esquecido?

Analisemos o projeto marxista e suas implicações. Desde os anos de 1950, a partir do despertar político da África negra, o marxismo surgiu como inspiração para a renovação do continente. Uma apoteose notável, na medida em que suas promessas implícitas eram, desde o início, consideradas como expressões concretas da vida de pessoas reais e como uma negação do exílio que as tinha mantido cativas, o marxismo parecia ser a arma e a ideia paradigmática que levaria para além de tudo aquilo que o colonialismo encarnou e ordenou em nome do capital.

Sem dúvida, veio daí também a nova inflexão que trouxe aos estudos africanistas, logo depois da última guerra, conceitos marxistas cuja intenção explícita e estrutura teórica evidentemente acusaram o dogmatismo das ciências coloniais e seus programas culturais em relação às sociedades não ocidentais. Os debates sobre o modo de produção asiático, o modo de produção em linha e os conceitos de tradição oral e *pensée sauvage* abriram novos horizontes. Em todo caso, com Yves Benot, Endre Sik, Jean Suret-Canale e muitos outros, estes conceitos se tornaram faces de um africanismo militante que transformou progressivamente os objetivos e métodos da antropologia, da sociologia, da história e da economia política.

Por outro lado, durante o mesmo período, políticos em ação na África, sensíveis a esse poder de conversão do pensamento marxista e seduzidos por metáforas de uma sociedade igualitária organizada a partir de uma economia a serviço da melhoria da vida das pessoas e de todos os povos, conceberam a libertação política de novos países africanos nos termos de uma revolução marxista. Esse plano político, com efeito, desenvolveu-se no quadro da generosidade do africanismo marxista e se submeteu às suas mesmas normas: a evidência de uma condição humana comum; a oposição compartilhada aos privilégios de história, raça ou classe; e uma negação da equivalência da propriedade e do poder político. Essa foi a era dos socialismos africanos, cujo propósito foi desacreditar os pressupostos civilizadores da violência colonial. Frequentemente brilhantes formalmente, esses socialismos, em geral, tiveram vida e funcionamento como textos marcados por fantasias de um novo começo ilusório da história. Dentro de suas articulações concretas nas formações sociais, ao longo dos anos, eles revelaram ser não mais do que desvios dos projetos marxistas que eles afirmavam estabelecer. O rigor do discurso materialista de um Nkrumah[51] foi

---

51. Kwame Nkrumah (1909-1972) foi um político ganês que atuou no movimento de descolonização da África e governou Gana entre os anos de 1950 e 1960. Em 1964, ele se declarou presidente vitalício do país, e dois anos depois (1966) foi deposto por um golpe de estado militar [N.T.].

acompanhado de uma das ditaduras políticas mais medíocres; o experimento socialista de Sékou Touré[52] acabou sendo, ao longo dos anos, apenas uma ordem autocrática cujo esforço, em última análise, confundiu todos os investimentos e figuras marxistas que inicialmente tinha justificado; a *Ujaama* de Nyerere[53] não revelou nada além das contradições dos mecanismos burocráticos que asfixiavam as classes marginalizadas, as mesmas que supostamente deveriam ser promovidas pelo socialismo de Estado; por fim, a elegância das leituras de Senghor sobre Marx e Engels tornou-se, tal como as de Althusser ou Jean-Yves Calvez, um simples objeto de exegese erudita.

Esse fracasso, ao contrário do que dizem o clamor racista e as hipóteses oriundas de análises fáceis, não me parece ser apenas um fracasso da inteligência africana. Com efeito, é possível atribuir esse fracasso às falhas do africanismo marxista e às suas incoerências epistemológicas. Em todo caso, deve-se notar que os mitos do socialismo africano têm a mesma origem dos mitos do africanismo marxista: aquele espaço preciso que, no pensamento marxista, define e celebra os poderes da "revolução", determina os direitos e conflitos dos indivíduos reais integrando essa totalidade – ou seja, o proletariado sem rosto – e, sobretudo, organiza suas missões. É a partir desse espaço que sonhos e sistemas se estabeleceram. Com o propósito de promover a autonomia da cultura africana e seu progresso econômico e técnico, eles insistem – e, infelizmente, às vezes continuam a insistir – apenas no direito de ser diferente e nas virtudes da alteridade. Por exemplo: os relatos imprecisos a respeito dos faraós são hoje autorizados

---

52. Sékou Touré (1922-1984) foi um político da Guiné que, como Nkrumah (nota anterior), também lutou pela descolonização do continente africano e liderou seu país num regime socialista de partido único entre 1958 e 1984 [N.T.].

53. Julius Nyerere (1922-1999) foi um intelectual e político da Tanzânia que governou o país entre 1964 e 1985, segundo o conceito de *Ujamaa*, uma forma de socialismo que foi abandonada pouco a pouco pelos governos que o sucederam [N.T.].

pela respeitabilidade de uma história africana reconquistada pelo africanismo a partir das margens do primitivismo no qual ela havia sido inscrita pela ciência colonial. Similarmente, o desprezo muitas vezes apático e, em todo caso, culpado de uma economia política que invoca curvas relativistas como princípios de trabalho explica a impaciência metodológica que se torna hegemônica e na qual, sem qualquer precaução epistemológica, metáforas sobre a tradição africana substituem as imposições da história. Esta simplificação não se restringe a uma filosofia que, "africanizada" graças a alguns missionários e seus discípulos, esquece as metáforas conceituais e analogias permitidas em expressões como "ontologia banto" ou "metafísica dogon". Ela também opera cada vez mais nas relações de necessidade entre o significante e a significação manipuladas por ela.

Ao mesmo tempo, entram em jogo palavras-chave que, durante trinta anos, dominaram a cena nos estudos africanistas: negritude, personalidade negra, autenticidade etc., noções que derivam diretamente do pressuposto marxista da centralidade do indivíduo como ator histórico. É verdade que o paradigma marxista atravessou as tentações idealistas dos missionários, que, para melhor assimilarem os nativos, foram os primeiros a estabelecer métodos adequados para traduzir suas mensagens em termos indígenas. Também é verdade que o paradigma marxista surgiu na década de 1950 em um espaço já conquistado por um africanismo crítico, mas liberal: como o de Georges Balandier, com a provocação colossal de sua "sociologia da África negra", ou o de Jan Vansina, que, com seu conceito de história oral, aumentou o fogo sobre a ideologia institucional. Essas travessias não invalidam minha tese. Pelo contrário. Elas contribuíram para deslocar a credibilidade da ciência colonial para fora do centro. No espaço que assim se abriu, o convite marxista se tornaria o desejo pela possibilidade de um novo começo; e o marxismo, tanto nas ciências sociais como na política, terminaria por se firmar como uma providencial coincidência e sinal de libertação. Novos sinais, deslocamentos metodológicos e comoção ideológica, certamente de natureza discreta, mas eficaz, estavam nascendo. Estavam lá para abrir um processo histórico. Acredito que eles deixaram sua marca nele. De fato, nos anos de 1960, o vocabulário das críticas à razão colonial era marxista, o vocabulário das independências africanas, bem como dos programas de não alinhamento também era. Os regimes, os movimentos progressistas, e seus líderes eram marxistas. Similarmente, os *interlocuteurs valables* ("representantes autorizados") da África eram marxistas ou, ao menos, faziam uso de uma sintaxe que tinha um aspecto marxista; os africanistas respeitados e aceitos, tanto pela África como pelo Ocidente, eram, na maioria das vezes, marxistas ou, no mínimo, simpatizantes marxistas; a disciplina do futuro que atraía ou aterrorizava a economia política era marxista. Os aspectos que tal adjetivo cristaliza nessas expressões, como nas atitudes que encobre, não têm nada em comum, exceto uma vontade tagarela de ser uma mesma unidade e o recurso obscuro a um assombro primordial, qual seja: somos, fundamentalmente, todos iguais na força de nosso nascimento, como na morte. Em suma, somos, todos nós, marionetes de um teatro de fantoches absurdo cuja razão elementar poderia, ao menos teoricamente, tornar real a comunalidade de nosso destino e a precariedade de nossa condição humana comum.

O notável fracasso do paradigma marxista pode ser explicado. O corpo dos discursos inovadores era um objeto vago, inquieto, proposto, mas nunca realmente nomeado; sugerido, mas sempre ausente; dramatizado, mas a cada vez coberto por adjetivos confusos que o mantinham velado. Há algo aqui que soa meramente como mistificação. É verdade que alguns líderes políticos africanos podem ter se desviado ou, mais precisamente, podem ter acreditado que o arranjo dos quadros de uma alteridade racial poderia, tal como fora feita, se constituir como uma reivindicação marxista e fazer surgir uma sociedade socialista no nível da organização do poder e da produção. Acho difícil acreditar que a maioria dos africanistas – tanto africanos quanto ocidentais – teria caído nessa confusão. Diretamente preocupados com a experiência que seria essa conquista da África por um socialismo "de rosto humano", exaltando a sociedade em nome dos direitos da subjetividade, eles não podiam ignorar que o esforço, o resultado de seus bons ofícios e a reunião de suas fórmulas deliberadamente técnicas estava confundindo algo essencial. O momento subjetivo no pensamento marxista é necessariamente cancelado por outro, que é objetivo e, ao mesmo tempo, configura-se como uma memória da história e da série dialética. Para ser mais preciso – e referindo-me ao que o próprio Marx disse em 1879 ao partido social-democrata alemão, quando encontrara refúgio em Zurique – sustento que a luta de classes é a força propulsora da história, mas não é o acaso nem os perigos da condição dos indivíduos, membros singulares dessas classes, que significam a história. O materialismo histórico não é nem uma figuração subjetiva nem uma exigência de atitudes individuais e psicológicas, mas sim, e muito mais, uma lei e um foco das configurações e pressões que se coagem mutuamente na escada da história.

Isso foi rapidamente compreendido por Jean-Paul Sartre, que o declarou nitidamente: primeiro em *Orfeu negro*, no qual ele mostra que o desejo do negro pela diferença, embora concebido como negação da tese da supremacia branca, é feito para se autodestruir em nome da dialética; depois em *Crítica da razão dialética*, no qual ele reescreve a disposição dos limites da liberdade, corrigindo radicalmente o romantismo das escolhas absolutas exibidas como valor exemplar e irredutibilidade do indivíduo em *O ser e o nada*. Na África, Leopold Sedar Senghor é muito provavelmente o único teórico que, desde o início, esteve atento aos contrastes dos dois momentos da tese marxista: a crueza decisiva do direito à alteridade, o momento subjetivo por excelência, e logo em seguida sua absorção no brilho da objetividade e no abismo da história. A violência implicada na passagem do primeiro para o segundo momento, a força com que esse reduz aquele, explicaria as razões que fizeram Aimé Césaire decidir deixar o Partido Comunista Francês.

Trinta anos após a saída de Aimé Césaire, as tensões provavelmente parecem mais evidentes. Por outro lado, a escolha de Césaire e de Senghor se tornaram pontos de interrogação. Nesse mesmo sentido, a ordem do discurso africanista parece ambivalente: tal discurso não cobriria então o mesmo corpo? Se a condição subjetiva do sujeito africano que Senghor e Césaire encarnavam parecia, nos anos de 1960, bem-aventurada e respeitável, não seria apenas porque ela tinha necessariamente de dar lugar à violência da objetividade que a inflamaria rispidamente e a destruiria? Perguntas inócuas? Absolutamente não! Africanos generosos e ingênuos leram livros de africanistas marxistas, ou releram Marx, Engels, Mao, muitas vezes em edições baratas que vieram da União Soviética. Muitos deles, entre 1955 e 1965, encontraram razões para o êxtase nessas discussões silenciosas. Na realidade, esses "diálogos" nada mais eram do que o eco de incitações explícitas à violência, anteriormente propostas pelas obras que haviam despertado esses africanos para a consciência política em nome da alteridade cultural. Em suma, desde o início, suas leituras haviam sido falsificadas pela "má-fé" – no sentido sartriano – dos convites à alteridade histórica e cultural. Alguns deles, em nome de uma fidelidade incondicional a Marx, pegaram em armas para lutar contra o estado neocolonial ou para minar os socialismos africanos, e obviamente perderam.

Então, como se em resposta a essas apostas perdidas, novos e veementes apelos repetiam a lição marxista em sua objetividade irredutível. Surgiram regimes políticos como os de Angola, Benin ou do Congo – e novas associações, como as que reuniam os marxistas africanos. Tais apelos estavam sendo mobilizados contra comentários e atitudes políticas que valorizavam a subjetividade e os sinais idealistas da diferença. Por outro lado, eles diziam se concentrar numa aplicação estrita e rigorosa do código socialista. Em suma, tínhamos passado das variações questionáveis em torno do tema "Marx, o europeu do século XIX, não conhecia a África" para outras, dessa vez ao redor do mote "Marx, o guia universal".

Esta mudança foi importante. Ela parece ter contribuído com as orientações mais agressivas dos estudos contemporâneos e com os debates ideológicos mais frutíferos, como aqueles levantados por Paulin Hountondji na filosofia, por Majhemout Diop sobre a noção de classe, e por A. Dieng sobre a questão marxista como um problema africano. Também se disse que tal mudança ou conversão significaria, em última análise, uma notável forma de recapturar a historicidade ocidental. O período colonial havia fundado essa historicidade como disponibilidade de capital. Em nome da universalidade de Marx, e depois de todo o vocabulário hipócrita dos últimos trinta anos, ela finalmente estaria sendo estabelecida como uma exigência dos códigos marxistas e socialistas. Que símbolo!

Destacando esse ponto entre todos os outros, Bogumil Jewsiewicki nos oferece seu livro *Marx, the West and Africa* (Marx, o Ocidente e a África). Em sua saturação e opacidade, o que esses três termos dizem, as relações dentro das quais se definem mutuamente, as arquiteturas teóricas ou concretas que eles suscitam, nada disso é óbvio ou simples. Já era hora de alguém descrever a natureza teatral desses conceitos, decifrar sua polissemia e os valores que assumem ou perdem, conforme o contexto. Jewsiewicki cumpre bem essa tarefa e com uma maestria adquirida por longos anos de estudo do que esses conceitos significam como recursos e como expectativa. O leitor atento de sua monografia também o perceberá. Jewsiewicki nos traz um estudo que é também uma afirmação grave e decidida das contradições e inconsistências intelectuais que são, em parte, responsáveis pela atual crise da ciência africanista, e dos fracassos na renovação do espaço político africano, tal como ele surgiu a partir da experiência colonial. Ele nos obriga a repensar, como tentei fazer nas páginas anteriores, a história africana do marxismo e a opô-la aos princípios do relativismo.

Talvez esteja na hora de relermos cuidadosamente o livro de Herskovits *Economic Life of Primitive Peoples* (Vida econômica dos povos primitivos, 1940) e reanalisarmos sua oposição básica entre a vida antes e a vida depois da máquina, entre o "estrangeiro" e o "familiar".

Herskovits enfatiza, em seu conhecido volume *Cultural Relativism* (Relativismo cultural, 1972), que o relativismo cultural – pensado como uma forma antietnocêntrica de abordar a alteridade – deve ser entendido como um método, uma filosofia e uma prática.

> Como método, o relativismo abrange o princípio de nossa ciência (ou seja, a antropologia). Ao estudar uma cultura, ela procura atingir o maior grau de objetividade possível. Ela não julga os comportamentos que está descrevendo, nem busca mudá-los. Em vez disso, ela procura compreender aquilo que esse comportamento valida nos termos das relações estabelecidas dentro da própria cultura, abstendo-se de fazer interpretações que surgem de um quadro de referência preconcebido. O relativismo como filosofia concerne à natureza dos valores culturais e, além disso, às implicações de uma epistemologia que deriva de um reconhecimento da força do condicionamento cultural na formação do pensamento e do comportamento. Seus aspectos práticos envolvem aplicar – pôr em ação – os princípios filosóficos derivados do método em meio ao cenário mundial mais amplo e transcultural (HERSKOVITS, 1972: 38-39).

Assim, o projeto promove explicitamente a necessidade de fazer afirmações que se enquadram no contexto dos termos e experiências percebidos e compreendidos pelo ator estudado. Mais explicitamente, ele denuncia a parcialidade do preconceito. A exigência de tal orientação no africanismo atualiza uma tarefa hermenêutica, qual seja, interrogar a realidade da "distância temporal" e da "alteridade" com um rigor semelhante ao proposto por Hans-Georg Gadamer a propósito da consciência histórica:

> Devemos elevar a um nível consciente os preconceitos que governam o entendimento e, dessa forma, perceber a possibilidade de que "*outros* objetivos" surjam por direito próprio da tradição – o que nada mais é do que perceber a possibilidade de que possamos compreender algo em sua *alteridade*.
>
> [...] o que exige nossos esforços de compreensão se manifesta antes e em si mesmo no seu caráter de

alteridade. [...] devemos perceber que todo entendimento começa com o fato de que algo *nos chama* a atenção. E como conhecemos o significado preciso dessa afirmação, *ipso facto* reivindicamos colocar os preconceitos entre parênteses. Assim, chegamos à nossa primeira conclusão: pôr entre parênteses nossos julgamentos em geral – e naturalmente, antes de tudo, nossos próprios preconceitos – terminará impondo-nos as exigências de uma reflexão radical sobre a própria ideia de questionamento enquanto tal (GADAMER, 1979: 156-157).

A identidade das tarefas que estou postulando ao evocar a meditação de Gadamer sobre o problema da consciência histórica junto com o relativismo de Herskovits também pode se refletir nas semelhanças que existem entre História e Antropologia. Claude Lévi-Strauss as destacou e as empregou para postular as duas disciplinas como as duas faces de um mesmo Jano:

[...] a diferença fundamental entre as duas disciplinas não é de tema, de objetivo ou de método. Elas partilham o mesmo tema, que é a vida social; o mesmo objetivo, que é uma melhor compreensão do homem; e, com efeito, o mesmo método, havendo apenas variações na proporção das técnicas de pesquisa. Eles diferem, principalmente, nas escolhas de perspectivas complementares. A História organiza suas informações em relação às expressões conscientes da vida social. A Antropologia, por sua vez, procede por meio do exame de seus fundamentos inconscientes (1963: 18).

O relativismo cultural de Herskovits expõe a *Einfühlung*, que basicamente significa "simpatia". Isso me lembra da notável tentação enfrentada pelo missionário belga Placide Tempels nos anos de 1940 – uma era em que a antropologia era dominada por modelos reducionistas. O que o tentava era precisamente fundir-se ou identificar-se com o outro a ponto de se tornar (pelo menos uma vez) o outro, visando falar sensatamente sobre ele. No entanto, tal projeto e seus procedimentos de *Einfühlung*, embora certamente legítimos, são, ao menos em princípio, fundamentalmente difíceis de entender. Eles parecem pressupor no mínimo duas teses ambiciosas. A primeira diz respeito à possibilidade de uma fusão do Eu e do Outro, que, transcendendo ou negando a indeterminação e a imprevisibilidade do Eu, sugeriria que o Eu pode realmente *conhecer* o outro. Em um texto muito forte, Sartre indicou algumas das maiores dificuldades e paradoxos dessa tese (1956: 353).

A segunda questão decorre da transparência questionável do objeto da antropologia. Para Herskovits, o humano como objeto de conhecimento e ciência parece ser um dado óbvio, explicado pela história e pela dinâmica de um espaço cultural. Assim, por exemplo, a partir de uma perspectiva comparativa, os "invariantes culturais" de Schmidt ou a teoria da "indeterminação" de Edel pouco importam para ele, "já que a dificuldade pareceria então não ser mais que uma dificuldade semântica" (HERSKOVITS, 1972: 56-57).

> O problema parece ser análogo ao de determinar *a base mais adequada* para derivar princípios gerais do comportamento humano, nos termos da relação entre forma e processo. Aqui a questão é evidente [...], com a experiência particular de *cada sociedade dando expressão formal historicamente única aos processos subjacentes*, que são operativos para moldar o destino de todos os grupos humanos (HERSKOVITS, 1972: 57; ênfase minha).

Em suma, Herskovits privilegia a centralidade da cultura como totalidade, em vez da consciência individual. Consequentemente, uma dinâmica coletiva da sociedade parece se constituir, diacrônica ou sincronicamente, como uma espécie de consciência social. Assim, ele reafirma nitidamente a antropologia na sua configuração tradicional, ou seja, em proximidade com a biologia e a fisiologia do século XIX. No entanto, Herskovits insiste que "sua abordagem transcultural" estuda *o homem em geral* [ênfase dele], à luz das diferenças e semelhanças entre as sociedades, e das formas como os diferentes povos devem realizar as tarefas que cada um deles deve realizar se quiser sobreviver e se ajustar ao seu ambiente natural e social" (HERSKOVITS, 1972: 108). Uma pergunta permanece sem resposta: O que é esse "homem em geral"? Como ele foi concebido para ser um possível objeto de conhecimento ou de ciência, e a partir de qual espaço epistemológico e cultural?

Concentrando-se nas diversas hipóteses sobre esse "homem em geral", Herskovits comenta que as distorções nas interpretações dependem de atitudes inadequadas e exemplifica o paradoxo da história da antropologia. "Os primeiros que estudaram o homem", ele observa, "[...] enfatizaram o conceito de 'natureza humana', mas isso foi essencialmente para que pudessem reunir as divergências observadas numa única frente". Mais tarde, deu-se mais ênfase a essas diferenças; contudo, uma vez mais, isso foi feito apenas para mostrar quão diversas poderiam ser as manifestações das tendências humanas comuns" (HERSKOVITS, 1972: 57). Ora, como no caso do "homem" antes e depois da máquina, Herskovits antagoniza experiências e reúne culturas nos termos de seus diferentes tipos de tecnologia (1940: 22).

O conceito de Herskovits de "homem em geral" não parece residir sobre uma distinção nítida entre, de um lado, o objeto e o sujeito de uma cultura, uma língua, um pensamento, e, de outro, o sujeito e o objeto do discurso antropológico. Na verdade, eu diria que esse conceito, principalmente nos trabalhos anteriores de Herskovits, atualiza um truísmo da antropologia física da época: para conhecer o Homem (com H maiúsculo) é imperativo conhecer suas variedades, diferenças e similaridades. Uma ilustração concreta disso pode ser vista na contribuição de Herskovits para o livro *Man and his World* (O homem e seu mundo, 1929). No capítulo que ele escreveu, chamado "As civilizações da pré-história", Herskovits usa repetidamente afirmações como: "não podemos dizer *que tipo de homem* viveu no início da pré-história" (1929: 108); "O homem da *época pré-cheleana* não havia caminhado muito em direção à civilização, mas centenas de gerações devem ter sido necessárias para levá-lo até aquele estágio" (1929: 110); "O *homem paleolítico* vivia na África, disso estamos certos [...]" (1929: 127); "a maior contribuição *do homem neolítico* para a civilização humana foi o fato de ele ter aprendido a domar plantas e animais" (1929: 130; ênfase minha).

Herskovits estava ciente do problema (e da complexidade da pergunta "o que é o homem?" – questão fundamental que remonta à antropologia de Kant). Isso fica evidente quando se presta atenção à declinação dos conceitos de civilização e cultura no singular e no plural; o singular geralmente postula a unidade da humanidade, e o plural sua diversidade e variação cultural. A imagem mais explícita da duplicidade da arte discursiva de Herskovits é obtida em sua breve crítica de 1961 a Henry E. Garret, um professor de Psicologia para quem as diferenças e desigualdades raciais são fatos empíricos que então estavam sendo combatidos por uma conspiração de apóstolos do "dogma igualitário". Os argumentos de Garret, publicados em uma edição da revista *Perspectives in Biology and Medicine* (Perspectivas em Biologia e Medicina, outono 1961), fornecem um exemplo do que o próprio Herskovits chama em outro lugar de "imperialismo clássico" (1972: 73). As críticas de Herskovits esboçam duas ordens diferentes e complementares de reflexão. Por um lado, há um argumento ético explícito feito em nome da "ciência" e da "razão", que afirma existir uma historicidade própria para cada grupo humano e até mesmo para cada indivíduo. Essa historicidade pode explicar diferenças entre culturas e entre indivíduos, mas "nenhuma evidência cientificamente válida jamais foi produzida para mostrar que essas diferenças, seja em inteligência geral ou em aptidões particulares, teriam relação com a raça" (1972: 115). Por outro lado, uma ordem mais discreta, de presença forte, mas implícita, alude a uma questão epistemológica importante, que posso ilustrar usando uma das declarações de Michel Foucault: "A cultura ocidental constituiu, sob o nome de homem, um ser que, por uma única e mesma interação de razões, deve ser um domínio positivo do *conhecimento* e não pode ser objeto de *ciência*" (FOUCAULT, 1973: 366-367).

O relativismo cultural diz respeito fundamentalmente a valores. Como Herskovits disse apropriadamente, ele é, em diacronia ou em sincronia, "uma abordagem da questão da natureza e do papel dos valores na cultura" (1972: 14). Como tal, ela se define como uma interrogação vívida do etnocentrismo:

> O próprio núcleo do relativismo cultural é a disciplina social que vem do respeito às diferenças – do respeito mútuo. A ênfase no valor de muitas formas de vida, não de uma, é uma afirmação dos valores de cada cultura. Tal ênfase busca compreender e harmonizar propósitos, não julgar e destruir aqueles que não se encaixam com os nossos. A história cultural ensina que, por mais importante que seja discernir e estudar os paralelismos nas civilizações humanas, não é menos importante discernir e estudar os diferentes caminhos que o homem tem concebido para satisfazer suas necessidades (1972: 33).

Seguindo Kluckhonn, Herskovits acreditava que "a doutrina segundo a qual a ciência nada tem a ver com valores [...] é uma herança perniciosa de Kant e outros pensadores" (1972: 42). O livro *The Human Factor in Changing Africa* (O fator humano na mudança da África; HERSKOVITS, 1967) – principalmente em seus dois capítulos sobre redescoberta e integração – é provavelmente a ilustração mais concreta dessa crença.

Podemos agora pôr em discussão o estruturalismo, a outra grande tendência relativista da antropologia. Numa leitura cuidadosa pensamento estruturalista, depois de expor seu modelo oriundo da linguística e a transposição desse modelo nos livros *Antropologia estrutural* (1963) e *O pensamento selvagem* (1966) de Claude Lévi-Strauss, Paul Ricoeur se volta para o teólogo alemão Gerhard von Rad, com sua obra *Teologia da tradição histórica de Israel*, e afirma:

> Aqui nos deparamos com uma concepção teológica que é o inverso exato do totemismo e que, por ser o inverso, sugere uma relação inversa entre diacronia e sincronia e levanta mais urgentemente o problema da

relação entre compreensão estrutural e compreensão hermenêutica (RICOEUR, 1974: 45).

Essa afirmação surge tanto de uma crítica metodológica ao estruturalismo quanto de uma tese filosófica. A crítica, diz Paul Ricoeur, mostra que "a consciência da validade de um método [...] é inseparável da consciência de seus limites" (RICOEUR, 1974: 44). Tais limites, para Ricoeur, parecem ser de dois tipos: "por um lado [...] a passagem para *o* pensamento selvagem é feita pelo favor de um exemplo que já é muito favorável, um que talvez seja mais uma exceção do que um exemplo. Por outro lado, a passagem de uma ciência estrutural para uma filosofia estruturalista me parece não ser muito satisfatória e nem mesmo muito coerente" (RICOEUR, 1974: 45). Se entendo corretamente a leitura crítica que Paul Ricoeur faz das obras *Antropologia estrutural* e *Pensamento selvagem*, de Lévi-Strauss, o exemplo que permite a primeira passagem é a tese lévi-straussiana a respeito do parentesco como linguagem, ou, simbolicamente, das regras de casamento como "palavras do grupo", para usar a expressão do próprio Lévi-Strauss (1963: 61; RICOEUR, 1974: 36). Quanto à segunda passagem, sua fragilidade poderia ser explicada, segundo essa mesma leitura, pelo conceito lévi-straussiano de *bricolagem*. Eis o questionamento feito por Ricoeur:

> Não teria ele [Lévi-Strauss] se dado vantagem ao relacionar o estado do pensamento selvagem com uma área cultural específica, a da "ilusão totêmica", na qual os arranjos são mais importantes do que o conteúdo, em que o pensamento é realmente *bricolagem*, trabalhando sobre um material heterogêneo, sobre os resíduos do sentido? Nunca se levanta nesse livro a questão relativa à unidade do pensamento mítico. É tido como certa a generalização de todo pensamento selvagem. Ora, eu me pergunto se a base mítica da qual nós [ocidentais] nos ramificamos – com seus núcleos semíticos (egípcio, babilônico, aramaico, hebraico), proto-helênico e indo-europeu – se presta tão facilmente a essa mesma operação; *ou melhor – insisto*

nesse ponto – ela certamente se presta a isso, mas será que se presta sem deixar restos? (RICOEUR, 1974: 40-41; ênfase minha).

O efeito geral dessa linha de questionamento é importante. Ela evoca dois problemas principais. Primeiro, a "unidade" suposta pelo conceito de "pensamento selvagem" não está provada. Assim, o livro *Dahomean Narrative* (Narrativa dahomeana) de Melville e Frances Herskovits, por exemplo, seria simplesmente a evidência de uma bricolagem bem localizada. Em segundo lugar, se o "pensamento selvagem" é somente uma construção hipotética cuja unidade teórica é questionada por uma tensão entre bricolagens reais situadas e contraditórias, como ele poderia ser usado como medida de comparação com a base da qual surgiu a tradição ocidental?

Paremos um momento para refletir sobre a última frase desta minha citação de Ricoeur. Será que a base mítica da qual os próprios ocidentais se ramificam se presta *inteiramente* ao mesmo tipo de operação a que se prestaria o pensamento mítico cultural não ocidental? Como hipótese, poderíamos manter a compreensão de Herskovits do mito como uma narrativa cultural, "vista como derivada da habilidade humana da linguagem, e do fascínio do homem com continuidades simbólicas. Mas como um fato cultural, ela também encontra expressão dinâmica no jogo entre o estímulo exterior recebido por um povo e a inovação interior" (HERSKOVITS, 1972: 240). Ademais, Edmund Leach demonstrou em estudos brilhantes e controversos que as narrativas bíblicas podem ser abordadas por análises estruturalistas (1980; LEACH; AYCOCK, 1983). Embora Georges Dumezil tenha rejeitado o conceito de estruturalismo e declarado explicitamente não ser estruturalista (DUMEZIL, 1980: II, n. 17), seus trabalhos também demonstram convincentemente que as experiências históricas e culturais indo-europeias se submetem a tipologias, sistemas de transformações e padrões similares aos produzidos pela análise estrutural em sociedades não ocidentais (cf., p. ex., DUMEZIL,

1980). E o trabalho de Luc de Heusch: *The Drunken King* (O rei bêbado, 1982), uma das mais destacadas análises estruturalistas sistemáticas aplicadas aos mitos bantu, deriva sua metodologia das lições de Lévi-Strauss e Dumezil. Tais fatos parecem, pelo menos parcialmente, enfraquecer a forte afirmação de Paul Ricoeur.

Mas, no caso da tradição histórica de Israel, Ricoeur afirma encontrar uma conjunção de historicidades que parece não existir nas culturas e sociedades totêmicas (1974: 45-56). Ele distingue três historicidades. A primeira, a de um *tempo oculto*, expõe em uma saga mítica a ação de Yahweh como história de Israel. A segunda, a de uma *tradição*, encontra-se na autoridade do tempo oculto. Em sucessivas leituras e interpretações dessa autoridade, a tradição percebe seu passado e seu devir, refletindo-os como uma *Heilsgeschichte*[54]. Por fim, há a historicidade da hermenêutica, à qual Paul Ricoeur se refere, usando a linguagem de Von Rad, como "*Entfaltung*, 'desdobramento' ou 'desenvolvimento' para designar a tarefa de uma teologia do Antigo Testamento que respeite o triplo caráter histórico da *Heilige Geschichte*[55] (o nível dos acontecimentos de fundação), das *Überlieferungen*[56] (o nível das tradições constituintes) e, finalmente, da identidade de Israel (o nível de uma tradição constituída)" (RICOEUR, 1974: 47).

Isso faz sentido. No entanto, como se pode saltar das sagas fundadoras de Abraão, Isaque ou Jacó para o conceito de *Heilsgeschichte*, a menos que já se tenha aceitado que esses acontecimentos fundadores testemunhem de fato tal conceito? É a fé na confissão, alargada pelas narrativas e depois pelo poder dos comentários e interpretações, que, realizando gradualmente uma confissão mínima, justifica um tempo oculto como sagrado, confirma esse tempo e o transmuta imediatamente primeiro nos sinais do querigma de Deus, depois na história e escatologia.

---

54. "História da Salvação" [N.T.].
55. "História sagrada" [N.T.].
56. "Tradições" [N.T.].

Eis aqui o paradoxo: a leitura de Paul Ricoeur parece pertinente apenas na medida em que pode ser compreendida dentro da economia de uma *tradição* que ela documenta e explica do ponto de vista de um cristão ocidental. Por outro lado, é o próprio fundamento dessa tradição, especialmente a postulação da singularidade e especificidade da história de Israel, que dá sentido à hermenêutica de Ricoeur e sua ambição. Estamos realmente diante de algo como um círculo firmemente fechado que se expande exagerando sua própria importância a partir da lógica interna de um diálogo entre seus diferentes níveis de sentido. Com efeito, a partir das margens do cristianismo ou, mais exatamente, das margens de uma história ocidental que institucionalizou o cristianismo, como não pensar que está acontecendo aqui uma simples exegese de uma tradição situada e tautologizada que parece incapaz de imaginar a própria possibilidade de sua exterioridade, ou seja, que, em suas margens, outras tradições históricas também podem ser possíveis, significativas, respeitáveis e sustentadas por historicidades relativamente bem delineadas?

Foi nas declarações filosóficas de Herskovits que eu encontrei razões para acreditar na verdade como um propósito. Outras tradições situadas fora do espaço ocidental, fora do cristianismo e de seus procedimentos institucionalizados, fora das filosofias secularizadas contemporâneas, falam também de seus próprios tempos ocultos, e todas elas, cada uma à sua maneira, dão testemunho de suas próprias historicidades. Tais historicidades são duas, três ou quatro? O que realmente deveria importar é o desafio que esta pergunta implica. Como afirma Herskovits apropriadamente:

> [...] permanece o desafio de levar conceitos e hipóteses ao laboratório do campo transcultural e pôr à prova seu valor generalizado, ou chegar a novas generalizações. Talvez desafio seja uma palavra demasiado austera para o sentido implícito que lhe damos. Na tradição da erudição humanista, trata-se de um convite à literatura e ao pensamento ocidental para que descubra vastos recursos que nos informarão e nos deleitarão (HERSKOVITS, 1972: 241).

Se for levado a sério, esse último convite só poderá destruir o africanismo clássico ou, em todo caso, entrar em conflito com seus quadros e fronteiras conceituais. No caso da antropologia africana, a pesquisa de Jean-Loup Amselle confirma essa hipótese para além de qualquer dúvida.

Uma crítica da "razão etnológica"

O propósito de Amselle no livro *Logiques Métisses* (Lógicas mestiças, 1990) é questionar os pressupostos teóricos da "razão etnológica" e imaginar a possibilidade de uma inversão da perspectiva antropológica. Essencialmente, *Logiques métisses* é uma crítica a essa "razão etnológica", razão que, por definição, sempre extrai elementos de seu contexto, estetiza-os e depois utiliza suas supostas diferenças para classificar tipos de conjuntos políticos, econômicos ou religiosos. Assim, a propósito da África, obtêm-se oposições clássicas como Estado *versus* sociedades segmentares, mercado *versus* economias de subsistência, islamismo ou cristianismo *versus* paganismo etc. A essa "razão", fio de Ariadne sobre o qual a história do pensamento ocidental transcorre, Amselle opõe outra razão, a *raison métisse*. Em vez de distinguir e separar, esse tipo de racionalidade testemunharia a "indistinção" ou sincretismo original de elementos numa totalidade social e assim, pelo menos, resolveria o dilema contrapondo a "universalidade dos direitos humanos" ao "relativismo cultural", um dilema que, em termos de valores políticos, atualiza a tensão e a oposição entre universalidade como totalitarismo e relativismo cultural como expressão da democracia. Amselle escreve:

> *Toute notre démarche consistera [...] à montrer que le relativisme culturel suppose l'exercice d'un regard à la fois proche et éloigné sur des entités sociales qui sont en réalité mouvantes et ont été préalablement extraites de leur contexte par l'opération conjointe des voyageurs, des missionnaires et des militaires* (AMSELLE, 1990: 10).

*

Toda nossa abordagem consistirá [...] em demonstrar que o relativismo cultural supõe o exercício de um olhar ao mesmo tempo próximo e distanciado sobre as entidades sociais que, na verdade, são moventes e foram previamente extraídas do contexto delas pela operação conjunta dos viajantes, missionários e militares.

A estratégia do método é dupla: por um lado, ele recusa reduzir as culturas africanas e o corpo de suas práticas e negociações sociais a uma essência imóvel; por outro lado, configura-se como uma reavaliação crítica da política da universalidade.

Logiques métisses, uma coleção de nove ensaios, consegue alcançar uma unidade coerente ao organizar seu material a partir de um padrão temático baseado em anos de trabalho de campo e pesquisa do autor na África Ocidental. Os dois primeiros capítulos incidem, respectivamente, sobre a própria noção de "razão etnológica" e sobre a realidade das tensões internas em todas as culturas. O foco está sucessivamente na história da "razão etnológica", em suas práticas ideológicas e, dentro de uma inversão teórica e crítica, no fato dos conflitos e negociações culturais que provocam transformações na identidade das coletividades em todos os lugares. O capítulo três ilustra um sistema de transformações reais (Peul, Bambara, Malinke) e o capítulo quatro teoriza e questiona alguns conceitos básicos da antropologia política, como aqueles usados e aplicados principalmente a partir da publicação do volume de 1940 *African Political Systems* (Sistemas políticos africanos, editado por M. Fortes e E.E. Evans-Pritchard. A discussão continua de forma mais ilustrativa nos capítulos cinco e seis, nos quais o autor, utilizando dois estudos de caso, sobre as regiões de Gwanan e Jitumu, desafia as tipologias tanto de antropologia política quanto classificações etnográficas. Os três últimos capítulos – sobre paganismo branco, identidade e modelo cultural, compreensão e atuação – trazem o debate de volta a uma estrutura histórica mais ampla de confrontos políticos e culturais: Quem está encarregado de definir "etnias", "identidades", "diferenças"? Onde se poderia encontrá-las como essências puras, que atestam seu próprio ser originário?

Várias questões fundamentais são tratadas em *Logiques métisses*. Uma delas concerne à eficiência do modelo de universalidade. Tal modelo postula sua racionalidade como um paradigma abrangente, justificado por uma estrutura como a das séries dialéticas nas ciências, em que parecem ser fatos observados: ação e reação, na mecânica; diferencial e integral, na matemática; combinação e dissociação de elementos, na química; positivo e negativo, na física. A partir deste modelo rígido, os marxistas (p. ex., LENIN, 1967) postularam a luta de classes como fato equivalente nas ciências sociais, expandindo assim a ordem de eficiência (e necessidade) das conexões dialéticas para esse âmbito científico. Talvez estejamos diante de um movimento similar de expansão teórica quando notamos, depois de Amselle, que, no que diz respeito ao Estado na África, a política dos sistemas políticos africanos atualiza, de início, uma transferência de redes conceituais para, em seguida, descrever "sistemas africanos", produzindo assim um modelo que explica por que a ordem colonial não poderia deixar de ser a realização desses sistemas regionais. De fato, a distinção magistral entre sociedades "segmentares" e aquelas que têm um poder político centralizado ou um Estado – para usar a expressão de Amselle, "uma redução e desarticulação dos tipos pré-coloniais africanos" – pode ser uma chave para compreender a lógica do "governo indireto" e de outras políticas coloniais. Certamente, teria sido inútil, ao menos para especialistas, reanalisar os regimes teóricos inerentes aos fundamentos da antropologia e ao poder dessa distinção. Porém, talvez essa revisão pudesse ter mostrado ao leitor não especialista duas coisas: a primeira, que a antropologia e o colonialismo se refletem mutuamente; a segunda, mais especificamente, como as práticas antropológicas africanas operam em um método que se assegura de si mesmo, um método que traz à luz o suposto desconhecido (o segmentar) na sua diferença absoluta, define-o com conceitos como evolução e, no mesmo movimento, isola as variedades políticas africanas em uma grade emoldurada com base no que já é conhecido de outros lugares.

A segunda questão fundamental nos apresenta uma alternativa. Contra as implicações essencialistas (e contra a projeção totalitária) da tentação universalista, Amselle sugere uma abordagem diferente:

> *L'analyse en termes de logiques métisses permet au contraire d'échapper à la question de l'origine et de faire l'hypothèse d'une régression à l'infini. Il ne s'agit plus de se démander ce qui est premier, du segmentaire ou de l'État, du paganisme ou de l'islam, de l'oral ou de l'écrit, mais de postuler un syncrétisme originaire, un mélange dont il est impossible de dissocier les parties* (AMSELLE, 1990: 248).

*

> A análise em termos de lógicas *métisses* nos permite, pelo contrário, escapar da questão da origem e postular a hipótese de uma regressão infinita. Não se trata mais de se perguntar o que vem primeiro, o segmentar ou o Estado, o paganismo ou o Islã, o oral ou o escrito, mas de postular um sincretismo originário, uma mistura cujas partes não é possível dissociar.

Nessa análise, ele pode demonstrar, no caso da África Ocidental, a presença do Estado no segmentar, do Islã no paganismo e do escrito no oral. O argumento é bem explícito e convincente. Ele vai muito além do contexto das invenções mistificadoras de "identidades étnicas" e "culturais" na história intelectual da antropologia da África Ocidental. Ela desafia diretamente a prática da própria antropologia, especificamente sua "razão", cujas categorias básicas – como *ethnos versus polis*, selvagem/bárbaro *versus* civilizado, primitivo *versus* avançado etc. – tornam-se totalmente irrelevantes. Eu esperaria que alguns analistas se perguntassem se a descoberta de elementos "modernos" em uma cultura "tradicional" é irregular entre os intelectuais pós-modernos, particularmente os que habitam sociedades de transição. Essa questão significativa demonstra que o argumento de Amselle está basicamente correto, uma vez que a pergunta transmite explicitamente a violência da memória da razão "etnológica".

Porém, outra questão permanece: as *Logiques métisses* abrem a possibilidade de uma antropologia dos poderes. Mas seria ainda realmente uma antropologia (como deseja o autor), ou algo mais como, digamos, talvez, a história?

Após a notável demonstração de Amselle, pode-se, polemicamente, dizer, bem, a verdadeira tarefa dos discípulos de Herskovits e Lévi-Strauss deveria mesmo consistir na luta pela promoção do relativismo cultural. No entanto, não creio que o poder e a ilusória harmonia de uma verdade que nega seus próprios signos e significados despedaçados mereça nos dias de hoje (ou depois de Derrida), ao menos em princípio, uma reação tão radical. Com efeito, a lição de Herskovits tornou-se mais construtiva, uma alegoria não só para os diálogos transculturais, mas também para a designação de possíveis caminhos em direção a níveis de verdade dentro de determinada cultura. Discursos sobre o empírico, o escatológico e as condições para a construção de um verdadeiro discurso participam da unidade inimaginável de uma verdade impossível. Como mediações, eles expressam e significam a existência absoluta e a ausência absoluta da verdade. Assim, nossos discursos, numa pluralidade e ambiguidade tornadas possíveis por Herskovits e outros, demonstram uma atividade de representação que, em si mesma, já fala de nossa situação coletiva. Como Walter Benjamin disse certa vez: "Es existiert bereits als ein sich-Darstellendes": A verdade está sempre representando a si mesma.

Da "arte primitiva" aos *"memoriae loci"*[57]

Por mais surpreendente que possa parecer, a arte, especificamente a chamada arte primitiva, parece refletir melhor na cons-

---

57. "Lugares de memória" [N.T.].

ciência contemporânea a ideia de África. De fato, a justaposição das duas palavras – "arte" e "primitiva" – parece enfatizar um paradoxo, se concordarmos com Edmund Leach, para quem "a noção de artista é uma noção europeia". Mas será possível conceber uma obra de arte sem um criador, sem um artista que a tenha executado? Analisemos essa questão.

O conceito de primitivismo, e particularmente o de arte "primitiva", tem uma relação de necessidade com a maioria das produções culturais não ocidentais e, particularmente, com as da Oceania e da África, desde o século XVIII. Mas por que "primitivo"? Em sua *História da arte*, de 1986, H.W. Janson ainda podia escrever:

> "Primitivo" é uma palavra um tanto infeliz [...]. Ainda assim, nenhum outro termo nos servirá melhor. Continuemos, então, a usar primitivo como um rótulo conveniente para um modo de vida que passou pela Revolução Neolítica, mas não mostra sinais de evoluir na direção das civilizações "históricas" (apud PRICE, 1989: I).

Entretanto, o impacto dessa "arte primitiva" sobre alguns artistas europeus modernos, como Gauguin, Klee, Picasso e outros, tornou possível algumas novas expressões curiosas, tais como "arte primitiva na Europa", "romântica", "primitivismo intelectual", "primitivismo subconsciente". Elas se popularizaram graças ao livro de Robert Goldwater *Primitivism in Modern Art* (Primitivismo na arte moderna), publicado pela primeira vez em 1938, que postula uma cumplicidade entre os assim chamados produtos primitivos e a arte moderna europeia, uma arte decadente, segundo alguns críticos que não hesitaram em compará-la às criações infantis. Deve-se mencionar que o conceito, para além de uma referência espacial e estética a culturas distantes e pouco conhecidas, estendeu-se a ponto de incluir sob seu nome vago coisas tão diversas como pinturas populares, desenhos infantis e, de fato, algumas tendências europeias. Como Max Deri afirmou com humor, todas elas dão uma alegria necessária para uma cultura europeia decadente (DERI, 1921).

Em suma, pode-se dizer que o conceito de arte primitiva acumula e simultaneamente transmite duas ordens de significado. Por um lado, há a mais recente. Ela transcende a ruptura entre o "civilizado" e o "selvagem", e rotula como "primitivos" vários produtos de escolas artísticas "modernas" que supostamente teriam restaurado certo sentido de natureza, simplicidade e direcionamento para a tradição ocidental, promovendo *oeuvres* que apresentam esteticamente três características principais: uma unidade simétrica de totalidade, uma estilização evidente e uma ênfase da superfície. Desse ponto de vista, Constantin Brancusi, Franz Marc, Henri Matisse, Pablo Picasso, Andre Derain, Maurice de Vlaminck e muitos outros são sem dúvida artistas "primitivos". Eles não apenas se mobilizaram num círculo de contracultura simbolicamente análogo ao das "sociedades primitivas", mas, o que é mais importante, orgulharam-se de se inspirar nos trabalhos dessas sociedades e reavaliaram não apenas técnicas e estilos ocidentais tradicionais, mas também suas próprias percepções, atitudes e estética, a fim de pacientemente "digerir a arte primitiva" e produzir uma nova arte (GOLDWATER, 1986). Como disse Kandinsky, eles renunciaram à importância do exterior em nome das "verdades interiores" (KANDINSKY, 1914).

A segunda ordem de significado é na verdade a condição primordial que gerou os significados da primeira, discutidos acima. Ela abrange pelo menos dois conjuntos complementares. Um é explicitamente marcado pelas teses de Darwin sobre a evolução dos seres (cf. tb. GUERNIER, 1952). É também o significado mais antigo, no qual a "arte primitiva" se funde indistintamente com a arte arcaica, no sentido mais estrito da palavra. Assim, seus produtores e culturas testemunhariam os primórdios das civilizações humanas. As citações abaixo, retiradas do livro de Sally Price *Primitive Art in Civilized Places* (Arte primitiva em lugares civilizados, 1989a: 2), falam por si mesmas e em voz alta:

> Estamos lidando com a arte de povos cujos conhecimentos mecânicos são escassos – são povos sem rodas (HOOPER; BURLAND, 1953).

A arte primitiva é produzida por povos que não desenvolveram nenhuma forma de escrita (CHRISTENSEN, 1955).

Ora, o termo [...] surgiu simplesmente, por falta de uma palavra melhor, para se referir à arte das sociedades sem classes (MOBERG, 1984-1985).

Nos séculos XVIII e XIX, para não falar dos anteriores, essa "arte", ou, mais precisamente, os objetos compreendidos pelo termo "arte" eram geralmente percebidos como realizações de um nível inferior em comparação com as produções artísticas do Ocidente. Eles tornavam visível concretamente o desvio existente entre a sensibilidade estética e a criatividade do Ocidente e o resto do mundo. Essa "arte" era assim depreciada porque era "primitiva" em relação às obras "civilizadas" (cf., p. ex., TYLOR, 1871). Porém, os trabalhos desprezados com o rótulo "primitivismo" acabariam abrindo novos caminhos estéticos quando, entre o fim do século XIX e o começo do XX, instigaram uma revolução radical na tradição ocidental, tal como exemplificam Gauguin e a escola de Pont-Aven, todo o percurso de Picasso e, em termos mais gerais, tendências artísticas como o Construtivismo, o Cubismo, o Purismo e o Expressionismo.

A "integração" da arte "primitiva" se dá em duas operações. A primeira é realizada por meio de uma "etnologização" das produções vindas de além-mar. Isoladas como um desvio, essas produções são, de fato, diferentes. Como entendê-las à luz da tradição ocidental? Tylor (1871) talvez seja a melhor ilustração dessa perspectiva "etnologista": ele estabelece uma relação entre o desenvolvimento técnico das, entre outros fatores, artes materiais e o das mentalidades. Isso permite confirmar, em seguida, a inferioridade do "primitivo". O título completo de seu livro resume bem sua perspectiva: *Primitive Culture: Researches into the Development of Mythology, Philosophy, Religion, Language, Art and Custom* (A cultura primitiva: pesquisas sobre o desenvolvimento da mitologia, filosofia, religião, linguagem, arte e costumes). A modo de funcionamento da etnologização consiste em isolar um dado de seu contexto real (e as referências a sua origem são geralmente usadas apenas para especificar o dado como uma entidade, não como elemento de um todo cultural), analisando-o (de fato, diferenciando-o de tudo mais), classificando seus atributos e seu modelo, e atribuindo-lhe um rótulo, situando de uma forma ou de outra no âmbito de dada latitude, longitude, tribo etc. Como um artefato rotulado, o trabalho pode ser arquivado, recuperado e subsumido às grades de estudo etnográfico. Mas há talvez outra dimensão em questão: nesse processo, da fase inicial à fase final do estabelecimento do significado, outra operação se realiza, a da estetização. Nos estudos etnográficos, concede-se ou recusa-se o *status* de arte a uma obra com base em critérios externos: com efeito, para pertencer ao domínio das realizações artísticas, uma obra precisa produzir visivelmente características e restrições que, tecnicamente, precisam ser localizadas numa escala cronológica determinada pela experiência ocidental. Daí deriva a distinção entre objeto de arte e artefato etnográfico. Por outro lado, devemos notar que a operação de estetização pode invadir o "objeto primitivo" com ilusões, delírios ou mesmo iluminações de artistas excepcionalmente sensíveis que estão em busca de alternativas fora de sua própria tradição. O "bárbaro" se torna uma alternativa, como no caso de Gauguin, que, seduzido pela epifania da diferença, poderia proclamar: "a arte primitiva é um leite nutritivo"; ou, mais provocativamente: "apesar de sua beleza, o grego tem sido o erro".

Gauguin era uma figura marginalizada e, ademais, diz-se, psicologicamente instável. A maioria das pessoas "sensatas" daquele período partilhava da perspectiva de Tylor. Siebold em sua *Letter on the Usefulness of Ethnographic Museums* (Carta sobre a utilidade dos museus etnográficos) de 1843 já havia percebido uma urgência política: objetos feitos por "primitivos" eram a chave para sua diferença e constituíam um meio eficiente de conhecê-los a fim de dominá-los. O projeto de Siebold integra e justifica uma velha visão reducionista. Colocar os objetos vindos de além-mar nos museus dos "espaços etnográficos" do Ocidente é uma tarefa que se impõe como necessidade: expor culturas estrangeiras, apresentá-las à população metropolitana e atrair o interesse de financiadores que podem investir em colônias. A vocação da etnologia e o colonialismo se misturam na mesma lógica. Siebold não a inventou. Sua voz compartilha as suposições imperialistas de uma atmosfera intelectual que já estava presente e que, na segunda metade do século XIX, levou a uma corrida desesperada pela África.

A etnologia e o colonialismo se articularam em museus etnográficos. Eles tinham as mesmas premissas coexistindo no mesmo objetivo, qual seja, converter os territórios ultramarinos à subjetividade e à imaginação do Ocidente. Os museus etnográficos constituem assim a negatividade de uma dialética e, portanto, as representações que eles promovem devem ser negadas a longo prazo. Os museus e seus conteúdos permanecem testemunhas de um passado "primitivo", assim como as pinturas rupestres nas cavernas e rochas. E tais museus etnográficos se desenvolveram: 1856, Berlim: abertura da seção etnográfica no Museu de Antiguidades; 1857, Oslo: criação de um museu de etnografia na Universidade de Oslo; 1866-1876 e 1877, organização dos museus Yale e Harvard Peabody; 1869-1874, Nova York: abertura do Museu Americano de História Natural; 1878, Paris: criação do museu *Trocadero*; 1881, Cambridge: criação do Museu de Arqueologia e Etnologia da Universidade de Cambridge; 1891, Gotemburgo: abertura do Museu de Etnografia; 1893, Chicago: criação do museu Field de Etnografia; 1897, Tervuren: a realização da Exposição Congo; 1899, Filadélfia, abertura do Museu da Universidade.

O projeto dos museus etnográficos adotou uma orientação histórica, que aprofundou a necessidade de uma memória relativa à civilização europeia arcaica e, consequentemente, expôs razões para decodificar e trazer à contemporaneidade objetos exóticos e primitivos como sinais simbólicos de uma antiguidade ocidental. Nos anos seguintes, alguns artistas europeus questionaram se a "arte primitiva" foi realmente "primitiva", ao reunir em suas próprias criações representações informadas dos chamados "primitivos", bem como a consciência historiográfica e as reivindicações de liberdade criativa desses últimos. Esse gesto implicou reconsiderar toda uma tradição artística, e protestar contra ela, sobretudo no que diz respeito ao conceito de obra-prima, entendido como "o item de trabalho executado por um aprendiz para provar que ele aprendera adequadamente seu ofício; ainda que a adesão à "maestria" traga consigo privilégios financeiros e outros, algo mais do que a habilidade manual é conotada o sentido moderno da palavra" (BURGIN, 1986: 153). Entre muitos outros, Georges Braque, Marc Chagall, Max Ernst, Paul Gauguin, Amedeo Modigliani, Pablo Picasso, embora essencialmente fiéis à sua "casa na ilha" (em termos de referências a um espaço coeso na imaginação deles), separam-se da tradição de sua certidão de nascimento artística. E, ao invés de se situarem dentro da autoridade de um mestre respeitado e bem individualizado, eles buscam algo para além desse culto ritual e sugerem o impensável como sua inspiração, ou seja, modelos "primitivos" anônimos, unindo silenciosamente um gênio sem nome e um produto.

O desafio na promoção de objetos "primitivos" como arte está ligado a duas questões principais: são eles arte, em que sentido, e a partir de que grade estética de avaliação? Ora, não poderiam eles ser simplesmente concebidos como *memoriae loci*, lugares de memória, que testemunham e iluminam o espaço de sua origem? Para um propósito metodológico, as duas questões podem ser enquadradas dentro da tensão entre a história da arte e a antropologia. A primeira se preocupa com sua própria cultura e espaço histórico, a segunda com outras culturas e sociedades. Robert Goldwater (1986) também nos lembrou que a primeira, a história da arte, promove-se como uma técnica capaz de analisar e valorizar seus objetos de dentro de uma tradição artística. Ela se relaciona com as produções não ocidentais em bases análogas, como na comparação da arte medieval ocidental com a arte africana. Jan Vansina (1984) insiste neste fato, mas não desenvolve suas implicações. Para dar apenas um exemplo: o uso do método analítico de Morelli na avaliação das obras de um estudo de artes no Congo, como exposto por Franz Olbrechts nos anos de 1940, sustentaria uma tese muito controversa: os métodos da história da arte são universais; suas regras foram demonstradas e ilustradas de forma convincente pela tradição ocidental e, portanto, podem ser aplicadas a qualquer outra tradição existente.

A etnologização e a estetização desses "objetos trabalhados" a partir do além-mar – essa será a qualificação que usarei para designá-los a partir de agora – constituem outro problema. Recebidos como presentes, muitas vezes comprados e às vezes simplesmente roubados, esses objetos trabalhados, adquiridos num zelo de conhecer e colecionar, talvez até mesmo de preservar "o primitivo", acabam em um museu etnográfico. O que eles significam nesse novo ambiente, além do julgamento geralmente negativo sobre as culturas que os conceberam?

Ao olhar para objetos de arte com "identidades" sensivelmente diferentes, detectamos uma tendência para que o valor percebido (uma combinação de fama artística e avaliação do preço monetário da obra) esteja inversamente relacionado à quantidade de detalhes nos rótulos que os acompanham. Normalmente se explica um "objeto etnográfico" numa sala lotada de um museu de antropologia por meio de uma prosa extensa, que apresenta aos espectadores sua esotérica fabricação, uso, função social e significado religioso. Se o mesmo objeto é selecionado para exibição num museu de arte, é comum que sua avaliação financeira aumente, que sua apresentação se torne mais espacialmente privilegiada (ou seja, que ele seja destacado da mistura com as obras concorrentes) e que quase toda a informação didática desapareça. O isolamento de um objeto tanto em relação aos outros objetos quanto de sua contextualização verborrágica acarreta uma implicação definitiva de Valor. É sem dúvida esse princípio que os negociantes de arte reconhecem e exploram quando mostram suas coleções com um único e pequeno adesivo redondo em cada peça, contendo um número que pode, discretamente, informar os clientes do preço do item que eles estão considerando comprar. O contínuo que vai do artefato etnográfico à *objet d'art* está nitidamente associado na mente das pessoas com uma escala de aumento do valor monetário e uma mudança de sua função (definida em termos gerais) para a estética como base de avaliação; em termos de exibição, isso se correlaciona com uma contextualização escrita cada vez mais enigmática (PRICE, 1989: 84).

Para qual memória testemunha a exibição dessas produções? Aparentemente, elas são remanescentes, como alguns dizem, de começos absolutos. No entanto, elas têm obcecado alguns dos artistas mais criativos dos últimos 150 anos. Nesse caso específico, estamos lidando com uma vontade consciente de apreender novamente um passado perdido, uma vontade que gostaria de reativar realizações pré-históricas? Ou, de um ponto de vista diferente e mais metafórico, deveríamos dizer que a revolução "primitivista" na arte ocidental atualizou uma nova perspectiva, análoga ao que os historiadores ocidentais fizeram ao passar de uma história escrita do ponto de vista aristocrático para uma que enfatizava o horizonte do povo comum?

"Objetos de arte" ou "artefatos etnográficos", essas coisas pertencem a espaços específicos. O que elas eventualmente significam em seu próprio contexto original não tem como não ser incomensurável com o que eles supostamente significam pregados em uma parede ou erguidos no pedestal de um museu. Em seu próprio contexto, tais objetos são, estritamente falando, vestígios de outra coisa e funcionam como elementos vivos de um "estoque material", em suma, os equivalentes materiais de uma biblioteca da vida cotidiana. Penso aqui em alguns "grotescos alexandrinos", tais como, no Metropolitan Museu de Arte de Nova York, o Corcunda de Mármore (um sinal de sorte tanto na Grécia quanto na Roma antiga) ou o Menino Escravo com Lampião; e comparo-os em minha mente a algumas das obras africanas reproduzidas no livro editado em 1985 por Susan Vogel e Francine N'Diaye, particularmente com a Figura Hermafrodita Dogon (Mali) da Vila Yaya. O que é arte e o que não é arte? Ou, mais simplesmente, o que é belo, fingido ou feio? Com efeito, da posição menos inocente que tomei, o problema da autenticidade e o problema mais ambíguo de elucidar se existe uma arte africana se tornam arbitrários. Afinal, o que é realmente designado pelo conceito de arte e a partir de qual perspectiva?

Em 1986, como debatedor de um painel da Associação de Estudos Africanos, enfrentei a questão e, prudentemente, decidi reduzi-la ao que ela é atualmente: uma questão *simples* (artigo publicado em *African Studies Review*, 23, 1986: 3-4), que pode ser utilizada para interrogar qualquer tradição artística. No caso africano, por exemplo, de um ponto de vista histórico, seria justo, por razões óbvias, perguntar desde quando "objetos africanos trabalhados" se tornaram "objetos de arte". Mas poucos estudiosos aceitam a exigência de meditar sobre articulações que primeiro *etnologizaram* esses "objetos trabalhados" e *depois* estetizaram alguns deles, movendo-os de museus de história natural para museus de arte, ou, em alguns casos, do "mato" para o sol monetário das galerias de arte. Essas operações e sua história dividiram e subdividiram infinitamente os processos e métodos de classificação desses objetos. Desde o período dos "fetiches" e outros artefatos indígenas no século XVI, passando pela época que concebeu os "objetos trabalhados" africanos como puramente funcionais e os descreveu como simples mídia atestando a transparência da tradição primitiva e da representação de seus "corpos" (coisas, *totens*, símbolos, alegorias etc.) até chegar aos debates atuais, em todas essas etapas, as grades analíticas e a estética que foram produzidas podem não ter percebido, em razão de sua ênfase na diferença, a originalidade desses "objetos trabalhados". Assim, temo que eles possam ter perdido a natureza possível de qualquer obra de arte que seja.

Maurice Merleau-Ponty nos levou a prestar atenção ao fato de que existem criações voluntárias e involuntárias (1973). Exemplos podem ser encontrados na poesia, e na criatividade de uma escrita automática improvisada. De fato, pode-se até invocar a beleza (na forma, estilo e objetivo) do grafite (durante a revolta dos estudantes franceses de maio de 1968, p. ex.). Há também o caso dos desenhos infantis, que eram, até recentemente, vistos como ingênuos por não parecerem corresponder *significativamente* à percepção "objetivista" da "perspectiva bidimensional" dos adultos (que, por sua vez, como demonstrou Merleau-Ponty, "não pode ser oferecida como expressão do mundo que percebemos e, portanto, não pode assumir uma conformidade privilegiada com o objeto"). Curiosamente, as chamadas "artes primitivas" foram agrupadas junto com as produções infantis. Agora podemos decodificar essa aberração. Ela visava marcar uma distinção entre expressões "rústicas" e "arte", ou "um estilo canônico" (percebido num *continuum* histórico como uma expressão que domestica e transcende a banalidade da natureza). Como mostram impressionistas e cubistas, para se referir à crítica que Merleau-Ponty faz a André Malraux, os sentidos e dados sensoriais variaram ao longo dos séculos, e "é certo que a perspectiva [europeia] clássica não é uma lei do comportamento perceptivo" (1973).

O verdadeiro problema pode estar em outro lugar: no sonho e na linguagem do artista. Africana ou europeia, a verdadeira questão para todos eles é a mesma: nenhum deles tem um "mestre" da verdade para além de sua percepção. Eles não têm, para usar um termo de Husserl, a *Stiftung*[58], aquilo que Merleau-Ponty observa ser uma fundação ou instituição que indica "primeiro, a fecundidade ilimitada de cada presente que, justamente porque é singular e passa, nunca pode deixar de ter existido e ter sido universalmente assim". No que diz respeito às criações africanas,

---

58. Em alemão, a palavra *Stiftung* significa "instituição" ou "fundação"; na fenomenologia de Edmund Husserl, em suma, o termo remeteria à dinâmica de estrutura e acontecimento de uma experiência histórica original (cf. https://cordis.europa.eu/article/id/201325-a-philosophical-look-at-the-concept-of-institution) [N.T.].

espero que a exposição *Africa Explores: 20th Century African Art* (A África explora: arte africana do século XX) – organizada pelo Centro de Arte Africana de Nova York em 1991 – tenha mostrado a variedade de estilos individuais e subjetivos, indo além dos preconceitos do passado sobre a funcionalidade e o anonimato das produções artísticas.

> Malraux mostra com profundidade que aquilo que faz "um Vermeer" para nós não é que a tela pintada um dia tenha caído nas mãos do homem Vermeer, mas sim o fato de ela realizar a "estrutura Vermeer", de ela falar a linguagem Vermeer, ou seja, ela observa o sistema de equivalências particular que faz com que todos os momentos do quadro, como cem ponteiros sobre cem relógios, indiquem o mesmo e insubstituível desvio (MERLEAU-PONTY, 1973: 70).

Podemos – e é hora de nós, críticos e estudantes de arte africana, fazermos isso – ler e tentar trazer à luz os discursos que encontramos nos quadros, as linguagens contraditórias das esculturas, as texturas dos *batiques*[59] e, a propósito de obras de Thomas Mukomberanwa, Iba N'Diaye, Trigo Piula ou Twins Seven-Seven, entre outros, tentar decodificar e divulgar a riqueza de uma linguagem que os museus podem silenciar, tal como eles fazem com tudo o que enquadram. Além disso, devemos enfrentar outro grande problema relativo a toda obra de arte, africana ou europeia, asiática ou oceânica: os sentidos de sua canonização. Talvez devêssemos notar com Merleau-Ponty que

> O Museu nos traz uma má consciência, a consciência dos ladrões. Ocasionalmente, sentimos que essas obras, na verdade, não tinham a intenção de *terminar* entre estas paredes nuas, expostas para o prazer dos passeios de domingo, para as crianças em sua tarde livre da escola, ou para os intelectuais da segunda-feira. Notamos vagamente que há alguma perda e que estes

---

59. Técnica milenar de tingimento de tecidos por meio da aplicação de cera [N.T.].

> encontros de solteironas, este silêncio de necrópole e esse respeito de pigmeus não constituem o verdadeiro meio da arte (MERLEAU-PONTY, 1973: 72).

Assim, para decodificar estes objetos – uma tarefa ambiciosa e, ao mesmo tempo, completamente ridícula – podemos dizer que seria possível nos referir a pelo menos três critérios básicos. O primeiro, o meio sociocultural, identificaria os objetos trabalhados de acordo com seus produtores: foram ou são feitos por colecionadores, pescadores, pecuaristas, agricultores? O segundo critério, o das relações sociais de produção, pode, dentro de uma mesma cultura, separar ou permitir uma análise complementar da arte palaciana e a de, por exemplo, ferreiros, curandeiros, caçadores, membros de sociedades secretas, mulheres etc. O terceiro critério, o da função, poderia classificar esses objetos de acordo com seu uso: em divinações, funerais, entretenimentos, na vida cotidiana, religiosa, mágica etc. Tal abordagem em três frentes explicaria os objetos no contexto de sua própria formação real e superaria as deficiências da etnologização e da estetização dos objetos feitas pelos antropólogos. Como Robert Brain observa numa declaração geral no começo de seu livro *Art and Society in Africa* (Arte e sociedade na África):

> A arte na África sempre fez parte da vida das pessoas, manifestando-se em todos os aspectos de seu mundo, no trabalho, no ócio e na religião; porém, quase todas as pesquisas gerais feitas por historiadores de arte ou etnólogos dedicaram-se principalmente à atração estética da obra de arte ou às peculiaridades de seu estilo e forma (BRAIN, 1980).

Em seu contexto original, ao contrário das crenças relaxadas de que são essencialmente e somente funcionais, tais objetos, pelo menos na África Central, desempenham um papel mais complexo. Com efeito, sua existência consolida uma herança. Mais especificamente, eles combinam em seus corpos dois sentidos incríveis. Por um lado, por vontade social, eles são submetidos a uma tarefa específica e, portanto, têm uma dimensão funcional e utilitária. Em metal ou em madeira, altamente decorada ou não, uma cadeira é uma cadeira, e é feita para se sentar nela. Da mesma forma, o uso de uma tigela em marfim ou em madeira, ou de um tambor rica ou pobremente decorado é óbvio, ainda que o item possa ser reservado para uma categoria especial de pessoas, ou esteja vinculado a certas *performances*, rituais ou conjuntos de símbolos. Por outro lado, em sua materialidade, desde o mais sofisticado (p. ex., um recipiente cerimonial Igbo, um banco de madeira Dogon com os casais ancestrais nommo esculpidos em seus apoios, ou um banco de chefe Luba comum) até o mais aparentemente banal e simples (p. ex., uma caneca Kuba, uma calabash Fulani, uma bolsa de couro Hausa), todos estes objetos falam (para aqueles que realmente podem entender) da continuidade de uma tradição e suas sucessivas transformações. Eles são percebidos e vivenciados dessa forma em seu meio, embora não explicitamente por todos os membros da comunidade. Esse fato não é excepcional. Quantos cristãos que vão à igreja no Ocidente, quando visitam antigas basílicas ou igrejas, são capazes de entender algumas das pinturas em que um peixe está em destaque? Geralmente, o guia tem que explicar essa presença misteriosa referindo-se a um símbolo muito antigo e à palavra grega para peixe (ἰχθύς), que, letra por letra, forma uma declaração de fé: Jesus Cristo, Filho de Deus e Salvador.

De fato, os objetos trabalhados africanos significam uma dimensão "de arquivo" com uma função celebrativa. Eles imprimem em sua própria sociedade um discurso silencioso e, simultaneamente, como *loci* da memória, recitam silenciosamente seu próprio passado e o da sociedade que os tornou possíveis. Eis um exemplo concreto: comparando três tambores da África Central com um formato básico semelhante – "um tambor de aldeia dos Kuba, um tambor real dos Kuba e um tambor de aldeia de seus vizinhos ocidentais, os Lele" – Jan Vansina observa:

> A diferença na execução é marcante. O tambor Kuba, na posse e utilização da aldeia, é decorado apenas com uma modesta faixa de decoração. O tambor Lele ge-

ralmente tem por todo lado uma decoração esculpida num padrão muito delicado e exibe um rosto humano em sua lateral; esse rico tambor também é de posse e uso da aldeia. Mas as aldeias Lele, ao contrário das aldeias Kuba, eram unidades soberanas. Eram frequentemente maiores e sempre mais orgulhosas, como mostram seus tambores. O tambor real de Kuba tem padrões decorativos com incisões profundas em toda parte e incrustações de cobre, miçangas e búzios. Era muito mais rico que o tambor Lele e refletia a instituição da realeza, embora um tambor dinástico como esse fosse o emblema de um único rei, não o tambor da realeza em si mesma (VANSINA, 1984: 47).

Independentemente do que essa perspectiva fortemente cartesiana sugira, a análise não imporia aos objetos africanos e sua distribuição geográfica uma grade que reproduz seus próprios paradigmas lógicos? Note-se que o projeto de Vansina poderia, por exemplo, ser estendido para uma comparação com Luba, Lulua, Songhye, Sanga, Bemba e Lunda. Com o tambor e outros objetos como traços comemorativos, a análise da distribuição de características de estilo e tipos de decoração poderia trazer um mapa de traços culturais bem localizados e uma demonstração de como, apesar de suas semelhanças, esses traços têm se enclausurado em diferenças construídas (DELANGE, 1967). Uma reconstrução tão meticulosa como essa, se bem feita, levaria a estudos comparativos úteis de diferentes tradições "primitivas". Ela também indica a história como uma necessidade, ou, mais exatamente, as histórias como respostas às memórias testemunhadas pelos objetos. Com efeito, em cada enclave cultural, os objetos trabalhados revelam, espontaneamente, em sua forma e simbolismo, meios, habilidades, gestos e rituais transmitidos de mestre a aprendiz. Uma cronologia retraça a origem de um objeto trabalhado e, muitas vezes, até a mais leve modificação produzida por um artista atesta uma história.

O conceito de aprendiz é um conceito delicado. Em geral discípulo está efetivamente numa genealogia previamente determinada (BRAIN, 1980). Ele não decide simplesmente se tornar um trabalhador da arte. Do mesmo modo, em muitas sociedades da África Ocidental, a profissão de ferreiro é determinada ao nascer. Outro exemplo: meus antepassados, os Songye, temendo a possibilidade de perder uma grande parte de seu conhecimento em razão de doenças endêmicas, guerras ou catástrofes naturais, em vez de estabelecer genealogias familiares e assim contar com indivíduos para a preservação de memórias antigas, especializaram aldeias inteiras: uma detém o conhecimento esotérico do grupo; outra, o saber relativo à escultura; uma terceira, outro tipo de saber e assim por diante. Em muitas sociedades, uma mulher, pelo simples fato de se casar com um ferreiro, sabe que se tornará uma oleira e especialista em operações corporais como a circuncisão e a escarificação.

Neste ponto, um leitor pode reagir: você realmente disse história? Existe algo assim que poderia ligar rigorosamente os objetos trabalhados à sua gênese e, ao mesmo tempo, integrar seus testemunhos numa história da sociedade que os produz? Esses objetos não são simples resquícios de uma prática ancestral, que está desaparecendo com os objetos de segunda categoria aburguesados para turistas e lojas de aeroporto?

Eu diria que, com efeito, além dos objetos em pedra, têxteis e metais não ferrosos, os meios de comunicação da maioria dos objetos trabalhados podem ser datados (VANSINA, 1984: 33-40) e, portanto, situados numa moldura cronológica. Além disso, as tradições orais e rituais locais situam voluntariamente alguns dos objetos no tempo. No nível de generalização ao qual esta apresentação tem se restringido até agora, posso acrescentar que estas indicações temporais devem ser utilizadas criticamente, particularmente em conjunto com informações provenientes de dados arqueológicos, a fim de permitir construções históricas críveis. No entanto, como muitos objetos trabalhados são em materiais não duráveis, tais como madeira, argila, couro, tecido ou tapeçaria, o desafio se mostra outro. Caso se aceite que o objeto é muitas vezes um índice de seu próprio passado, que imaginação técnica pode ser capaz de datar os objetos trabalhados e rastrear no passado mais distante possível seu conceito? O objeto trabalhado é, na verdade, uma memória viva, reproduzindo, em suas próprias imagens concretas sucessivas, seu destino conceitual e cultural, o que, muitas vezes e explicitamente, é testemunho de uma vontade de lembrar ou de esquecer certas coisas. Reinvestir objetos trabalhados com seu próprio passado a partir do contexto de sua própria sociedade é, de fato, reavivar a atividade histórica e as ressonâncias de uma cultura com seus movimentos e sua beleza exemplar.

Isso decididamente reverte o sonho de Siebold. Indica também como os "primitivos" podem digerir – e vêm, ao menos intelectualmente, digerindo (cf., p. ex., AJAYI, 1969; DIOP, 1960; KI-ZERBO, 1972; MVENG, 1965) – o Ocidente e suas mitologias.

O argumento que tento construir aqui é simples: objetos trabalhados – sejam eles desenhos, escarificações, ou mesmo, como no caso da África Central e Oriental, corpos pintados – perpetuam como memórias de um *locus* a proximidade de uma perspectiva e de seus limites em sentido estrito. Esta função de preservação não exclui a revisão ou a reinterpretação dos cânones. Especialistas da memória criam, inventam e transformam, mas também obedecem fielmente à sua vocação e responsabilidade: transmitir uma herança, registrar suas obsessões e preservar seu passado. Isso é o que podemos chamar de uma prática social da história. Poderíamos dizer a respeito dela aquilo que Pierre Nora diz dos *lieux de mémoires*: "o medo de um desaparecimento rápido e final combina com a ansiedade em torno do significado do presente e a incerteza sobre o futuro para dar até mesmo ao mais humilde testemunho, ao mais modesto vestígio, a dignidade potencial do memorável" (NORA, 1989: 13).

3

O poder do paradigma grego

> Para Jacques e Claude Garelli.

> *Uma vez que os egípcios têm um clima que lhes é muito peculiar, e o rio deles é diferente em sua natureza de todos os outros rios, eles fizeram todos os seus costumes e leis de modo contrário da maioria dos outros povos.*
> HERÓDOTO, II: 35.

Amazonas, bárbaros e monstros

Explicando sua ambição intelectual, Michel Foucault escreveu que estava "estudando declarações no limite que as separa do que não é dito, na ocorrência que lhes permite surgir com a exclusão de todas as outras. Nossa tarefa não é dar voz ao silêncio que os cerca, nem descobrir tudo o que, nelas ou ao seu lado, permaneceu em silêncio ou foi reduzido ao silêncio" (FOUCAULT, 1982: 119). Gostaria de poder reexaminar aqui o que foi dito na tradição grega sobre o chamado *barbaroi* ou *oiorpata*. Devo muito a Foucault pelo que estou fazendo, mesmo que eu pareça mais orientado para focalizar declarações que enunciam separações no que dizem. Foucault sabia muito bem que não existe tal coisa como uma história de silêncio, o que não implica que não há como escrever uma história de experiências silenciadas. Sobre isso, ele é bastante explícito: "a descrição de uma declaração não consiste [...] em redescobrir o não dito cujo lugar ela ocupa; nem como se pode reduzi-lo a um texto silencioso e comum; mas ao contrário, em descobrir que lugar especial ela ocupa, que ramificações em seu sistema de formações permitem mapear suas localizações, como ela é isolada na dispersão geral das declarações" (1982: 119).

Escolho olhar para o "lugar especial" que os *agrioi* (selvagens), os *barbaroi* (bárbaros) e as *oiorpata* (mulheres assassinas de homens) ocupam nos textos de alguns escritores clássicos (particularmente Heródoto, Diodoro Sículo, Estrabão e Plínio). Com efeito, em minha leitura, na seleção de passagens que fiz, tentei evitar a tentação de psicologizar, de modo que minha exegese "reproduz" quase literalmente o original e o "redescreve" em sua própria "violência textual".

Mapeando as margens

Diodoro Sículo explica seu objetivo no final do primeiro parágrafo do Livro III[60]: descrever os etíopes, os líbios e os atlânticos (III, 1, 3). Por sua localização geográfica é possível referir-se à declaração que abre o Livro V da *História Natural* de Plínio: "Africam Graeci Libyam appellauere et mare ante earn Libycum. Aegypto finitur" ("Os gregos deram à África o nome da Líbia e chamam de Líbia o mar que está à sua frente. É delimitado pelo Egito"). Essa indicação reproduz uma divisão que remonta ao tempo de Heródoto (IV, 145-167). Durante o primeiro século, especificamente após a vitória de César sobre o exército de Pompeu em Tapso, em 46 a.C., a África é o nome do território de Cartago. A leste, é delimitada pela província de Cirene, e a oeste pelas duas *Mauritaniae*. A reorganização administrativa de 27 a.C. integra a *Africa Nova* (Numídia) e a *Africa Antiqua* e estabelece três regiões principais: a *dioecesis Hipponiensis*, a *dioecesis Numidica*, e a *dioecesis Hadrumentina*. As duas primeiras

---

60. Diodoro Sículo escreveu uma única obra, a *Biblioteca histórica* ou *História universal* [N.T.].

estão sob a autoridade de um *legatus* e a terceira é governada por um *procurator*[61] (MOMMSEN; MARQUARDT, 1892, XI, 11; MOMMSEN, 1921).

A costa africana romana é tanto uma parte culturalmente forte quanto politicamente fraca do império (BENABOU, 1976). Plínio a situa com uma descrição viva. Ele começa apresentando as duas *Mauritaniae*, o Monte Atlas (*fabulosissimum*), a primeira penetração romana na região noroeste do continente sob o principado de Claudius, a costa de Tânger e a Argélia, a Numídia, e a África propriamente – *regio et quae propriae vocetur Africa est*[62] – a região da Tunísia e Trípoli, o Golfo de Gabes e de Sidra, a província de Cirene, e *quae sequitur regio Mareotis Libya appellatur Aegypto contermina* ["a região seguinte que é chamada *Libya Mareotis* e faz fronteira com o Egito"] (V, VI, 39).

É interessante notar que o mapa etnográfico de Plínio segue para o leste, enquanto o de Heródoto, escrito cinco séculos antes, vai para o oeste e começa com uma etnografia dos *Adrymachae*, que habitam a região mais próxima do Egito (VI, 168). Quando comparados de perto, os dois mapas revelam diferenças e semelhanças notáveis. Antes de analisá-las, vejamos o mapa etnográfico de Heródoto. Ele apresenta uma sucessão de grupos étnicos, caracterizando cada um deles por traços, costumes e histórias particulares, sobre as quais ele aprendeu ouvindo outras pessoas. Seu relato é detalhado, desde as fronteiras egípcias até o Lago Tritonis, e cada comunidade é nitidamente tipificada com base em algum dos grandes paradigmas: moradia, *locus* social, alimentação, características físicas e casamento. Assim, por exemplo, podemos derivar de Heródoto a seguinte lista de dezesseis grupos.

---

61. *Legatus* era o título de quem era nomeado pelo Império Romano para governar suas principais províncias, aquelas que hospedavam legiões armadas. *Procurator* era o título dos governadores de províncias menores.
62. "A região que é propriamente chamada de África" [N.T.].

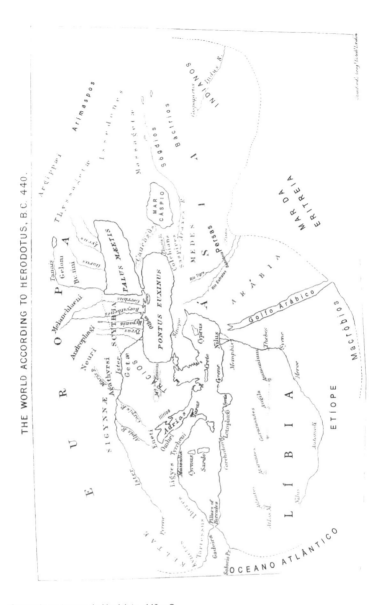

O mundo no tempo de Heródoto, 440 a.C.
Heródoto, I – Livros 1-11. Trad. por A.D. Godley. Cambridge: Harvard University Press.
Disponível em https://archive.org/details/historiesvolumei00hero_114/page/n441/
mode/2up • https://ia600704.us.archive.org/BookReader/BookReaderImages.
php?zip=/20/items/historiesvolumei00hero_114/historiesvolumei00hero_114_jp2.
zip&file=historiesvolumei00hero_114_jp2/historiesvolumei00hero_114_0441.
jp2&id=historiesvolumei00hero_114&scale=4&rotate=0

1) Adimárquidas (IV[63], 168)	Vivem perto do Egito.	Usam uma espécie de vestido líbio; as mulheres vestem torques de bronze nas duas pernas e seu cabelo é longo; são os únicos líbios que oferecem ao rei todas as virgens que serão desposadas.
2) Giligames (IV, 169)	Habitam a terra a oeste até chegar à Ilha de Afrodísias.	Este é o país do *silfium*; seus costumes não são "extraordinários".
3) Asbitas (IV, 170)	Residem no território cireneu.	Eles são condutores de carruagens de quatro cavalos e seguem as práticas cireneias.
4) Ausquises (IV, 171)	Habitam a parte continental de Barca, tocando a costa marítima das Hispéridas.	Costumes cireneus.
5) Cábalos (IV, 171)	Vivem no meio do território dos Ausquises.	Costumes cireneus.
6) Nasamões (IV, 172)	Estão a oeste da Ausquises, numa terra populosa.	Caçadores de gafanhotos e notavelmente promíscuos; culto aos antepassados; enterram seus mortos sentados.
7) Garamantes (IV, 174)	Ao sul, residem numa terra de feras selvagens.	Eles não têm armas e não sabem como se defender.
8) Maces (IV, 175)	Vivem na costa marítima vizinha, em torno do Rio Cinips, há uma floresta densa.	Rapam seus cabelos até deixar uma crista no topo de suas cabeças.
9) Gindanes (IV, 176)	Habitam perto de Maces.	As mulheres usam tantas tornozeleiras de couro quanto tiveram amantes.
10) Lotófagos (IV, 177)	Ficam num cabo que se projeta para o mar desde o território Gindanes.	Alimentam-se unicamente de *lotus*.
11) Máclies (IV, 179)	Habitam a região do Lago Tritonis.	Os lacedemônios tinham uma colônia aqui; os Máclies também comem *lotus*, mas menos que seus vizinhos.
12) Auseus (IV, 180)	Residem nas praias do Lago Tritonis.	Se os Máclies usam o cabelo comprido atrás da cabeça, os Auseus o têm na frente; são promíscuos.
13) Amônios (IV, 181)	Habitam a parte continental da Líbia, que é cheia de feras selvagens.	Seguem a adoração do Zeus de Tebas.

---

63. Nesta tabela, as informações entre parênteses se referem aos livros e parágrafos do livro *História*, de Heródoto [N.T.].

14) Garamantes (IV, 183)	Ficam a dez dias de viagem a partir de Augilas.	Têm bois que vão para trás enquanto pastam; também perseguem os "etíopes das cavernas", cujo discurso é como o dos morcegos.
15) Atarantes (IV, 184)	Ficam a dez dias de viagem desde Garamantes.	Não têm nomes individuais; amaldiçoam o sol abrasante e quente.
16) Atlantes (IV, 184)	Habitam a região do Monte Atlas.	Não comem nenhum ser vivo e não têm sonhos quando dormem.

Com suas referências míticas gregas remontando aos Argonautas (IV, 179) e sua tradição grega particular em termos de sacrifício e costumes (IV, 189), a região do Lago Tritonis é o ponto de referência de Heródoto. Ela é "civilizada". Curiosamente, em Diodoro Sículo (III, 53, 6), ela nomeará uma região de barbárie habitada por amazonas. Em todo caso, Heródoto observa que "os habitantes da região do Lago Tritonis fazem sacrifícios principalmente para Atena, depois para Tritão e Poseidon" (IV, 188).

Para os grupos a oeste do lago, o relato de Heródoto se torna vago. Após a apresentação dos Auseus (IV, 191), ele observa que falou dos "nômades líbios" habitantes da costa do mar. Os locais dos amônios, dos garamantes e outros são então medidos pelo número de dias de viagem até lá. Ele não sabe nada sobre os povos que vivem além dos Atlantes: "Eu sei e posso dizer os nomes de todos os povos que habitam a cordilheira até os Atlantes, mas não mais longe do que isso" (IV, 185). Assim, ele retrata em uma etnografia muito cuidadosa os dois principais grupos de líbios: A leste e a oeste de Tritão. A primeira região, que é delimitada pelo Egito, é baixa e arenosa (IV, 191) e tem uma grande variedade de animais. Além dos animais existentes em outros lugares, há gazelas, jumentos com chifres, antílopes do tamanho de bois, raposas, hienas, porcos-espinhos, carneiros selvagens, chacais, panteras, crocodilos terrestres, serpentes de um só chifre etc. (IV, 192). Os povos são nômades (IV, 186), vivem em casas móveis (IV, 190), comem carne e bebem leite; não tocam a carne de vacas nem criam porcos (IV, 188). Alguns fazem sacrifícios ao sol e à lua (IV, 186); outros honram Ísis e enterram seus mortos à maneira grega (IV, 190). A oeste do Lago Tritonis, o país é montanhoso, arborizado e cheio de animais selvagens e criaturas estranhas ("como dizem os líbios").

> Nesse país existem cobras enormes, leões, elefantes, ursos e víboras, jumentos chifrudos, homens com cabeça de cão e os povos sem cabeça que têm seus olhos no peito [...], e homens e mulheres selvagens, além de muitas outras criaturas que não são fabulosas (IV, 191).

Os habitantes têm algumas práticas curiosas, tais como queimar as veias do couro cabeludo ou as têmporas de seus filhos de 4 anos com a gordura da lã de carneiro. Eles também usam a urina de cabra para curar queimaduras. Mas são, em geral, pessoas saudáveis e exemplares (IV, 187). Entre eles, Heródoto nomeia quatro grupos principais. Os Máxias, "que dizem ser descendentes dos povos que vieram de Troia". Esses cultivam o solo, possuem casas, pintam seus corpos com vermelhão, usam seus cabelos longos no lado direito da cabeça e raspam o esquerdo (IV, 191). Os Zavecos, vizinhos dos Máxias, cujas "mulheres conduzem as carruagens à guerra" (IV, 193). Os Gizantes, que também se pintam de vermelhão; estes são fabricantes de mel e comem macacos (IV, 194). Os Cartagineses, que negociam o ouro com populações vivendo além dos Pilares de Hércules (IV, 195-196).

Após esse quadro amplo, Heródoto conclui. Ele observa que não sabe mais: "esses são todos os líbios que podem ser nomeados" (IV, 197). Então ele apresenta uma avaliação global das nações:

> Tenho assim muito mais a dizer sobre este país: quatro nações e não mais, até onde nosso conhecimento serve, habitam-no: dentre elas, duas são autóctones e duas não são; os líbios no norte e os etíopes no sul da Líbia são autóctones, os fenícios e os gregos vieram colonizar a região posteriormente (IV, 197).

A crônica de Plínio segue normas diferentes. Ela procede de oeste para leste, especificamente da Mauritânia para as regiões do extremo leste da Líbia; e do sul do Egito para os centros etíopes de Napata e Meroé. É possível dividir os países, regiões e povos que ele apresenta em seu mapa etnográfico em dois grupos principais: os não marcados (de influência romana e grega) e os outros marcados ou exóticos.

Não marcados	Marcados
Da Mauritânia até o Rio Sebubo, a colônia de Banasa e a cidade de Sala (*HN*[64], V, i, 1-5): há uma sucessão de cidades romanas, *oppida*, e cidades autônomas amigáveis.	A região do Atlas: *incolarum neminem interdiu cerni, silere omnia* ("nenhum de seus habitantes é visto, tudo é silencioso") (*HN*, V, I, 6). *Spatium ad eum imensum incertumque* ("É uma distância imensa, um país inexplorado") (*HN*, V, i, 7). Na direção oeste, a partir do Monte Atlas: regiões ermas e florestas densas (*HN*, V, i, 8-16).
A costa: *sita oppidum ex adverso Malacae em Hispania situm, Syphacis regia, alterius iam Mauretania* ("Em frente a Málaga na Espanha há a cidade real do Rei Sífax e esta é a outra Mauritânia") (*HN*, V, i, 18).	A província de Tingitana, lar de Maurusii, Masaesyli, Gaetulae, Baniurae, Nesimi. Ela produz elefantes (*HN*, V, i, 17).
Numídia (ou Metagonítide): terra dos Nômades (*vero nomades a permutandis pabulis, mapalia sua, hoc est domos*, HN, V, ii, 22). (Seu povo [são chamados] Nômades por causa de seu costume de mudar frequentemente de pastagem, carregando seus *mapalia*, ou seja, sua casa.) Essa terra não produz nada de notável além de mármore e animais selvagens.	O deserto e depois o país dos Garamantes, para além dos habitantes de Fazânia e Fezã no Saara: *excipiunt saltus repleti ferrarum multitudine, et introrsus elephantorum solitudines* ("Há florestas cheias de uma multidão de animais selvagens, e mais as paragens solitárias de elefantes") (*HN*, V, iv, 26).
África propriamente dita (Tunísia e Trípoli) contém também a região de *Byzacium de fertilizitatis eximiae, cum centésima fruge fenus reddente terra* ("de excepcional fertilidade, o solo paga aos agricultores juros à taxa de cem vezes") (*HN*, V, iii, 25). *Ad hunc finem Africa a fluvio Ampsaga populus DXVI habet qui Romano pareant imperio* ("entre o Rio Ampsaga e essa fronteira, a África compreende povos 516 que aceitam a fidelidade a Roma") (*HN*, V, iv, 29).	A costa desértica com seus habitantes: Marmáridas (de El Bareton até Sirte Maior) depois, Acrauceles, Nasamões, Asbitas, Maces, Amantes no deserto, onde constroem casas de sal grosso (*HN*, V, v, 34).

64. As informações entre parênteses se referem aos livros e parágrafos da *História natural*, de Plínio [N.T.].

O distrito de Cirene ou *Pentapolitana regio* [a terra de cinco cidades] marcada pelas tradições gregas (*HN*, V, v, 31).	Sudoeste dos Amantes, os habitantes das cavernas, a Montanha Negra, e além dela o país dos Garamantes. *Ad Garamantes iter inexplicabile adhuc fuit* ("Até agora tem sido impossível abrir o caminho para a região de Garamantes") (*HN*, V, v, 38).
A Líbia Mareótide que faz fronteira com o Egito: *regio Mareotis Libya appellatur Aegypto contermina (HN,* V, v, 39).	Povos do interior (em direção ao sul): *Gaetulii*, egípcios líbios, etíopes brancos, perorsos etc. E no leste: habitantes de cavernas, tribos etíopes, mestiços de cabras, sátiros, himantópodas etc. (*HN*, V, viii, 46).
Egito: *proxima Africae incolitur Aegyptus, introrsus ad meridiem recede donec a tergo praetendantur Aethiopes* ("A próxima região habitada da África é o Egito, que se estende para o sul, em direção ao interior, até a fronteira com os etíopes ao longe") (*HN*, V, ix, 48).	Etiópia: *et de mensura eius varia prodidere* ("foram feitos vários relatos sobre suas dimensões") (*HN*, V, xxxv, 183).

A oposição entre marcados e não marcados faz sentido quando se lê cuidadosamente o relato de Plínio. Ela se refere à sua avaliação dos povos e sua descrição dos países em termos de presença ou ausência romana. Um dos exemplos mais marcantes pode ser sua observação sobre a Etiópia e a cidade de Napata: *nee tamen arma Romana ibi solitudinem fecerunt* ("Não foram as forças de Roma que fizeram do país um deserto") (*HN*, VI, xxxv, 182). Também se observa que seu mapa geográfico detalha os assentamentos e colônias romanas, e retrata grupos étnicos em termos de lealdade política: oposição ao poder romano ou autonomia em relação a ele. De forma muito concreta, a geografia aqui reproduz a expansão do Império Romano: reinos e colônias conquistados das Mauritânias (Julia Traducta, Julia Constantia, Zulil, Lixus, Baba, Valência etc.); cidades de cultura romana na costa do Mediterrâneo (Porto Magno, Oppidum Norum, Tipasa, Rusgunias, Rusucuro, Rusazo, Igilgili etc.); postos avançados nas margens do Saara (Augusto, Timicos, Tigavas etc.); e centros romanos na Numídia, na África e em Cirene. Podemos também lembrar do que Plínio escreve sobre a província africana:

> *Ad hunc finem Africa a fluvio Ampsaga populos DXVI habet qui Romano pareant imperio; in his colonias sex, praeter iam dictas Uthinam, Thuburbi, oppida civium Romanorum XV, ex quibus in mediterraneo dicenda Absuritanum, Abutucense etc.* (*HN*, V, iv, 29).

*

> Entre o Rio Ampsaga e esta fronteira, a África contém 516 povos que aceitam a fidelidade a Roma. Entre eles estão seis colônias Utina e Tuburbi, além daquelas já mencionadas; 15 cidades com cidadania romana, entre as quais no interior devem ser mencionadas as absuritana e abutucense etc.

Do fundo desse espaço "colonizado", que simbolicamente é o equivalente da região do Lago Tritonis de Heródoto, percebe-se uma bem-delimitada geografia da monstruosidade, ou seja, o espaço que compreende lugares desconhecidos e seus habitantes. No século V, Heródoto poderia afirmar: "a meu ver, não há em nenhuma parte da Líbia nenhuma grande excelência que possa ser comparada à Ásia ou à Europa, exceto apenas na região que é chamada pelo mesmo nome que seu rio, Cinips" (IV, 198). Quinhentos anos depois, Plínio descreve a região em termos das transformações provocadas pela presença romana: Cipião Emiliano, que colocou uma frota de navios a serviço do historiador Políbio (*HN*, V, i, 9), Suetônio Paulino, que foi o primeiro comandante romano a cruzar a cordilheira do Atlas (*HN*, V, i, 14), e a expansão das colônias sob os primeiros imperadores. Ainda assim, a geografia da monstruosidade de Plínio espelha fielmente a descrição de Heródoto, embora de uma forma mais detalhada. Ao quadro geográfico geral de Heródoto cheio de povos monstruosos e sem cabeça (IV, 191) que vivem na região oriental da Líbia, Plínio opõe a uma curiosa tabela de "tribos" que habitam uma área vaga ao redor do *Niger fluvio eadem natura quae Nilo* (O Rio Negro, que tem a mesma natureza do Nilo) (*HN*, V, viii, 44): os povos Atlas, que não têm nomes; os habitantes de cavernas, que não têm linguagem e vivem de carne de cobra; os Garamantes, que não praticam o casamento; os Blêmios, que não têm cabeça e, como já indicado por Heródoto, têm a boca e olhos presos ao peito; os sátiros; e os himantópodas (*HN*, V, viii, 45-46).

Quanto ao espaço etíope e suas características, Plínio não é mais específico do que Heródoto: "A opinião mais verdadeira é a daqueles que colocam duas Etiópias além do deserto africano, e especialmente Homero, que nos diz que os etíopes estão divididos em duas seções, a leste e a oeste" (*HN*, V, viii, 43).

Um dos textos antigos mais sistemáticos que aborda a questão dos etíopes é o livro III de Diodoro Sículo. Essa obra apresenta de forma ordenada a história do país e alguns supostos costumes etíopes. A história está, de fato, ligada aos mitos e à autoridade dos escritores gregos. Os etíopes foram, segundo tais fontes, os "primeiros de todos os humanos" (III, ii, 1) e têm sido chamados de autóctones. Eles são os primeiros humanos a serem gerados pela terra, os primeiros a serem ensinados a honrar os deuses, "seus sacrifícios são os mais agradáveis para os céus", e "em todos os tempos eles gozaram de um estado de liberdade e de paz uns com os outros". Fundadores da cultura humana, eles enviaram colonos ao Egito quando "o que é agora o Egito não era uma terra, mas um mar" (III, iii, 2): "[Os historiadores] dizem que os egípcios são colonos enviados pelos etíopes, tendo Osíris sido o líder da colônia" (III, iii, 2). Como sinais da influência etíope sobre os costumes egípcios, Diodoro mencionou a escrita sagrada (hierática), as ordens sacerdotais e a crença de que os reis são deuses (III, iii, 4-7).

A etnografia de Diodoro sobre os costumes etíopes é muito seletiva. Ela está centrada na figura do rei e nos poderes absolutos dos sacerdotes que Ergamenes, soberano etíope educado na Grécia, destruiu (III, v-vii). A região em que ele se concentra é a de Napata, a capital, a ilha vizinha de Meroé, e as terras adjacentes ao Egito. Ele acrescenta, "há também um grande número de outras tribos etíopes" (III, viii, 8) e afirma que "a maioria deles, e especialmente aqueles que habitam ao longo do rio, são de cor preta, têm nariz liso e cabelos lanosos" (III, viii, 2). Sua afirmação geral é forte, definitiva: "quanto ao seu espírito, eles são inteiramente selvagens e exibem a natureza de um animal feroz, não tanto, porém, em seu temperamento como em seus modos de vida". E acrescenta, "falando como eles [...] e cultivando nenhuma das práticas da vida civilizada tal como essas são conhecidas entre o resto da humanidade, eles apresentam um contraste marcante quando considerados à luz de nossos próprios costumes" (III, viii, 3). De acordo com Diodoro, alguns desses etíopes recolhem frutas para comer; outros comem *lotus*. Há aqueles que são alimentados pelas raízes das canas, e a maioria deles vive da carne, do leite e do queijo de seus rebanhos. Poucos são bem treinados para o uso do arco. No que diz respeito à religião, os povos que habitam a região acima de Meroé têm duas posições filosóficas diferentes. Alguns acreditam que "o sol e a lua e o universo como um todo" têm uma natureza eterna e imperecível. Outros discordam, e alguns simplesmente não acreditam em deuses (III, ix, 2).

No texto de Diodoro, emerge uma tensão entre sua leitura mítica da gênese etíope e sua interpretação etnográfica dos hábitos e costumes locais. Por um lado, há o abençoado país de origem humana e seus "etíopes infalíveis" agraciados pelos deuses (III, ii, 3-4); por outro, ele descreve um país cujos costumes diferem imensamente dos hábitos do resto da humanidade.

Em termos de conteúdo, não há um acordo completo entre as três narrativas que comentei até o momento. Contudo, observam-se dois níveis notáveis de correspondência. Primeiro, sinais sociais como casamento, dieta, moradia, vestuário, nomeação ou religião permitem uma espécie de tabela de diferenças culturais que classifica as sociedades humanas. Segundo, existem paradigmas referenciais que servem como *points de repères*: a região do Lago Tritonis e sua cultura grega na narrativa de Heródoto, a distribuição de assentamentos romanos em Plínio e, para Diodoro Sícolo, a intervenção que um rei como Ergamenes, educado na Grégica, exerceu sobre a história da Etiópia. Quanto ao próprio conteúdo, a sutil integração de geografias da monstruosidade demonstra uma busca por maravilhas e um amor pelo bizarro. Seja como for, meus comentários acerca dessas narrativas trazem à tona a seguinte noção: a oposição entre a civilidade grega ou romana e o bárbaro se concretiza por estar localizada em um mapa. Uma série de oposições adjetivas, como aquelas implicadas pelo paradigma da luz (da civilização) contra a escuridão (da barbárie), cria e indica um desvio. O contraste qualifica tanto uma distância quanto um elo difícil. Com efeito, muitas vezes ele evoca uma postulação e uma estratégia – qual seja, uma "manipulação do poder que se torna possível tão logo um sujeito com vontade e poder [...] possa ser isolado" (DE CERTEAU, 1984: 35-36) – como no caso da tensão existente entre *skotioi* e "adultos". Em Creta, os jovens eram chamados de *skotioi* porque, em razão da idade, pertenciam ao mundo das mulheres, vivendo "dentro" de seus aposentos, e eram assim definidos como membros de um mundo "interior" em oposição ao mundo "aberto" dos cidadãos adultos. O significado básico de *skotios* é "escuro" e a palavra é frequentemente encontrada em expressões que qualificam pessoas que estão "no escuro", vivendo "em segredo", em suma, "na margem" da *politeia* ou e das condições e direitos de um cidadão pleno.

O lugar das Oiorpata (Amazonas) e a política do conhecimento

O mapa é um projeto científico. Ele pode, ocasionalmente, ter usos políticos. Em qualquer caso, ele é outro lado, a visão técnica das percepções subjetivas. Totaliza o saber, mede distâncias e organiza lugares de acordo com esquemas globalizantes. Tem também sua própria história. O cosmos de Anaximandro é um mapa. O cálculo que ele faz da altura da Terra, a descrição de sua forma e posição são refletidos no que é comumente conhecido como o mapa jônico, que Heródoto completa e complementa, seguindo o quadro de um de seus predecessores, Hécateu de Mileto. Com base em suas viagens e conhecimentos, Heródoto zombou da ingenuidade dos geógrafos antigos, mas não do empreendimento ou de sua utilidade. Sua geografia localiza *barbaroi* e *agrioi* em seus respectivos "lugares" e, ao mesmo tempo, articula uma geografia cultural e metafórica (um arranjo de *muthoi* ou histórias que ele ouviu) sobre a primeira. Seu método para esse segundo nível de narração é muitas vezes um método de *reservatio mentis*[65].

Ele observa: "não vou dizer se essa ou aquela história é verdadeira" (I, 5). Sobre as histórias egípcias, ele insiste: "elas são para uso de quem acredita em tais contos: para mim, minha regra [...] é gravar tudo o que me for dito como eu o ouvi" (III, 123).

As palavras *barbaroi* e *agrioi* fazem parte do vocabulário geral da *politeia* grega. A primeiro significa basicamente "estrangeiros" e designa uma pessoa que fala uma língua diferente do grego. O segundo significa "selvagem, feroz" e está etimologicamente relacionado a *agros*, "campo". Como tal, *agros* está, especificamente, em uma relação de oposição ao lar ou *oikos*, "um lugar de morada" simbolizando laços familiares e figurativamente usado para qualquer família, bens domésticos, uma casa soberana. *Oikos* significa também "cidade natal", "pertencer a uma comunidade" (definida por uma tradição, cultura ou condição), um sentido efetivado por uma suas palavras-primas, *oikoumene*, que designa a região habitada dos gregos em oposição aos países bárbaros e, por extensão, a todo o mundo habitado conhecido pelos gregos. Em resumo, em sua oposição aos valores paradigmáticos e etnocêntricos dos *oikos* (*domus* em latim, a casa), *agros* é a contraparte exata do latim *foresticus* e *silvaticus* (BENVENISTE, 1973: 2,57).

Para meditar sobre a complexidade da dialética entre interno e externo, doméstico e feroz, civil e selvagem, é possível começar focalizando as *Oiorpata* de Heródoto. Essa palavra é rara na literatura, e Heródoto parece ter sido o primeiro a introduzi-la no grego.

---

65. *Barbaroi* = bárbaros, estrangeiros; *agrioi* = selvagens; *muthoi* = mitos; *reservatio mentis* = reserva da mente, suspensão do juízo [N.T.].

Ela designa as mulheres guerreiras, conhecidas como *Amazonas* do tempo dos gregos. Estritamente falando, o conceito Amazônia é uma metonímia. A palavra é composta do sufixo privativo *a* e do substantivo *mazos* (ou *mastos*), "seio", definindo, portanto, uma mutilação. Segundo a lenda, tais mulheres costumavam queimar um de seus seios para não prejudicar seu manuseio do arco e da lança. *Amazonides* é um epíteto da deusa Ártemis (p. ex., PAUSÂNIAS, 4, 31: 8), a caçadora virgem, irmã de Apolo, que tinha em Éfeso um célebre templo supostamente construído pelas Amazonas. O termo *Oiorpata* é também uma imagem. Heródoto explica que ele é de origem cita:

> As amazonas são chamadas pelos citas de *Oiorpata*, um nome que significa na língua grega assassinos de homens, pois em cita um homem é *oior*, e matar é *pata* [...] (IV, 110).

A história se desenrola em três fases principais. A primeira consiste no encontro e batalha (IV, 110-111) com os citas. O arranjo de paz que se segue (IV, 111) se torna possível por uma descoberta: cadáveres dos *Oiorpata* no campo de batalha revelaram seu gênero e os citas sabem agora que seus inimigos são mulheres. Finalmente, uma divisão de lugar (IV, 112-117) duplica uma especialização de espaços entre citas e *Oiorpata*, e as últimas terminam organizando uma sociedade ginecocrata intolerante, na qual "é costume que nenhuma virgem se case até ter matado um homem do inimigo" (IV, 117).

A fábula parece duplicar aqui um modelo disciplinar silencioso. A ordem grega, com efeito, tem uma economia civil na qual os direitos e deveres são bem definidos. A *politeia* se impõe como um sistema normativo no qual as práticas sociais são determinadas tanto por procedimentos tradicionais como legais. A divisão de gênero (educação, iniciação, responsabilidades) pode ser usada como uma chave para a compreensão da economia geral.

> Jean-Pierre Vernant, usando especialmente as evidências da tradição mítica, analisou uma série de di-

ferentes festivais religiosos, resumindo seus resultados da seguinte forma: "se os rituais de transição de *status* significam para os meninos a entrada no *status* de guerreiro, para as meninas associadas com eles nos mesmos rituais, e frequentemente submetidas elas próprias a um período de reclusão, as provações de iniciação significam uma preparação para a união sexual no casamento. Também aqui a associação, que também é uma oposição, entre a guerra e o casamento é evidente. *O casamento é para a menina o que a guerra é para o menino: cada um deles encontra aí o cumprimento de suas respectivas naturezas*, deixando um estado em que cada um ainda tinha algumas das características do outro" (VIDAL-NAQUET, apud GORDON, 1982: 174; ênfase minha).

Essa é a economia que a *Oiorpata* perturba, não por matar homens, mas sim por simplesmente existirem. Eles encontram sua realização humana na autonomia política e em expedições de guerra contra seus inimigos. Como tal, elas negam o paradigma grego do *status* de "boa mulher", que, de acordo com a lei de Péricles de 451, deveria ser a filha respeitável de um cidadão e se tornar mãe de cidadãos. E as mulheres desempenharam realmente papéis importantes em rituais cívicos fundamentais como a *Arretophoria*[66] e as celebrações de Ártemis (VIDAL-NAQUET, apud GORDON, 1982: 179). Elas podiam, mesmo na *polis*, organizar-se numa *politeia gunaikon*[67]. No entanto, a regra básica parece estar na oposição entre *oikos* e *polis*. A primeira representa o interior, o feminino, a condição e a possibilidade de continuidade da *politeia*;

---

66. Nome de um festival dedicado a diferentes divindades ao longo da história da Grécia antiga, em geral divindades femininas, e ritualmente celebrado por jovens e sacerdotisas [N.T.].

67. A república das mulheres, tema discutido, p. ex., em peças de Aristófanes como *As tesmofórias, As mulheres na assembleia* (cf. ANDRADE, M.M. Aristófanes e o tema da participação (política) da mulher em Atenas. *Phoînix*, Rio de Janeiro, 5, p. 263-280, 1999 [N.T.].

a segunda, o exterior, o masculino, o paradigma da preservação (e, portanto, o império das guerras) da *politeia*.

A batalha entre citas e as *Oiorpata* dramatiza essa tensão. Heródoto era um homem bem-educado. Ele conhecia as histórias das Amazonas em guerra (lutando contra Belerofonte, Héracles, Teseu) e tinha em mente o confronto entre Aquiles e Pentesileia, a rainha das Amazonas, a quem Aquiles humilhou e matou, enquanto descobria a admiração e o amor por um inimigo corajoso. A descrição cuidadosa que Heródoto faz da batalha cita reproduz uma situação difícil na Grécia. Somente os homens vão para a guerra. Então, o que fazer com as mulheres que transgridem essa lei e, ao fazê-lo, desafiam a ordem da *polis*?

Analisemos cuidadosamente a descrição desse acontecimento feita por Heródoto. O texto apresenta contextos nos quais as práticas de vida das Oiorpata se tornam objetos de curiosidade e progressivamente constituem o inventário de uma economia invertida da *polis* grega. As Oiorpata foram capturadas em terra. Elas são aprisionadas em um navio, revoltam-se, matam a tripulação e, não tendo o saber necessário da navegação, deixam o navio à mercê das ondas e dos ventos, que assim termina atracando na região livre dos Citas. A descrição traz uma série de qualificações. As Oiorpata são assim localizadas, primeiro em um barco, e são caracterizadas como privadas de uma *techne* básica. Elas aportam ao redor do Lago Maeótico, e surpreendem os Citas pela estranheza de seu discurso, sua vestimenta, sua origem e, particularmente, seus costumes. As Oiorpata, tendo decidido viajar em direção a uma região desabitada, apropriam-se de uma tropa de cavalos, montam-nos e invadem o país. Os citas reagem e há uma guerra. A narrativa de Heródoto a respeito do período após a batalha expõe a vida e os costumes das Oiorpata à margem das localidades e do modo de vida cultural dos citas. Os jovens citas são enviados pelos anciãos para seduzir as Oiorpata, e sua missão é integrar essas "mulheres estranhas" na cultura desse povo; pois "esse era o projeto dos citas: eles queriam ter crianças nascendo dessas mulheres" (IV,

III). O plano parece ter sido bem-sucedido. Os jovens se juntam ao acampamento das amazonas, tendo "nada mais que seus braços e seus cavalos, e vivem como as mulheres, caçando e pilhando". Uma associação amigável se realiza. As mulheres aceitam os homens e os integram em suas vidas e em sua ordem social. Passam a morar em conjunto, "cada homem tendo como sua esposa a mulher com quem teve relações sexuais de início" (IV, 114).

Tal narração é muito interessante uma vez que elabora, sob o cenário de uma história, uma declaração sobre uma ordem cultural. Repitamos a progressão dessa história em suas implicações simbólicas. Há, em primeiro lugar, uma inversão sexual que se impõe ao leitor. Os anciãos citas solicitam aos mais jovens que acampem nas margens da região ocupada pelas amazonas e imitem cuidadosamente o que quer que elas façam. "Se as mulheres os perseguirem, então não lutem, mas fujam; e quando a perseguição cessar, acampem perto delas" (IV, III). Os jovens homens foram instados a "feminizar-se", pois as amazonas aqui simbolizam o que na *polis* é a "masculinidade" normativa. Eis um caso de *thēlukratēs*, o governo e domínio das mulheres (VIDAL-NAQUET, 1986: 209). A tensão duplica outras oposições: os homens jovens (*neotatoi*) estão numa situação que estruturalmente é semelhante àquela dos *skotioi* (homens jovens ainda não adultos, vistos como ainda "no escuro"), dos *azostoi* ("aqueles que estão sem armas"), dos *eg-dysmenoi* ("aqueles que não têm roupas") encontrados em Dreros (VIDAL-NAQUET, 1986: 116-117). O que a narrativa descreve é, portanto, um paradigma. Como observado por Vidal-Naquet em relação ao festival da cidade de Festo conhecido como *Ekdysia* ("sem roupa"), "a etiologia aqui é uma história sobre uma menina que se tornou um menino, história que forma um elo entre dois conjuntos *menino: menina* e *nu: armado*" (VIDAL-NAQUET, 1986: 117).

Os jovens citas se transformaram simbolicamente em meninas e vivenciam, às margens do território ocupado pelas Oiorpata, a inversão de uma "lei". Nesse estágio, o casamento é para eles (como objetivo) o que é a guerra para as Oiorpata (como vocação). Sua integração na vida das amazonas, depois que as mulheres as testaram e descobriram que eles não representavam perigo, funciona na narrativa como o fim de um ritual de transição de *status*. Eles são agora plenamente partes de uma economia social que é uma ordem invertida do modelo ateniense de *politeia*. De fato, os *neotatatoi* pensam em reverter essa ordem de volta, em convidar suas parceiras a se unirem à tradição cita e, com isso, evoluir. "Voltemos ao nosso povo e nos consorciemos com eles, e ainda teremos vocês, e nenhuma outra, como nossas esposas" (IV, 114), dizem os jovens. As Oiorpata recusam, invocando as diferenças culturais existentes entre elas e as mulheres citas: "Atiramos com o arco, lançamos o dardo e cavalgamos, mas o artesanato das mulheres nunca aprendemos; e suas mulheres não fazem nada do que falamos, mas permanecem em suas carroças trabalhando no artesanato feminino, e nunca saem para caçar ou para fazer qualquer outra coisa" (IV, 114).

A distinção não se refere a características fisiológicas, mas a características culturais que distinguem dois modos de vida diferentes. Ao mesmo tempo, as Oiorpata separam radicalmente as duas comunidades de mulheres: "Nós e elas, portanto, nunca poderíamos estar de acordo". O que é rejeitado é "uma civilização" em suas práticas culturais e sociais. As Oiorpata concordam em esposar aqueles jovens e fazem uma proposta: "se vocês desejam merecer o nome de homens justos (*dikaioi*), vão até seus pais, deixem que eles lhes concedam a parte devida de seus bens; depois disso, que nós possamos sair e morar juntos por nós mesmos". Os jovens concordaram. Então outra exigência foi feita: "Não! Uma vez que acham correto ter-nos como esposas, então que nós todos, nós e vocês, deixemos deste país para morar do outro lado do Rio Tánais" (IV, 115). E todos partiram, viajando três dias para o leste e três dias para o norte.

A negação da "civilização" está agora completa. Os homens se submeteram ao império das mulheres. Na percepção de Aristóteles, isso seria equivalente à obediência do mestre ao escravo, ou à submissão da alma ao corpo, tal como, segundo Heródoto, testemunha Argos depois de ter sido derrotada por Esparta (VI, 77, 83). Os *neotatatoi* citas são tidos como *dikaioi* (homens justos), mas por mulheres e num contexto de *thēlukratēs*. Esse é o supremo terror masculino, ou seja, para usar o conceito de Lacan, a obliteração (*aphanisis*) de uma diferença que é também um "direito a" isso ou aquilo, mas não a ambos (como representado no termo V (ou) usado na Lógica Simbólica). Nos termos das categorias de Aristóteles, trata-se do masculino ou do feminino, do reto ou do curvo, do quadrado ou do retangular?

De todo modo, o que a nova entidade sociocultural constitui é inacreditável, incrível. O lugar das Oiorpata nas fronteiras do território cita deixa de existir numa delimitação geográfica específica e se desloca, impreciso, mais para dentro do mato, encarnando o *agros* absoluto ou uma área de monstruosidade paradigmática. Era já um sinal o fato de as Oiorpata se situarem nas margens do território cita. Para os gregos, esse povo vivia nos próprios limites do espaço humano. Eles eram quase selvagens e assim poderiam ter entre seus integrantes canibais e vegetarianos, categorias monstruosas consideradas, em suma, idênticas. "O vegetariano não é menos desumano que o canibal", lembra Vidal-Naquet (in: GORDON, 1982: 87). Havia, portanto, um espaço para "assassinas de homens" e ginecocracia escondido em algum lugar do *agros* três dias a leste e três dias a norte do Tánais.

Observemos também que o navio no início da história marca um primeiro corte em relação ao espaço grego. A conexão é cortada com a morte da tripulação e a incapacidade das Oiorpata de ocupar a função de comandantes da *techne* marítima. No território cita, as Oiorpata se revelam mulheres (e se tornam objetos de um desejo coletivo de continuidade étnica). No entanto, é neste mesmo momento que elas afirmam sua diferença radical e optam por manter seus próprios projetos, transportando-se para fora das fronteiras citas. Por fim, se todo o movimento da história é trazer à luz as Oiorpata como delinquentes culturais que vivem nas margens absolutas da *oikoumene*, um paradoxo deve ser notado: "os homens não podiam aprender a língua das mulheres, mas as mulheres dominavam o discurso dos homens" (IV, 114).

Os bárbaros, as mulheres e a cidade

Toda a história poderia ser oposta estruturalmente àquela narrada por Diodoro Sículo no primeiro século. Suas amazonas habitam a África (III, 52, 4) e sabemos que, em termos de informação, sua narrativa é habitada por um Dionísio, um africano (cf. III 66, 4-73, 8), e, por outro lado, pelo estilo tipicamente grego. Nesse contexto, as amazonas parecem ter origem na África: "Ora, na Líbia houve *várias raças de mulheres* que eram guerreiras e muito admiradas por seu vigor masculino" (III, 52, 4). "Elas praticam as artes da guerra", são soldados no exército, e "foram até os homens para a procriação de crianças". Elas estão no poder: administradoras de cidades, magistradas, políticas encarregadas do Estado. Os homens, Diodoro enfatiza, são:

> [...] como nossas mulheres casadas, passam seus dias em casa, executando as ordens que lhes foram dadas por suas esposas; e não participam de campanhas militares, nem de cargos ou do exercício da liberdade de expressão (III, 53: 1-2).

Elas vivem na área do Lago Tritonis (III, 53: 4) que, para Diodoro, é "também perto da Etiópia". Essas amazonas, se quisermos acreditar nesse historiador, são "uma raça superior em valentia e ávida de guerra" (III, 53: 6). Elas parecem, segundo o relato, "aqui para dominar a maior parte do norte da África sob a liderança de sua mítica rainha general Mirina. Ela firmara um tratado com Hórus, rei do Egito e filho de Ísis" (III, 55: 4), antes de ser destruída por Héracles. Segundo Diodoro, o espaço e a raça originários das amazonas na região do Lago Tritonis também desapareceram (III, 55: 3).

O que é notável no caso da narrativa de Diodoro é que ela inverte a de Heródoto. Diodoro afirma, por exemplo, que suas amazonas líbias "existiram muito antes no tempo e realizaram ações notáveis" (III, 52: 1). Também ao contrário das Oiorpata de Heródoto, que escolheram se retirar para o meio da mata com seus homens recém-adquiridos, Mirina conquista o espaço "civilizado" por inteiro depois de subjugar a maior parte do norte da África. Por meio de amizades, diplomacias ou guerras, ela domina o Egito, Arábia, Síria, Cilícia, Frígia etc.; depois ela ataca e coloniza Lesbos (fundando Mitilene, com o nome de sua irmã guerreira) e, finalmente, aposenta-se – depois de orar a Cibele, "a Mãe dos Deuses" – em uma ilha a que deu o nome Samotrácia, que significa, quando traduzido para o grego, "ilha sagrada" (III, 55: 7-9). Em resumo, as amazonas de Heródoto são fugitivas que deixam a cultura grega e escolhem a primitividade, enquanto a Mirina de Diodoro e seu povo se afastam das margens da cultura grega (o Lago Tritonis) para conquistar e civilizar a ilha da "Mãe dos Deuses", a Samotrácia.

O modelo de mulheres "primitivas" tal como descrito por Heródoto, situado fora da *oikoumene* e intimamente ligado à natureza, também é exemplificado na descrição das mulheres do Povo Samnita, feita na obra *Geografia* de Estrabão. Elas estão isoladas em uma pequena ilha, a nordeste do Rio Líger, que separa a Aquitânia da Bélgica. Seus vizinhos imediatos no continente são os celtas, que costumavam praticar sacrifícios humanos e outras monstruosidades, interrompidas pelos romanos (4, 4, 5). Segundo Estrabão, que cita Poseidônio, "nenhum homem põe os pés na ilha [das mulheres], embora elas próprias, navegando para fora dela, tivessem relações sexuais com homens e voltassem para lá depois" (4, 4, 6). Ao contrário das Oiorpata, que estão plenamente no poder de seu destino, as mulheres samnitas "estão possuídas por Dionísio e fazem dele uma divindade propícia, apaziguando-o com iniciações místicas, bem como com outros rituais sagrados".

O padrão dessas histórias é notável. Ele desenha a topologia de um itinerário da delinquência, e depois o metaforiza. Do Mar Mediterrâneo ao país dos citas e depois aos lugares isolados, onde as Oiorpata organizam sua própria ordem, o itinerário traça uma trajetória de partida, que é ao mesmo tempo um questionamento da *polis* e uma rejeição de sua história e tradição. Inversamente, as mulheres samnitas são delinquentes culturais desde o início da história. Elas revelam sua infração ao torná-la conhecida por aqueles que habitam o lugar agora pacificado e estruturado pelos romanos: elas precisam de homens, mas não de sua *politeia*. A distância física entre elas e o continente é em si um fator objetivo de sua autoexclusão do mapa "civilizado". Por sua vez, o exército feminino líbio de Mirina traça o seu mapa e impõe uma nova ordem cultural.

Estrabão, descrevendo os montanhistas que vivem na parte norte da Península Ibérica (galaicos, asturianos, cântabros etc.) liga a distância (do centro romano) às características psicológicas dos marginais. Ele observa que, somente com o domínio colonial romano sobre a distância geográfica, os bárbaros melhoraram e foram introduzidos à "sociabilidade" e à "humanidade":

> A qualidade da intratabilidade e selvageria desses povos não resultou apenas de seu envolvimento na guerra, mas também de seu distanciamento; pois a viagem ao seu país, seja por mar ou por terra, é longa e, como é difícil se comunicar com eles, perderam o instinto de sociabilidade e humanidade. No entanto, agora eles têm esse sentimento intratável e selvagem em menor grau, devido à paz e à estadia dos romanos entre eles (3, 3, 8).

A observação se aplicaria *a fortiori* aos seres humanos que vivem além dos países dos bárbaros conhecidos. O geógrafo os traz para um mapa, nomeando-os ou situando-os espacialmente a partir de uma cidade conhecida. "Isso é tudo que podemos nomear", escreve Heródoto com frequência.

A geografia de Plínio, como vimos, é uma lista topológica de nomes que ele qualifica em termos de distância de cidades romanas, *oppida* ou colônias. Ele correlaciona a distância e a selvageria de forma explícita. Por exemplo, sobre a cidade de Meroé e a Ilha de Tadu na África – uma região que havia sido governada por várias mulheres (*regnare feminam Candacem, quod nomen multis iam annis ad reginas transisset*[68]) (NH, VI, XXXV, 186) – Plínio relata a existência da raça *Aetheria* (que depois tomou o nome, em textos greco-romanos, de *Atlantia* e finalmente o de *Aethiops*) e depois acrescenta: "não é de modo algum surpreendente que os distritos mais periféricos desta região produzam monstruosidades animais e humanas" (*animalium hominumque monstrificas effigies...*) (NH, VI, XXXV, 187). Neste caso, o clima é evocado como explicação complementar. No entanto, a distância geográfica tem sido, desde o início, o critério de medição e classificação. Plínio começa com uma declaração sobre os nomes das comunidades que vivem na Líbia: "os nomes de seus povos e cidades são absolutamente impronunciáveis para todos [*nomina vel maxime sunt inneffabilia*], exceto para os nativos" (NH, V, I, 1). Um pronunciamento semelhante é feito por Estrabão na descrição de grupos étnicos que habitam a região da Cantábria e dos Vascos: "Eu me guardo de dar muitos dos nomes, evitando a desagradável tarefa de escrevê-los, a não ser que se dê ao prazer de alguém ouvir palavras como 'Pletauros', 'Bardietas', 'Atrotrigues' e outros nomes ainda menos agradáveis e de menor importância do que esses" (3, 3, 7).

Agora fica mais evidente que a capacidade linguística das Oiorpata, como descrita por Heródoto, é ambígua. Com efeito,

---

68. "Reina uma mulher, Candace, título que há muitos anos se transmite de uma rainha para outra" [N.T.].

elas tinham de aprender a língua ou, de algum modo, fazer-se entender num contexto sociocultural mais (grego) ou menos (cita) amplo. Os *neotatoi* citas não tinham de fazê-lo. Com efeito, eles eram classificados como bárbaros vivendo nas margens extremas da *oikoumene*, mas ainda eram seres humanos, apesar da estranheza de sua cultura e de seus costumes. Para que as Oiorpata não fossem rejeitadas na primitividade absoluta da natureza e aparecessem num mapa da humanidade tal como concebido pelo paradigma grego, o preço a ser pago era, no mínimo, uma aculturação linguística.

A aculturação significava, na prática, uma conversão radical ao modelo de vida grego ou romano. Suas implicações incluíam abandonar a língua original e tornar-se membro da *politeia* grega ou romana e, se possível, adquirir os direitos de cidadania na *polis* ou *urbs*. Somente tal conversão poderia conferir às pessoas as virtudes da gentileza (*emeron*) e da civilidade (*politikon*).

Sobre a cultura dos cântabros, Estrabão escreve que "há [...] coisas que, embora não caracterizem a civilização, talvez não sejam selvagens". Uma delas é "o costume entre os cântabros de maridos darem dotes às esposas, de as filhas serem deixadas como herdeiras e de as irmãs oferecerem seus irmãos para casamento" (3, 4, 18). Essa é uma imagem óbvia de *thēlukratēs*, que Estrabão considera não ser uma marca de "civilização" (3, 4, 18).

O domínio da mulher constitui um problema. Ele só pode existir às margens do mundo político grega e romana, assim como uma cidade com *douloi* (escravos) no poder. Conhecemos a declaração de Aristóteles em sua *Poética*: "Tanto uma mulher como um escravo também podem ser bons; mas aquela talvez seja um ser inferior – e esse, alguém totalmente inútil" (15, 1454a, 20-22). Pierre Vidal Naquet, que explora esta tese, demonstra magistralmente duas coisas: primeiro, que apesar das diferenças envolvidas, "a cidade grega em sua forma clássica foi marcada por uma dupla exclusão: a exclusão das mulheres, que a tornava uma 'versão masculina'; e a exclusão dos escravos, que a tornava uma 'versão cidadã' (é quase possível falar de uma tripla exclusão, dado que os estrangeiros também eram mantidos de fora; mas o tratamento dos escravos é sem dúvida apenas o caso extremo do tratamento dos estrangeiros)" (in: GORDON, 1982: 188). Em segundo lugar, "quer se trate das amazonas ou dos lícios, é a *polis* grega, esse clube masculino, que está sendo definido por seus historiadores e seus 'etnógrafos' nos termos de seu oposto [...]. Há um esplêndido exemplo dessa técnica de inversão ou reversão na afirmação de Heródoto de que as instituições do Egito são exatamente o oposto das dos gregos (2, 35)" (in: GORDON, 1982: 190).

A ginecocracia das Oiorpata e a mística doulocracia de uma cidade governada por escravos (sempre situada fora da Grécia, cf. VIDAL-NAQUET, apud GORDON, 1982: 189) são reversões estruturais do paradigma grego de civilização e organização do poder. Duas fórmulas podem resumir a filosofia básica: as mulheres são para os homens como escravas são para os cidadãos; uma ginecocracia ou uma doulocracia é para as *polis / urbs* como a barbárie ou a selvageria é para o *politikon*.

O *politikon* é um *locus* de conhecimento, diz Simônides, dando ao verbo *dokein* um poder superior ao da noção tradicional e religiosa *aletheia*. É a cidade que constitui (educa, cria, realiza) um homem: πόλις ʽάνδρας διδάσκει, ele escreve. Como observou Marcel Detienne, "*dokein* é, de fato, um termo técnico de vocabulário político. É um verbo exemplar da decisão política" (1967: 117). Simônides foi o primeiro poeta a celebrar as conquistas dos cidadãos que se sacrificaram pela cidade ou a honraram com seus atos. Um novo conceito estava então tomando forma, o de "um homem saudável", exemplificado por heróis nacionais, atletas e até mesmo por corajosos colonos que expandem em terras transmarinas um *politikon* e seus valores. A partir do século V, um quadro democrático e altamente secular definiu normas intelectuais nas quais o *dokein* se entrelaça com seu pai etimológico, a *doxa*, o único modo de conhecer coisas que, segundo Platão e Aristóteles, se adapta a um mundo contingente e ambíguo (cf. AUBENQUE, 1963; DETIENNE, 1967). O campo semântico do *politikon* especifica o espaço prático da verdade com conceitos como *politikos* (o que convém a um cidadão), *politikos* (forma de agir como cidadão), a *politika* (assuntos civis) e *politai* (grupos sociais organizados de cidadãos que vivem em uma comunidade).

Narrativas sobre as margens e a exterioridade do clube de *politai* ilustram as diferenças avaliadas a partir de um cânone central. Como escreveu M.I. Finley:

> A história do que é convencionalmente chamado de "colonização" grega [é] na realidade a história da expansão grega, entre cerca de 1000 e 550 a.C., para a Ásia Menor e as áreas costeiras ao redor do Mar Negro a leste, para o sul da Itália, Sicília, e ao longo do Mediterrâneo a oeste. A tradição grega, espalhada numa multidão de escritores de Heródoto até Eusébio, consiste em um *quadro cronológico* (e, ao final, em datas muito precisas), propaganda anacrônica em favor dos oráculos délficos, e anedotas. Nenhuma história da colonização era possível com base nisso (FINLEY, 1987: 95; ênfase minha).

Concentremo-nos agora brevemente sobre uma interpretação antiga, examinando como o conhecimento sobre as margens do *politikon* é produzido. Em sua *Geografia*, Estrabão menciona, a propósito da Espanha, três procedimentos principais. O primeiro é o método homérico de manipular fatos históricos lendários (p. ex., a expedição de Héracles e dos fenícios à Ibéria) e transformá-los em arranjos míticos, como no caso da *Ilíada* (3, 2, 13). Homero fez uma transferência "do domínio do fato histórico para o da arte criativa, e para o da invenção mítica tão familiar aos poetas". A segunda prática é representada por Heródoto o Registrador (3, 2, 14). Por fim, menciona-se a prática romana de expandir sua própria *civilitas* (modo de vida, linguagem e direitos; por exemplo, sobre os turdetanos, 3, 2, 15).

Em paralelo a essas práticas concretas, Estrabão faz comentários explícitos (3, 4, 19) sobre a credibilidade desses discursos culturais e classifica o grau de sua pertinência. Hierarquicamente, ele põe em primeiro lugar os menos confiáveis, os discursos de "todas as nações que são bárbaras e remotas, com territórios pequenos e divididos". "Seus registros não são nem numerosos nem seguros para utilização". A distância em relação ao padrão grego implica registros escassos e inseguros. Em todo caso, como diz o próprio Estrabão, "obviamente, nossa ignorância é ainda maior a respeito das nações afastadas dos gregos". Em segundo lugar, estaria a categoria de registros e discursos dos romanos. Estrabão reconhece que os romanos sabem como registrar e sublinha o apreço que eles tinham pelo autoconhecimento, mas, no geral, ele deprecia as práticas arquivísticas de Roma. Ela é uma má imitação da prática grega. Como ele diz, "Os historiadores romanos são imitadores dos gregos, e não levam sua imitação muito longe". Portanto, sempre que os gregos deixam lacunas, todo o preenchimento feito pelo outro conjunto de escritores é insignificante, especialmente porque a maioria dos nomes muito famosos são gregos". O único discurso credível e plausível parece ser – e, na avaliação de Estrabão, não poderia deixar de ser – o grego. Isso é afirmado com muita beleza: "de fato, nossos ouvidos estão plenos dessas coisas [isto é, conhecimento sobre regiões, migrações, divisões geográficas etc.] graças a muitos, particularmente os gregos, que se tornaram os mais loquazes entre todos os homens".

O nomeável que circula nas margens de um conhecimento disposto no espaço parece refletir o inominável da existência cotidiana. O desvio que ele revela como conhecimento sobre os *agrioi*, os *barbaroi* ou as *oiorpata* já está lá, simultaneamente explícito e negado nas regiões onde alguns membros da cidade estão presos ou das quais eles são levados a se retirar. O paradigma de Aristóteles sobre o casamento, que é para uma menina o que a guerra é para um menino, duplica a servidão do *doulos* como uma antítese da liberdade do cidadão. Em sua racionalidade e atividade, uma classificação geral do inominável e do monstruoso (que vive na escuridão que envolve a *polis*) se reflete numa série de possíveis transformações derrisórias.

"Ora", diz Estrabão, "as andanças dos gregos entre as nações bárbaras podem ser tidas como decorrências do fato de essas últimas terem se dividido em divisões e soberanias mesquinhas que, por força de sua autossuficiência, não tinham relações umas com as outras; logo, como resultado, elas eram impotentes contra os invasores estrangeiros" (3, 4, 5). Li essa passagem muitas vezes para ter certeza de que realmente a compreendia, sabendo que no século V as cidades como Atenas ou Esparta eram estados autônomos. Mas, não, a afirmação é absolutamente correta. Ela sintetiza bem o sentido de "um lugar" como um esquema de referência que assombra uma tradição e seu conhecimento. Um espaço, o grego, tornou-se, graças a tais articulações, um princípio geral de organização do conhecimento e das culturas. Mesmo os procedimentos de minha leitura atual parecem depender da explicação dessa experiência que invadiu nossas vidas comuns. Os gregos errantes, os conquistadores romanos e depois Lafiteau no século XVIII enfrentaram esse mesmo problema relativo a "uma ciência de bárbaros", que não podia ter os gregos como categoria comparativa (VIDAL-NAQUET, 1986: 129s.; PAGDEN, 1982: 198-209). A antropologia aplicada do século XX apoiou a análise de Estrabão, definindo seu projeto como uma reativação científica da política grega e romana. A propósito das pessoas que habitavam as margens do Rio Ródano, Estrabão escreveu esta nota, que poderia servir de metáfora conclusiva para minha leitura: "o nome do Povo Cavari prevalece, e as pessoas já estão chamando por esse nome todos os bárbaros naquela parte do país; não, eles não são mais bárbaros, mas foram, em sua maioria, transformados num tipo romano, tanto em sua língua como em seus modos de vida, e alguns deles em sua vida cívica também" (4, 2, 12).

Triunfo do *politikon* e da *politeia* numa ação cultural conquistadora de conversão. Mas será que também não é realmente medo dos *agrioi*, das *oiorpata* e de outros monstros, ou seja, o medo da diferença?

Atena negra

> *Por fim, gostaria de voltar à questão crítica do título* Atena negra. *Devo admitir que o sugeri originalmente como um título possível, mas ao pensar bem nisso quis mudá-lo. Porém, minha editora insistiu em mantê-lo, expondo o seguinte argumento: "negros não vendem mais, mulheres não vendem mais, mas mulheres negras ainda vendem".*
>
> BERNAL, M. *Arethusa*, outono de 1989: 32.

Os volumes de Martin Bernal sobre a *Atena negra*, com o subtítulo *The Afroasiatic Roots of Classical Civilization* (As raízes afro-asiáticas da civilização clássica), constituem um acontecimento. O volume um (1987) trata da "Fabricação da Grécia antiga 1785-1985", o volume dois (1991), da "Evidências Documentais Arqueológicas". Outros virão e deverão confirmar, a menos que Bernal passe por uma grande conversão psicológica, a tese que ele expôs até agora sobre duas questões: as origens da Grécia, e as implicações dessas origens. Essa tese laboriosamente construída apresenta dois modelos conflitantes sobre as gêneses da Grécia: um antigo, e sua inversão, ariana. No primeiro, "afirma-se que a Grécia foi inicialmente habitada por pelasgos e outras tribos primitivas". Elas haviam sido civilizadas por colonos egípcios e fenícios que dominaram muitas partes do país durante a "era heroica" (1991: 1). No segundo modelo, o ariano, que surgiu no final do século XVIII na academia europeia, "a civilização grega resultou da mistura de culturas que se seguiu à conquista do norte por povos indo-europeus grecófonos oriundos de populações 'pré-helênicas' mais antigas" (1991: 1).

O projeto é ambicioso. O volume de 1987 começa por distinguir *modelo* de *paradigma*. O primeiro é artificial e arbitrário, "um esquema reduzido e simplificado de uma realidade complexa" (1987: 3). Assim, a partir dessa definição, um modelo pode ser mais produtivo ou mais confiável que outro "em sua capacidade de explicar características da 'realidade' em questão" (1987: 3). Por paradigma, Bernal concebe "modelos ou padrões gerais de pensamento aplicados a muitos ou todos os aspectos da 'realidade' tal como ela é vista por um indivíduo ou comunidade" (1987: 3). Após elucidar a distinção entre modelo e paradigma, vejamos então a tese central de Bernal: a superação do modelo ariano. Ele escreve:

> Se eu estiver certo em insistir na derrubada do modelo ariano e em sua substituição por uma revisão do modelo antigo, será então necessário não só repensar as bases fundamentais da "Civilização Ocidental", mas também reconhecer a penetração do racismo e do "chauvinismo continental" em toda nossa historiografia, ou filosofia da história escrita. O modelo antigo não tinha grandes deficiências "internas", ou fragilidades em seu poder explicativo. Ele foi derrubado por razões externas. Para os românticos e racistas dos séculos XVIII e XIX, era simplesmente intolerável que a Grécia, então vista não só como epítome da Europa, mas também como sua infância pura, fosse o resultado da mistura de europeus nativos e de colonos africanos e semitas. Portanto, o modelo antigo teve que ser derrubado e substituído por algo mais aceitável (1987: 2).

Bernal defende um "modelo antigo revisado", segundo o qual, embora "todos os antigos egípcios [não se assemelhassem] aos africanos ocidentais de hoje, [o Egito é] essencialmente africano" (1987: 437). E ele acrescenta: "a razão fundamental pela qual estou convencido de que esse modelo antigo revisado será bem-sucedido num futuro relativamente próximo é simplesmente o fato de que, dentro dos círculos acadêmicos liberais, os fundamentos políticos e intelectuais do modelo ariano estão [hoje] em grande parte desaparecidos" (1987: 437).

A própria oposição entre os modelos antigo e ariano pode parecer intrigante. Tal como Denise McCoskey – estudante de pós-graduação norte-americana com formação clássica – apontou-me, depois de ter lido o primeiro volume do livro em uma de minhas aulas, a tensão entre os adjetivos "antigo" e "ariano" é questionável. Ela estava certa em afirmar:

> Antigo contra ariano, embora politicamente importante para Bernal, é, no entanto, problemático desde o início. Por óbvio, essa tática implica a afirmação de que todos os estudos no período "ariano" foram racistas bem como na de que nenhum dos estudos anteriores o era. Essa mesma suposição, porém, é prejudicada, ainda que nunca abordada de modo satisfatório por Bernal [...], forçado a admitir, por vezes, que os autores antigos omitiram influências africanas e fenícias [...] e também que os estudiosos modernos anteriores criticaram princípios do modelo ariano durante sua formulação.

Bernal é admiravelmente explícito ao marcar o que deseja: redescobrir, se possível, uma "natureza" plausível de Atena, fazendo uma *revisão do modelo antigo*. Seu primeiro volume tenta construir esse argumento em dez capítulos. Eles podem ser agrupados em torno de três temas principais: a existência do modelo antigo (capítulos 1, 2, 3), a ascensão e o triunfo do Modelo Ariano (capítulos 4, 5, 6, 7), a competição entre os dois modelos, o antissemitismo e o racismo (capítulos 8, 9, 10).

Nos três breves capítulos de abertura, Bernal procura mostrar tanto o fato quanto os efeitos do modelo antigo, adotando uma perspectiva histórica que começa com duas questões difíceis: a primeira diz respeito aos *Pelasgoi* ou protogregos, que, de acordo com Heródoto, diz Bernal, teriam sido "colonizados e, em certa medida, culturalmente assimilados pelas invasões egípcias". Bernal os define como "povos de língua indo-europeia", mas não dá atenção ao problema criado pela declaração de Heródoto que marca os Pelasgoi como uma "população de língua não grega". De todo modo, esse historiador inglês, usando evidências surpreendentes, insiste que os egípcios os ensinaram como adorar os deuses. Eles teriam se misturado com os helenos em algum momento durante o segundo milênio a.c. A segunda questão diz respeito aos iônicos, que viviam na costa anatoliana e que Heródoto assimilou aos *pelasgoi*. As duas questões se combinam para mostrar o fato de uma colonização (cultural) por egípcios e povos do Oriente Médio. De fato, Bernal se concentra no papel civilizador de estrangeiros como Dânaos (do Egito) e Cadmo (de Sidon), e sua leitura atenta das *Suplicantes* de Ésquilo lhe permite elaborar um argumento forte em favor da tese do modelo antigo.

Bernal também se refere a desenhos de antigas testemunhas, que se basearam, por exemplo, no relato de Heródoto, que "derivou os costumes gregos a partir do Oriente em geral e do Egito em particular" (1987: 100). Como escreveu o antigo historiador grego:

> Nunca admitirei que as cerimônias semelhantes realizadas na Grécia e no Egito sejam o resultado de mera coincidência. Se assim fosse, nossos ritos teriam sido de caráter mais grego e menos recentes na origem. Tampouco permitirei que os egípcios alguma vez tomem da Grécia seja esse costume ou qualquer outro (HERÓDOTO, II: 55-58).

O nacionalismo de Tucídides, que rejeita todas as marcas civilizatórias de estrangeiros como Dânaos, Cadmo ou Cécrope, fornece provas que apoiam a realidade do modelo antigo. Isócrates admite sua efetividade. Platão, seu rival, que passou algum tempo por volta de 390 a.C. estudando no Egito, foi profundamente marcado pela cultura egípcia. Como disse Karl Marx, citado por Bernal: "A República de Platão, na medida em que a divisão do trabalho é tratada nela, como princípio formativo do Estado, é meramente uma idealização ateniense do sistema de castas egípcias" (apud BERNAL, 1987: 106). Aristóteles foi fascinado pelo Egito e pelo poder de seus sacerdotes, inventores da *mathematikai technai*, as artes matemáticas. E tem mais. Fatores cristãos atestam, pelo avesso, a força do modelo antigo. Vejamos duas metáforas: "Em 390 d.C. o templo de Serápis e a adjacente grande biblioteca de

Alexandria foram destruídos por uma multidão cristã; 25 anos depois, a brilhante e admirável filósofa e matemática Hipácia foi terrivelmente assassinada na mesma cidade por um bando de monges instigados por São Cirilo. Esses dois atos marcam o fim do paganismo egípcio e o início da Idade Média cristã" (1987: 121-122). Porém, o efeito egípcio permaneceu até o século XVIII. A Renascença apreciava o Egito e pensava que ele "era a fonte original e criativa, a Grécia sendo o transmissor posterior de partes da sabedoria egípcia e oriental; a veracidade do modelo antigo não estava em questão" (1987: 160). Nos séculos XVII e XVIII, o hermetismo, o rosacrucianismo, a maçonaria marcaram o triunfo do modelo antigo. Um dos exemplos mais significativos foi um padre católico romano, o jesuíta alemão Athanasius Kircher, uma inversão irônica de São Cirilo. Astrólogo, cabalista e hermetista, Kircher estava convencido de que a antiga cultura egípcia era uma *prisca theologia* tanto quanto uma *prisca sapientia*. Ela continha o anúncio de Jesus (em Hermes Trismegisto) e também a representação do cristianismo numa filosofia que tornava possível a racionalidade grega.

A expedição que Napoleão fez ao Egito em 1798 monopolizou e, ao mesmo tempo, desafiou tal herança. As razões que justificaram o projeto expõem também explicações sobre como o modelo antigo tinha de ser questionado. Como observa Bernal:

> Em muitos aspectos, as pesquisas, mapas e desenhos elaborados, e o roubo de objetos e monumentos culturais para embelezar a França, foram um exemplo precoce do padrão de objetivação para investigação e análise científica, que se tornou uma marca registrada do imperialismo europeu [...].
>
> Por outro lado, ainda havia muitos traços da atitude mais antiga em relação ao Egito, e entre os membros científicos da expedição havia a crença de que, no Egito, eles poderiam aprender fatos essenciais sobre o mundo e sua própria cultura, não apenas fatos exóticos para completar o conhecimento e a dominação ocidentais da África e da Ásia (1987: 184).

A expedição simboliza, na realidade, o fim do modelo antigo, bem como, na análise de Bernal, o início do modelo ariano.

O argumento em favor do modelo antigo é complexo e denso. Por necessidade, a demonstração é mais histórica do que filológica. Habilmente, ela reúne testemunhas díspares, mas concordantes, para sua tese central. Contudo, às vezes, ela ignora questões delicadas relativas à credibilidade dos textos utilizados. Que Heródoto acreditava no modelo antigo seria uma boa ilustração. As acusações de que ele teria engrandecido os bárbaros, feitas por Plutarco em *De Herodoti Malignitate*, são relativizadas por Bernal. Sabemos que Heródoto provavelmente visitou o Egito após 460 a.C. e que suas histórias sobre a guerra entre gregos e persas respondem a uma *expectativa popular*, ou seja, ele oferece um conhecimento aceitável e, com efeito, aceito pelo povo. Desde o início de seus relatos, ele adverte os leitores: "de minha parte, não direi que essa ou aquela história é verdadeira" (Heródoto, I, 5). E em sua introdução à sua "etnografia" do Egito ele afirma: "Assim [os egípcios] fizeram com que todos os seus costumes e leis fossem, na sua maioria, contrários aos de todos os outros homens" (Heródoto, II, 35). De fato, ele afirma distinguir *muthoi* (lendas) dos fatos, diferenciando o que ele viu daquilo que lhe foi dito. Mas, como questão de técnica, ele também acrescenta *prosthekas*, ou histórias, que, embora relacionadas ao tema, são incluídas a fim de agradar uma audiência popular. No livro IV, ao descrever a geografia e as pessoas que vivem a oeste do Lago Tritonis, ele retrata um museu de monstruosidades, incluindo homens com cabeça de cão, pessoas sem cabeça com olhos nos seios, humanos sem nomes, aqueles que não sonham etc. (IV, 197, passim). Que credibilidade tem um expositor como esse? Contra Plutarco, que o chamou de "mestre das mentiras", é possível escolher acreditar em Estrabão, que o descreve como um simples registrador, aquele que *katagrapsai* (Estrabão, 3, 2, 14), que escreve tudo, mesmo histórias tolas e estúpidas. Heródoto, por sua vez, nos advertiu: "Não sei qual é a verdade, mas conto a história tal como ela me foi contada". Assim, receio que Bernal não seja suficientemente crítico em relação aos pronunciamentos de Heródoto. Dionísio de Halicarnasso, morto em 7 a.C. ao realizar sua suposta defesa de Heródoto, faz, contudo, acusações, demonstrando que: a) ele estava preocupado principalmente com a escolha de tópicas que poderiam agradar ao público (ao contrário de Tucídides, que ousou descrever uma guerra tal como ela ocorreu); b) Heródoto soube vender suas histórias começando com uma posição nacionalista – os bárbaros estão errados e são culpados – e terminando com a humilhação desses estrangeiros (ao contrário da perspectiva impopular, porém mais cientificamente rigorosa de Tucídides, que começa descrevendo a decadência grega e conclui retratando a oposição mortal que separava lacedemonianos e atenienses); e c) por estar comprometido com o interesse popular em saber quem está certo e quem está errado, Heródoto sabia, *a priori*, que precisava demonstrar como os bárbaros estavam errados. Tucídides, por outro lado, segue uma ordem cronológica em sua análise da guerra do Peloponeso a fim de produzir um *ktema es aei*, uma lição do que aconteceu.

De fato, a questão da credibilidade de Heródoto está ligada a outra, mais importante: a própria prática da história e de sua filosofia. Tucídides (I, 22) e Políbio (p. ex., IX, 2, 5) estavam convencidos de que a história e seu estudo deveriam ter um propósito prático, uma posição partilhada com Aristóteles. Essa concepção de uma história *factual* e *didática* não era a de Heródoto, e certamente não é a de Isócrates e seus discípulos. Na Roma do primeiro século, fora exceções como Políbio e algumas outras, os historiadores não se conformavam às exigências de um Tucídides. A história, então, desejava agradar e geralmente se concentrava em eventos excitantes, exóticos e dramáticos, muitas vezes inventados. Da prática de Heródoto no século V a.C. passando pela intenção de Tucídides de dar uma visão nítida do que aconteceu e chegando até, digamos, as narrativas do primeiro século de Diodoro Sículo, a escrita da história foi submetida a uma série de "filosofias" mutáveis, que manipulam as informações que recebemos dos textos antigos.

Embora esta abordagem e minha crítica não enfraqueçam realmente a argumentação de Bernal sobre o modelo antigo, elas indicam, ao menos, que uma *critique historique* mais cuidadosa dos textos consultados pode ser útil. Sequer estou me referindo aqui às atuais exigências da disciplina História, mas, sim, à consciência crítica já atualizada por antigos como Tucídides e Políbio. Esse último, em suas *Histories*, apresenta exigências explícitas: a) *polypragmosyne*, um compromisso consistente com a indagação pessoal; b) *empeiria*, uma experiência empírica concreta; c) *emphasis*, processo de transmitir um determinado conhecimento ao leitor.

O segundo tema do livro de Bernal aborda a negação do modelo antigo e a promoção do modelo ariano. O capítulo 6 relaciona essa reconversão com a "helenomania" alemã, representada por Friedrich August Wolf, Wilhelm von Humboldt, Hegel, Marx, A.H.L. Hereen, e Barthold Niebuhr. Eles participaram direta ou indiretamente da preparação para "um ataque completo ao modelo antigo" (1987: 294). De acordo com Bernal, foi assim que, no século XIX, o modelo antigo se desmoronou. O Oriente se tornou a "infância" da humanidade e a Grécia, um "milagre". É irônico que Karl Marx, o internacionalista, estivesse entre aqueles que negaram o impacto egípcio na Grécia clássica. Ataques sistemáticos ao modelo antigo viriam do estudioso francês Petit-Radel e do alemão Karl Otfried Müller:

> Niebuhr havia legitimado a rejeição de fontes antigas e introduzido os modelos franceses e indianos de conquista do norte na Antiguidade. Müller retirara o modelo antigo da Grécia. Mais poderoso que qualquer um deles, porém, fora o trabalho de linguistas relacionando o grego ao sânscrito, trabalho que explicitava o grego como língua indo-europeia. Era necessária alguma explicação histórica dessa relação, e o modelo das conquistas do norte da Ásia Central se encaixava bem. Assim, deve-se fazer uma distinção nítida entre a queda do modelo antigo, que só pode ser explicada por fatores externos – isto é, através de pressões sociais e políticas –, e a ascensão do modelo ariano,

> que trazia consigo um componente interno considerável; qual seja, os desenvolvimentos ocorridos dentro dos próprios estudos que desempenharam um papel importante na evolução do novo modelo (BERNAL, 1987: 330).

Há um contexto de fundo para essa revolução, diz Bernal: A linguística romântica, o interesse pelo nascimento da filologia indo-europeia e a ascensão da Índia, sobretudo o caso de amor com o sânscrito. "A relação linguística indicava que a língua e a cultura indiana poderiam agora ser vistas como exóticas e familiares, se não ancestrais. [...]. Esse laço – e o conhecimento, por meio da tradição indiana, de que os brâmanes descendiam dos conquistadores 'arianos' que tinham vindo dos planaltos da Ásia Central – adaptava-se maravilhosamente à crença romântica alemã de que a humanidade e os caucasianos tinham sua origem nas montanhas da Ásia Central" (BERNAL, 1987: 229). Isto teria sido apenas um sinal e uma consequência das "hostilidades ao Egito" exemplificadas pelo casamento do cristianismo e da Grécia contra o Egito "pagão", e ilustradas por figuras ilustres como Erasmo – que, no século XVI, estava de fato confundindo hermetismo e Egito – e Lutero, que se opunham a Roma por meio de um "testamento grego". Além disso, surge a ideia de "progresso", que a Europa identifica consigo mesma, e o processo de pensamento racial que, em última instância, levará à tematização do racismo por parte de Gobineau. A Europa e, logo, a Grécia não poderiam ter sido influenciadas pelo Egito.

Essa hipótese nos leva diretamente ao terceiro tema do livro de Bernal: antissemitismo e racismo. Segundo Bernal, essas atitudes "cresceram depois de 1650 e [...] isso foi muito intensificado pela crescente colonização da América do Norte, com suas políticas gêmeas de extermínio dos nativos americanos e escravidão dos africanos" (1987: 201-202). Conceitos como "inferioridade racial" e "disposição à escravidão" não eram realmente novos. Aristóteles os usou. Eles foram simplesmente repensados em um novo contexto. Locke, Hume, Kant, Hegel e muitos outros ajudaram a lhes fornecer uma justificativa. Cruzando com o Romantismo, o racismo poderia ser visto, observa Bernal, como uma das "forças por trás da derrubada do modelo antigo". A busca por raízes autênticas explicaria em grande parte, entre 1740 e 1880, o nascimento da filologia "indo-europeia", "o caso de amor com o sânscrito" e a "linguística romântica" de Friedrich Schlegel. Durante as décadas de 1920 e 1930, a influência semita foi progressivamente rejeitada e um arianismo normativo se impôs, como exemplifica, por exemplo, Gordon Childe, John Myres ou S.A. Cook, para quem os semitas eram simplesmente "medianos, copiadores de modelos estrangeiros [...], que remoldavam aquilo que adotavam [...] e se estampavam naquilo que produziam como resultado" (COOK, apud BERNAL, 1987: 390).

Embora eu concorde essencialmente com a análise de Bernal a respeito do impacto do racismo (articulado a fatores como o cristianismo, o mito do progresso e o romantismo) para a derrubada do modelo antigo, eu tenderia a ser mais prudente sobre a história do racismo e distinguiria "pensamento racial" do "racismo". Tal distinção é crucial e pode ter consequências importantes para a análise de Bernal sobre a hostilidade em relação ao Egito no século XVIII. Deixemos de lado a difícil questão da compreensão dos gregos sobre as raças, particularmente a de Aristóteles e sua exploração pelos teólogos cristãos até o início do século XVIII.

Na França do século XVIII (para contrastar o foco de Bernal na Alemanha) existe um curioso paradigma que opõe uma "raça de aristocratas" a uma "nação de cidadãos". Ele é, com efeito, promovido por aristocratas com razões óbvias para se opor aos movimentos democráticos. O Conde de Boulainvilliers, ao invocar o eterno direito de conquista dos francos, que vieram da Alemanha e colonizaram os gauleses romanizados e decadentes, estava expondo um "pensamento racial". Na véspera da Revolução Francesa, o Conde Dubuat-Namçay propunha uma sociedade internacional de nobres e argumentava que a verdadeira origem da civilização e cultura francesas era alemã. O Conde de Montlosier, no final dos anos de 1780, opunha-se aos gauleses (chamando "esse povo" de uma mistura de raças surgidas da escravidão) tão desdenhosamente que o abade revolucionário Sieyes, em seu *Qu'est-ce que le Tiers-État* (O que é o terceiro Estado) de 1789, sugeriu que o Conde e seus seguidores fossem enviados de volta para suas "florestas alemãs de origem". Arthur de Gobineau, também Conde, pertence a essa tradição e, objetivamente, marca a transição do "pensamento racial" para o "racismo". Seu *Essai sur l'inégalité des races* (Ensaio sobre a desigualdade das raças) foi publicado em 1853. Ele integra a crença de que duas "raças" diferentes vivem na França, a gaulesa (ex-escravos romanos) e os descendentes de uma aristocracia alemã. A partir dessa premissa, ele comenta e expande suas principais teses: a) existe uma conexão entre a degeneração de uma raça e a decadência de uma civilização; b) em todas as misturas de raças, a raça inferior se torna dominante; c) a raça dos "príncipes" ou "arianos" está biologicamente em perigo de extinção. O ensaio afirma prover uma base científica para o racismo. A história do "pensamento racial" deve ser diferenciada do "racismo" científico ilustrado por pessoas como Gobineau, em meados do século XIX. Ironicamente, a incrível história do racismo tem lugar na França quando, sob Frederico II, nobres prussianos lutam contra a ascensão de sua própria burguesia local. No século XVIII, o romantismo alemão explodiu e com ele vieram conceitos como "raízes originais", "laços familiares", "personalidade inata" e "pureza de descendência". Ora, como indica Hannah Arendt, no texto "Imperialismo", a segunda parte de *Origens do totalitarismo* (1968), o pensamento racial vem de fora desta nobreza, mas o racismo faz parte de uma cultura e de uma civilização. Desse ponto de vista, o nazismo não foi um acidente.

O segundo volume de Bernal fornece os fundamentos para a tese do primeiro livro, acrescentando "provas arqueológicas e documentais" de um modo que faz justiça à causa de seu "modelo antigo revisado". Em resumo, Bernal argumenta, e de forma convincente, que o "espaço mediterrâneo" foi um espaço aberto e, portanto, promove uma tese difusionista contra a tese isolacionista exposta pelo modelo ariano. Como sinais e provas, ele se detém no fato de que, primeiro, as narrativas mitológicas do Egito e da região grega da Beócia se interligam (p. ex., Sêmele e Alcmena, Zeus e Am(m)on, Atena Itônia e Atena Alalcomênia, Poseidon e Set, a origem de Héracles etc.). Em segundo lugar, ele desenvolve a influência do Egito sobre a Beócia e o Peloponeso no terceiro milênio a.C. e a relação que pode ser estabelecida entre Creta e Egito durante o Reino Médio Egípcio, de 2100 a 1730 a.C. Em terceiro lugar, ele se detém nos parcos vestígios arqueológicos e documentais sobre as campanhas de Sesóstris e as expedições de seu filho à África e à Ásia (como referido pela inscrição *Mit Rahina*[69]). De fato, Bernal parece seduzido pela "ideia de uma triunfante marcha africana 'civilizada' não apenas pelo sudoeste asiático, mas também por regiões de uma Europa 'bárbara'" (1991: 273). Ela é muito convincente ao demonstrar que alguns hicsos, que conquistaram Creta e possivelmente Teras, falavam línguas semíticas (outros falavam línguas indo-arianas ou indo-iranianas), e é plenamente luminosa ao detalhar como, a partir do século XV a.C., houve contatos econômicos e culturais entre o Egito, a Mesopotâmia e os Egeus. Uma *Pax Aegyptiaca* teria dominado o Mediterrâneo oriental durante o reinado de Tutemés III, depois de 1470 a.C.

> O período formativo da cultura grega deve ser recuado [...] para os séculos XVIII e XVII a.C., na época dos Hicsos: a era retratada nos murais de Teras. É mais provável que tenha sido neste período que o amálgama de influências locais indo-europeias e influências egípcias e levantinas[70] que chamamos de civilização

---

69. Inscrições encontradas em blocos de granito das ruínas de Mênfis, a antiga capital do antigo Egito, localizadas na cidade moderna de *Mit Rahina*, na região metropolitana da atual capital egípcia, Cairo [N.T.].

70. Levante é o nome dado à região da costa mediterrânea entre o Egito e a Ásia Menor, incluindo os territórios atualmente pertencentes ao Líbano, à Palestina, a Israel, à Jordânia e à Síria [N.T.].

grega se formou pela primeira vez e de forma duradoura (1991: 494).

Avaliando seu próprio projeto, e particularmente o segundo volume, Bernal observa dois pontos que merecem destaque: primeiro, ele escreve que "o maior ultraje neste volume [...] é o elaborado esforço para ressuscitar as campanhas do norte do faraó Sesóstris da 12ª dinastia egípcia, um 'faraó negro' [...] a quem se creditava, até o fim do século XVIII, conquistas de longo alcance" (1991: 524). Sobre a influência do Egito, ele acrescenta: "o único aspecto controverso do meu trabalho [...] é tomar as reivindicações egípcias de conhecimento, de atividades e de suserania sobre o Egeu e considerá-las mais literal e seriamente do que tem sido o costume" (1991: 526). Ao promover esse modelo antigo revisado, Martin Bernal inscreve-se conscientemente em uma tradição intelectual e recente. Como ele diz: "desde o final dos anos de 1960 [...], o modelo ariano extremo – que fez "a história da Grécia e suas relações com o Egito e o Levante se adaptarem à visão do mundo do século XIX e, especificamente, ao seu racismo sistemático" – tem sido fortemente atacado, em grande parte por judeus e semitistas. O importante papel dos cananeus e fenícios na formação da Grécia antiga é agora cada vez mais reconhecido" (1987: 442). Politicamente, ele afirma situar-se "no espectro dos estudos acadêmicos negros" (1987: 437), juntamente com W.E.B. Dubois e Ali Mazrui.

Acadêmicos negros têm, em geral, criticado Bernal por ter minimizado contribuições do falecido Cheikh Anta Diop, um físico nuclear senegalês e egiptólogo. Diop é citado apenas, num parágrafo do volume de 1987, como alguém que "escreveu prolificamente sobre o que ele observava ser uma relação integral entre a África negra e o Egito, e no curso de sua investigação geralmente assumia o modelo antigo da história grega" (1987: 435). O projeto de Bernal considera padrões de difusão cultural que se originaram do Egito em direção ao norte, ao oeste e ao leste, como representado por seus mapas 1, 2, 3 (1991: 531, 533, 534). Diop, em suas publicações controversas, estava mais preocupado com as interações entre o sul e o norte. Essa diferença de perspectiva pode explicar o fato de que Bernal não trabalhou tanto com outros possíveis "aliados" poderosos, tais como Sir James Frazer e outros antropólogos ou egiptólogos, como E.A. Wallis Budge, Charles G. Seligman e Henri Frankfort, todos eles perplexos com "surpreendentes semelhanças" na cultura material e espiritual entre o Egito e alguns de nossos contemporâneos africanos" (RAY, 1991: 184).

O livro de Benjamin Ray *Myth, Ritual and Kingship in Buganda* (*Mito, ritual e realeza em Buganda*) é importante e expõe uma diferença a respeito de Buganda. O livro é dividido em sete capítulos. O primeiro analisa o começo da etnografia no século XIX e início do século XX. Ao analisar contribuições de viajantes, missionários e oficiais coloniais, Ray opta por se concentrar na atuação de Sir Apolo Kaggwa (1869-1927), o primeiro regente do reino, do reverendo John Roscoe (1891-1932), um missionário da CMS[71] em Buganda, e na influência de Sir James Frazer. Como disse Ray: "tomados em conjunto, os escritos de Roscoe e Kaggwa constituíram um quadro bidimensional único da Buganda do fim do século XIX, descrito nativamente nas obras de Kaggwa escritas na língua luganda e apresentado sistematicamente na etnografia de Roscoe escrita de acordo com o esquema etnográfico e teórico de Frazer" (1991: 23). O primeiro capítulo de Ray é uma descrição fascinante de como o conhecimento etnográfico de Buganda foi produzido. Frazer, que nunca havia estado na África, foi o mestre pensador que orientou Roscoe (e, por meio desse, Kaggwa) e moldou suas descrições e interpretações de práticas rituais (nascimento, casamento, morte etc.), homicídio ritual, realeza etc. Com efeito, o livro *The Golden Bough* (O ramo de ouro), de Frazer, foi o espelho do qual surgiu a etnografia e o conhecimento antropológico de Buganda.

---

71. Church Missionary Society, fundação missionária cristã inglesa fundada em 1799, que atuou desde então, sobretudo em territórios colonizados pelo Império Britânico [N.T.].

Ray passa para uma apresentação das fundações mitológicas de Buganda com Kintu, a origem da realeza e o signo do corpo do rei. A progressão é exemplar: vai "de Kintu, o patriarca, a Kintu, o fundador real" (1991: 74), ou, digamos, de uma leitura de narrativas míticas a interpretações históricas sobre Buganda; no capítulo três, ele apresenta uma teoria do simbolismo do corpo real. No processo de estudo da realeza Buganda (ou Kabakaship, sendo o rei conhecido como Kabaka), Ray fornece visões das interações simbólicas e históricas entre o antepassado primitivo e o Kabaka vivo. As duas ordens reproduzem também outras ordens complementares: o mito ou lendas (*Lugero*) que iluminam os primórdios, e as narrativas históricas (*Byafaayo*) que testemunham a fundação do reino em algum tempo no final do século XIII. Mas em que sentido *Byafaayo* são diferentes de *Lugero*, e quais são as características que permitem qualificá-los como históricos?

A ruptura com o mítico é encarnada de forma interessante pelo mesmo Kintu que traz à tona a gênese de uma cultura. O evento é importante. Note-se que, segundo vários estudiosos da África Central e do Sul (p. ex., Alexis Kagame), *Kintu* (designação de um ser sem inteligência, de fato, como um *ser em si*) faz parte de uma tabela de categorias linguísticas básicas que incluiriam *Muntu*, ou ser de inteligência, *Hantu*, que expressa "tempo" e "lugar", e *Kuntu*, que designa modalidades. Um exame dos dados linguísticos do sul de Buganda e da área dos grandes lagos poderia ter enriquecido a descrição de Ray a respeito da mutação encarnada por Kintu. Como símbolo do Estado, o *Kabaka* foi tratado como "santíssimo"; daí a ambiguidade de seu corpo. Ray oferece boas descrições dessa ambiguidade em torno de códigos de etiqueta, do cadáver real, dos médiuns reais etc. Luc de Heusch observou e estudou os mesmos fenômenos nas áreas de língua bantu, como testemunham seus livros *Écrits sur la royauté sacrée* (Escritos sobre a realeza sagrada, 1987) e *The Drunken King* (O rei bêbado, 1982).

Os capítulos seguintes de Ray tratam de três temas: os santuários reais; regicídio e homicídio ritual; Buganda e o antigo

172

Egito. Eles são interdependentes. Os santuários reais dispõem no espaço um poder político cuja inscrição na terra está ligada ao simbolismo do corpo do rei. No último capítulo, o autor analisa cautelosamente "especulações e evidências" sobre uma conexão entre Buganda e o antigo Egito. Concentrando-se nos argumentos de E.A. Wallis Budge a respeito da origem africana da religião egípcia e da teoria racial de Charles G. Seligman, Ray observa "que existem similaridades importantes entre Buganda e o antigo Egito, algumas das quais são muito impactantes" (1991: 197), e acrescenta com muita prudência: "o problema com o trabalho comparativo de Budge, Seligman e Frankfort é que ele estava tão enredado em questões históricas, antropológicas e interpretativas que acabou não sendo muito elucidativo" (1991: 199).

No que diz respeito à Grécia antiga e sua experiência multicultural, Bernal sentiu falta de "outros aliados" como Engelbert Mveng, um padre jesuíta de formação francesa dos Camarões e autor de *Les Sources grecques de l'histoire négro-africaine* (1972), ou como o belo livro do estudioso francês Alain Bourgeois, *La Grèce antique devant la négritude* (1973).

O trabalho de Bernal ilustra como uma prática científica é também uma prática política. Ele está explicitamente consciente disso. Em sua resposta às críticas de alguns classicistas, ele confessou francamente, na edição especial de outono de 1989 da revista *Arethusa*, que seu projeto se tornou possível graças a uma "recessão do antissemitismo"; ele acrescentou:

> [...] se um negro dissesse o que estou afirmando agora em meus livros, sua recepção seria bem diferente. Eles seriam considerados unilaterais e partidários, que forçariam uma linha nacionalista negra sendo, assim, descartados.
>
> Minhas ideias ainda são tão escandalosas que estou convencido de que se eu, como proponente delas, não tivesse todas as cartas empilhadas a meu favor, não teria tido nem mesmo de uma primeira escuta. Porém, ser não só branco, homem, de meia-idade e classe média, mas também um britânico nos Estados Unidos,

concede-me um tom de universalidade e autoridade que é completamente espúrio. Mas ele existe! Portanto, devo agradecer às minhas estrelas da sorte, e não a qualquer talento que eu possa possuir por ter chegado até aqui, mesmo que isso seja o mais longe que eu consiga chegar (*Arethusa*, out./1989: 20).

Observei algumas das minhas discordâncias com as leituras, interpretações e métodos de Bernal. Embora compreenda a importância política de seu trabalho, também estou preocupado com o fato de que seu projeto e sua utilidade podem ser, e muito provavelmente serão, manipulados por seus concidadãos, dos mais ultrassofisticados aos menos críticos, por razões que nada têm a ver com a ciência e a busca da verdade. Dito isto, tenho de reconhecer que, queiramos ou não, o trabalho de Bernal marcará profundamente a percepção do próximo século acerca das origens da civilização grega e do papel do antigo Egito. Com efeito, seu projeto testemunha uma inversão do que tornou possível e fundou o tráfico de escravos a partir do século XV: o imperialismo e o colonialismo, com seu triunfo no século XIX e neste século tão bem exemplificado nos anos de 1030 e de 1940 pelo nazismo, seu produto natural.

4

Domesticação e o conflito de memórias?

> *Um humanismo bem-ordenado não começa*
> *por si mesmo, mas põe o mundo antes da*
> *vida, a vida antes do homem, o respeito pelos*
> *outros antes do amor-próprio; e [...] mesmo*
> *uma estadia de um ou dois milhões de anos*
> *sobre esta terra – dado que, de algum modo,*
> *ela terá fim – não poderia servir de desculpa*
> *para nenhuma espécie, nem mesmo a nossa,*
> *apropriar-se dela como uma coisa e nela se*
> *comportar sem pudor nem discrição.*
> LÉVI-STRAUSS, C. *A origem dos modos à*
> *mesa*, p. 508.

Um encontro sobre a geografia internacional foi realizado em 1876 em Bruxelas, Bélgica. Entre seus objetivos, ele estipulou três projetos principais: a exploração da África Central, a introdução da civilização europeia na região e um compromisso explícito de oposição às práticas escravagistas ainda em curso.

Leopoldo II, rei dos belgas, estava então interessado no Egito, pois o considerava uma excelente entrada para a África. Durante a convenção, muitas pessoas se referiram às atividades do explorador Coronel Gordon na região ao longo do Nilo, e uma de suas declarações, feitas em outubro de 1876, ecoou nas salas da conferência: uma boa estrada de Khartoum para o Cairo é a melhor maneira de interromper as práticas de escravidão e também de "trazer luz" para estas áreas. Auxiliar de Leopoldo II, Lambermont, provavelmente por instigação do rei, tentou chegar até o coronel. Enquanto isso, o Comitê Belga da Associação Internacional Africana (AIA) lançava expedições exploratórias na África através da costa leste. Em 1877, o Comité d'Études du Haut Congo organizou, com a aprovação de Leopoldo, uma expedição liderada pelo norte-americano Henry Morton Stanley. Ela criaria os primeiros postos avançados de um império nascente. Em 1882, apoiado por muitos belgas, Stanley ocupou toda a região ao longo do Rio Congo, de Uele a Kasai. A partir do leste, outras caravanas da AIA – como as conduzidas por Dhanis, Chattin, Ponthier e Lothaire – exploraram a região dos Grandes Lagos, atacaram postos árabes e conquistaram seus aliados nativos, conhecidos como *"les arabisés"*, povos arabizados, assimilados aos costumes árabes. Quando a AIA foi finalmente reconhecida oficialmente pela Conferência de Berlim (1884-1885) e Leopoldo II se tornou o soberano do État Indépendant du Congo, uma grande parte da África Central já havia sido conquistada e mapeada pelos mercenários de Leopoldo.

O Vaticano acompanhou cuidadosamente as atividades da AIA. Em 14 de outubro de 1876, o Papa Pio IX (1846-1878), o pontífice que viu o fim dos estados papais, já havia expressado sua benevolente e simpática atenção pela *oeuvre civilisatrice* de Leopoldo II em um escrito endereçado ao Barão d'Anethan, o representante belga no Vaticano (*Corres. Dipl.*, 1876-1878: 27). Com efeito, o Vaticano, após perder seu poder temporal na Europa, ainda desejava expandir o catolicismo em outros lugares, e confiou que Leopoldo faria isso na África. Desde 1848, existia, na verdade, um "Vicariato Apostólico da África Central", organizado e formado por missionários italianos de Verona, sob a liderança do Bispo Comboni. Do ponto de vista do Vaticano, era evidente que "o apostolado Comboni e seus membros iriam se beneficiar da AIA e, por outro lado, o papa pensava que os missionários poderiam contribuir para a obra [de Leopoldo]" (ROEYKENS, 1957: 60).

O Cardeal Franchi, prefeito da Sacra Congregatio de Propaganda Fide, acreditava fortemente na utilidade da colaboração entre a Igreja e o projeto colonial de Leopoldo. Em 1878, um jovem e ambicioso homem, o Bispo Lavigerie, enviou ao Vaticano uma *mémoire* secreta falando justamente desse assunto. Pio IX falecera em 7 de fevereiro do mesmo ano. Um político cheio de força, ele fora descrito por Metternich, chanceler da Áustria que o conhecia bem, como "quente de coração, mas de coração fraco, e totalmente desprovido de bom-senso". Foi ele quem encorajou o Bispo Lavigerie a sonhar com a possibilidade de construir um reino cristão na África Central? Seu sucessor, Leão XIII, leu o memorando de Lavigerie. Dizia-se de Leão XIII que ele possuía inteligência suficiente para poder imaginar o mundo olhando-o de uma janela no Vaticano em vez de confrontar diretamente a coisa real. Seja como for, impressionado com essa *mémoire*, ele abençoou o projeto de Lavigerie e, por decreto de 24 de fevereiro de 1878, colocou-o a cargo de evangelizar e converter a África equatorial. A saga missionária começa imediatamente: em 22 de abril do mesmo ano, um primeiro contingente de "Padres Brancos" – discípulos de Lavigerie, conhecidos por este nome por causa de seus hábitos brancos – partiu de Marselha. Nove meses depois, a equipe chegou a Ujiji, exatamente em 22 de janeiro de 1879 e, em julho, o Rei Rumoke do Burundi lhes ofereceu uma recepção amigável e autorizou a abertura de uma missão católica. Em 25 de novembro, na costa oeste do Lago Tanganica, próximo da foz do Rio Luwela em Masanze, criou-se a primeira missão católica no Congo.

Por razões políticas, Leopoldo gostaria de ter tido apenas missionários belgas em seu reino africano. Presumivelmente, eles se identificariam mais facilmente tanto com o catolicismo quanto com o nacionalismo belga. Lavigerie, que já era então cardeal, aceitou tal perspectiva. Outra caravana de "Padres Brancos", desta vez belgas, deixou Marselha em julho de 1891 para o Congo. Um homem jovem e articulado, Victor Roelens, estava na equipe. Essa primeira "santa" expedição belga foi logo seguida por outras cuja missão era semelhante: trabalhar, junto com os colonos de Leopoldo, pela conversão da África Central, transformando seu espaço, seus habitantes e suas culturas. Para citar apenas as missões que chegaram à região antes de 1911, destaquemos os Scheutistas em 1888, as Irmãs da Caridade de Gante em 1892, os jesuítas em 1893, os Trapistas de Westmalle e as "Irmãs Brancas" (equivalentes femininas dos "Padres Brancos") em 1895, as Missionárias Franciscanas de Maria em 1896, Padres do Sagrado Coração em 1897, Norbertinos de Tangerloo em 1898, Redentoristas em 1899, Espiritanos em 1907, Irmãos Cristãos em 1909, Beneditinos e Capuchinhos em 1910, e Dominicanos, Salesianos, Maristas e as Irmãs da Cruz de Liège em 1911. Inúmeras outras ordens religiosas seguiriam este santo exército. De qualquer forma, o número de missionários aumentou. Em 1909 havia 191 padres católicos no Congo. Em 1920 eram 471, mais 11 escolásticos, 175 irmãos e 13 auxiliares leigos. Em 1930, o número subiu notavelmente: 639 padres, 16 escolásticos, 252 irmãos, 27 auxiliares leigos. Além disso, as Ordens fraternas que não tinham um componente sacerdotal contavam 59 membros em 1920, 101 em 1930, e 701 em 1939. Para as freiras, a progressão quantitativa também é notável: 283 missionárias em 1920, 618 em 1930, e 1631 em 1939 (cf. DE MOREAU, 1944).

Esses números mostram um movimento surpreendente: uma vontade de converter, de transformar, de mudar radicalmente um espaço e seus habitantes. Em nome da fé (catolicismo) e de um chamado nacionalista (para expandir a Bélgica), jovens belgas, homens e mulheres, mudaram-se para a África Central convencidos de que poderiam engendrar uma ruptura histórica na consciência e no espaço dos africanos. Chamar isso de "imperialismo" não explica nem pode explicar completamente o acontecimento. É possível se demorar, sem esforço, sobre a curiosa conjunção dos cálculos do Vaticano (incluindo frustrações após a perda dos estados pontifícios sob Pio IX) com as ambições expansionistas de Leopoldo. Tal empirismo lógico parece confundir *doxa* (sim, os missionários fizeram parte do processo colonizador, como demonstram as ondas de sua integração na construção de uma empresa bela Congo Inc.) e *episteme*, uma configuração intelectual geral (de fato, todo o processo também poderia ser concebido como uma necessidade histórica no sentido de se refletir novamente em princípios duvidosos de "Leis Naturais" que, por sua vez, a justificavam). A maioria dos missionários não teve a educação, e muito menos o tempo, para refletir sobre esses paradoxos que expõem as falhas em sua generosidade. De qualquer forma, como demonstrarei ao me concentrar nas ações de Victor Roelens, o que tal paradoxo ilustra é muito simples: a história, no nosso caso a história colonial, explora as chamadas leis científicas para formular suas práticas, mas só se refere a elas quando podem ser invocadas como causas, como legalidade, justificando parâmetros divinos. Em resumo, como disse Paul Veyne: "trazer sob a mesma lógica a causalidade vivenciada e a causalidade científica é afirmar uma verdade muito pobre; é não reconhecer o abismo que separa a *doxa* da *episteme*" (1984: 166).

A chegada de todos esses missionários ao Congo foi acompanhada do refinamento e da elaboração de uma organização administrativa eclesiástica. Um decreto papal de 2 de maio de 1888 erigiu um Vicariato do Congo Belga independente do Alto Congo, criado em 3 de dezembro de 1886. Por volta de 1911, já existiam dez regiões eclesiásticas divididas de acordo com as ordens religiosas trabalhando no Congo Belga: 1) Vicariato do Congo (Scheutistas, Trapistas de Westmalle, Padres de Mille-Hille); 2) Vicariato de Stanley-Falls (Padres do Sagrado Coração); 3) Vicariato do Alto Congo ("Padres Brancos"); 4) Prefeitura de Matadi (Redentoristas); 5) Prefeitura de Kwango (Jesuítas); 6) Prefeitura do Alto Kasai (Scheutistas); 7) Prefeitura de Ubangi (Capuchinhos); 8) Prefeitura de Uele (Norbertinos e Dominicanos); 9) Prefeitura de Katanga do Norte (Espiritanos); 10) Prefeitura de Katanga (Beneditinos).

Sempre que possível, cada ordem feminina trabalha com sua contraparte masculina. Assim se encontram Beneditinas, Franciscanas, Trapistas ou Irmãs Brancas trabalhando com seus equivalentes masculinos nas mesmas áreas eclesiásticas. Mas existem exceções, como no caso das Irmãs da Caridade de Gante, que trabalhavam no Vicariato do Congo com Scheutistas, na Prefeitura de Matadi com os Redentoristas, e em Katanga com os Beneditinos.

Em resumo, a separação das Ordens e, portanto, a especialização das regiões significa algo importante: a necessidade de respeitar, pelo menos em princípio, carismas e vocações específicas, como postulado por uma tradição religiosa. Pode-se descrever de modo estereotípico algumas das vocações: um beneditino é, em tese, um contemplativo, submetido à regra da oração e do trabalho, vive num mosteiro separado do mundo; um dominicano, embora monge, é um homem de ação, bem-treinado em filosofia e teologia cristã para defender e ilustrar intelectualmente a pertinência do cristianismo; um franciscano, na tradição de São Francisco, tende a testemunhar a magnificência da criação de Deus e, pela pobreza de sua vida, ilumina a glória e a liberdade dos filhos de Deus; os jesuítas, como foram corretamente percebidos, são soldados que, *perinde ac cadaver*[72], usam o melhor de si mesmos para fomentar o catolicismo; os Scheutistas, organizados no século XIX, constituem uma comunidade de homens que se preparam rigorosamente como missionários em países estrangeiros, como fazem os Padres Brancos e as Irmãs Brancas. A maioria destas ordens são conhecidas como ordens religiosas, de acordo com o Direito Canônico e a Tradição, e diferem do clero secular, que na Europa é normalmente responsável pela vida espiritual dos cristãos, animando paróquias e a maioria das obras das dioceses católicas. As Ordens intervêm nos assuntos mundanos apenas por um mandato excepcional que lhes é conferido por um bispo local. Num espaço católico normal, essas Ordens, em princípio, seguem suas próprias missões e fazem parte da Igreja realizando ministérios especializados: Os Benedi-

---

72. "Tal como um cadáver", promessa de abnegação e obediência total ao papa, inscrita por Santo Inácio de Loyola, fundador da Companhia de Jesus, a ordem religiosa dos jesuítas [N.T.].

tinos são monges de clausura; os dominicanos são respeitados como teólogos; os jesuítas são excelentes pedagogos e cientistas; os Redentoristas são pregadores e se especializam em retiros (até recentemente seu estilo era bem ultrajante: eles eram conhecidos como especialistas em representações verbais e visuais do inferno, que supostamente deveriam reanimar os fiéis). Em suma, a vida comum da Igreja Católica no Ocidente, em nível paroquial, não estava nas mãos de ordens religiosas ou, para usar a expressão técnica, de Regulares; pelo contrário, é o clero secular, o clero que não se submete aos votos de monges e que depende diretamente do bispo local, que cuida dos assuntos paroquiais.

Eis, então, o pesadelo político da África Central. Em 1911, o Congo Belga foi dividido em dez regiões eclesiásticas, como listado acima. Observemos três coisas: primeiro, a distribuição cobriu uma geografia política coincidente com o reino de Leopoldo na África. Segundo, aqueles que atuavam como missionários eram católicos eram dependentes espiritualmente de Roma. Ao mesmo tempo, quase todos eram belgas. Assim, tanto Roma como Leopoldo esperavam que eles cumprissem na África Central as obrigações da Igreja e os objetivos políticos do rei belga, que por acaso era também o soberano do Estado africano. Terceiro, o território africano fora analiticamente submetido às representações espirituais das ordens religiosas e, com isso, forçado a assumir regulações estritas: os católicos convertidos de Kasai se identificaram com um horizonte referencial scheutista, os de Kwilu com o de um jesuíta, os do nordeste com o de um dominicano, os do leste com o de um "padre branco", e os do katanga, ao norte com um espiritano, ao sul com um beneditino, e assim por diante.

Este é um ponto importante porque, ao contrário do que se poderia pensar, ele toca um eixo essencial da política de conversão. O ato de converter se manifesta em várias etapas, das quais identificaremos pelo menos três: 1) Existe um símbolo referencial, nesse caso um ser humano, que fala em nome tanto do poder político como da verdade absoluta; 2) A linguagem que o comunica tem um

181

estilo edificante, uma espiritualidade e, de qualquer forma, refere-se a uma verdade absoluta; sua eficácia pode ser política e católica (o que o torna crível, convincente); no entanto, ele se faz num estilo que especifica seu discurso e o torna sedutor, explicitando, assim, seu poder. Tentativas de elucidar a especificidade destes vários discursos resultam na imposição de não mais que algumas passagens pobres e controversas simbolicamente: o brilhantismo é dominicano; a eficiência é scheutista; a desenvoltura é dos "Padres Brancos"; a paciência é Beneditino; o poderio intelectual é Jesuíta etc. 3) O processo de alienação é a fase em que o convertido, individualmente uma "criança", assume a identidade de um estilo que lhe é imposto, a ponto de exibi-lo como sua natureza; a conversão então funcionou perfeitamente: a "criança" é agora um candidato à assimilação, uma vez que já vive como uma entidade feita para refletir tanto uma essência cristã quanto, digamos, um estilo dominicano ou franciscano ou jesuíta.

Estas três etapas são apenas construções teóricas e estão em conflito com outros fatores como a área de nascimento (rural ou urbana), a origem étnica e o tipo de educação. O mais surpreendente, no entanto, é que para entender a política de independência da África nos anos de 1960 ainda é preciso olhar cuidadosamente estes três estágios de conversão e seus padrões simbólicos. Foi dito, e com razão, que a maioria dos políticos dos anos de 1960 em toda a África Central eram antigos seminaristas. Os cientistas políticos, entretanto, enfatizaram os fatores "tribais". É possível que outros fatores também estivessem em jogo – e um jogo importante. O Congo foi, em todo caso, uma experiência interessante. Sua geografia fora transformada em uma espécie de tabuleiro de xadrez espiritual no qual cada unidade ou praça era ocupada por um estilo religioso definido.

Quão real foi o impacto dessas "idiossincrasias"? Notemos ao menos uma intrigante coalizão política que parecia brotar de um contexto sociorreligioso. Durante a primeira República Congolesa, alguns dos políticos mais poderosos do momento, como Joseph

Kasa-Vubu, chefe de Estado, e Joseph Ngalula, Albert Kalondji, Joseph-Albert Cardinal Malula e Auguste Mabika-Kalanda foram ex-alunos de Scheutistas. Eles costumavam se encontrar regularmente assumindo essa condição e partilhavam entre si uma linguagem "comum", apesar de suas diferenças ideológicas. Por outro lado, como explicar o fato de o governo Adula, constituído sob o patrocínio interventor das Nações Unidas no Congo, ter tido entre seus membros tantos antigos seminaristas admitidos no movimento Rosacruz?

Victor Roelens como paradigma

Nada, absolutamente nada, pelo menos à primeira vista, teria preparado Victor Roelens para se tornar um monumento histórico, qualquer que fosse seu lugar. Ele nasceu em 21 de julho de 1858, perto do Château des Comtes de Jonghe d'Ardoye, onde seu pai era jardineiro. Victor aprendeu, ainda jovem, de onde ele vinha. Era pobre, teve de trabalhar duro e, no entanto, muito cedo conseguiu conciliar um senso agudo de não pertencimento com uma compostura estilizada e sua atração pela natureza. Um de seus admiradores, N. Antoine, escreveu a respeito dele que, "desde sua juventude até sua morte, manteve uma paixão pela vida e pelo trabalho rústicos, o amor às flores, que cultivava com carinho". Roelens frequentou o Colégio de Tielt. Após um ano no seminário de Roulers, mudou-se, em 1880, para o noviciado dos Padres Brancos, na Argélia, na Maison-Carrée. Nessa época, ele tinha 22 anos de idade. Em 8 de setembro de 1884, aos 26 anos, foi nomeado padre pelo Cardeal Lavigerie. Então, Victor Roelens começou uma vida nômade. Sucessivamente, ajudou o mesmo cardeal nos comitês contra a escravidão, trabalhou na organização de uma pedagogia dos Padres Brancos em Woluwe--Saint-Lambert, e ensinou teologia em "Saint Ann", um seminário importante em Jerusalém. Em 1891, Roelens tornou-se membro da caravana que partiu de Marselha em 4 de julho para a África Central via Zanzibar.

183

Os "Padres Brancos" estavam então firmemente implantados na África Oriental. A AIA havia até mesmo viabilizado a fundação de suas primeiras missões: Karema e Mpala. Outra caravana foi naquele mesmo ano viajando pela região e era composta de antigos zouaves[73] pontifícios convertidos por Lavigerie para sua causa africana. Eles estavam indo para a região de Tanganica para combater o tráfico árabe de escravos. Em 27 de janeiro de 1890, o Capitão Joubert, cuja base ficava em Mpala, confrontou militarmente Katele, o chefe de Murumbi e um aliado dos árabes. A primeira expedição antiescravidão dirigida pelo Capitão Jacques chegou a Mpala apenas algumas semanas antes do grupo do Padre Marques, administrador apostólico, que incluía Victor Roelens. Em 16 de março de 1892, Roelens, acompanhado por um assistente, o Irmão Stanislas, fundou Saint Louis de Kimbaka. No ano seguinte, devido a um confronto entre o Estado independente e os árabes, os dois missionários se mudaram para Kirungu, onde criaram Baudoinville. Roelens, nomeado no mesmo ano administrador apostólico do Vicariato do Alto Congo por Roma, seria nomeado bispo em 1896. Até então, a atividade geral de sua Ordem já havia, pelo menos estatisticamente, feito a diferença. A área contava com duas paróquias missionárias, 750 cristãos e 4.771 catecúmenos. Roelens anotava tudo, explicava e justificava tudo. O complexo é bem conhecido. A insegurança a respeito das origens é compensada por uma afirmação sistemática de competência. Roelens se identifica por meio de uma eficiência projetada: ele deve ser perfeito, ou, de todo modo, ser conforme às exigências para ser uma pessoa civilizada, um bom padre e um missionário exemplar.

Em 1893, o Bispo LeChaptois, chefe de Roelens, o havia convidado a se mudar de Kimbaka para um planalto nas Montanhas Marungu. Kimbaka era muito insegura, muito frequentemente atacada por traficantes de escravos. Baudoinville, a nova base,

---

73. Soldados argelinos que integraram o exército francês no século XIX e na primeira metade do XX [N.T.].

portando o nome do príncipe belga que acabara de falecer, não estava muito longe; ficava, com efeito, apenas a alguns quilômetros de Saint Louis du Murumbi, onde vivia o Capitão Joubert, um antigo zouave que agora era o braço secular dos Padres Brancos. Em 8 de maio de 1893, Roelens e seu novo assistente, o Irmão Franois, passam sua primeira noite no planauto de Marungu. Eles se levantaram na manhã seguinte totalmente surpresos: o clima, fresco e de alguma forma marítimo durante a noite, conquistou-os. Começaram a construir a missão. Em três semanas firmaram o essencial, que consistia na residência, um orfanato e uma igreja que podia abrigar oitocentas pessoas. Isso levou os missionários a assumir a responsabilidade pelo destino da vila e sua vida, abrindo oficinas, celeiros agrícolas e vários projetos.

A vida nos vilarejos estava agora subordinada à agenda dos missionários. Além do espaço, que eles reorganizaram conforme uma nova memória exemplificada pela Igreja, os missionários rapidamente comandam o tempo e suas categorias. Surge uma economia religiosa de dias, semanas, meses, anos, que adota um calendário litúrgico, bem como novos rituais diários específicos. Como entidade, o vilarejo ganha vida ao amanhecer, as orações matinais se seguem à missa, e logo após vem a "instrução cristã". Homens, mulheres, crianças, cristãos, catecúmenos, cada grupo tem seu programa, seu professor e sua mensagem. A tarde é dedicada a um trabalho – agricultura ou construção – diferente, dependendo da estação do ano – realizado até as 18h, quando se realiza uma oração noturna obrigatória. Segue-se um jantar e um momento de recreação que dura até 21h – o toque de recolher. Os missionários regulamentam tudo. Na realidade, muitas ocasiões de fumo e dança continuam, mas, para evitar "problemas morais" (notável ingenuidade), homens e mulheres não podem dançar juntos.

Em 1898, cinco anos após a chegada de Victor Roelens, Baudoinville era uma cidade pequena, com edifícios imponentes para os clérigos, um dispensário, dois orfanatos, cinco escolas para meninos e quatro para meninas. Os missionários ainda gastavam grande parte de seus recursos "comprando" a liberdade dos escravos. Oficialmente, para o governo, o tráfico escravagista não existia desde 1894. Mas a realidade é diferente e muito mais complexa. Roelens escreve, por exemplo, que 50 francos são suficientes para adquirir uma jovem escrava e que ele precisa de 10.750 francos para 250 ex-escravos jovens.

> Elas vivem muito mal, as pequenas mulheres sob nossa proteção. A cada dois meses damos a cada uma delas entre 1,50 a 2,00m de tecido de algodão branco. As mais habilidosas entre elas conseguem se vestir muito bem, mais ou menos. [...] Para a alimentação, elas recebem todos os dias ao meio-dia algumas batatas-doces ou raízes de mandioca [...]. É a primeira refeição delas. À noite, recebem uma tigela individual de farinha de milho ou de mandioca, que comem com feijão. Duas vezes por semana, recebem um pouco de sal. Para festividades importantes, tentamos lhes dar alguns peixes pequenos e elas gostam muito disso.

Tal vida seria uma bênção, mesmo para alguém que sai da escravidão? A nova ordem que o filho do jardineiro expôs teoricamente e realizou em sua diocese obedecia a grades complexas. Assim, para Victor Roelens, o lugar de cada um na Igreja devia corresponder à sua posição. O altar e seu *espaço – locus terribilis –* deveriam ser reservados ao clero; em seguida viria o espaço reservado aos brancos; depois vem a área mais ampla da nave da igreja, a dos cristãos negros; por fim, a nave inferior dos catecúmenos, de modo que, como diz Victor Roelens, "eles pudessem se sentir excluídos da celebração do mistério mais sagrado e assim vivenciar melhor sua inferioridade em relação aos cristãos".

Esta citação ilustra o projeto de conversão. Não é apenas um sonho, mas uma política que disciplina os seres, o espaço e o tempo em nome de modelos não ditos. Victor Roelens ofereceu a seguinte afirmação, bastante significativa: "Mpala bem como Baudoinville me fazem pensar, neste momento, em uma boa paróquia em Flandres". Aqui os sonhos, os modelos, a política simplesmente se fundem.

Por que deveriam estar separados? O investimento aparentemente excessivo em uma direção pode ser considerado como uma falta em um sistema diferente. A antropologia pode falar nos termos da história natural e da teologia católica; por outro lado, o direito de colonizar, como Roelens o vivenciou, reúne teorias sobre a evolução das espécies, a lei natural, e o imperialismo.

Dois exemplos adicionais testemunham a coincidência paradoxal e surpreendente das duas ordens diferentes. Primeiro, em 1895, Roelens, acompanhado do Padre De Beerst, cerca de vinte assistentes e uma dúzia de marinheiros, deixou Baudoinville. Seu objetivo: explorar a região de Kivu, penetrada pela primeira vez por um europeu, o Barão Von Gotsen, naquele mesmo ano. Após uma semana de navegação no Tanganica, Roelens chega a Uvira, um posto militar do Estado. De lá, ele caminha com seu povo em direção à foz do Rio Udjiji e depois se dirige para chegar às montanhas que separam a área do Kivu do Tanganica. Infelizmente, os contatos diários com os povos locais não são muito bons; além disso, os amotinados invadem a região entre o Maniema e o Tanganica. Exaustos, seus ajudantes decidem não continuar a expedição. Trata-se de uma rebelião aberta. Fisicamente doente, febril, Roelens capitula e a caravana retorna a Baudoinville. Seu pequeno exército estava a apenas 30km de seu objetivo, e já tinha percorrido 600km quando eles decidiram desistir.

Um segundo exemplo que ilustra a complexidade política de Roelens pode ser visto em uma carta. O belga Charles Lemaire, membro de uma missão científica, escreveu-lhe em abril de 1900 para lhe agradecer pela estadia do grupo em Baudoinville. A carta celebra Roelens e seus colaboradores. Suas obras coletivas encarnam algo muito excepcional: eles fazem maravilhas (são agricultores, construtores, arquitetos, advogados, médicos etc.). Produtores de monumentos, como a Igreja Romana de Mpala, construtores de catedrais, estes Padres Brancos são também jardineiros, excelentes cozinheiros, e, com efeito, bons companheiros. Eles converteram o espaço africano a ponto de reproduzir a terra flamenga:

Ce sont des jardiniers modèles. Le potager de la mission de Baudoinville est unique; on y trouve tout ce que l'on désire, même des pommes de terre d'Europe. C'est là que fut planté le premier caféier. Les Pères se font d'ailleurs un plaisir d'envoyer leurs produits aux avoisinants de l'État Indépendant. Aussi faudrait-il entendre parler d'eux les agents de l'État. J'ai mangé à Baudoinville du pain gris délicieux, de ce savoureux pain flamand, large comme deux, et ferme.

*

[Os padres] são jardineiros exemplares. A horta da missão de Baudoinville é única; encontra-se ali tudo que se deseja, até mesmo batatas da Europa. É ali que foi plantado o primeiro cafeeiro. Os padres, ademais, dão-se ao prazer de enviar seus produtos aos vizinhos do Estado independente. Também seria preciso ouvir os agentes do Estado falando sobre eles. Eu comi em Baudoinville um delicioso pão integral, esse saboroso pão flamenco, grande como dois e muito firme.

A força de trabalho é barata, na verdade gratuita: faz-se bom uso dos ex-escravos, por assim dizer, e em troca eles recebem uma educação religiosa que os leva, após alguns anos, primeiro a um batismo cristão e, após o rito, ao reconhecimento de cidadãos da missão-cidade. A obra elogiada por Lemarie se expande. Desde 1877, as Irmãs Brancas fazem um trabalho paralelo ao de seus homólogos masculinos, cuidando de mulheres nativas e ocupando-se nos dispensários e hospitais. A partir de 1899, a região oeste, de início, e a região norte, logo em seguida, são sistematicamente exploradas pelos padres de Victor. Novas missões são abertas. Entre 1908 e 1916, Roelens direciona seus esforços em direção ao Maniema. Seus homens constroem novas missões por lá: Katana em 1908, Lulenga em 1910, Bobandana em 1912, Nyemba em 1913. Com seus investimentos e projetos arquitetônicos – igrejas, residências missionárias, escolas, hospitais etc. – eles reencenam um padrão medieval: um centro religioso é chamado a transformar

188

uma área, significando e projetando uma ideia, uma visão e seus valores. A história de uma conquista torna-se história africana, expondo-se tanto como caminho providencial quanto como replicação da civilização.

Em 1898, Victor Roelens havia convidado o Padre Huys, então diretor do sistema escolar de seu vicariato, a organizar um seminário menor para preparar candidatos nativos para o sacerdócio católico. Estava localizado em Lusaka. Um segundo seminário foi inaugurado em 1929, em Mugeri. Nesse intervalo, em 21 de julho de 1917, um congolês, Stefano Kaoze, foi ordenado o primeiro padre católico da África Central. A conversão africana poderia, a partir desse momento, ser pensada em termos de colaboração entre os Padres Brancos e seus alunos negros e, a longo prazo, como uma questão de sucessão: os nativos se tornariam seus próprios agentes de transformação espiritual.

Victor Roelens teve sucesso em sua missão? Vamos nos concentrar no homem. Uma fotografia do início dos anos de 1940, quando Roelens decidiu se aposentar e foi substituído por seu coadjutor, o Bispo Morlion, revela uma personalidade ambígua. Esse filho de um jardineiro flamengo posa como se fosse um velho aristocrata. O cabelo é esparso. Os olhos vagos contemplam a câmera. Ele tem rugas discretas no rosto, e sombras concêntricas escuras circundam os olhos. A velhice – Victor, então com mais de 80 anos – inflou seu nariz aquilino. A boca e os lábios são quase invisíveis por causa da barba peluda, longa, branca e, com efeito, muito missionária. Victor veste o hábito dos Padres Brancos com sua típica gandura norte-africana. Cinco medalhas penduradas em seu peito competem por atenção com sua rica cruz peitoral. O homem majestosamente se exibe e o conjunto geral atesta a postura dos conquistadores.

Roelens se aposentou como bispo em setembro de 1941. Ele tinha 83 anos de idade. Seu sucessor herdou um poderoso empreendimento que, apesar de ter uma parte importante transformada em um vicariato autônomo, ainda contava, em termos de recursos humanos, com 97 missionários (36 sacerdotes, 13 irmãos, 48 irmãs), 620 colaboradores locais (18 sacerdotes, 11 irmãs, 539 catequistas homens e 52 catequistas mulheres); 13 seminaristas maiores e 86 seminaristas menores; 53.349 cristãos e 14.084 catecúmenos. Em junho de 1945, o vicariato incluía mais de 700 escolas, 16 dispensários, 6 hospitais, 3 maternidades, 5 asilos e 2 orfanatos. Aposentado, Victor relembrou:

> Acho que nunca tive em minha pobre cabeça uma ideia original e pessoal. Desde minha juventude, sempre tive muita curiosidade: queria ver a todos, saber tudo. Escutei e observei atentamente tudo, e as ideias que descobri em outros lugares e que achei práticas para este país, pedi aos meus colaboradores que as atualizassem adaptando-as ao meio.

Táticas e estratégias de domesticação

O desejo de Leopoldo era domesticar seu estado africano com a ajuda de missionários católicos belgas. Mesmo assim, ele teve de levar em conta outros programas, como os concebidos por alguns de seus amigos protestantes que participaram da Conferência de Bruxelas (cf. ROEYKENS, 1957). Havia também na própria Bélgica um sólido movimento anticatólico, representado, entre outros, pela Associação Liberal de Bruxelas, que lutava contra o transplante de ideologias religiosas para a África Central. Os Maçons Livres também acompanhavam atentamente o empreendimento colonial. De acordo com Victor Roelens, a Maçonaria Livre era um militante oponente da empresa missionária. Um homem chamado A. Sluys, ex-diretor das Écoles Normales de Bruxelles, teria declarado durante uma conferência maçônica internacional em Paris que "o pior inimigo do povo é o clericalismo; se [ele] não for destruído em suas raízes, não haverá solução para a questão social" (*Grand Orient de Belgique*, 1900, fasc. III: 217). Em 1897, por causa de uma indiscrição, missionários na África Central souberam da iniciação maçônica de um candidato a explorador, e assim se passou a enfatizar a necessidade de informações sobre o impacto maçônico nas "ações e projetos morais" dos candidatos a cargos no Congo. O pânico se intensificou quando souberam da reunião do Grande Oriente da Bélgica, em 25 de dezembro de 1900, presidida por G. Rogers, o grão-mestre. Um dos itens abordados no encontro tratava de como retardar a atividade missionária católica no Congo. De acordo com Roeykens, a ata continha declarações como: "a conversão dos negros ao catolicismo não é, do ponto de vista da civilização real, um progresso real, nem um passo necessário"; "dogmas da Igreja ou de Roma não constituem, em termos de crença, um estado superior e não devem substituir as superstições dos negros"; "moralmente, não se deve escolher entre tais opções [a superstição negra e a superstição do padre católico romano], elas se igualam e todas devem ser combatidas" (cf. ROEYKENS).

Victor Roelens acreditava em uma conspiração maçônica. Em 1913, ele estudou cuidadosamente a lista de nomeados nos tribunais belgas do Congo e concluiu que a maioria deles, excetuando-se três católicos, eram anticatólicos. Três escândalos o convenceram de que ele estava certo. A administração colonial local havia aberto três ações legais: uma por infanticídio, contra o Prefeito Apostólico de Kasai, um bispo; duas outras contra dois padres, um redentorista e um jesuíta, por má conduta sexual. Roelens comentou sobre aquilo que ele acreditava ser uma perseguição e uma "guerra insultante" (1913: 15). A Igreja estava convencida de que os escândalos e ataques vieram de núcleos maçônicos já existentes em Leopoldville, Elisabethville, Stanleyville e Boma. Em Bruxelas, o ministro das colônias evitou antagonizar sua administração com a Igreja. Roelens veio a público em 5 de fevereiro de 1913, atacando o governo no jornal *Le Patriote*, com o argumento de que a boa vontade governamental não protegia as missões contra as humilhações e os dissabores coloniais cotidianos. No dia seguinte, o ministro belga respondeu no mesmo jornal e questionou a exatidão das declarações da Roelens. Em 7 de fevereiro, Roelens contra-atacou,

191

reafirmando em essência suas acusações. O debate se tornou um escândalo público. Em 12 e 14 de fevereiro, o ministro teve de defender sua posição no parlamento. Quatro dias depois, em *Le Matin*, um jornal de Antuérpia, Roelens tornou mais explícita sua frustração, concentrando-se no que ele considerava ser a atmosfera hostil existente no Congo contra as missões católicas. Nos diários *La Presse* de 23 de fevereiro e *Le Patriote* de 27 de fevereiro ele continuou sua campanha, exigindo "la liberté de l'apostolat au Congo", a liberdade para converter. O confronto entre Roelens e o então ministro, Renkin, havia se tornado pessoal.

Tanto na Igreja como nas esferas políticas, muitas pessoas tinham a tendência de desconsiderar os dois protagonistas. Felizmente para Roelens, os Superiores das Ordens e Congregações Católicas que trabalhavam no Congo apoiaram coletivamente suas posições no dia 1º de março e se referiram explicitamente à existência de uma conspiração maçônica. Em vão, numa resposta publicada no periódico *Le XXᵉ siecle*, o ministro tentou explicar as questões controversas, distinguindo políticas coloniais, problemas administrativos de organização de uma colônia e sua postura política de colaboração com missões católicas. Incensado, Roelens respondeu em 6 de março, no *Le Patriote*. Todo o caso havia se tornado excessivo. Roma interveio discretamente para acalmar os dois campos. Mas foi então que o Padre Thydrat, Provincial dos Jesuítas, entrou publicamente no debate com um panfleto "defendendo as missões do Kwango" e criticando a ordem jurídica administrativa colonial, que se revelara "uma hostilidade antirreligiosa". O ministro reagiu publicando seu próprio livreto no qual, por sua vez, explicava as exigências de uma política colonial.

Subjacente a todo o debate está a questão do que significa o direito de colonizar. Especificamente, existe objetividade ou um fundo imparcial e verdadeiro que permita uma distinção nítida entre "conhecimentos" reais, fundados e justificados e opiniões simples? Concretamente, as exigências de eficiência na colonização devem reconhecer a possibilidade de políticas alternativas, algumas ideologicamente opostas, justificadas na "conversão" da colônia? O Estado não parecia temer a possibilidade de relativismos valorativos e, consequentemente, aceitaria a contribuição dos maçons, por exemplo, desde que o direito de colonizar e seus postulados básicos permanecessem referências intocadas. A Igreja, por outro lado, via em tal posição um desafio explícito que poderia minar seus princípios totalitários. Em sua maior parte, a agenda católica pode ser resumida em uma frase: a conversão ao Ocidente é isomórfica com uma conversão ao cristianismo e, portanto, aceitar ideologias cristãs não estabelecidas na prática colonizadora significaria questionar a própria base do direito de colonizar.

A questão é importante. Ela demonstra precisamente que a prática colonial deveria ser guiada por uma objetividade "científica" e neutra existente fora dos agentes. O colonialismo é, portanto, presumivelmente, uma ciência. O debate entre Roelens e Renkin se expõe e se atualiza como produto de uma tensão, que se pode observar na filosofia das ciências, entre um projeto de "crenças justificadas" e um de "opiniões". Sandra Harding observou recentemente:

> A insistência nesta divisão de posições epistemológicas entre aqueles que apoiam firmemente a objetividade neutra de valor e aqueles que apoiam o relativismo valorativo – dicotomia que infelizmente ganhou consentimento tanto dos críticos quanto dos defensores do objetivismo – conseguiu fazer com que a objetividade neutra de valor parecesse muito mais atraente para os cientistas naturais e sociais do que deveria. Ela também faz com que o relativismo valorativo pareça muito mais progressivo do que é. Alguns críticos da noção convencional de objetividade têm acolhido abertamente tal relativismo. Outros têm se mostrado dispostos a tolerá-lo como o custo que pensam dever pagar por admitir a ineficácia prática, a proliferação de contradições conceituais confusas e a regressividade política que se seguem da tentativa de alcançar uma objetividade definida em termos de neutralidade de valor. Mas mesmo que abraçar o relativismo valo-

rativo possa fazer sentido na antropologia e em outras ciências sociais, parece absurdo como uma postura epistemológica na física ou na biologia. O que significaria afirmar que nenhuma base razoável pode ou poderia, em princípio, ser encontrada para julgar entre a afirmação de que a terra é plana, feita por uma cultura, e a afirmação de que ela é redonda, feita por outra cultura? (HARDING, 1991: 139).

Porém, paradoxalmente, na biblioteca colonial, como na maioria das ciências sociais, o absurdo descrito por Harding não tem sido visto como tal. Ainda assim, do colonialismo à pós-colonialização, ele é celebrado como um progresso, mais precisamente como uma ruptura epistemológica. Concentremo-nos, contudo, no objetivismo de Roelens e suas implicações para a conversão do espaço africano e das mentes africanas. Em sua base há uma crença inabalável na verdade absoluta encarnada pela Igreja, e essa verdade posteriormente justifica a utilidade e a coerência de uma ciência aplicada de conversão.

Um exemplo concreto poderia ilustrar esse ponto. Em 1932, o Monsenhor Dellepiane, recém-designado por Roma como Delegado Apostólico no Congo, convocou a primeira reunião plenária das *Ordinaires des Missions du Congo-Belge et du Ruanda-Urundi*, ou seja, um encontro de todos os bispos responsáveis por um vicariato ou uma prefeitura. Sob a liderança de Victor Roelens, tão logo chegou a notícia de que um representante permanente do papa ficaria em Leopoldville, as missões católicas decidiram construir um palácio para o Delegado Apostólico. Em 18 de outubro de 1932 as *Ordinaires des Missions*, como um corpo coletivo, reuniram-se pela primeira vez com Dellepiane em Leopoldville. No discurso que fez em nome de seus colegas, Roelens, o decano do grupo, começa por apresentar sua submissão ao representante do papa, depois ele afirma sua "profunda veneração" coletiva, sua "afeição filial" pelo "ilustre Rei Pontífice", e oferece a residência ao delegado como sinal do respeito que a população, negra e branca, tem pela autoridade do recém-chegado. Comovido, Dellepiane honra os bispos por sua fidelidade à Igreja e aceita o presente em nome do Vaticano. Três dias depois, ele interromperá uma sessão das *Ordinaires* para comunicar uma mensagem oficial de gratidão de Roma assinada pelo Cardeal Eugenio Pacelli.

Roelens também abriu as sessões dessa primeira reunião dos *Ordinaires* com um relatório substantivo sobre como construir um "Clergé Indigène", um clero católico local. O documento durante anos teve um tremendo impacto nas políticas oficiais de educação clerical da África Central. Em si mesmo, a expressão "Clergé Indigène" parece neutra e indica simplesmente um corpo de clérigos nativos, indígenas. Ela pertencia à língua missionária da região e tinha encontrado aceitação tácita desde 1898, quando Roelens ordenou ao Padre Huys que organizasse o primeiro seminário menor. O primeiro membro desse "Clergé Indigène" foi ordenado em 21 de julho de 1917. A data, em si mesma, é um símbolo: 21 de julho também marca o dia da Independência da Bélgica e, como tal, não poderia deixar de significar algo especial na mente de Roelens: uma integração na ordem do sacerdócio católico exibe também uma assimilação à ordem política dominante: os dois processos não podem ser antitéticos. O simbolismo da data da consagração do primeiro membro local do clero é assim um acelerador das transformações sociais e religiosas e, ao mesmo tempo, um freio radical e ambíguo. O conceito de um *Clergé Indigène* atribui nitidamente, de fato, virtudes, unidade e didática específicas a todos os seus membros: todos devem ser negros, unidos sob o amparo de seus educadores, e dependentes, a princípio por séculos futuros, de superiores brancos e de um *magisterium* estrangeiro responsável por sua conversão e garantidor de sua ortodoxia.

Esse é o projeto que Roelens elabora diante de seus pares. O cristianismo como fonte e meio de salvação e o cristianismo como fonte e meio de renovação africana não podem ser separados, uma vez que visam o mesmo objetivo: A vida cristã e a civilização universal. A rigorosa educação e promoção de um "Clergé Indigène", de "nativos" que podem encarnar em seu corpo e espírito esse programa didático, parecem assim uma condição *sine qua non* da missão de conversão.

Como que o sistema estruturaria socialmente os membros desse futuro grupo? Roelens (*Actes*, 1932), por um lado, expõe normas para a seleção de jovens rapazes com base em suas orientações e capacidades intelectuais, morais e espirituais. Eles deveriam ser observados, cuidadosamente estudados e selecionados muito cedo. Os escolhidos seriam submetidos a um novo sistema de vida, completamente isolados de seu meio comum. Depois se seguiriam três etapas principais: o seminário menor, oito anos (mais ou menos), ou o equivalente aos dois últimos anos da escola primária mais os seis anos da escola secundária; o seminário maior, seis anos (mais ou menos), incluindo dois de filosofia e quatro de teologia; por fim, um estágio de um ou dois anos em uma comunidade católica sob o apoio de padres europeus. A primeira fase da educação, o seminário menor, tinha de se conformar com três princípios principais:

a) Sua localização e disposição espacial deveriam ser "adaptadas" à "psicologia" da África Central (o que, na verdade, significava estilizar e "reconstituir" um modo de vida supostamente tradicional, submetido aos imperativos cristãos e à vigilância). Os edifícios do seminário não eram tradicionais, mas também não eram modernos, pois combinavam, por exemplo, construções feitas de barro e eletricidade. Os seminaristas viviam em total isolamento e eventualmente tinham acesso, a alguns quilômetros de distância, a um posto de correio ou uma estação de trem; o ritmo da vida cotidiana se submetia a um horário que nada tinha a ver com a vida rural ou urbana.

b) Este seminário menor, na verdade um internato, tinha de estar localizado longe da vida moderna ("éloigné de 'tout centre européen et en dehors du grand mouvement commercial et industriel"); o objetivo era domesticar os estudantes usando os "dons" de sua natureza e convertendo completamente seu comportamento em novos hábitos, dado que, pensa Roelens, "seule l'habitude est stable chez nos Noirs", somente os hábitos são estáveis em "nossos" negros. Esta prescrição vai junto com estratégias muito específicas de domesticação, das quais vou tratar nas próximas páginas.

c) Uma política geral de aculturação situava esses escolhidos entre seus irmãos negros e os colonizadores brancos, sem reduzi-los a um ou outro grupo. Se seu *status* e comportamento fossem reduzidos ao da média dos negros, o projeto produziria seres descontentes com sua situação, que poderiam desenvolver uma filosofia negativa ("ce qui les rendrait mécontents de leur situation"); e se fossem assimilados muito cedo na comunidade branca poderiam tornar-se pretensiosos, exigentes e marginalizados ("ce qui les rendrait prétentieux, exigeants et en ferait des déclassés").

Durante esse longo período de aculturação, uma média de quinze anos, o candidato aprende, no sentido foucaultiano, como se tornar "um corpo dócil". O próprio seminário se estrutura como um "panóptico" através de três fatores principais: o espaço, que reproduz um modelo monástico, a repartição do tempo e a constituição de consciências transparentes.

Primeiro ponto: o espaço. O seminário é um lugar em nenhum lugar, situado no meio do mato. No Congo, Kabwe, Kafubu, Lusaka, Mayidi, Mugeri, por exemplo, estão nos mapas coloniais como entidades eclesiásticas. Geograficamente estão localizados fora da vida real, constituindo-se como sistemas fechados em seu próprio direito; são uma ordem monástica, em regime de claustro, tanto em sua arquitetura como na organização de seus edifícios, que geralmente incluem cinco componentes principais distintos: a capela, uma área para as aulas, a residência dos professores, refeitórios e dormitórios. Fechado em si mesmo, sem contato com o mundo externo, o seminário é, além disso, um espaço masculino e espartano. Nesse sentido, ele subjuga por vocação qualquer dissonância, e só é admitido o estritamente necessário.

Em segundo lugar: o tempo. A repartição dos dias é baseada na regra monástica de ouro de oito por três: oito horas de oração, oito de sono e oito de atividades profanas como estudo, trabalho manual, esportes e recreação. Os seminaristas não são monges e seu cronograma reflete seu *status*. Aqui está um modelo baseado nas atividades diárias normais realizadas na maioria dos seminários menores do Congo entre 1930 e 1960: 5:30h, levantar-se; 6:00h, meditação na capela; 6:15h, missa; 6:45h, estudo; 7:30h, café da manhã; 8:00h, aula; 12:00h, exame de consciência e *angelus*; 12:30h, almoço; 13:00h, recreação; 14:00h, aula; 16:00h, trabalhos manuais; 17:00h, estudo e direção espiritual; 19:00h, jantar, seguido de recreação; 20:00h, oração da noite e último exame de consciência; 20:30h, estudo; 21:30h, dormir.

Por fim, a transparência das consciências. O seminário busca a desconstrução completa de uma individualidade para "inventar" uma nova por meio de três técnicas principais: a) autoexames três vezes por dia, antes da meditação todas as manhãs, depois do *angelus* ao meio-dia e pouco antes da oração da noite; b) um elaborado sistema de autovigilância espiritual, incluindo uma confissão semanal (durante a qual o candidato supostamente enfrenta seus próprios pecados e os confessa a um confessor) e uma direção espiritual quinzenal, na qual o candidato compartilha com um "mestre espiritual" suas dúvidas, tentações e fraquezas e, em troca, recebe conselhos; c) dois outros sistemas de renovação espiritual regular: um retiro anual, no início ou no final de cada ano acadêmico, que força os estudantes a pensar em sua vocação, e um convite explícito – feito no inverno, para o Advento, e na primavera, durante a Quaresma – para uma mudança pessoal sistemática em resposta tanto à mensagem como ao simbolismo da Natividade e da Ressurreição de Cristo.

Os exames de consciência, a confissão, assim como a missa diária da manhã e a oração da noite, tudo começa com a recitação da *Confiteor*. Aquele que o recitado confessa – a Deus, o Onipotente, à Virgem Maria, aos Anjos e Santos, mas também a *vobis fratris*, "a vocês, irmãos" – que é culpado porque *peccavi nimis cogitatione, verbo, et opere*, "pequei muito no pensamento (*cogitatione*), no discurso (*verbo*), e em atos (*opere*)". A coerência exigida por essa desconstrução espiritual é total: o suplicante se expõe completamente. Ele pecou em suas intenções, falas e ações; submete-se então a uma humilhação pública perfeita: *mea culpa, mea culpa, mea maxima culpa*, "a culpa é minha, toda minha". E esse ritual de rebaixamento de si ocorre pelo menos três vezes por dia.

Assim, espaço, tempo e transparência das consciências são partes "essenciais" de um plano de domesticação. A operação é diferente da que ocorre na Europa para a educação dos padres católicos? Não, no sentido de que os seminaristas europeus pertencem a uma ordem estabelecida de cristianismo, porém as técnicas para sua confirmação no modelo sacerdotal têm implicações organizacionais diferentes: os padres na Europa se submetem a um espaço monástico e a uma colonização do tempo quase idênticos, mas que já estão situados em algum lugar de sua experiência passada e encarnam uma tradição que é a deles. De qualquer forma, eles podem sair do espaço do seminário pelo menos para férias; além disso, os procedimentos europeus de educação não significam, como no caso de seus homólogos africanos, uma conversão necessária e absoluta de individualidades e de sua psicologia, mas sim uma simples conformação a um paradigma que faz parte de sua cultura.

Roelens, ao apresentar sua política de promoção de um "Clergé Indigène", enfatiza esse ponto. Ele acha que a expectativa de igual desempenho e determinação só poderia ser muito ingênua. Em 1893, "treze candidatos começaram a estudar para o sacerdócio. Ano após ano, novos candidatos surgiam. Perseveramos. Dos cerca de duzentos que começaram a estudar para o sacerdócio, apenas dez foram bem-sucedidos. 'É muito pouco', diriam aqueles que conhecem os negros apenas superficialmente. 'É muito' diria quem os conhece intimamente. É um milagre da graça [...]" (1932: 44). De fato, é um milagre perfeito quando se tem em mente que esses candidatos aprenderam aritmética, geometria, filosofia etc., em latim.

Uma imagem pode resumir a política de conversão de Roelens. De acordo com muitas testemunhas, ele se orgulhava de narrar os conselhos que o Rei Alberto deu a Stefano Kaoze, o primeiro padre "nativo", que Roelens apresentou ao monarca belga como seu secretário: "Agora você é um sacerdote na Igreja evangelizadora, retorne lá em seu país para servir; os negros aguardam o progresso e a verdade do Clergé Indigène" (MASSON, 1936: 80).

Conversão como um programa

O ano é 1947. O Reverendo Padre Bernard Mels é o Provincial dos missionários Scheutistas no Congo. Ele pertence a uma nova geração missionária. Estamos no período posterior à Segunda Guerra Mundial. O *effort de guerre* que havia sido imposto aos habitantes tem pressionado o país. Os motins de Luluabourg, reprimidos pela administração colonial, deixaram memórias vívidas e assombradoras. Uma carta de protesto escrita por um grupo de *évolués* (uma classe média, em termos sociológicos, ocidentalizada entre os senhores brancos e as massas africanas) explica o significado desse distúrbio político excepcional e circula secretamente por entre meios brancos e negros. Apesar da aparente estrutura monolítica da ideologia e da política administrativa, novas vozes começam a ser ouvidas. Elas são, sobretudo, subversivas e críticas da maioria dos métodos usados para a transformação do país. No que concerne à sua própria política de criação de uma classe média, a administração finalmente concorda em dar aos *évolués* um boneco para se exprimirem: *La Voix du Congolais*. Eles podem escrever ali com o conteúdo de seu coração; seus textos – que geralmente tratam de assuntos aparentemente inofensivos como vida e costumes tradicionais, a política de assimilação ou ficção – são, com efeito, quando aceitos, cuidadosamente verificados e editados por um conselho editorial, e depois publicados. A publicação não tem a ambição de suscitar nenhum tipo de questionamento contra os atuais governantes do país, mas, em vez disso, pretende ser o sinal de uma comunidade Belgo-Congolesa ainda por vir. Entretanto, sua possibilidade mesma é tanto uma interferência quanto uma revisão parcial de políticas antigas há muito estabelecidas. De agora em diante, é aceito como uma questão de princípio, ainda que muitas vezes com má vontade, que negros possam se tornar interlocutores. Mas que tipo de negros?

No vicariato católico de Kasai, o cristianismo vinha se implantando firmemente a partir da última década do século XIX. Após a guerra, os missionários começam a levar em conta a insatisfação de seus seguidores: será que algo deu errado? E o que deve ser feito para corrigi-lo? É neste contexto que, entre setembro de 1946 e fevereiro de 1947, Bernard Mels deu uma série de palestras a seus companheiros Scheutistas, analisando a síndrome de crise política na colônia e seu impacto sobre o programa evangelizador.

Seria possível destacar duas questões principais no pensamento de Mels: a necessidade de reconversão da filosofia missionária e uma nova pedagogia, que deveria considerar seriamente uma psicologia do contato cultural. Seu *leitmotiv* é o conceito de crise e seu relativismo histórico:

> Ao lermos os anais da história de diferentes povos, é impressionante que todos os historiadores considerem seu tempo como um tempo de crise, como uma ruptura histórica. Esse fato não é difícil de explicar: na verdade, cada comunidade, cada país evolui constantemente e sempre surgem problemas graves ou excessos que levam a problemas. Aqui no Congo, estamos hoje falando de "evolução", de "revolução" e às vezes a impressão é de que as coisas estão ocorrendo de cabeça para baixo, e de que devemos esperar tempos piores. Sempre houve dificuldades, e as teremos sempre (MELS, 1946-1947: 1).

Para Mels, o conceito de crise em sua forma mais geral não é nem mesmo um escândalo. Pelo contrário, é parte da história e atesta o processo histórico da colonização. A presença europeia na África se referiria à crise explicitamente nas transformações que tornou possível: uma evolução, insiste Mels, realmente ocorreu, criando ou promovendo rupturas sociais que poderiam parecer revolucionárias: "uma comunidade começa a se agitar, perturbando os sinais de uma antiga escravidão física e espiritual" (MELS, 1946-1947: 2). O processo lhe parece inevitável, pois, segundo sua compreensão, não é possível opor a ciência à história. De fato, os tumultos e panfletos dos *évolués* ou as políticas coloniais são fatos individualizados, e conhecê-los bem exige uma compreensão sólida que não pode deixar de relacioná-los a uma ordem universal de conhecimento.

Em seguida, Mels concentra-se nas razões do mal-estar social geral no Congo e aponta-lhe três fatores principais. Primeiro, a distância existente entre negros e brancos. Segundo ponto: a quebra das tradições africanas sob a colonização, que, ao expandir novos modos de vida, seria responsável por um estado de insegurança na mente de muitos negros. E, cinicamente, Mels acrescenta que essa situação provavelmente foi alcançada graças ao trabalho missionário: "Nós missionários podemos nos orgulhar [do que fizemos], apesar dos alarmes de certos antropólogos e burocratas que entram em êxtase na presença dos chamados 'belos costumes ancestrais'" (1946-1947: 4). O terceiro fator observado por Mels diz respeito à distância existente entre os ricos (*Beati possedentes*) e os pobres, os que estão no poder e os impotentes, o que direciona a questão para os problemas das novas classes sociais e, mais especificamente, para o problema da organização social da produção sob colonização.

Para Mels, esses três fatores ou explicações são essenciais para uma compreensão da crise social. Eles também justificam uma mudança na política e nas estratégias da ação missionária; colocando em termos programáticos, como se deve continuar evangelizando sem prejudicar o investimento do passado? A tentação mais fácil seria, segundo Mels, retirar-se do contexto sociopolítico geral e confinar-se nas atividades aos compromissos sacerdotais e religiosos. Ora, segundo Mels, é o contrário que os missionários deveriam fazer, permanecendo ativos nos programas de promoção humana, cultivando seu interesse pelo povo que servem, adaptando as ações missionárias às novas condições sociológicas, seguindo cuidadosamente a constituição progressiva do novo grupo social de *évolués* e atualizando concretamente a doutrina oficial da Igreja a respeito da classe trabalhadora.

Porém, para Mels, o verdadeiro problema reside na tensão e separação entre negros e brancos; em suma, é uma questão de diferença racial. Seu discurso aceita isso como um dado óbvio, como um fato que só a graça cristã pode transcender, e, desse ponto de vista, ele convida os missionários a se inscreverem em um sacrifício e autonegação perpétuos. Ele acrescenta também: "tornamo-nos facilmente dominadores no Congo, [o que parece ser] a servidão dos negros, nossa própria natureza arrogante nos incita constantemente a tal estado" (MELS, 1946-1947: 12). Ao enfatizar a tensão entre as comunidades negra e branca, Mels quer preservar uma coerência inicial fundando o senso de missão bem como corrigir seus procedimentos e práticas concretas. A nova operação, sugere ele, deve depender da experiência originária, mas precisa então reorientar a perspectiva da missão. Na panóplia de novos esquemas de ação, encontram-se propostas para um novo estilo de escola dominical que se concentraria na autopromoção dos estudantes, encontros regulares para os jovens como uma prática de diversão a fim de implementar os fundamentos da ética cristã, sessões para os *évolués* nas quais o missionário cumpriria o papel de parceiro igualitário trabalhando para uma nova sociedade, e retiros mensais ou trimestrais para os membros da Ação Católica.

As instruções de Mels indicam uma nova maneira de operar. Não nos esqueçamos de que esses modos de operação – ou talvez, de reconversão – "são similares a 'instruções de uso' e criam uma dinâmica na máquina por meio de uma estratificação de tipos de funcionamento diferentes e interferentes" (DE CERTEAU, 1984:

80). Com efeito, tais instruções insistem em duas ações complementares: de um lado, a necessidade de manter e difundir as bases da tradição cristã e, de outro lado, a utilidade que os missionários encontrariam em se aliar com os *évolués* na busca por um novo futuro: "Não podemos deixar passar tal ocasião; devemos agarrá-la com nossas duas mãos se não queremos ter arrependimentos um dia [...]. É também nosso dever como missionários. Devemos ser os educadores do 'nosso' povo" (MELS, 1946-1947: 6). Mas sobre quem se deve agir? Antes de mais nada, sobre as crianças, diz Mels, porque elas são "fáceis de conduzir", uma "personalidade forte" pode influenciá-las. Um projeto de normalização, uma organização panóptica, poderia, segundo Mels, transformar as tendências herdadas das crianças (1946-1947: 43-44). Há, em segundo lugar, os professores da escola, colaboradores importantes que não devem ser confundidos com cozinheiros e outros serventes: eles devem estar associados em todas as empresas escolásticas e paraescolásticas, mas não se deve lhes dar confiança. O missionário, insiste Mels, deve ser um "pai" para o professor nativo. Finalmente, menciona-se a classe vaga e geral de cristãos esperando por um novo tipo de dinamismo, um corpo frágil, segundo ele, no qual dois grupos principais não podem ser confiados: os velhos, porque são muito supersticiosos, e as mulheres, porque "não têm força de vontade".

Apresenta-se um panorama que se desfigura: a missão racionaliza seu novo papel e reformula novas táticas: "eles" são, afinal de contas, nossos irmãos e irmãs, e como podemos levá-los à salvação sem humilhá-los? Uma vocação confronta a si mesma nessa questão, que é nitidamente sobre um tipo inteiramente novo de produção cultural: qual é a *nova* ideia de África a promover? A atividade missionária e seus postulados teóricos invertem o passado. A colonização e a conversão de um espaço e de seus habitantes mantêm seu objetivo: civilizar. Mas os métodos se reconfiguram, constituindo novas estratégias que preparam uma *sucessão*: "eles" podem ter de continuar nossa missão; o que fazemos para garantir que sigam um caminho ortodoxo? A resposta, para Mels, é simples:

autoconversão e autenticidade. Ele insiste: "nós [missionários] escandalizamos os negros mais do que imaginamos. Isso seria facilmente verificável: basta obter suas impressões sobre nós. E, infelizmente, essas nem sempre são falsas" (1946-1947: 34). O missionário torna-se assim o objeto de conversão. Ele ou ela tem a verdade e traça trajetórias espirituais. Mas agora, observa Mels, o missionário tem de reaprender não seu material básico, mas a sintaxe e o vocabulário que o transmite.

Conversões linguísticas e sociológicas ocorrem. O missionário começa a falar menos e, mais importante, a ouvir o convertido e, com mais certeza, o *évolué*, então visto como um *interlocuteur valable*. O importante aqui não é apenas *o que* é transmitido, mas também a *forma como* isso é comunicado, sendo tal forma mais importante do que era antes. De fato, pode-se ver aqui a fraqueza de todo o empreendimento colonial. Com efeito, o que Mels ensina a seus companheiros Scheutistas é uma tática – nada menos do que a arte dos fracos: como podemos sobreviver? Como podemos manter a legitimidade de nossa presença e sua visão? As técnicas de adaptação que Mels sugere expõem uma situação colonial geral.

> Quanto mais uma potência cresce, menos ela pode se permitir mobilizar parte de seus recursos a serviço do erro: é perigoso mobilizar grandes forças em nome de aparências; tal tipo de "demonstração" é geralmente inútil e "a gravidade da necessidade amarga torna a ação direta tão urgente que não deixa espaço para esse tipo de jogo". Empregam-se as forças sem se arriscar com fingimentos. O poder é limitado por sua própria visibilidade. Em contraste, o truque é possível para os fracos, e muitas vezes é sua única possibilidade, um "último recurso": "Quanto mais fracas as forças à sua disposição, tanto mais o estrategista poderá ser ardiloso". Eu traduzo: tanto mais sua estratégia se transforma em tática (DE CERTEAU, 1984: 37).

Pelo que representa e simboliza, Mels está no poder. Ele não precisa de nenhuma demonstração de sua eficácia, pois sabe muito bem o que encarna como branco, colono e missionário. As táticas que ele elabora em suas instruções se encaixam em uma política muito prática: como articular a primazia da missão de uma nova maneira. Assim, novas regras surgem, novas normas sobre como se relacionar com os negros em geral são enumeradas, e novas táticas são empregadas sobre como falar e se comportar com os *évolués*, quem, apesar de sua posição sociológica, ou talvez por causa dela, Mels parece desprezar. O processo, como ele mesmo diz, é "humilhante", mas, acrescenta, "sejamos objetivos, não devemos ser guiados por nossos sentimentos [...] em relação a esses [negros] arrogantes. É nossa missão ensiná-los [...] e não devemos instigar a antipatia que às vezes experimentamos instintivamente a respeito deles [...]" (1946-1947: 27-28).

Mels é um "moderno" em comparação com Roelens. Podemos descrever brevemente seus contextos geográficos missionários e depois comparar as instruções de Mels às de Roelens, escritas muitos anos antes, durante o período da conquista.

Os Padres Brancos já estavam trabalhando no Leste do Congo quando os Scheutistas começaram a implementar suas missões no Oeste. Um decreto pontifício de 11 de maio de 1888 criou o Vicariato do Congo Belga, com pessoal scheutista. Entre 1888 e 1908, a missão perdeu trinta e oito membros que não conseguiram se adaptar ao meio e morreram. Nesse meio tempo, porém, ela expandiu suas conquistas e construiu Berghe-Sainte Marie, Nouvelle Anvers, Kalala Merode Salvator, Tshilunda Hemptinne Saint Benoît, Lusambo Saint Trudon, Thielen Saint Jacques. Ademais, assim como os Padres Brancos no Leste, os Scheutistas lutavam contra os comerciantes de escravos e "compravam" órfãos e ex-escravos. Uma vez convertidos, esses constituíram os *nuclei* dos postos missionários. Em colaboração com o Estado colonial, os Scheutistas abriram instituições especializadas em crianças sem família em Boma e Nouvelle Anvers, em 1892.

É preciso levar em conta que, ao contrário dos Padres Brancos, os Scheutistas – dentre os quais os 33 missionários de 1903 – eram todos belgas. Eles realizavam o sonho do Rei Leopoldo II, que, em 1876, convidara esta jovem Ordem belga, orientada para o Extremo Oriente, a se envolver na colonização da bacia do Congo. E foi na Mongólia, sob o governo do Abade E. Verbist, o fundador da Ordem, que os Scheutistas decidiram se tornar colonizadores no Congo.

A colaboração privilegiada entre o Estado e a Ordem teve um grande impacto na política de evangelização da bacia do Congo. As missões, por exemplo, não precisavam pagar impostos. Um decreto de 26 de dezembro de 1888 estipula as normas de cooperação entre Estado e missões. O próprio Leopoldo II é bastante explícito sobre os missionários que prefere: "o Estado", escreve a Lambermont, "deve favorecer tanto quanto pode os missionários belgas" (CUYPERS, 1970: 33). Em 16 de julho de 1890, um decreto confirma este *status* privilegiado (*Bulletin de l'État Indépendant du Congo*, 1890: 13). Três tipos principais de vantagens são dados às missões, de preferência às missões belgas. Há, antes de tudo, ao menos no início, subsídios especiais concedidos trimestralmente pelo Estado. Assim, por exemplo, os Scheutistas, a partir de 1888, recebem um subsídio trimestral regular em compensação pelo trabalho que realizam nas escolas congolesas. Em 1890, a isenção de impostos é confirmada, e o Estado, dependendo de situações particulares, concorda em cobrir todos os custos para combater o tráfico de escravos e para a educação de crianças órfãs (CUYPERS, 1970: 36). O segundo tipo de compromisso é mais importante: o Estado promete construir a primeira "missão" para todas as Ordens. Mas, na prática, não há uniformidade. Por exemplo, em 1892, os jesuítas esperam do Estado não apenas o edifício, mas também os móveis. Contudo, os Trapistas recebem mais do que os jesuítas. Finalmente, há uma terceira vantagem: o Estado, em princípio, assume a responsabilidade de cobrir todos os custos de viagem dos missionários belgas da Europa até seu posto africano.

Esse é o pano de fundo a partir do qual se pode entender Mels *versus* Roelens. Ambos eram belgas, mas pertenciam a tempos levemente diferentes do processo de colonização. Os dois eram belgas, mas um, Roelens, era líder em uma ordem religiosa que tinha não belgas, ao passo que para o outro, Mels, contar apenas com missionários da Bélgica não parecia mais sequer ser uma questão pertinente. Há uma última diferença: Roelens enunciou a fundação de um projeto e Mels, anos depois, tentou revisá-lo para que pudesse jogar uma partida que lhe parecia definida pela "inevitabilidade" da história: os negros estavam exigindo dignidade e igualdade.

Em suas *Instructions*, Roelens expôs a percepção de uma época: uma psicologia dos negros baseada em "nossa experiência e a experiência de outros que especialmente se dedicaram ao estudo dos negros". No entanto, seu "negro" confirmava o estereótipo: um ser imerso na natureza, mau por essência, preguiçoso, impulsivo, supersticioso, submetido a paixões, incapaz de raciocinar, cuja *ultima ratio rerum* seria o hábito tanto como natureza quanto como costume. Roelens notou, entretanto, qualidades "naturais" nas quais o missionário deveria trabalhar a fim de transformar os negros. Essas qualidades – dizia ele – incluíam um senso natural de honestidade, justiça, cortesia, apego à família, generosidade e respeito por aqueles que estão no poder.

Essas são, de fato, generalizações fáceis e controversas oriundas da biblioteca colonial. Elas justificam a colonização como exploração e como *mission civilisatrice*. Com efeito, no que diz respeito ao projeto da missão cristã, eles a fundamentam: como uma suposição *a priori* do empreendimento, tais generalizações exigem uma estratégia de transformação radical de natureza corrupta que o cristianismo enfrenta como se ela fosse um desperdício (um excesso, um pecado), um desafio (o inimaginável) e um crime (a negação da civilização). É, portanto, uma estratégia didática para a "domesticação" das mentes e uma engenharia social voltada para a produção de "novos" seres que Roelens desdobrou nas suas

Instructions, enfatizando cinco pontos principais: 1) a aplicação de um método apropriado (na verdade, supõe-se que "eles" são ao mesmo tempo crianças – e, logo, inocentes – e "primitivos" completamente corruptos); 2) o foco na razão "deles" para que as missões se adaptem ao comportamento "deles"; 3) a manipulação da imaginação e do poder afetivo para criar uma nova vontade de conhecimento; 4) a promoção de novos tipos de hábitos "coletivos" e "pessoais"; 5) a rotinização de princípios de trabalho constante e regular. Estes pontos integram uma estratégia global de práticas coloniais destinadas a criar uma conversão. Eles transmitem postulados implícitos (p. ex., a superioridade de um modo de ser, o primado da razão etc., que manifestam a racionalidade do programa de conversão) e princípios explícitos (o uso da imaginação para mudar práticas de raciocínio ou para desenvolver novos hábitos baseados numa economia de expansão).

As *Instructions* aparentemente liberais de Mels não contradizem as posições problemáticas de Roelens. Elas parecem inscrever-se na mesma política de conversão e o fazem claramente. As estratégias, de fato, "não 'aplicam' princípios ou regras; o que elas fazem é compor um repertório de operações fazendo escolhas entre diferentes regulações" (DE CERTEAU, 1984: 54). Seria possível analisar como Mels modifica superficialmente a linguagem estereotipada de Roelens prestando atenção ao uso de procedimentos como o *politeísmo* (o que era "paganismo" ou "selvageria" no vocabulário de Roelens se adapta ao novo contexto de Mels e muitas vezes é metaforizado através de conceitos como tradição, costumes, práticas antigas); *intercambialidade* (como atesta a ideia dos *évolués*, que finalmente levará ao conceito de *interlocuteurs valables* no fim dos anos de 1950); *eufemismo* (de fato, Roelens não hesitou em usar palavras como "primitivo", "selvagem" etc. e situá-los em uma estratégia de domesticação como se estivesse falando de animais; Mels, no fim dos anos de 1940, embora compartilhasse o essencial da filosofia de Roelens, tinha adaptado sua linguagem e evitava expressões que pudessem parecer ofensivas); e *analogia* (que permite a refundação regular de ordens de comparação: por exemplo, para Roelens a colonização e evangelização foram lançadas numa grade evolutiva elementar enquanto, por outro lado, Mels soube usar postulados e metáforas propagadas por tendências difusionistas e funcionalistas em antropologia).

Em suma – tendo em vista a ótima síntese que Michel De Certeau, a partir dos trabalhos de Pierre Bourdieu, faz dessas práticas (1984: 45-60) – é possível dizer que Roelens e Mels foram estrategistas na política de domesticar as mentes africanas e de criar uma nova ideia de África. Inteligentes e intelectuais (graças a sua educação e experiência), multilíngues (por necessidade e ambição) e poderosos (por *status* em sua Ordem, na Igreja e, de fato, no Congo), eles sabiam quais táticas usar e como implementar suas estratégias para inverter as ordenações culturais africanas. Com efeito, as estratégias simplesmente "jogam com todas as possibilidades oferecidas pelas tradições', fazem uso de uma tradição em vez de outra, compensam uma por meio de outra. Aproveitando a superfície flexível que cobre o núcleo duro, elas criam sua própria relevância dentro desta rede" (DE CERTEAU, 1984: 54).

Geografia e memórias

Como visto nas páginas anteriores, dois tipos de sociedades se confrontam na experiência colonial, cada uma com sua própria memória. O sistema colonial é coerente, parece monolítico, e é apoiado por suas práticas expansionistas. Ele enfrenta uma multidão de formações sociais africanas com diferentes memórias, muitas vezes particularistas, competindo entre si. Assim, no final do século XIX, a colonização une de forma coesa as memórias coletivas diversas e muitas vezes antagônicas das inúmeras culturas africanas. Oferecendo e impondo o desejo de sua própria memória, a colonização promete uma visão de enriquecimento progressivo para os colonizados. Como acontece essa transformação das diversas memórias africanas? Quais argumentos uma política colonial pode empregar, manipulando desejos, para enfatizar convincentemente as vantagens da conversão para uma nova memória que, ao mesmo tempo, deveria inaugurar uma ordem social radicalmente nova?

Um modelo espacial: Le Centre Extra-Coutumier d'Elisabethville

F. Grevisse, no livro *Le Centre Extra-Coutumier d'Elisabethville* (1950), pronuncia-se a partir da perspectiva de ser ao mesmo tempo um funcionário público colonial e um historiador da região do Katanga. Em sua obra, Grevisse examina a política belga que efetivamente introduziu uma política corporal de delineamento e domesticação. Esse "corpo" social recentemente circunscrito era composto de africanos que deveriam encarnar um início absoluto da história, e o Centre Extra-Coutumier (C.E.C.) se tornou o território decisivo para fazer a ponte entre a memória tradicional e outra radicalmente reconstruída.

Sob a direção do Governador Heenan e de alguns colonos "iluminados", o C.E.C. se transformou em uma "comunidade nativa" e se tornou um experimento. Desde sua concepção, tal centro fora uma forma de memória experimental ou, mais exatamente, um entrelaçamento de elementos africanos e coloniais. Esse novo tipo de memória emergente era, de fato, uma força dinâmica. Sua transformação foi orientada de acordo com uma série de exigências ligadas ao objetivo da escola colonial, com uma nova administração fortemente hierárquica e com a presença de uma vigilância policial secreta e permanente, que serviu como uma força de restrição. Considerava-se que missão dessa escola era dar educação para as massas. A orientação dessa educação, dirigida segundo os termos dos programas oficiais de 1889 e 1930, promovia um novo sistema de valores. A escola, na prática, trazia consigo uma nova *Weltanschauung* e uma ideologia marcada pela tradição judaico-cristã. Aos alunos era ensinada uma moralidade baseada nos valores familiares e na responsabilidade cívica. Após completar sua educação, os estudantes tornavam-se funcionários menores da administração colonial ou comerciantes dentro do próprio centro – formando assim uma classe média necessária para os belgas.

A estrutura administrativa do C.E.C. recorreu a elementos do estilo indireto do domínio colonial britânico e do estilo direto dos franceses. Um administrador colonial (que subiu do cargo de agente territorial a chefe do C.E.C.) geria os interesses dos vários conselhos e controlava a força policial, o orçamento e os africanos empregados pelo C.E.C. Esses africanos cumpriam um papel duplo. Por um lado, eram responsáveis pela transmissão e pela execução de políticas relativas a meios concretos de conversão social e cultural. Nessa qualidade, eles transmitiam informações de altos funcionários coloniais à população do Centro. Por outro lado, eles transmitiam informações sobre as diferentes atividades e os possíveis problemas que surgissem e pudessem afetar os processos de conversão. Assim, por trás da massa de papéis administrativos do C.E.C. e do tédio dos jovens burocratas africanos, bem versados nas complexas siglas que iniciavam cada carta e cada relatório, havia uma ordem, a da conversão. O chefe do C.E.C. era responsável pela organização diária deste processo de conversão, mas isto também estava sob o olhar atento do *Comité Protecteur du Centre*, que "a pour mission de veiller à l'amélioration des conditions morales et matérielles d'existence des habitants du ou des centres" ("[o comitê] tem por missão averiguar a melhoria das condições morais e materiais de existência dos habitantes do ou dos centros"), e "a le droit d'inspecter le centre en tout temps afin d'être tenu informe de la gestion du patrimoine" ("e tem direito de inspecionar o centro a qualquer momento a fim de se manter informado sobre a gestão do patrimônio) (MABANZA, 1979: 142).

Este desejo de transformação é notavelmente evidente no sistema de justiça e na distribuição das diversas profissões entre os habitantes do Centro. Um decreto feito em 15 de abril de 1886 estabeleceu uma jurisdição especial para os congoleses que habitavam os *centres extra-coutumiers*. Tal jurisdição se distinguia dos centros tradicionais africanos e, ao mesmo tempo, permanecia no perímetro do sistema de justiça organizado para os colonos. Em 1932, A. Sohier, comentando o decreto, notou que todo o complexo sistema judicial era simplesmente controverso, pois não respeitava os sistemas tradicionais africanos e não estava realmente submetido aos princípios do direito colonial (1949). Quanto à polícia, dois ramos distintos, o de uma força policial geral permanente e o de uma força investigativa mais especializada, eram responsáveis pela manutenção da ordem e da moralidade. O primeiro era uma presença visível na vida cotidiana dos habitantes da C.E.C. Seu duplo foi logo criado na forma de uma unidade especializada, a polícia judiciária, que era comandada pela hierarquia judicial colonial e pela força de detetives invisíveis. Essa última era responsável por vigiar todos os indivíduos ou movimentos sociais que representassem uma ameaça potencial direta ou indireta ao espaço e à memória em construção. Essa força policial se preocupava não apenas com os criminosos, mas também com qualquer pessoa que por acaso se destacasse das massas anônimas de habitantes do C.E.C.

De acordo com P. Minon, na época da criação do centro, em 1932, a população consistia de 9 mil habitantes, um número que nos anos de 1950 tinha crescido para 440 mil (MINON, 1957). Quando Grevisse publicou seu estudo sobre Elisabethville em 1950, essa população era composta de diversas origens étnicas: aproximadamente 44% vinham da província de Katanga, 39% de Kasai, e os demais eram de países vizinhos como Angola, Rodésia, Niassalândia, Ruanda-Burundi, e alguns da África Ocidental. Essa diversidade genética era por si só um problema cultural. Esse era o terreno sobre o qual as autoridades coloniais poderiam promover o desenvolvimento de uma nova memória ou fomentar fendas dentro do ambiente humano, caso seu papel ou autoridade se visse ameaçado. Na verdade, tal diversidade cultural indicava a coexistência de uma variedade de costumes no mesmo espaço. O espaço físico do centro, dividido entre subgrupos etnolinguísticos, foi o território de uma competição sociológica disputada entre as diferentes línguas, como Bemba, Sanga, Suaíli e Luba, assim como entre os vários sistemas de descendência matrilinear ou patrilinear. Tal diversidade e seus conflitos inerentes seriam acentuados em tempos de crise política.

Entretanto, a partir dos anos de 1930, o objetivo colonial poderia ser definido como a invenção de uma nova cultura coesiva. No C.E.C., ela se evidenciava em três níveis diferentes. Primeiro, a sucessão patrilinear foi imposta *de facto* como o único modelo e como projeto obediente às normas cristãs. Os casamentos cristãos e a sucessão patriarcal simbolizavam a integração dentro da ordem colonial. Em seguida, as línguas passaram a ser organizadas hierarquicamente. O francês, a língua do "senhor", estava no topo da pirâmide. Embora os povos colonizados não fossem proibidos de falar a língua francesa, ela era ainda assim "algo próprio" da elite, e seu conhecimento era imposto com grande cautela. Desejosos de seu *status* social, os colonizados passaram a ver o francês como um meio de promoção social e prestígio. Enquanto as línguas africanas (Bemba, Sanga, Songye, Luba etc.) eram faladas no Centro – por exemplo, em reuniões de associações linguísticas dirigidas pelo Padre Coussement desde 1925 –, o francês era a língua adotada para discussão e comunicação na sociedade clerical – criada pelo mesmo missionário – bem como nas associações médicas. Foi também a língua utilizada nas reuniões do Cercle Saint Benoît, cuja missão, segundo o Bispo Jean-Félix de Hemptinne, Vigário Apostólico do Katanga, era "reunir les évolués régulièrement en ambiance saine" e "leur donner un complément de formation humaine et intellectuelle" ("reunir regularmente os evoluídos num ambiente saudável e lhes dar um complemento de formação humana e intelectual"). Como meio de comunicação, o francês indicava uma cultura transformada em um índice absoluto de civilização. Sociologicamente, ele superou todas as diferenças étnicas dentro dos grupos do centro e criou uma união de *évolués* (ou seja, de negros em meio a uma transição dos costumes étnicos para uma nova cultura), sob o olhar atento do colonizador e do missionário. A língua francesa foi assim o domínio em que as tradições africanas foram ativamente corroídas, a fim de permitir o crescimento de uma nova memória.

A próxima língua em ordem de distinção é o suaíli. Era usado para a educação geral no nível primário, e era a língua quase oficial do centro. Utilizado pela administração para a comunicação com os habitantes, o suaíli tornou-se a língua "comum" e, como tal, confirmou o *status* do centro como um órgão autônomo, distinto dos vilarejos vizinhos, onde outras línguas étnicas eram faladas. Ele caracterizava uma nova cultura colonial e urbana, dado ser empregado em todo o sistema escolar, nas igrejas, na administração e na vida cotidiana. Por um lado, o suaíli negou a existência de diferenças étnicas e sociais, reunindo e representando toda a população segundo seu próprio sistema de representação. Por outro lado, o centro se diferenciava. Seu formato e seu papel distinguiam nitidamente seu espaço e os territórios circundantes. Em termos de prestígio dentro do centro, o suaíli estava localizado entre o francês no topo da hierarquia linguística e as outras línguas africanas na base. Esses "outros" idiomas estavam diretamente ligados a locais de menor prestígio e poder no sistema social. Paradoxalmente, porém, essa inferioridade perceptível não resultava em uma perda total de poder. Estando estreitamente ligada aos fatores que determinavam a distribuição geral da população do centro em termos de nomenclatura genética (ou seja, Bemba, Hemba, Luba, Sanga etc.) e à representação proporcional dos povos dos vários grupos em nível profissional, essas línguas e culturas divergentes muitas vezes disputavam a proeminência, e essa competição ocasionalmente se transformava num confronto ou espécie de guerra étnica. Essa competição poderia ser usada como arma pela administração colonial; a tensão perpétua poderia ser manipulada politicamente. Mas tais políticas podiam ser um tiro pela culatra: Moise Tshombe, um produto puro-sangue da cultura *évolué*, apropriou-se friamente dessa arma na aurora da independência do Congo Belga, em 1960.

O terceiro nível em que a invenção de uma nova memória colonial se evidenciou foi o da profissionalização dos habitantes. Ela ilustrava a construção gradual de classes sociais. Em seu trabalho, que descreveu um dos principais pontos de inflexão no desenvolvimento desse processo, Grevisse notou a existência de seis grandes categorias profissionais: a) escriturários, enfermeiros etc.; b) trabalhadores qualificados da construção civil; c) serventes; d) zeladores; e) comerciantes; f) artesãos independentes. A partir dessa lista de profissões, podemos distinguir o desenvolvimento de três categorias sociais principais: a) técnicos que trabalham para a administração ou para uma das novas instituições, tais como bancos, hospitais, serviços judiciais, fábricas etc., pessoas que gradualmente se inserem nos escalões inferiores da estrutura de poder colonial; b) uma *petite bourgeoisie* envolvida nos negócios (comerciantes, artesãos etc.), que capitalizava as necessidades internas do C.E.C. e seu poder ideológico em toda a região; c) uma classe trabalhadora nascente atraída pelo novo sistema.

Deve-se notar que esse sistema de organização implicava a existência de uma "economia" da conversão cultural na qual as normas de mercado – como a concorrência, a qualidade do indivíduo como produto da nova cultura, sua capacidade de obter lucros etc. – controlavam e regulamentavam a integração gradual daqueles considerados "aptos" para a domesticação. Preso entre duas memórias, o *évoluant* do centro tentava provar que em seu pensamento, vida e trabalho havia conseguido reprimir a memória tradicional africana e estava assim aberto à assimilação na nova memória. Sua própria história, assim como sua consciência individual, deveria supostamente começar com o sistema colonial. Em termos concretos, uma série de procedimentos e testes de seleção fica constantemente em alerta, forçando o *évoluant* a se submeter a essa transformação. As escolas e igrejas avaliavam constantemente as capacidades intelectuais, facilitando uma seleção cuidadosa – desde a primeira infância – dos candidatos potenciais à integração na nova hierarquia profissional. Por outro lado, a vigilância constante por parte da força de detetives exercia um estreito controle sobre a forma como o candidato reagia diariamente às exigências dos novos códigos éticos, profissionais e culturais.

Estes três níveis – casamentos cristãos e sucessão patriarcal, a hierarquia linguística e a profissionalização – que separei por razões analíticas, são, de fato, complementares. Todos os três se preocupam com a conversão a uma nova ordem; ou seja, o apagamento da tradição e a produção do convertido dentro da "Modernidade". Por exemplo, para o Cercle Saint-Benoît, o objetivo da conversão, a partir da década de 1930, era, segundo o Padre Coussement, reduzir barreiras étnicas, vistas como negativas, e enfrentar o racismo contra o negro tanto quanto as resistências à colonização e à evangelização (COUSSEMENT, 1932). A capa de uma pequena revista contemporânea sobre os *évolués* do Cercle Saint-Benoît serve como um possível símbolo do projeto de conversão: uma faixa celebra a esperança de uma comunhão entre negros e brancos em nome de uma cruz que enuncia as condições: caridade, fraternidade, compreensão mútua, respeito recíproco (GREVISSE, 1950: 362).

A lacuna do lugar: a ordem nomeada

A metamorfose de uma memória, tal como a que encontramos num território colonial africano, não é simplesmente uma ocorrência simbólica. Ela ocorre durante um processo de neutralização, recriação e rearranjo de um local, de sua geografia e dos valores pelos quais uma tradição a delimitou. Esse tem sido o sentido, desde o século XV, do princípio da *terra nullius*, que concedeu aos príncipes cristãos o direito de desapossar povos não europeus e de transformar suas histórias. O princípio da conversão, inserido no sistema de valores ensinado pelas escolas e fomentado dentro da civilização europeia como um todo, encontrou expressão concreta na colonização dos "pagãos". Nesse gesto colonial, a metamorfose da memória era um dever moral inelutável. Era também, obviamente, uma força de dominação, e sua contrapartida, a subjugação, marca a transformação de uma memória cuja reconstrução atesta essa mesma violência.

O nome do lugar unia todos esses valores de uma forma espetacular. Uma política colonial da toponímia existiu entre 1885 e 1935, operando da mesma forma que outros modelos de colonização. Novos nomes transformaram locais africanos em sinais de lealdade monarquista. Albertville substituiu Kalemie, Baudoinville substituiu Moba, e Leopoldville substituiu Quinxassa. Outros nomes ofereciam um recital da memória viva do período de exploração, como foi o caso de Baningville (Bandundu), Coquilhatville (Mbandaka), e Stanleyville (Kisangani). Outros ainda agiram como duplicatas ou substituições de localidades europeias. O posto de Kwilu-Ngongo tornou-se Moerbeke. A crítica a essa prática e o "desbatismo" que ocorreram no Zaire entre 1965 e 1970 em nome da autenticidade histórica e espacial nunca reivindicaram, nem poderiam, aliás, ter redescoberto e trazido a antiga memória de volta a uma condição real e primária, por meio do restabelecimento e recuperação dos antigos nomes. Afinal, a toponímia colonial foi não só uma reorganização radical de antigos territórios e de sua composição política, mas, em geral, ela foi também e principalmente a invenção de um novo local e de um novo corpo cujas rotas e movimentos refletiam uma nova economia política. Os missionários católicos deram um bom exemplo disso. Desde 1875, eles encheram o mapa geográfico com tropismos semânticos. Esses nomes codificados indicavam o progresso de sua atividade e serviam como evidência da instalação de uma nova ordem. Limitando-nos a alguns postos fundados pelos missionários Scheutistas em Kasai, encontramos exemplos como Hemptinne-Saint Benoît, Kabwe-Christ Roi, Katende-Saint Trudon, Mikalayi-Saint Joseph etc. O termo ou nome africano sucumbiu diretamente à graça e ao poder de conversão. Juntado ao nome de um santo, tornou-se um adjetivo e perdeu seu *status* de nome próprio. Dessa forma, permitia uma distinção entre, por exemplo, Panda-Saint Joseph no sudoeste do Katanga (no Likasi) e Mikalayi-Saint Joseph no Kasai.

Como Michel De Certeau declarou recentemente, o substantivo próprio escava os bolsos de valores familiares ou ocultos. A melhor maneira de descrever esse fenômeno é através do exemplo da "caminhada", que para De Certeau é paradoxalmente o resultado de fatores externos: eu devo ir lá, eu preciso disso para isto ou aquilo etc., dinâmica que se impõe à pessoa que avança fora de si mesma ou de sua casa. Mas caminhar também consiste em espacializar e ampliar um espaço interno, em conformidade às convicções internas que o ato torna possível. Esse é *meu* jardim, *minha* rua, *meu* vilarejo, *minha* região etc.

Tome-se, por exemplo, o nome próprio "Kapolowe". Kapolowe é uma *localidade* situada entre Likasi e Lubumbashi. É uma pequena estação ferroviária na rota entre Ndola e Port Franqui (Ilebo). Em 30 de junho de 1960, enquanto o Congo Belga comemorava o fim de uma era, marcando o apagamento de seu adjetivo, um amigo beneditino me deixou no portão sul de Jadotville. Instintivamente, eu decidi *caminhar* até Kapolowe. Era final de tarde, então esperava chegar à estação por volta da meia-noite. Caminhei devagar. Estava *in situ* e continuei adiante, contente de poder citar os laços concretos entre, por um lado, a ordem imposta pela conquista e a metamorfose da área que eu atravessava e, por outro lado, as marcas e sinais de um passado (*un avant*) que deveria poder repetir e recitar naquela noite sua alteridade, que é a das experiências violadas. No nome "Congo Belga", o adjetivo que desapareceu é um símbolo. O espaço vazio que ele deixou será inscrito na história que então estava apenas começando. No entanto, é óbvio que a explicitação dessa ruptura, se é que ela existiu realmente, não será encontrada na desaparição do adjetivo nem nos novos sinais gerados por sua supressão. O corpo que vive ou sobrevive como transcrição da metamorfose ainda é o que testemunha a ruptura.

Kapolowe traz à mente as imagens de outros locais, como Mpala, por exemplo. Isso ocorre não apenas porque as duas cidades foram viabilizadas pelas missões católicas e porque, economicamente, ambas derivam sua vida principalmente da pesca, mas também porque o espaço de ambas as cidades está organizado de maneira semelhante. Em uma extremidade está a missão com seus vários edifícios (a residência dos padres, a igreja, a casa das irmãs, a escola etc.). Na outra ponta está a vila, que, em ambos os casos, consiste de uma única rua central, cabanas e algumas lojas. Entre as duas áreas, há um espaço vazio, uma área vagamente definida e de grande interesse. Não é nem um jardim nem uma floresta. Não é uma coleção de canteiros para flores, nem é uma desordem completa. É irritante por causa do que revela: a separação. É tático. Repete e ilustra de maneira concreta a clássica divisão de uma cidade colonial, como no caso de Elisabethville: A Avenida Limits-Sud. O simbolismo dessa distância e essa segregação das áreas dos negros e dos brancos parece evocar, paradoxalmente, uma conexão entre as duas extremidades. Em outras palavras, o sul pode um dia se tornar o norte, ou seja, pode um dia, ao se modelar pelo norte, refletir a ordem e os valores que esse contém. Sabemos que isso é geograficamente impossível. Mas a ideologia do desenvolvimento reside nesse espaço ambíguo, como um sonho e um desafio. Nesse caso, a separação racial como elemento geográfico encontra sentido na metáfora fornecida pela conjunção simbólica de dois nomes, um africano e um europeu, o de Kapolowe-Saint Gerard, como um novo *locus*.

Considere-se outro exemplo: a vila de Mpala. Ela parece representar uma espécie de absoluto. Historicamente, Mpala é uma "adição": ela está viva devido à fortaleza Émile Storms, herdada pela missão dos Padres Brancos em 1885. Os edifícios da missão são enormes. À primeira impressão, eles parecem sólidos, imensos e fechados em si mesmos. As torres lembram um dos postos de guarda uma vez lá encontrados, e as aberturas para atirar testemunham o propósito original do forte. O edifício é uma *sinédoque*: determina seu próprio espaço, assim como o projeto que inicialmente o possibilitou. É possível ter em conta as seguintes imagens: as práticas escravistas realizadas pelos povos arabizados que exploraram a região durante o século XIX; o projeto missionário que se seguiu como uma etapa na construção do reino cristão sonhado pelo Cardeal Lavigerie; e, finalmente, a missão católica, que se formou a partir do modelo de um forte político, emitindo seu próprio dinheiro e organizando sua própria proteção militar. Com efeito, ela acolheu os protegidos tanto da Igreja quanto da Bélgica (simbolicamente chamada de "pátria mãe"); resistiu aos ataques e aos canhões das tropas alemãs originárias do outro lado do lago que separava o Congo Belga da Deutsch-OstAfrika durante a Primeira Guerra Mundial; e celebrou um *Te Deum histórico* em 1918, ao término de uma guerra europeia com a qual a missão se identificou literalmente de carne e osso.

Assim, a Missão de Mpala, como sinal político e religioso, indica uma expansão semântica que é mais do que uma simples anexação de um território à paróquia católica. Uma Igreja e seus dependentes são fragmentos de um projeto espacial expresso como *locus* de uma nova memória ou, mais precisamente, como a memória resultante de processos de conversão. Essa nova memória coletiva está ligada tanto a um local quanto a uma tradição. Ela aparece como a operação e o processo de uma dupla casualidade, *ad extram* tanto quanto *ad intram*. Independente, portanto, da riqueza ou falta de associações históricas, essa memória serve como um terreno comum para onde convergem influências que, por serem antagônicas, concorrentes e não compatíveis, são também tensões. As causas externas são os fatores determinantes em Mpala: elas são responsáveis pelo poder eclesiástico e pela importância atribuída à ideologia colonial.

Paradoxalmente, o cenário geográfico da missão de Mpala nos faz pensar em outra imagem: a do *assíndeto*. Ela rompe os laços que mantêm a continuidade diacrônica dos acontecimentos, apaga aquilo que os reúne, da mesma forma que opera a conjunção, a coerência da nova memória. Os elos que, antes da independência, serviram de conexão lógica entre, por exemplo, o Rio Lufuko, o vilarejo e a igreja da missão serão desarticulados após os anos de 1960. Com efeito, os missionários europeus abandonaram um projeto e um catequista do Zaire. Eles asseguraram assim a realização do oposto direto dos desejos que fundaram a fortaleza, os desejos do tenente Storms, dos Padres Brancos Moinet e Moncet, e do Capitão Joubert. Assim, por um lado, os diversos elementos do império e da conquista se firmaram como sinais de uma civilização contrária à escravidão e ao paganismo, enquanto simultaneamente se desenvolveram como um local fértil de expressão mítica. Por outro lado, no outro extremo do intervalo temporal, um velho catequista vigia imensas construções desertas. Ele parece completamente preocupado com a esperança absurda de sua própria conversão à lei da conquista e à memória que subjaz a essa visão. Essas lhe são impostas como fatores necessários para sua integração no reino de uma nova estrutura de poder.

Outra ilustração, talvez mais facilmente visível, desse *assíndeto* pode ser facilmente extraída do que o próprio cenário sugere. Imagine que estou indo da "missão" para o "vilarejo" de Mpala. Caminho de norte a sul. Atrás de mim está a missão, o Cabo Tembwe e o delta do Lufuko. Na minha frente está a vila e, bem longe, o Monte Nzawa, que domina o horizonte sul, crescendo para além da floresta que se estende para o oeste. Os habitantes de Mpala, sendo cristãos convertidos, abandonaram oficialmente o espírito da terra, que vive em Nzawa. Após um século de transformação gradual, o norte – com seus sinos, que organizam a vida, o trabalho e a oração, e com suas paredes de pedra – torna-se o verdadeiro corpo exemplar. Esse norte, com seus novos valores econômicos, culturais e espirituais, tomou o lugar do antigo sistema de valores que antes coordenava a atividade no sul. Essa modificação foi e até hoje é considerada uma ruptura, ilustrada pelas atitudes arrogantes em relação à percepção dos déficits das culturas africanas. Os comentários a respeito da transformação do cenário de Mpala – seja em termos de modernização, de desenvolvimento ou, a partir dos anos de 1970, de condenação a regressões – são concebidos sempre negativamente e apresentados no lugar ou como referência silenciosa de um campo ou sistema supostamente tradicional representado, por exemplo, pela divindade Nzawa.

A ruptura ou deslocamento representado pela oposição entre norte e sul em Mpala (visível nas promessas da escola no setor norte e em sua distância dos valores e argumentos simbólicos ensinados àqueles que são instruídos na floresta ao sul) mostra que, na realidade, o *assíndeto* marca uma ruptura positiva em um plano progressivo. A fragmentação do tempo corresponde tanto na aparência quanto na realidade à separação no cenário de Mpala, que, até os anos de 1960, coloca dois conjuntos de formas e símbolos opostos um ao outro: o norte contra o sul, o futuro contra o passado, a Modernidade contra a tradição. Se rigorosamente analisada, tal oposição pode ser tomada como elemento que fornece o contexto para um encontro entre *assíndeto* e *sinédoque*. O "mais" do todo indicado pela sinédoque – mobilizando laços, conjunções e expansões – corresponde ao "menor" do assíndeto e de seus jogos de separação e fragmentação.

A assimilação cultural entre o norte e o sul promovida por esse espaço proporcionou uma compensação muito pequena para o povo colonizado e sua sociedade. Ela torna possível imaginar uma mediação ou mesmo um poder de subversão na presença do sul, do velho, ou, mais apropriadamente, daquilo que era, ali, a ordem da "civilização". Para se estabelecer, o novo poder foi obrigado a construir uma nova sociedade. Como vimos, em Mpala bem como em outros lugares do Congo, a renovação do cenário se baseia em três paradigmas principais: a religião e o código de ética cristã (crenças e práticas); uma educação estritamente elementar (leitura, escrita e aritmética), complementada em raras ocasiões com o estudo da língua francesa; e a promoção do trabalho manual e de sua utilidade para os congoleses. Esse programa oficial mostra seu valor durante a década de 1930. Em *L'Enseignment des Indigènes au Congo Belge* (1931), E. De Jonghe reclama do negro que perdeu suas raízes e que se imagina igual e até superior ao branco.

Assim, é no vilarejo, a meio caminho entre os sinais totalitários da "Missão" ao norte e "a floresta" no sul, que uma possível união entre símbolos modernos e tradicionais se torna concebível (ROBERTS; MAURER, 1985). Por exemplo, na área de Mpala, as cabanas, feitas de terra batida ou ocasionalmente de blocos de cimento, são retangulares. Essa forma geométrica é um *texto recente*. Ela integra em sua estrutura o antigo método de construção observado por Emile Storms e os primeiros Padres Brancos, que, naturalmente, ainda é visível na palha usada para construir o telhado e na madeira brilhosa moldada e utilizada para fazer as paredes. Mas essa forma retangular, que é muito comum hoje em dia, surgiu inicialmente da extensão de um modelo arquitetônico suaíli, que a missão e as autoridades coloniais promoveram na virada do século. Ela substitui a cabana Tabwas, uma construção redonda coberta por um teto cônico (ROBERTS; MAURER 1985), que Léon Dardenne (1865-1912) parece ter reproduzido com bastante precisão em seus desenhos realizados durante a missão científica de Charles Lemaire ao Katanga, entre 1889 e 1900.

Um conflito entre memórias

Tanto o colonizador quanto o missionário acreditam, como eles próprios admitem, que a promoção de um modelo de moradia concebido de uma forma alternativa e, sobretudo, independentemente do local da antiga vila, é o preço que deve ser pago para garantir uma conversão duradoura da memória coletiva africana. Isso é mesmo verdade. Assim, tanto Kapalowe quanto Mpala são modelos de uma atividade mais geral, que é bem-ilustrada pelo significado e vocação do Centre Extra-Coutumier de Elisabethville. Uma forma retangular de habitação, aberta ao mundo exterior e suas forças, substitui a vila circular. A concentração dos vários elementos tradicionais exprime as diferentes funções de uma interdependência interiorizada, evocando simultaneamente tanto a obrigação comunitária (ajuda mútua, proteção, solidariedade etc.) quanto as interações sociais específicas dentro da localidade de um espaço fechado comum.

Visando a construção de uma nova memória coletiva, a missão reformulou a coerência espacial, estabelecendo um novo tipo de organização na qual cada função deve corresponder a um lugar específico, cada aspecto de uma atividade a um local especial onde uma ordenação temporal é rigorosamente mantida. Assim, a geografia da vila não é mais o simples reflexo de um método de conversão. Devido à força das circunstâncias e à necessidade, a antiga ordem deve renunciar *a seu próprio movimento* a fim de dominar o processo de autotransformação indicativo de progresso. As rotinas diárias também mudam. A partir de agora essas práticas diárias obedecem às exigências da Modernidade. A conversão para a ética cristã, para o poder da escola ou para uma nova hierarquia social linguística faz parte desta transformação da memória coletiva. O *crível* e o *memorável* tendem a ser entendidos de agora em diante como aquilo que nega tudo o que é antigo ou primitivo. Por exemplo, não é apenas o concreto *versus* o verniz ou o alumínio (ou às vezes o ferro galvanizado) *versus* o teto de palha que sugere, para o bem ou para o mal, uma nova origem possível, mas a tensão entre a missão e a vila disposta no espaço. A promessa de integração (com o propósito de melhorar o nível de vida) corresponde à dispersão e à desintegração do espaço especificamente africano. De fato, a vila original cresce com a homogeneização da diversidade étnica e linguística inicial. Aparecem novos habitantes, atraídos pelas promessas feitas pelo novo centro. Inventa-se uma nova cultura dentro de um espaço de dimensões culturais não habituais. Ela se baseia nas contribuições tanto da missão quanto do núcleo da vila, sem se identificar nem a uma nem a outra. Como resultado de suas necessidades e costumes, ela deve, mais cedo ou mais tarde, confrontar o poder da missão e desafiar a autoridade da vila original.

Nessa topologia, analisamos um conflito de memórias. Para elucidar o problema, é preciso estudar, uma após a outra, a tensão entre a missão e a vila, e os dilemas do *évoluant* situado entre os dois locais. Primeiro, a vila, numa extremidade, é quase sempre um sinal de algo mais, de uma tradição que, como já vimos, está, para a linguagem da conversão, em oposição à memória apresentada pela missão. Como J.L. Litt demonstrou analiticamente (1970: 55-61), a vila representa o local onde numerosos tipos de propostas se juntam e se misturam. De um lado, encontram-se as declarações que sustentam a necessidade da conversão e que, portanto, elaboram ou comentam os estereótipos do "selvagem" e da "degenerescência". Diante de numerosas pressões, a vila se vê como o local a ser apagado em nome da civilização. Com efeito, ela chega a incorporar os termos de abnegação de uma população ou raça "pária". Essa "ausência de civilização" precisa ser "substituída" (LITT, 1970: 55). Por outro lado, entre 1930 e 1932, alguns raros autores começaram a falar de civilização negra, reconhecendo sua humanidade e, como no caso do jesuíta belga Swartenbroeks, ponderando acerca das deficiências de certas doutrinas "civilizadoras" e do preconceito da supremacia racial branca (cf. LITT, 1970: 55). Essas são, naturalmente, exceções à regra e não contradizem nem a missão da civilização nem os benefícios resultantes da conversão. Mesmo esse novo discurso sobre a vila não produz mais do que um certo excesso reacionário que justifica implicitamente o esforço colonial e o empreendimento missionário. Os documentos do período parecem ser unânimes sobre este ponto. A vila reside no "materialismo", no "rebaixamento", no "progresso moral lento", sob a "desmoralizante, se não perniciosa, influência da família". De todo modo, ela parece estar "escravizada pelos apetites e instintos de sua vida", por um "caráter um tanto desequilibrado", "impulsivo e efêmero". Religiosamente, todas as suas práticas e crenças surgem da "feitiçaria" e da "crença na magia", que "não correspondem ao plano divino de redenção". Intelectualmente, o negro que mora na vila é considerado incapaz de distinguir as relações "entre os fenômenos que percebe e as causas que os produzem"; assume-se que ele não tem "faculdades de raciocínio" nem "uma mente muito profunda", e que vive "nas sombras da ignorância" (LITT, 1970).

Esse esquema justifica a missão como parte necessária da tarefa de desenvolvimento humano, enquanto considera discretamente os valores e vantagens econômicas do projeto. Em 1930, o padre jesuíta J.J. Lambin descreveu nitidamente a complementaridade desses dois aspectos do processo de colonização ao tratar do Terceiro Congresso Colonial. Seu discurso se baseia em dois princípios da Lei Natural, tal como são percebidos pelos pensadores cristãos da época: (1) o direito de explorar a riqueza concedida por Deus para toda a humanidade e (2) a lei natural da caridade entre os homens. Na prática diária, tanto o colonizador quanto o missionário tendem a dar mais ênfase ao segundo princípio, demonstrando assim a generosidade de suas ações, que originaram a vila em evolução. Com esse mesmo ato, em geral, eles minimizam a violência do primeiro princípio. Em uma ação adversa, os *évoluants* da Segunda Guerra em diante e os nacionalistas na esteira da Conferência de Bandungue[74] tenderiam a questionar e criticar o primeiro princípio, passando por cima da realização efetiva do segundo. Foi, de fato, o sistema educacional que os "permitiu" falar.

Deve-se ressaltar que, entre 1930 e 1945, o *évoluant* africano quase sempre preferiu a missão à vila. Dada a tensão entre a "noite" das profundezas carnais dessa última e o "dia" da missão, banhada em sua luz salutar, como descrito pela literatura colonial, isso não chegava a ser mesmo uma escolha. O *évoluant* frequentemente

---

74. Reunião de 29 países da África e da Ásia realizada em 1955 na cidade de Bandungue (Indonésia) visando uma cooperação econômica e cultural desses países na superação de todo tipo de colonialismo [N.T.].

interiorizava os sinais materiais diretamente visíveis do novo poder: os novos códigos éticos e sociais de vida, a hierarquia linguística (alguns nativos eram tão versados no latim que muitas vezes o falavam melhor que os franceses), e a coreografia capitalista de rentabilidade e competição.

O melhor exemplo desse tipo de *évoluant* na década de 1930 é o grupo considerado como "clero nativo". Baudoinville (Moba) testemunhou seu nascimento em 1917, na ordenação sacerdotal de Stefano Kaoze, que se tornou o primeiro padre católico da África Central. Havia inúmeros clérigos nativos na parte oriental do Congo Belga, e tanto Mpala como Moba frequentemente os viam chegar e se encaminhar para outros locais. Eles tiveram uma influência decisiva sobre o sentido dado à missão e permanecem, até hoje, como sua encarnação. Tais clérigos apontam, no sentido literal e figurativo, para os jogos e alianças entre a missão e os sistemas antigos. E são os sinais vivos da assimilação. Esse ponto é vividamente ilustrado por sua integração nas comunidades dos Padres Brancos e por sua tarefa como missionários entre seu próprio povo. Eles estão acima de todos os colonizadores brancos que não são seus superiores eclesiásticos na estrutura da Igreja Católica. Tomado isoladamente, esse fato é de capital importância, pois torna necessária a dissociação das políticas coloniais e da Igreja Católica, apesar das áreas de definição incerta que uniram os dois.

Entretanto, na realidade, as políticas da Igreja Católica não contradiziam o projeto colonial. Elas simplesmente se fundaram, num estágio inicial, nos dois princípios do direito à colonização e das metáforas da conversão e, da década de 1920 em diante, escolheram a assimilação como símbolo de uma identidade cristã e de uma nova memória. É verdade que as atividades dos Padres Brancos na parte oriental do Congo Belga e em Ruanda-Burundi parecem se colocar em oposição ao espírito conservador, por exemplo, do Monsenhor de Hemptinne no Katanga. Porém, a oeste, em Kwango, jesuítas belgas, como J.J. Lambin em 1931 e H. Vanderyst a partir de 1927, o consideraram criar um tipo de educação superior que daria aos habitantes locais a iniciativa de assegurar sua própria conversão econômica e espiritual (LITT, 1970). Em um breve artigo publicado em *La Revue de l'Aucam* (2, 1935: 44-59) em Louvain, outro jesuíta, N. Nimal, defendeu uma possibilidade totalmente inaceitável para as autoridades coloniais: o direito de soberania como consequência do direito de exploração e vice-versa. Se as vozes desses jesuítas liberais tivessem conseguido, com a atuação dos Padres Brancos no Leste, determinar o programa colonial a partir de 1933-1935, será que o futuro do Congo Belga teria sido diferente? Ninguém pode ter certeza.

De todo modo, a partir dos anos de 1930, os jesuítas tentam, de acordo com as políticas coloniais, criar uma "elite" moral que "elevaria" a sociedade nativa. Um bom exemplo seria a formação da elite médica. Desde sua criação em 1926, Formulae (Fundação Médica da Universidade de Louvain no Congo) insistiu em certos objetivos principais: primeiro, a promoção de valores profissionais; segundo, a inculcação de valores católicos e morais; terceiro, a formação de um "esprit de corps"; e, finalmente, a criação de um sentimento de responsabilidade para com as massas. Assim, por um lado, essa elite representava a formação de um grupo que seria chamado, mais cedo ou mais tarde, a formar uma classe social distinta; por outro lado, dada a sua mera existência, esse grupo encarnava a passagem da velha memória às promessas da história colonial. Sua principal tarefa era a transformação radical da sociedade congolesa em um novo sonho.

Toda memória pertence tanto à vida quanto a uma história em constante movimento. É certo, portanto, que, longe de se oporem, as duas memórias "africanas", a antiga e a colonial, se complementam. Os *évoluants* encontraram na tensão entre os dois polos um paradigma muito comum que é, em si mesmo, plenamente neutro. Essas duas memórias indicam simplesmente que não há transformação social nem relações sociais que lhe correspondam sem uma certa descontinuidade indicada pelo aparecimento de um novo tipo de consciência. Absolutamente nada nos impede de imaginar que a transferência de uma memória à outra, como ilustrada pelo C.E.C., poderia ter ocorrido sem a intervenção da colonização. No entanto, o fato é que isso ocorreu sob a colonização na África Central. Paradoxalmente, por causa desse contexto – que tanto a tornou possível quanto lhe serve de explicação – essa transformação parece suspeita, uma vez que, aparentemente, implica uma rejeição da memória antiga. Pode-se assim entender como ideologias tão diferentes e mesmo tão contraditórias como o pan-africanismo, a negritude e o "consciencismo" poderiam simultaneamente, num impulso idêntico, opor-se ao colonialismo e desejar a modernização e a mestiçagem. Também se compreende por que qualquer iniciativa como o projeto de "zairinização" dos anos de 1970 – que promove a autenticidade como única alternativa a uma modernidade pós-colonial, crítica e exigente – só pode ser rejeitada como uma simplificação excessiva. Há um acordo prontamente estabelecido de que a Modernidade não está idealmente simbolizada nos "fortes" de Mpala, nem mesmo concebida nas políticas de conversão que governaram o C.E.C. de Elisabethville. Por outro lado, a tensão entre "a Missão" em Kapolowe e a nova cidade nascida do pesadelo da independência não é necessariamente mais indicativa de modernidade. Devido à necessidade econômica e a uma reorganização do poder político, as duas memórias tiveram que se fundir para projetar uma promessa ao mesmo tempo moderna e africana. Devemos concentrar nossos esforços na produção desse *plus être*, que representa nossa evolução melhor do que as consciências e liberdades jamais poderiam.

A economia das memórias conflitantes

O conflito de memórias pode ser visto concretamente na vida cotidiana de pessoas reais. Deixe-me ilustrar essa concretude sublinhando dois de seus "reflexos" sobre o que retorna como imagem e interpretação da realidade: primeiro, em uma análise da tensão entre o real e o imaginário no discurso político do Zaire; segundo, em uma leitura crítica de duas exegeses do Kimbanguismo, uma Igreja sincrética da África Central. Proponho uma hipótese sobre as relações entre o discurso político e a práxis no Zaire com base em um critério amplamente aceito que distingue três grandes momentos da história zairense: o período colonial, a Primeira República (1960-1965) e seu contrário, o regime de Mobutu, que, desde sua criação em 1965, tem sido chamado de Segunda República. Seria possível confirmar essas distinções revelando nitidamente três períodos discursivos a partir de uma perspectiva que diferenciaria o jogo de temas e metáforas conflitantes e assim caracterizaria e legitimaria a particularidade de três tipos de discurso político relativos a três formas diferentes de programa político? Talvez seja o caso de perguntar: Você não está forçando portas abertas? Seu projeto teria alguma utilidade? A que propósito poderia ele servir? Não se deveria aceitar as evidências históricas e as mensagens totalmente transparentes que marcaram o encerramento de um período e a abertura de outro? O discurso do período de independência se situou explicitamente como uma negação do *logos* colonial e o idioma de Mobutu[75] sempre jogou nos limites do "novo" e do "original".

Não é minha intenção debater o significado histórico e social dessas descontinuidades, mas gostaria, sim, com base no que elas significam e implicam, de circunscrever e definir seu lugar, situar suas imagens no campo de sua possibilidade, bem como de sua motivação e, finalmente, sugerir uma interpretação a respeito de sua racionalidade interna.

---

75. Mobutu Sese Seko: político que, com um golpe de Estado, assume o poder no Congo em 1965 e inicia um programa de "zairinização" do país, que acabará por renomeá-lo *Zaire*. Esse nome perdurará de 1971 a 1997, quando o regime cai. Mobutu morrerá pouco depois, em Marrocos, onde estava exilado. Vale lembrar que o Zaire ainda era governado por Mobutu quando este livro foi publicado (1994) [N.T.].

Meu verdadeiro foco será o discurso de Mobutu, que, além de sua aparente desordem, temas mutantes e apropriações ideológicas contraditórias, individualiza muito bem seu lugar, indica suas determinações paradoxais e revela sua loucura estrutural. Em outras palavras, eu responderia "sim" à pergunta de Crawford Young: "Zaire: Existe um Estado?" (1984). O Estado é isomórfico a uma máquina sociolinguística que é possível chamar de "mobutuísmo", dentro do qual, há mais de 25 anos, vem se reproduzindo uma liga discursiva cujos traços mais aparentes são: a) uma linguagem que reivindica uma novidade absoluta, ainda que seja fundamentalmente uma mistura de imagens que repetem, de forma encantatória, desejos e projetos já formulados sob o domínio colonial e durante a Primeira República; o que é original e novo nesta linguagem é seu estilo, que é direto, simples e apaixonado, que abrange tempo e períodos históricos conforme funde sonhos políticos com diagnósticos socioeconômicos e exigências de desenvolvimento objetivas; b) uma linguagem que se descreve como idioma explicativo de projetos e contingências socioeconômicas, e também como a imagem reveladora de uma cultura africana nova e autônoma; contudo, em sua intenção e expressão, ela é um apagamento explícito, consciente e sistemático da realidade; c) uma linguagem que se define por meio do curioso paradigma da clareza, objetividade e continuidade militares do propósito; essa reivindicação tem fundamentos, mas é possível também notar a sucessão confusa e as transformações de figuras retóricas diretamente ligadas a vaivém surpreendentemente regular que ora centraliza ora descentraliza os mitos mais produtivos do nacionalismo e dos temas mais controversos das políticas coloniais.

O mobutuísmo parece ser um sistema organizado que opera e se articula por meio da representação. Ele circula e produz figuras e imagens, analogias e semelhanças em construções figurativas que simulam a realidade em vez de significá-la ou representá-la. Sua legitimidade deriva de uma ruptura política real, mas ambígua: o golpe de Estado de 1965. Seus objetivos de transformação e desenvolvimento social permaneceram pura metáfora, animando narrativas parabólicas em que as próprias noções de continuidade e descontinuidade, colonialismo e anti-colonialismo, desenvolvimento e recessão etc. não parecem ter outro sentido exceto aquele dado por uma ortodoxia que se dirige a si mesma, modificando suas próprias referências normativas, a fim de manter sua credibilidade tanto como mediação quanto como formulação do que realmente está acontecendo no país. Em termos de ciência política, o mobutuísmo, uma liga discursiva totalitária, parece um completo absurdo (YOUNG, 1978; 1984). Mas, partindo de uma perspectiva diferente, K. Ilunga (1984) descreve psicologicamente a forma orgânica do mobutuísmo como uma experiência preenchida de valores com desdobramentos operacionais e estruturantes. Se ele estiver correto, demonstra um complexo sociológico que pode durar mais do que poderíamos acreditar. Concretamente, esta liga discursiva espelharia suas próprias consequências: um espaço teatral no qual é possível ver a mera utilização de uma forma de ordenação opondo o mais forte ao mais fraco na tradição bastante colonialista que a dialética do senhor e do escravo reproduzia. A manipulação dessa ordem é tal que ela também cria – para referir-se a Michel Serres comentando o paradigma clássico segundo o qual o mais forte está sempre certo: "la raison du plus fort est toujours la meilleure" – uma confusão entre efeito de sentido e afeto de sentido no discurso político. Eis o esquema de Serres (1979):

Limite absoluto	Relação ordenadora	Modelo
O mais forte	Mais forte – mais fraco	Biológico
O melhor	Melhor – pior	Ético
A fonte	Rio acima – rio abaixo	Espacial
	Causa – efeito	Racional
	Pureza – mistura	Físico

Rei	Dominador – súdito	Político
Nascimento – morte	Antes – depois	Temporal
	Ancestral – descendente	Genealógico
	Protetor – protegido	Social
Máximo	Maior – menor	Estrutura ordenada

Nesse espaço de jogo, dizem as categorias de Serres, um *majorant* e um *minorant* se enfrentam. Antes de 1960, o primeiro é branco e um conquistador; o segundo é negro e conquistado. O idioma *majorant* institucionaliza essas oposições básicas em modelos biológicos e políticos antagônicos. Uma ordem fundada sobre os limites absolutos do conquistador organiza o espaço colonial para que tudo seja classificado de acordo com um equilíbrio binário global. Tal equilíbrio é polarizado de acordo com pontos/metáforas extremas e regulatórias: por um lado, a selvageria identificada com o conquistado e, por outro, a civilização encarnada tanto no conquistador quanto em seu projeto. Esse último tem assim total direito e controle não só da nova organização do espaço que ele submete à sua historicidade, mas também dos campos enunciativos, que explicam o porquê de sua responsabilidade histórica e também iluminam, a partir de sua própria memória, o processo de colonização, ou seja, um processo de rearranjo de um espaço humano estrangeiro e de seus habitantes. Portanto, é seguro dizer que, no período da colonização, um campo discursivo se sobrepõe a uma *saga* empírica, valida seu empreendimento por meio de figuras poderosas (luz x obscuridade, saúde x doença, vitalidade x degeneração etc.) e formula incessantemente os direitos do mais forte e os procedimentos para implementar sua missão e objetivos. Estritamente falando, é possível se referir aqui ao paradigma da fábula: "a razão do mais forte é sempre a melhor". Mas deve-se notar que, se, com seus modelos, o paradigma maximiza de fato o poder do mais, ele também os amarra, na experiência colonial, a procedimentos de sistematização e transferência das conquistas da "fonte" para a colônia. *Dominer pour Servir* e outros temas binários fundadores do modelo colonial são imagens completamente autônomas, mas se mantêm em obediência recíproca com esquemas empíricos de transformação do espaço africano. Como consequência, caso se questione a lógica recorrente das afirmações e sua pertinência, pode-se dizer que, apesar de suas possíveis fraquezas internas em termos de inferências lógicas, elas enunciam as normas e limites absolutos para uma distribuição e divisão específica de papéis dentro de uma *história* e de uma *história* em fabricação.

O modo de ser deste tipo de *estória/história* é, em essência, paradoxal. Sua coerência diz respeito à "relação ordenadora": *quo nihil majus cogitari potest*[76], como Serres afirma acerca da fábula:

> A fábula é uma definição operacional perfeita de hipocrisia, perfeita por estar livre de todo psicologismo. Com efeito, o termo *hipocrisia* vem do verbo julgar, escolher, decidir, e do prefixo *hipo*, sob. Em outras palavras, se você quer vencer, desempenhe o papel do menor. Imagino que todas as *fábulas*, pela metamorfose que representam, funcionam de forma semelhante (SERRES, 1979: 266-267).

Nesse sentido, o discurso político da independência é uma ilustração adequada da fábula. Ele mostra que o espaço colonial é um espaço de jogo, e que a dicotomia das relações ordenadoras não encerra a *estória/história*. Assim, durante a Primeira República, um novo discurso simula levar em conta o campo das liberdades e potencialidades que foram negadas pelos privilégios do projeto colonial. Gostaria de insistir na particularidade deste questionamento, que, em sua economia explícita e contínua, se define como uma reinterpretação do jogo. O mais fraco afirma que a dicotomia é absurda e questiona a sequência de modelos, particularmente o biológico e o ético. Concretamente, uma releitura tanto das relações recíprocas entre iniciativas políticas e discursivas quanto das correlações entre figuras e fórmulas relativiza o significado

---

76. "Algo de que nada maior pode ser pensado" [N.T.].

axiomático dos modelos. Um novo horizonte se abre com seus atos e imagens fundacionais (MATUMELE, 1976). Como mito, a independência reorganiza a história colonial com suas próprias declarações e critérios, tal como diz no comentário de Lumumba: "le soleil rejaillit dans ce pays pour faire face à l'obscurantisme séculaire du régime colonial" (VAN LIERDE, 1963: 193) (o sol nasce neste país tomando o lugar do obscurantismo centenário do colonialismo)[77]. Portanto, existe a possibilidade de uma reordenação do jogo espacial, nos termos tanto de "uma estratégia garantidamente vitoriosa" (SERRES, 1979: 275) quanto da transferência de responsabilidade histórica no que diz respeito aos aspectos positivos do legado colonial.

Entre 1965 e 1980, o discurso de Mobutu tomou a forma de uma inversão radical definida por meio de lições doutrinárias e culturais reguladas por dois grandes princípios: um princípio de descontinuidade e um princípio de interioridade. O primeiro enfatiza as diferenças existentes entre as práticas políticas anteriores (do período colonial e Primeira República) e os esquemas de Mobutu; o segundo designa uma série de novas articulações ideológicas (*Rétroussons Manchisme*[78] ou autoconfiança, *nationalisme authentique* e *Mobutuisme*), que, supostamente, esboçam novos mitos fundadores visando, finalmente, uma verdadeira libertação de todas as dependências. Embora representasse uma tentativa de promover uma teoria da sucessão política e econômica dependente das novas condições de nacionalismo cultural (*l'ideologie de l'authénticité*), esse novo discurso constituía, desde seu início, um duplo perigo. Era inadequado para enfrentar os problemas socioeconômicos reais e se caracterizava não tanto por seus programas como por

---

77. "The sun is rising in this country, taking the place of the century-old obscurantism of colonialism", tradução do francês para o inglês feita pelo próprio autor [N.T.].

78. "Se retrousser les manches": arregaçar as mangas, colocar a mão na massa, dedicar-se ao trabalho [N.T.].

seu *estilo verbal*. Por outro lado, ele era incompatível com as implicações mais óbvias de sua própria narrativa.

Por exemplo: a) o paradigma "legado colonial *versus* nação independente" firmou a importância dos pais da independência, sobretudo Lumumba (*héros national*), enquanto, por outro lado, essa nova normatividade política (os novos caminhos para a saúde e o desenvolvimento) foi concebida como uma recusa completa da doença representada pelos objetivos políticos da Primeira República; b) A estratégia para a nova autonomia nacional é descrita em termos de inspiração religiosa: um guia-messias inaugura um projeto de transformações sociais (*Moto na moto abongisa*[79]) dentro de um espaço fundamentalmente capitalista, pressupondo (teoricamente) que elas não são regras inerentes ao jogo, nem campos enunciativos específicos para expressar os princípios organizadores do poder e da produção: "ni à gauche, ni à droite, ni même au centre", nem à esquerda, nem à direita, nem mesmo ao centro. Esse sonho fabuloso fornece argumentos para se conformar à autenticidade africana e, no Manifeste de la Nsele, para a promoção de pressupostos quase socialistas visando o surgimento de uma nova sociedade.

Dentro dessa estrutura, as declarações governamentais têm um valor apenas religioso: elas não conseguem dar conta de uma realidade social da qual estão divorciadas pelo fato mesmo de sua contradição interna. Por outro lado, fazem sentido naquilo que lhes permite existir: uma exclusão radical da diversidade dos discursos, exclusão que define uma liga discursiva (MPR: o Mouvement Populaire de la Révolution, partido estatal de Mobutu) e, assim, identifica o movimento com sua fonte e origem religiosa, o guia-messias: "le Mobutuisme est constitué par l'ensemble des paroles

---

79. *Slogan* do programa de Mobutu que, em suaíli, significaria algo como "que cada um melhore seu trabalho" ou "que cada um resolva as coisas em sua própria área" [N.T.].

et des actes du Guide Mobutu!" ("o mobutuísmo é constituído pelo conjunto das falas e dos atos do Guia Mobutu!").

É possível, portanto, debater se o mobutuísmo é uma doutrina que oferece objetivos bem circunscritos e apresenta, ao longo do tempo, uma identidade de propósitos e uma racionalidade organizadora. Em todo caso, parece-me que uma coisa é inquestionável: O discurso mobutuísta insiste na soberania de seu ser sem revelar nem as razões de sua existência, nem suas conexões com as realidades de que afirma dar conta. Ele substitui o questionamento que a Primeira República fazia dos limites absolutos coloniais pela articulação desses mesmos limites numa dramatização de suas formas coloniais. Todo um conjunto de imagens, provenientes da mais controversa tradição africana, demonstra a majestade do rei e recita suas virtudes por meio de três tipos de exegese:

a) um modelo temporal comenta a oposição "antes x depois", e revela a grandiosidade da centralização do poder no MPR como designação e arranjo de uma salvação;

b) uma exegese genealógica da relação "ancestral x descendente" explicita o isomorfismo entre este modelo teórico e uma mítica configuração africana;

c) uma exegese social expõe até que ponto o modelo paternalista "protetor x protegido" organiza a pirâmide do MPR como uma "comunidade" de interesses.

Em suma, um drama discursivo afirma ser o sinal de uma realidade social. No entanto, ele não dá voz a tal realidade, mas, ao contrário, amordaça seus paradoxos e contradições. Assim, os equívocos concretos são apagados, os erros são transformados em vitórias e os fracassos são encobertos. Como exemplo, a espoliação oficial de bens e empresas estrangeiras é "um processo de zaireanização" e é validada como "política nacionalista" para a promoção local de empreendimentos privados de média escala. Seu fracasso, que humilha o partido estatal e força o regime a chamar de volta os estrangeiros, recebe um nome maravilhoso, "retrocessão", como uma decisão política regulada e baseada na ideologia pragmática do MPR. Na mesma linha, as mudanças imprevisíveis de grandes noções – do *"nationalisme"* ao *"nationalisme authentique"*, desse para a "autenticidade", em seguida sua "radicalização" e, finalmente, o "mobutuísmo" – mostram que tudo acontece como se um arranjo de imagens e palavras na ordem de um discurso constituísse o objetivo único e derradeiro do partido estatal.

Gostaria de pensar que minha hipótese fixa uma forma original de olhar para as fronteiras precárias das distinções clássicas, desde a era colonial até o mobutuísmo. Mobutu deslocou a crítica aos modelos coloniais feita pelos pais da independência para implementar uma liga discursiva que tem suas razões e seus objetivos em seu próprio ser e não na descoberta de tensões sociais e na formulação de políticas para o governo dos processos produtivos e das relações sociais de produção, com seus efeitos sobre a organização do poder para uma transformação necessária. Esse discurso se sustentou jogando diferentes memórias, em suas formas mitológicas, umas contra as outras; por exemplo, as antigas, supostamente tradicionais, contra as herdadas do colonialismo; os sonhos da Primeira República contra os pressupostos de Mobutu; as lições do capitalismo contra uma ordem mítica das coisas africanas. A realidade parece emudecida. O discurso adquire uma função formidável: a de produzir o reflexo de uma realidade inexistente em nome de uma memória que o próprio discurso inventa, concebendo-a como efeito de uma origem absoluta e do pragmatismo ditado pelas circunstâncias contemporâneas.

Uma segunda ilustração do conflito de memórias pode ser apreendida em dois livros: *L'Église du Prophète Kimbangu* (A Igreja do Profeta Kimbangu, 1983) de Susan Asch, e *Modern Kongo Prophets* (Profetas do Kongo moderno, 1983), de Wyatt MacGaffey. Os autores são ambos estudiosos norte-americanos, ela uma pesquisadora iniciante, ele um pesquisador sênior de kimbanguismo. Seus estudos explicitam exegeses de uma *performance*

239

de primeiro nível que é, em si mesma, uma interpretação tanto de uma revelação religiosa nativa e bem situada quanto de suas sucessivas apropriações pelos seguidores de Kimbangu[80], o Profeta Kongo[81]. Tais exegeses afirmam assim traduzir e simultaneamente explicar de maneira científica as coisas que aconteceram e o que foi posto em movimento após o momento inicial. É possível dizer que as duas obras realizam dois projetos: o primeiro é uma descrição (na verdade, uma tradução do *ser-aí*) do kimbanguismo e sua memória local; o segundo explicita um tipo diferente de memória, um tipo relativo a uma disciplina, a Antropologia, com suas operações e seus contextos epistemológicos. O diálogo avança e recua pondo em contato uma prática cotidiana e uma linguagem com procedimentos técnicos de espacialização de conhecimentos. Nesse caso específico, os conhecimentos parecem marcados por memórias fortemente conflitantes: memórias das experiências religiosas africanas, do cristianismo e sua história, do encontro e dos procedimentos dessas duas correntes e, de fato, de suas paixões e políticas contraditórias.

É com interesse que se abre o livro de Susan Asch, cujo objetivo é descrever os sessenta anos (1921-1981) da Igreja Kimbanguista no Zaire: sua gênese, desenvolvimento, organização e ambição. Como ela mesma afirma, o método de Asch é principalmente interdisciplinar e utiliza história, demografia, sociologia, antropologia, ciência política, economia e teologia (1983: 285). Com efeito, o que Asch procura fazer é ao mesmo tempo coisa demais e pouca coisa. Ela ensaia uma abordagem diacrônica do kimbanguismo no âmbito da história do Zaire e, ao mesmo tempo, seu estudo é uma espécie de compreensão social e antropológica dessa Igreja africana independente. Isso é muito, e provavelmente demais, para alguém que, evidentemente, apesar de um bom conhecimento acadêmico

---

80. Simon Kimbangu (1887-1951), líder da Igreja cristã Kimbanguista, fundada por ele em 1921 [N.T.].

81. Entre os séculos XII e XX, o Povo Kongo governou uma nação soberana com o mesmo nome, que compreendia territórios atualmente a oeste do Congo, mais boa parte da Angola e do sul do Gabão [N.T.].

do tema, não parece conhecer nenhuma língua zairense e que, além disso, excetuando-se breves estadias, nunca viveu realmente no país e parece não saber muito sobre o contexto cultural que sustenta o kimbanguismo. A pesquisa não está enraizada em um contexto antropológico consistente e confiável.

Por outro lado, o livro de Asch faz muito pouco porque seu projeto é muito modesto: descrever a história de Simon Kimbangu, desde o período da colonização até a véspera da independência e a constituição da Igreja Kimbanguista: l'Église de Jésus-Christ sur Terre par le Prophète Simon Kimbangu (E.J.C.S.K.) (1983). A primeira parte expõe uma narrativa da história política do kimbanguismo, já bem descrita por J. Chome (1959), D. Feci (1972), A. Gills (1960), M. Sinda (1972) e outros. Se o relato que Asch apresenta é sólido, é apenas porque chega aos anos de 1980 e dá uma ideia de como o kimbanguismo se tornara a nova ortodoxia.

A segunda parte do livro é mais original e bastante intrigante. Asch analisa as duas faces da religião kimbanguista. Ela distingue "kimbanguismo oficial" e "kimbanguismo dos kimbanguistas", sendo o primeiro a expressão de uma organização com orientação protestante promovida pelos agentes oficiais da Igreja; e o segundo, uma religião popular amplamente influenciada por crenças tradicionais que muitas vezes estão em contradição com os ensinamentos normativos da instituição. Por fim, a terceira parte do livro é uma avaliação crítica dos programas socioeconômicos do kimbanguismo no Zaire. Segundo Asch, esse programa foi concebido nos termos de uma competição com as realizações materiais das Igrejas Católica Romana e Protestante Unida (ECZ[82]). Em suma, os principais temas da pesquisa de Asch são as relações entre Igreja e Estado ao longo da colonização, o kimbanguismo no período colonial e sua transformação e ambição socioeconômica após a independência.

Há muito que se pode dizer em favor do tratamento dado por Asch a seu tema de estudo. Ela fundamentou seu livro fazendo

---

82. *Église du Christ au Zaïre*, organização que congrega diferentes denominações protestantes, hoje sob o nome *Église du Christ au Congo* (ECC) [N.T.].

amplo uso de uma boa documentação oriunda dos arquivos e, principalmente, de breves visitas ao Zaire. De forma convincente, ela expõe o kimbanguismo no contexto colonial e pós-colonial mais amplo. Por fim, o livro tem uma boa organização e uma impressão atrativa.

Infelizmente, o valor de análise dessa obra, do ponto de vista das memórias que ela confronta, é diminuído por sérias fraquezas. Embora faça um esforço notável para compreender o kimbanguismo dentro dos contextos kimbanguistas africanos, o livro deixa o leitor ao final se perguntando se sua autora alguma vez entendeu realmente o que a religião e essa "religião" especificamente significava (e significa), para os BaKongo em particular e para habitantes do Congo Belga em geral. Por exemplo, a discrepância que ela observou entre a religião oficial e a popular pode ser um sinal de algo mais do que aquilo que ela percebe. Na mesma linha, a diferença de crenças, práticas e políticas que ela não entende nos casos de Bandundu, Equateur, Shaba-Katanga e os dois Kasais pode ser explicada mais simplesmente por fatores culturais do que pelos critérios sociológicos usados no livro. Em segundo lugar, à medida que o kimbanguismo é uma religião, seria de se esperar um capítulo bem documentado sobre sua teologia. Não se pode considerar a rápida análise da ambiguidade dos conceitos de Espírito Santo e de profeta (1983: 113-115) como uma apresentação aceitável da teologia kimbanguista. O argumento que ela defende sobre a identificação de Simon Kimbangu com o Espírito Santo (1983: 176) é importante, mas deveria ter sido cuidadosamente estudado e verificado. Também se pode questionar o silêncio da autora sobre contribuições muito úteis e recentes que poderiam ter ajudado sua pesquisa. Ela escreve que, segundo A. Geuns, há mais de seiscentos livros e artigos sobre o kimbanguismo (1983: 43). Isso não é motivo para ignorar contribuições que, se ela as tivesse consultado, teriam modificado certas generalizações grosseiras e vagas (cf. 1983: 45-51). É uma pena que Asch não tenha utilizado o trabalho de J.M. Janzen sobre *The Tradition of Renewal in Kongo Religion* (A tradição da renovação na religião do Kongo. Ed. de N.S.

Booth (ed.). *African Religions*, 1977) e, mais importante, o livro de Janzen e W. MacGaffey: *Anthology of Kongo Religion* (Antologia da Religião Kongo. Publicações em Antropologia da University of Kansas, 1974). Eles poderiam ter orientado sua discussão para averiguar se, em termos de memória, o kinbanguismo é um movimento puramente religioso, uma instituição política, ou ambos. Por fim, um leitor atento ficará intrigado com o modo como Asch comprova seus argumentos. Por exemplo, ela apresenta suas fontes (1983: 274) quando fala da beleza da região de Kivu (como isso é importante!), mas esquece de citá-las quando se trata de informações tão excepcionais como as relativas ao conflito, ocorrido em Lubambashi em 1974, entre o Estado do Zaire, a Igreja Católica Romana e a E.J.C.S.K. (a Igreja Kimbanguista) para comprar a prisão na qual Kimbangu foi detido (1983: 171), e sobre como a E.J.C.S.K. conseguiu adquirir a propriedade.

O livro de Asch é bem-intencionado. Infelizmente, não traz nada de novo a quem pesquisa seriamente o kimbanguismo. Por outro lado, em sua confusão, ele ilustra de modo magnífico as memórias conflitantes do kimbanguismo.

O livro de Wyatt MacGaffey, *Modern Kongo Prophets*, faz parte da série "Sistemas Africanos de Pensamento" e se dirige tanto a africanistas como a estudantes de religião comparada. O livro procura especificamente fazer uma "apresentação adequada do kimbanguismo", uma tarefa que, segundo o autor, requer "a revisão de grande parte da literatura existente a seu respeito e a reconstrução de algumas ferramentas da antropologia da religião" (1983: xi). Paradigmas metodológicos vigorosos, talvez ambiciosos demais, estabelecem o quadro teórico:

> este estudo busca distinguir entre representações de acontecimentos por meio de categorias da ciência social e os mesmos acontecimentos tal como compreendidos pelos BaKongo [...]. Vale a pena tentar fazer essa distinção, embora na prática nenhuma segregação radical possa ser mantida. Por mais simpático que seja o antropólogo, seu projeto é seu e não das pessoas em nome das quais ele se compromete a falar. Em se-

gundo lugar, a incompatibilidade potencial das duas perspectivas não deve ser exagerada; elas são muitas vezes congruentes (1983: xii).

O livro está dividido em três partes. Na primeira, MacGaffey propõe lançar um olhar renovado sobre a etnografia da conversão no Kongo. Ele examina o profetismo kongolês dentro do contexto da "conversão moderna dos BaKongo ao cristianismo e especialmente ao cristianismo protestante (batista)". O relato explica um processo social e histórico de aculturação e ao mesmo tempo fornece uma síntese vívida da emergência dos profetismos como heresias políticas e religiosas que acabam se tornando novas ortodoxias. MacGaffey passa então a descrever as Igrejas no Kongo moderno, enfatizando sua força relativa e alguns fatores sociológicos que as determinam, tais como emprego, educação e fatores étnicos e políticos. A segunda parte do livro oferece ao leitor uma análise meticulosa do Kongo como uma sociedade plural, uma sociedade em que estão incorporados dois modelos diferentes, o *kimundele* (sistema europeu) e o *kindombe* (sistema africano). MacGaffey tem domínio impecável sobre a literatura e o contexto "congolês- -zairense" é impecável, e seu relato do profetismo como produto de sistemas e ideologias conflitantes é consistente. Ainda assim, sua análise não responde algumas perguntas. Por um lado, é certo que, no *kimundele* e sua memória tanto quanto no *kindombe* e seu contexto, o que MacGaffey estuda é uma desordem, o que implica a produção de desequilíbrio social e, com isso, de mudanças potenciais e perigosas. Por outro lado, um dos postulados básicos do livro afirma que os BaKongo, por não terem "uma ideologia de progresso ou de modernização, têm consciência da simultaneidade das estruturas conjuntas que organizam suas vidas, embora sua própria ideologia imponha uma ideia dessa simultaneidade tão equivocada quanto a 'modernização'" (1983: 16). Esses dois fatos indicam que estamos diante de uma sociedade que, para usar a terminologia de Claude Lévi-Strauss, estaria classificada entre o tipo estritamente "frio" e o tipo firmemente "quente"[83]. Como consequência, as descobertas de MacGaffey perdem um pouco de sua efetividade; e escondem, mais do que elucidam, o significado social do profetismo kongo e de suas memórias ao concebê-las como "entropia", como desordem. Finalmente, na terceira parte, MacGaffey discute alguns pontos de vista sobre o Kongo, focando a cosmologia, a cura e as estruturas sociais e religiosas do profetismo. Os fragmentos autobiográficos são francos e fornecem *insights* muito estimulantes sobre o envolvimento do autor em sua pesquisa. Começa-se ali a compreender em que sentido esse livro realmente "abre novos caminhos". A análise subjetiva, mas bem documentada, das relações entre *Mputu* (a Oeste), o tráfico de escravos e o catolicismo (1983: 130-140) é uma obra de arte sobre a tensão dialética existente entre métodos e categorias das ciências sociais e, por outro lado, as interpretações kongolesas da história.

Admiro os vislumbres de primeira mão que MacGaffey faz da cultura e subculturas do Kongo, bem como o brilho de sua escrita sobre o profetismo Kongo. Nesse livro sobre a prática da memória no Kongo, ele escolheu descartar o conceito de aberração social, para enfatizar o profetismo como acontecimento e promover uma integração da psicologia e da sociologia a fim de interpretar a personalidade dos profetas. Essa é a *grandeur* da antropologia. Imagino se uma grande parte do que MacGaffey vê como comportamento profético e visão – por exemplo, Ndo Mvuzi (1983: 2,36-43) – não deveria ter sido tratada de um ponto de vista simplesmente psicopatológico.

---

83. Para Lévi-Strauss, sociedades frias seriam aquelas que *tendem* a produzir pouca desordem (entropia) e a se reproduzir em ciclos regulares sem mudanças de temperatura, tal como as sociedades ditas "sem história". Já as sociedades quentes seriam aquelas que produzem entropia e mudanças de temperatura constantes, acelerando seus ciclos até que eles se transformem historicamente [N.T.].

5

Reprendre

Ah, máquina de tear, que você jamais fique pobre
Que você jamais seja vendida no mercado
Que ninguém ignore seu criador
Que nenhum homem indigno jamais te pisoteie.
Canto de trabalho de mulheres (Anônimo,
Somália; apud LOUGHRAN et al., 1986: 59).

Enunciações e estratégias nas artes africanas contemporâneas

A palavra *reprendre* – estranhamente difícil de traduzir – é aqui concebida como uma imagem da atuação contemporânea da arte africana. Eu a significo primeiramente como retomada de uma tradição interrompida, não por um desejo de pureza, que testemunharia apenas a imaginação de ancestrais mortos, mas por uma forma que reflita as condições da experiência atual. Em segundo lugar, *reprendre* sugere uma avaliação metódica do trabalho do artista, que começa efetivamente com uma avaliação das ferramentas, meios e projetos de arte dentro de um contexto social transformado pelo colonialismo e por correntes, influências e modismos posteriores vindos do exterior. Por fim, *reprendre* implica uma pausa, uma meditação, uma consulta acerca do significado dos dois exercícios anteriores.

Entretanto, se um artista africano passa consciente ou inconscientemente por essas fases críticas durante a criação de sua arte, quem vê a obra acabada, mesmo estando entre os apreciadores mais atentos, pode acabar procurando por traços, camadas e símbolos, que possam qualificar a peça como parte de tal ou tal tendência no domínio vago da "arte primitiva". Ingênuo, desinformado, às vezes preconceituoso, esse tipo de olhar envolve frequentemente duas suposições *a priori*, a primeira relativa à própria noção ocidental de arte e sua ambígua aplicação em obras não ocidentais; a segunda relativa à imobilidade, à inércia das artes não ocidentais (cf. PRICE, 1989). Contudo, contra essas suposições há uma história, ou mais exatamente há histórias das artes africanas. Em sua *Art History In Africa* (História da arte na África, 1984), Jan Vansina analisa convincentemente a variedade dos processos artísticos do continente, os reajustes e transformações dos métodos e técnicas ali existentes, a dinâmica da aculturação e difusão, bem como seu impacto na criatividade. Além disso, hoje em dia não existe "uma" arte africana. As tendências senegalesas são diferentes das nigerianas, tanzanianas ou moçambicanas, e cada uma está imersa em seu próprio contexto social e histórico. Mesmo em obras-primas tradicionais (cf., p. ex., VOGEL; N'DIAYE, 1985), a evidência de estilos regionais e a variedade de suas histórias é evidente.

Não me refiro a esses movimentos históricos neste estudo, mas tento indicar de forma ampla ritmos, tendências e descontinuidades que se estendem a partir de um período recente de ruptura e de novos tipos de imaginações artísticas. Em geral, não estou interessado em sucessões causais, mas em novos limiares artísticos, deslocamentos de inspiração e no que podemos chamar de sistema "arquitetônico" – uma ordem subjacente que explicaria certas semelhanças básicas em estilos regionais surpreendentemente diversos, complexos e conflitantes. Essa ordem levou alguns analistas à hipótese de um "complexo criativo" unificador e muito antigo na África. Eu escolhi uma abordagem mais sociológica, que presta atenção à história, mas se preocupa principalmente com incidências de conversão, padrões de descontinuidade e influências conflitantes ou complementares.

Da reconversão radical das artes africanas nos cenários coloniais, desloco-me para seu posterior desenvolvimento. Essa descrição oferece uma visão geral que busca não mistificar tecnicidades na discussão tanto de tendências artísticas amplas quanto de peças particulares. Pode parecer que ela se concentra em esculturas e pinturas, mas o faz apenas para fins de ilustração; a análise pode ser estendida a batiques, cerâmicas, gravuras, pinturas em vidro, e assim por diante. Por fim, gostaria de ressaltar que minha abordagem tem um *a priori* teórico relativo ao estatuto de uma obra de arte: sugiro considerar as obras de arte africanas como textos literários, ou seja, fenômenos linguísticos (narrativos), bem como circuitos discursivos (cf. KRISTEVA, 1980). Espero que minha análise demonstre a utilidade de tal posição.

O dilema uma imaginação "nilótica"

Como escreveu Pierre Romain-Desfosses, "é precisamente um complexo asiático que encontramos em nossos pintores Katangais e que nos permite usar a etiqueta do nilótico" (CORNET et al., 1989: 68-69). Nessa surpreendente afirmação, que liga geografia, raça e arte, o fundador do ateliê de arte "Le Hangar" em Elisabethville (hoje Lubumbashi, Zaire [até 1997]) procura explicar a originalidade da imaginação artística de seus alunos africanos. O francês Romain-Desfosses chegou ao Congo após a última guerra europeia. Seduzido pelo que considerava um extraordinário potencial artístico, ele decidiu ficar, e logo estava organizando um ateliê para alguns estudantes cuidadosamente escolhidos. Seu programa está resumido nesta observação: "Devemos nos opor fortemente a todo método que tenda à abolição da personalidade [africana] em benefício de uma estética uniformizadora dos mestres brancos" (CORNET et al., 1989: 66).

Com seu zelo missionário ensejando também uma notável generosidade, o projeto de Romain-Desfosses uniu o político e o artístico para constituir uma nova estética. Mas ele traçou a origem dessa estética e da criatividade de seus alunos em geral até um "complexo asiático", e uma "etiqueta nilótica". Sua tarefa, segundo sua própria concepção, era despertar em seus alunos essa antiga e imutável memória estética.

Independentemente de suas implicações técnicas, tal concepção parece importante em referência a uma configuração perdida, interrompida ou, no mínimo, turvada pela história. Ela sugere uma espécie de inconsciência estética, comum aos africanos subsaarianos, que uma busca paciente, sensível e disciplinada poderia despertar. Em 1957, Frank McEwen, fundador de uma galeria nacional em Salisbury, Rodésia (atual Harare, Zimbábue), sugeriu algo semelhante, utilizando uma metáfora: "uma das características mais estranhas e inexplicáveis ocorre nos estágios iniciais de desenvolvimento vividos por muitos dos artistas, quando eles parecem refletir conceitualmente, e até simbolicamente, mas não estilisticamente, a arte da civilização antiga, principalmente pré-colombiana. Nós nos referimos a ela como seu "período mexicano", que evolui finalmente para um estilo altamente individualista" (McEWEN, 1970: 16). Seja mencionando uma "etiqueta nilótica" ou um "período mexicano", a frase parece descrever algo que Carl Jung poderia ter chamado de "imagem arquetípica", "em essência um conteúdo inconsciente que é alterado ao se tornar consciente e ao ser percebido, e [que] tira sua cor da consciência individual na qual termina aparecendo". Jung continua, "O termo 'arquétipo' [...] se aplica apenas indiretamente aos 'coletivos de representações', uma vez que designa apenas aqueles conteúdos psíquicos que ainda não foram submetidos à elaboração consciente e são, portanto, um dado imediato da experiência psíquica" (JUNG, 1980: 5).

Romain-Desfosses, porém, com sua "etiqueta nilótica", pensava provavelmente em outra coisa, um substrato muito antigo, algo como uma teia perdida, completamente esquecida, mas ainda viva, bem enterrada no inconsciente. E ele estava convencido de que as obras de seus melhores discípulos – Bela, Kalela, Mwenze

Kibwanga, Pilipili – atestavam sua existência. Mas a ideia de um "nilótico" primitivo ou outro complexo é bastante questionável. Talvez seja mais prudente supor que esses jovens artistas inventaram uma textura e um estilo *originais*, situados – tal como se encontravam – na intersecção entre as tradições locais e a modernidade artística de Romain-Desfosses. De um lado dessa experiência estava a influência luminosa e inescapável da vida do vilarejo; do outro, o olhar e o discurso não tão neutro de seu professor. Romain-Desfosses cumpria o papel de pai (chamava seus alunos de "meus filhos" e cuidava do bem-estar físico e emocional deles), mestre (via sua missão como ensinamento de um modo de "ver"), guia em uma nova disciplina: "a pintura [...] é em si mesma uma nova arte que trazemos para o africano negro". Como Wim Toebosch escreve, Romain-Desfosses sonhava em recriar um novo universo artístico: "Ao invés de dar instruções ou impor critérios ou princípios, ele simplesmente pede a seus discípulos, seus filhos como ele os chama, que explorem com seus olhos, estudem o mundo ao seu redor e tentem compreender sua totalidade, mas também sua essência, sem se referir a tal ou tal noção de fé ou de superstição" (TOEBOSCH, apud CORNET et al., 1989: 66).

Ademais, Romain-Desfosses também tinha opiniões muito definidas sobre a história da arte. Ele era um romântico que celebrava a criatividade de seus alunos como oriunda de "fontes novas e puras", opostas ao que ele chamava de "degeneração ocidental", "esnobismo" e "insanidade", rótulos de que escapavam apenas alguns poucos artistas europeus, como Picasso, Braque e similares. Uma fotografia em preto e branco da "família" de Romain Desfosses é a melhor ilustração da maneira como ele imaginava o novo mundo artístico que estava tentando criar: os africanos posam em um arranjo sutil, uma espécie de quadrado, com Romain-Desfosses, o único branco na foto, em seu centro. O equilíbrio excessivamente bem-organizado entre esquerda e direita e frente e verso, o posicionamento geométrico dos assentados, a exploração da natureza – tudo é calculado para produzir um senso de comunhão, amizade e amor unindo o "pai" branco e seus "filhos" negros. A floresta escura ao redor do grupo e as duas bananeiras cultivadas ao seu lado parecem estar ali para estabelecer tanto uma progressão gradual da natureza para a cultura quanto o inverso – uma regressão de sensibilidades do mestre e guia, por meio dos jovens artistas quase religiosamente ao seu redor, em direção à noite da simbólica floresta não conquistada. Seguindo Freud, pode-se referir aqui a uma vontade de dominar uma topografia psíquica e a *cathexis* ou investimento de energia nessa busca. Finalmente há o confronto calmo dos olhares: a deferência respeitosa no modo como os estudantes veem o mestre, como se estivessem esperando um oráculo; e o próprio olhar de Romain-Desfosses, que parece desfocado, como se estivesse parcialmente em meditação. Ou ele estaria olhando para os três alunos à esquerda do grupo? Ou para sua própria mão direita, ligeiramente erguida? Em todo caso, a característica mais marcante em seu rosto branco é seu sorriso enigmático, o pai, o mestre, o guia, guardando um segredo que só revelará quando achar que é o momento certo.

Quem quer que tenha revelado a fotografia conseguiu imaginar bem o quadro espiritual do ateliê de arte Le Hangar d'Elisabethville, e de sua descendente, L'École de Lubumbashi. A fotografia é uma representação notável do ateliê e de suas intersecções simbólicas entre concepções socioculturais legadas pelo colonialismo e a nova política de aculturação. Romain Desfosses aparece aqui como um paradigma. A constelação artística que ele representa atravessa as fronteiras de pelo menos duas tradições, duas ordens de diferença. E o objetivo da arte que ele inspirou foi trazer à luz o desejo de um novo sujeito, emergindo de uma frágil conexão entre topografias psíquicas radicalmente diferentes.

Romain-Desfosses não foi o único a encarnar tal ambição. O francês belga Marc Stanislas (Victor Wallenda), por exemplo, fundou a Escola Saint Luc em Gombe-Matadi (Baixo Zaire) em 1943. A escola mudou-se para Leopoldville (atual Quinxassa) em 1949 e, em 1957, tornou-se a Académie des Beaux Arts. Uma forte adepta da teoria de uma "imaginação estética africana inata",

Wallenda, durante seu longo mandato como diretor da instituição, obrigou seus alunos a se inspirar apenas nas "obras tradicionais". Ele se certificou de que eles não fossem expostos à arte europeia e muito menos aos livros sobre a história da arte. Outra figura desse tipo foi Frank McEwen, o fundador de uma oficina no Museu de Harare (uma filial da Galeria Nacional da Rodésia, aberta em 1957). Seus princípios educacionais foram baseados na recusa de "corromper" artistas africanos expondo-os à "influência das escolas de arte ocidentais" (MOUNT, 1973: 119). Partilhavam a mesma filosofia Margaret Trowell, diretora da Escola de Arte Makerere em Uganda, bem como Pierre Lods e Rolf Italiander, na Escola Poto-Poto em Brazzaville. Seria possível acrescentar os nomes de Tome Blomfield, que organizou uma oficina em sua fazenda em Tengenenge (Zimbábue) para trabalhadores desempregados; Cecil Todd, um modernista resoluto que, nos anos de 1960, expôs compulsoriamente seus alunos em Makerere (Uganda) e mais tarde na Universidade de Benin (Nigéria) à arte moderna europeia; além deles, entre o conservadorismo de Romain-Desfosses e Wallenda e o modernismo mais recente de Todd, os padres Kevin Carrol e Sean O'Mahoney da Sociedade das Missões Africanas, que, desde 1947, trabalharam entre os artesãos iorubás para promover uma arte que combina "ideias europeias e formas africanas" (MOUNT, 1973: 32). Todos esses colegas brancos de Romain-Desfosses tinham uma série de coisas em comum: assumiam conscientemente o papel e as funções de uma figura paterna; acreditavam em uma imaginação artística africana inata, radicalmente diferente da europeia; e chamavam os artistas locais que considerassem capazes de crescer em uma disciplina que, escavando memórias borradas ou esquecidas, pudesse trazer novos argumentos e ideias, um terreno de criatividade novo e aculturado.

Entre duas tradições

Marshall W. Mount distinguiu quatro categorias principais de arte africana contemporânea (MOUNT, 1989). A primeira diz respeito aos sobreviventes dos estilos tradicionais, exemplificados por práticas como fundição de latão em Benin, Nigéria, a escultura de madeira Ashanti em Gana e o trabalho em tecido em Abomey, República de Benin. A segunda categoria abrange a arte inspirada pelas missões cristãs. Na costa oeste e particularmente na África Central, esse tipo de trabalho remonta aos primeiros contatos com os portugueses, no final do século XV e início do século XVI; essa arte religiosa recebeu um impulso na década de 1950, quando paróquias cristãs começaram a patrocinar oficinas de artistas. Sua arte é, portanto, apologética, no sentido de que se preocupa com a defesa e ilustração do cristianismo, adaptado ao contexto africano. E as obras – crucifixos, esculturas, telas retratando temas bíblicos, portas esculpidas etc. – são geralmente usadas para decorar igrejas, edifícios paroquiais e escolas. A terceira categoria é a da "arte do souvenir" – a "arte turística" ou "de aeroporto" (cf. JULES-ROSETTE, 1984). Trata-se do tipo de trabalho feito para agradar europeus; como disse um escultor da África Oriental: "descobrimos do que eles [ocidentais] gostam. Fazemos o que eles apreciam quando estamos com fome" (MOUNT, 1989: 39). A quarta e última categoria inclui uma nova arte emergente, que requer "técnicas antes desconhecidas ou raras na arte tradicional africana". Segundo Mount: "A representação deste novo tema é variada em estilo. Há obras que são conservadora e academicamente produzidas, bem como pinturas abstratas que lembram trabalhos do expressionismo abstrato. Porém, a maior parte dessa nova arte africana situa-se entre esses dois polos estilísticos e, consequentemente, evita segui-los muito de perto" (MOUNT, 1989: 62-63).

As classificações pedagógicas de Mount parecem úteis para uma primeira abordagem às artes africanas. Não é surpresa, entretanto, que sua nitidez e aparente coerência não consigam explicar a complexidade de gêneros, escolas de pensamento e tradições artísticas na África. Podemos nos perguntar, por exemplo, se devemos situar o trabalho de Mwenze Kibwanga, Pilipili (discípulos de Romain-Desfosses) e Thomas Mukarobgwa (um estudante de

McEwen) na primeira ou quarta categoria dessas classificações. E quanto ao batique da África Oriental, ou a tradição senegalesa do Souwer ou da pintura em vidro? Há também um segundo, e sério, problema: em que categoria se deve incluir a "arte popular"? Esse tipo de arte aponta para tendências emergentes, mas poucos de seus produtores frequentaram escola de arte, e menos numerosos ainda são aqueles que foram "beneficiários de bolsas de estudo governamentais em escolas de arte no exterior" (MOUNT, 1989: 62), como é o caso de muitos dos artistas da quarta categoria de Mount. Ademais, embora alguns de seus criadores trabalhem com temas cristãos, a arte popular não é, a rigor, inspirada pelas missões cristãs. E ninguém negará a modernidade desse tipo de arte, o que a coloca, em princípio, na quarta categoria. Por outro lado, os conteúdos e temas de um enorme número de obras de arte popular são explicitamente inspirados por objetos tradicionais. O que fazer?

A classificação de Mount pode ser revisada em conformidade com uma noção mais simples: a complementaridade das tradições em todas as categorias que ele separa. O professor austríaco Ulli Beier considerou essa complementaridade um dos sinais mais significativos do "contato cultural afro-europeu":

> Não é mais possível olhar para a arte africana e não ver nada além de um processo contínuo e rápido de desintegração. Podemos ver agora que a arte africana tem respondido às convulsões sociais e políticas que ocorreram em todo o continente. O artista africano se recusou a ser fossilizado. Novos tipos de artistas dão expressão a novas ideias, trabalham para diferentes clientes, cumprem novas funções. Aceitando o desafio da Europa, o artista africano não hesita em adotar novos materiais, inspirar-se na arte estrangeira, buscar um papel diferente na sociedade. Novas formas, novos estilos e novas personalidades estão surgindo por toda parte e essa arte africana contemporânea está se tornando rapidamente tão rica e variada quanto foram as convenções artísticas mais rígidas das muitas gerações anteriores (BEIER, 1968: 14).

Vemos, então, uma aculturação estética transitando entre, de um lado, o complexo de representações e inspirações africanas, com seus vários circuitos discursivos exibindo suas profundezas e traçando suas trajetórias; e, de outro, o complexo europeu, que é familiar, mas estranho para o artista africano, ao mesmo tempo em que significa um novo ponto de partida. O primeiro complexo pertence ao tenaz tecido cultural local, e reproduz *Weltanschauungs* regionais de uma forma demonstrativa ou decorativa, ingênua ou sofisticada. O segundo complexo deve ser postulado dentro de um quadro mais intelectual e sociológico.

Para o artista treinado em oficinas da era colonial e escolas de arte, o currículo de lá prescrevia reflexos e respostas poderosas. Mesmo nas instituições mais conservadoras, a educação significava uma conversão, ou ao menos uma abertura, para outra tradição cultural. Para todos esses artistas, a realidade orgânica de uma modernidade se encarnava nos discursos, valores, estética e economia de troca do colonialismo. Por isso, pode ser tentadora a proposta de Edmund Leach de um sistema geral de oposições entre as duas tradições, bem como a hipótese de uma competição discreta entre elas: quanto mais tradicional a inspiração para uma obra de arte, menos sua configuração geral e estilo poderiam permitir uma avaliação nítida das qualidades de suas formas, de seu conteúdo e das habilidades técnicas do criador; inversamente, quanto mais ocidentalizada uma obra de arte, mais facilmente um observador pode fazer distinções entre seus elementos constituintes. A sugestão de Leach é brilhante, mas infelizmente não aborda a difícil questão dos estilos, das "propriedades formais de uma obra de arte", que constituem a especificidade central de uma tradição artística (cf. FOCILLON, 1934; VANSINA, 1984).

Dois conjuntos de critérios – internos (estilo, motivos, temas e conteúdos da obra de arte) e externos (contexto de criação, história cultural desse contexto, meio sociológico e intenção do artista) – deveriam permitir a distinção de três correntes principais (não categorias) nas artes africanas contemporâneas: uma tendência inspirada na tradição, uma tendência modernista e uma arte popular. Orientações como a arte religiosa cristã, a arte turística etc. deveriam ser situadas entre a tendência à tradição e a tendência modernista.

Estas duas tendências visam, por um lado, revitalizar estilos, motivos e temas de ontem, trazer o passado até nós, como faziam as escolas fundadas por Romain-Desfosses, McEwen e Victor Wallenda; por outro lado, elas buscam uma estética nova e moderna, uma inscrição consciente de um cenário cultural moderno (como no caso, p. ex., do nigeriano Lamidi Fakeye). As duas ambições podem parecer diferentes, mas na verdade são bastante compatíveis. A terceira tendência, a arte popular recente, produzida nos anos da independência, corre geralmente em paralelo à arte modernista. Mas essa é mais intelectual, geralmente feita por artistas instruídos, cujo trabalho explora a linguagem acadêmica adquirida na escola de arte. Para além de sua realização artística, esse tipo de trabalho é também monetariamente significativo, pois é feito principalmente para ser vendido. Com efeito, tanto o trabalho modernista quanto o inspirado na tradição funcionam nos países africanos como "bens de exportação" para o mercado internacional.

A terceira corrente, a arte popular, é percebida como a antítese dessas culminâncias da aculturação estética. Seus artistas em geral são autodidatas, utilizam materiais baratos e pintam não para exportação, mas para pessoas comuns à margem da burguesia local (onde também vivem muitos dos próprios artistas). Os estilos, motivos e temas da arte popular alegorizam percepções comuns; em estilo formal ingênuo, comentam vividamente acontecimentos históricos, questões sociais e as lutas culturais da classe trabalhadora e do povo na zona rural (cf., p. ex., FABIAN; SZOMBATI-FABIAN, 1980). Em contraste com uma "alta" cultura sancionada pela autoridade internacional e pela respeitabilidade dos gêneros artísticos europeus, a arte popular é estruturada como uma série de formações discursivas regionais cujos significados, codificações, *status*, distribuição e consumo são bastante específicos para os diferentes lugares nos quais emergem. Em suma, ali onde a arte modernista e inspirada na tradição reflete os mais altos valores culturais tal como eles são definidos e, supostamente, vividos nos círculos internos da sociedade africana aculturada, a arte popular, feita na periferia da mesma sociedade, escaneia, interpreta e ocasionalmente desafia tais valores, ao confundir o que esses explicitam, questionar sua discursividade e trazer à tona novas leituras de acontecimentos fundadores, mitologias e injustiças sociais, bem como representações populares de uma história de alienação (cf., p. ex., BEIER, 1968; JEWSIEWICKI, 1989b).

Reagrupamento

Ainda me lembro da exposição de tapeçarias senegalesas nas Galerias Wally Findlay, Nova York, em 1983, e da mais recente exposição "Artistas Africanos Contemporâneos" no Studio Museum nova-iorquino, no Harlem, em 1990. Em ambas as exposições, os estilos modernistas dessas coleções de obras foram marcantes. Ao apresentar as peças senegalesas, James R. Borynack, presidente das Galerias Wally Findlay, observou que "a totalidade [das obras] está imersa em uma espécie de retrospectiva mitológica que parece fluir a partir do inconsciente coletivo" (BORYNACK, 1983: 4; Catálogo Cars); e a introdução ao catálogo saúda as tapeçarias como legitimadoras de "uma verdadeira estética africana" (BORY-NACK, 1983: 6; Catálogo Cars[84]). A técnica da tapeçaria vem da instituição francesa École Nationale d'Aubusson, e a realização das peças, ao menos entre 1964 e 1970, seguiu fielmente os cânones dessa escola. Contudo, houve uma discreta mudança nos temas dessas obras, que coincidiu com a introdução, por volta de 1960, das questões da "negritude". A influência pessoal de Leopold Sedar Senghor, então presidente do Senegal, patrono

---

84. Cf. em Referências (A. Catálogos) a lista de abreviações citados neste último capítulo do livro [N.T.].

das Manufactures Senegalaises[85] e o teórico mais conhecido da negritude, era visível em muitas das peças celebrando os estilos antigos. A cor, a linha e o movimento se fundiam e se quebravam como se fossem trabalhados por um ritmo vibrante. Tais trabalhos ilustravam bem, com efeito, as ideias de Senghor para toda a Escola de Dakar: "uma herança cultural africana", uma "estética da sensação", "imagens impregnadas de ritmo" (AXT; BABACAR SY, 1989: 19). Um crítico poderia perguntar se tais peças, que afirmam expor as virtudes de uma fonte estética ancestral e efervescente, qualificam-se como variantes da arte tradicional. O sucesso das tapeçarias senegalesas a esse respeito, e da Escola de Arte de Dakar em geral, é indiscutível, responde o artista e escritor Issa Samb (AXT; BABACAR SY, 1989: 129-130). No entanto, Samb, embora relutante a críticas severas de qualquer tipo, teme que a crítica habitual, ao enfatizar a herança africana da obra e não a individualidade do artista, "revele, mas também desvirtue o sistema no qual repousa a 'École de Dakar'". "A crítica confunde a denotação, no sentido de que as exposições realizadas ao redor do mundo realmente denotam a negritude, mas conotam algo bem diferente. Esse 'bastante diferente' é essencialmente indefinível, é a psiquê dos pintores" (AXT; BABACAR SY, 1989: 130).

A exposição "Artistas Africanos Contemporâneos" foi atingida pela mesma questão: quão verdadeiramente "africana é arte africana moderna"? (Catálogo CAA 1990: 36). Além do autodidata Nicholas Mukomberanwa do Zimbábue, todos os artistas da mostra – El Anatsui (Gana), Youssouf Bath (Costa do Marfim), Ablade Glover (Gana), Tapfuma Gutsa (Zimbábue), Rosemary Karuga (Quênia), Souleymane Keita (Senegal), Nicholas Mukomberanwa, Henry Munyaradzi (Zimbábue) e Bruce Onobrakpeya (Nigéria) – foram educados em instituições especializadas na África e no exterior;

---

85. Manufactures Sénégailaises des Arts Décoratifs (Msad): instituição dedicada principalmente à tapeçaria, criada em 1966 (com o nome Manufacture Nationale de Tapisserie) por iniciativa de Léopold Sédar Senghor para promover as artes senegalesas modernas [N.T.].

a maioria deles pertence a uma segunda geração no campo; e, se eles se relacionam conscientemente com a arte africana anterior, logo sabem como distorcê-la, como submetê-la ao seu próprio processo criativo. Com efeito, eles descobriram no passado africano tão somente a arte que os precedeu, tanto a bela quanto a feia. Se o passado os inspira, ele não os prende. Gutsa, por exemplo, distancia-se de modo bastante consciente de sua cultura e convenções Shona ao explorar temas estrangeiros (p. ex., *The Guitar*, 1988, em madeira, papel de jornal e serpentina [silicato], ou em *The Mask, the Dancer*, 1989, em serpentina [silicato], aço e madeira). E a obra *Chembere Mukadzi* de Mukomberanwa (1988-1989; serpentina [silicato]) expressa uma agenda política contemporânea dos direitos da mulher.

A posição ideológica do artista senegalês Iba N'Diaye sugere a atitude de um bom número de artistas contemporâneos:

> Não tenho nenhum desejo de estar na moda. Certos europeus, buscando emoções exóticas, esperam que eu os sirva folclore. Recuso-me a fazê-lo, pois se eu não me recusasse, eu existiria somente em função de suas ideias segregacionistas sobre o artista africano (Catálogo IN 1 e IN 2).

N'Diaye invoca o direito a uma subjetividade pessoal e a uma prática individual. Por que um artista deveria ser condenado à simples reprodução de outras narrativas?

A afirmação contundente de N'Diaye, naturalmente, traz à mente o conhecido lamento de William Fagg: "estamos na morte de tudo o que há de melhor na arte africana" (Catálogo IN I e IN 2). E a era da independência na África trouxe efetivamente transformações e mutações socioculturais radicais. Mas por que se deve decidir *a priori* que a arte antiga era a melhor? Ulli Beier escreve que a declaração de Fagg "descreve um fenômeno trágico bem conhecido na África". Por todo o continente, os escultores estão abandonando seus instrumentos. Os rituais que inspiravam o artista estão se extinguindo. Os reis que eram seus patronos perderam seu poder" (BEIER, 1968: 3).

E daí? Essa descontinuidade, apesar de sua violência, não significa necessariamente o fim da arte africana; parece, ao contrário, que os modelos antigos estão sendo readaptados de modo bastante rico. O próprio Beier ainda encontra peças admiráveis, transitando "entre dois mundos", produzidas por artistas como o tradicional fundidor de latão iorubá Yemi Besiri, o escultor de madeira beninense Ovia Idah e o escultor muçulmano Lamidi Fakeye. Em outros lugares, Beier elogia trabalhos, realizados nos anos de 1960, de Twins Seven-Seven, Muraina Oyelami, Adebisi Fabunmi, Jacob Afolabi, Rufus Ogundele e outros da escola de Oshogbo cuja arte – e isso era uma novidade na época – não visava apenas o mercado ocidental. Esse trabalho derivou de um impulso para dizer e ilustrar algo novo, para transcender a crise das sociedades tribais e da arte desorganizada pelo impacto da cultura europeia, e para expressar a nova consciência emergente. Como afirma N'Diaye:

> Para mim, a pintura é uma necessidade interna, uma demanda de me expressar enquanto tento explicitar minhas intenções em relação aos temas que me afetaram; de me comprometer com os problemas vitais, os problemas de nossa existência (Catálogo IN I e IN 2).

O real explode nas telas de N'Diaye. Às vezes, as pinturas enunciam uma intensa narrativa de violência – um sacrifício ritual na série *Tabaski, sacrifice du mouton* (Tabaski, sacrifício do carneiro, 1970-1987), ou uma surpresa assustadora em *Juan de Pareja agressé par les chiens* (Juan de Pareja agredido pelos cães, 1985-1986). Dos artistas da geração mais jovem de pintores, Sokari Douglas Camp, da Nigéria, parece fascinado pela vida cotidiana de seu povo, o Kalahari do Delta do Níger, cujas tradições são expostas por suas composições eletrizantes. Fode Camara, do Senegal, cria danças complexas de cores refletindo os matizes cromáticos de sua terra natal, Goreia: o azul do mar, de Goreia, das viagens, oposto ao vermelho do medo, da violência (Catálogo RFT: 35-39). Goreia, o posto avançado do tráfico de escravos no Oceano Atlântico! Finalmente, as conjunções cósmicas de Ouattara, da Costa do Marfim, reiteram antigas mitologias Senufo e Dogã em linhas, blocos e baixos-relevos simbólicos (Catálogo O). Elas também me fazem pensar no misticismo mais calmo e manso de outro jovem pintor, o senegalês Ery Camara.

Esse trabalho contínuo e as muitas obras-primas que já produziu realmente começaram nos ateliês da era colonial. As novas gerações aprenderam com os sucessos e fracassos dessas oficinas-laboratórios, ao mesmo tempo em que interrogaram suas próprias obras em arte tradicional. Os artistas da geração atual são filhos de duas tradições, dois mundos, ambos questionados por essa arte, que amalgama mecânica e máscaras, máquinas e memórias dos deuses.

Arte popular

O termo "arte popular" tem pelo menos três sentidos diferentes. Primeiro, popular pode ser simplesmente a arte considerada com favor, simpatia e aprovação por determinada comunidade; nesse sentido, as máscaras tradicionais do Dogon de Mali, as pinturas abstratas de Pilipili e as esculturas figurativas de Twins Seven-Seven são todas populares. A expressão também pode se referir à arte que representa o povo comum: como disse o artista moçambicano Malangatana, "arte para mim é uma expressão coletiva que vem dos usos e costumes do povo, e que leva à sua evolução social, mental, cultural e política" (ALPERS, 1988: 85). Por fim, a ideia de arte popular como arte adequada e destinada a uma inteligência comum e a um gosto comum. A descrição pode parecer pejorativa, mas esse tipo de arte pode ser muito sofisticado, tal como a arte publicitária projetada para a manipulação das massas.

A expressão "arte popular africana" é geralmente usada para se referir a este último tipo de trabalho. Entre os artistas que a produzem estão Anthony Akoto e Ofori Danso, de Gana, ou Cheri Samba e Kalume, do Zaire. O trabalho deles não é nem um resíduo da arte tradicional nem um ramo das tendências tradicionalmente inspiradas ou modernistas da arte contemporânea. Essas tendências, como atesta a importância da pintura não figurativa em ambas, são menos miméticas ou representativas do que simbólicas. O significado de uma máscara Makonde tanzaniana, por exemplo – ou de uma tela do artista nigeriano Bruce Onobrakpeya, ou do zambiano Henry Tayali, ou de uma escultura de Bernhard Matemera do Zimbábue – deriva da sua estruturação de signos, signos que se articulam tanto um ao outro dentro da obra quanto com outros signos fora da obra para sugerir coincidências de valores e ideias. Tais obras são polissêmicas e simbólicas. A arte de Akoto, Danso e Samba, por outro lado, popular em virtude de sua mídia, da textura de suas telas, das sequências narrativas que exibe e de suas mensagens populistas, é em essência mimética, e pode parecer, *prima facie*, quase monossêmica. Obras desse tipo carregam uma mensagem, manipulando, arranjando e combinando sinais de modo a fazer um pronunciamento inequívoco. O uso da linguagem escrita – frequente nas pinturas do Samba – faz parte dessa ambição por uma clareza militante, uma negação dos princípios polissêmicos, associativos e abertos da maioria das obras de arte. Neste sentido, a arte popular parece fundamentalmente antivisionária e anti-imaginativa. Até que ponto, então, tais obras se qualificam realmente como arte visual?

Este é o desafio da arte popular, desafio que muitas vezes assume a forma de uma narrativa visual de eventos, fenômenos e questões que o espectador local já conhece (cf. FABIAN; SZOMBATI-FABIAN, 1980). *La mort historique de Lumumba* (A morte histórica de Lumumba) – anos de 1970, *Héro National Lumumba* (Herói nacional Lumumba), de Tshibumba Kanda-Matulu – anos de 1970, ou a *Lutte contre les moustiques* (Luta contra os mosquitos, de Samba – 1989, são tão somente novas versões de eventos e questões familiares para outros meios, e mesmo para outras artes. No entanto, há algo novo nestas telas: os temas são ritualizados, objetivados, suas texturas complexas são transformadas numa moldura limpa, nítida e transparente. Cada uma delas se apresenta, então, como um discurso fechado. Essa ritualização tem uma importância considerável na medida em que funciona como uma transmigração de símbolos: o artista escolhe o que pode falar mais claramente a respeito da complexidade da histórica e de uma experiência cultural real; ele afirma a essência do acontecimento, ou, talvez melhor, simboliza-o; por isso, talvez tenha sido prematuro falar de monossemia da arte popular. Com efeito, a mensagem da caminhada até a morte, de Patrice Lumumba, em *Héro National Lumumba*, é ambígua. A clareza da superfície da pintura não impede que o espectador possa extrair dela uma variedade de significados: a dignidade do herói nacionalista, o vínculo simbólico entre o helicóptero construído no Ocidente e os três oficiais de Catanga, a moralidade dos soldados a serviço de um Estado capaz de tal crime, a presença física dos próprios belgas, e assim por diante. Significados, sugestões, imagens emergem do quadro, e a história encontra símbolos na mente de um espectador "popular" com uma eficiência impossível mesmo no melhor livro.

A arte popular é tanto narrativa e arte. A gramática de seu conteúdo, sua lógica cromática e a economia de suas composições escapam à maioria das imposições da arte acadêmica. Ela atesta algo de específico: uma prática da vida cotidiana. E o faz em um estilo original, ou seja, ela tem "o sentido de recriar o mundo segundo valores do homem que o descobre" (MERLEAU-PONTY, 1973: 59).

Um espaço aberto

> *Il faudra, avant de revêtir le bleu de chauffe du mécanicien, que nous mettions notre âme en lieu sûr*[86].
> Cheikh Hamidou Kane, 1961.

Um viajante, Dorcas MacClintock, membro da curadoria do Museu Peabody de História Natural, da Universidade de Yale, tem um encontro casual com Ugo Mochi, um artista italiano especiali-

---

86. Antes de voltar a vestir o macacão do mecânico será preciso que coloquemos nossa alma em lugar seguro.

zado em silhuetas. Um incidente comum. Mas então MacClintock descobre a África e acaba publicando *African Images* (1984), com trabalhos de Mochi. Os criadores do livro gostariam que ele fosse uma janela aberta sobre a paisagem africana. Eles o introduzem como "um olhar sobre os animais na África", e os animais são mesmo vistos plenamente tal como o dicionário os define, ou seja, como seres – não humanos – vivos.

Tanto MacClintock quanto Mochi parecem preocupados não com a existência própria dos animais africanos, mas com o impacto sobre os olhos dos "seres" que os enquadram na paisagem. Como nota MacClintock:

> Em nenhum lugar da Terra a beleza da forma animal, modelada através do tempo pela função física e pelo ambiente, é tão aparente. Mamíferos com cascos, sempre atentos aos predadores, revelam tensão no brilho de um olho, a postura alerta, o equilíbrio de uma cabeça ou a curva do pescoço, a marca de uma pata dianteira ou o movimento de uma cauda. Os predadores também ficam tensos enquanto perseguem, espreitam em uma emboscada ou correm atrás de suas presas. Em outras ocasiões, eles repousam no calor do dia. Há beleza nas cores e nas formas. Há padrões visuais que se desenvolveram em alguns animais, como listras, manchas e pintas, que delimitam os contornos do corpo ou fornecem camuflagem. Outros animais têm marcas notáveis no rosto, orelhas ou membros, que funcionam para o reconhecimento dentro de sua própria espécie, enfatizam posturas e intenções, ou são exibidas para ostentar o domínio entre rivais (MacCLINTOCK, 1984: xii).

Na visão desse observador, a beleza de uma paisagem é reordenada de acordo com os critérios de uma arte "natural". Sim, MacClintock afirma dizer a verdade sobre uma ordem que ela vê nitidamente. O que ela diz, porém, emerge de uma grade de sentimentos (o que não significa dizer – precisaria eu acrescentar? – que é fictício). Em teoria, qualquer um poderia verificar o que ela tem a dizer. No entanto, o conjunto poético que ela oferece é uma tradução do que ela percebeu. Através do desejo estético, o olho estiliza o percebido e depois retorna ao observador seu próprio envolvimento.

Pode parecer que os cenários naturais brotam da natureza, mas não é assim: é no olhar do observador que os animais africanos em seus espaços são transmutados em objetos estéticos e assumem um estatuto semiótico, tornando-se narrativas do natural. Na floresta, por exemplo, a aparência e hábitos dos antílopes bongo parecem constituir um discurso: suas "listras corporais se misturam com estreitas formações de luz solar para tornar seus contornos de antílope quase invisíveis [...]. Tão logo um bongo cheira perigo, ele congela. Depois de sair de seu esconderijo, ele desaparece como por magia" (MacCLINTOCK, 1984: 2-3). Cabras-do-mato, ocapis, mandris, porcos-espinhos e outros animais têm seus próprios discursos. Ao longo de rios, lagos e encostas de vales e fendas, MacClintock encontra variações nos circuitos discursivos que encontrou nas florestas: babuínos briosos socializam em famílias ou caminham sozinhos, e pequenos exércitos de porcos do mato invadem plantações de vilarejos sob a lua; bandos elegantes e coloridos de flamingos e pelicanos voam ou se alimentam. Em pântanos e brejos é possível "ler" as atividades de sitatungas, macacos colobos, patos d'água, crocodilos e hipopótamos. Tais ações não são uma escritura, afirmando um tipo de existência e beleza de narrativa? Outros textos discursivos podem ser observados no mato e nas savanas: os movimentos e vidas sociais de elefantes, rinocerontes negros e javalis, de zibelinas, elandes e palancas; a graça e majestade das girafas, a beleza das inhalas; e obviamente o júbilo de uma notável variedade de pássaros.

As paisagens "naturais" africanas podem ser pensadas como textos, como pinturas? Será que elas se apresentam ao observador como fenômenos linguísticos e pictóricos, para serem lidas, compreendidas, apreciadas? Poderiam elas constituir uma grande diversidade de estilos discursivos apreciáveis? É preciso lembrar que o estilo de uma narrativa sempre surge de um contexto – e que, como Maurice Merleau-Ponty escreve, "o estilo não pode ser tomado como um objeto, pois em si não é ainda nada e só se torna visível na obra" (1973: 59). O "estilo" dos animais que vivem em seu meio natural, então, obviamente não é "um meio de representação" (como poderia ser?), mas emerge no intercâmbio entre as paisagens, animais africanos e os olhos do observador. Em seu epílogo, MacClintock sonha à luz do dia:

> A África, com seu céu amplo e horizonte distante, evoca uma sensação de rusticidade, liberdade e maravilha. É uma terra que ecoa o passado, em que prevalece a ordem natural e os dias são sem tempo. [...] Na delicada tonalidade primaveril de uma acácia, uma gazela pisca, com sua cauda balançando, suas orelhas batendo e cascos dianteiros apoiados entre os galhos. Um minúsculo *dik-dik* com enormes olhos em forma de roedor rodeados em pele branca olha timidamente a partir dos arbustos. Um elefante enorme ameaça, agitando suas grandes orelhas com veias saltadas, brandindo suas presas, movimentando o tronco e girando como um pêndulo sua perna dianteira (1984: 140).

O primeiro parágrafo reconstrói (inconscientemente?) uma antiga imagem da África; o segundo a consolida. A questão relativa à verdade dessa imagem não parece ter muita importância, porém, já que a imagem representa de forma crível uma possível pintura ou narrativa africana "natural". Ela é exótica, veraz e, logo, poderia ser falsa – uma imitação de uma figura antiga extraída de alguma narrativa exterior. Ainda assim, no entanto, o que ela significa continua pertinente, pois sustenta a mimese de uma percepção imitando a si mesma no que ela estiliza e sucumbindo à beleza que assim inventou.

Se, como sabemos, a partir de Husserl, nenhuma formação pode transcender seu espaço, seu contexto, sua linguagem (HUSSERL, 1970: 370-371), devemos postular uma relação entre os estilos africanos e seu contexto natural. A linguagem de MacClintock mostra uma dessas relações – um impulso franciscano que transmuta cada quadro em uma narrativa que celebra a beleza e a alegria na natureza. Outro passo poderia ser tentar reconstruir as complexas interações entre os meios físicos e humanos, e a passagem dessas interações para a arte. Ulli Beier descreveu maravilhosamente tal interação em sua discussão sobre o Clube Mbari Mbayo em Oshogbo (1968: 101-111). Em uma linha bem diferente, Jean-Paul Bourdier e Trinh T. Minh-ha (1985) focalizaram a arquitetura vernacular na área do Sahel de Burkina Faso para mostrar como a cultura Gurunsi domesticou esteticamente um meio natural, integrando-lhe coerentemente uma organização espacial de composições e as atividades humanas da vida cotidiana.

Imagens da vida cotidiana também aparecem nas pinturas murais das mulheres Ndebele de Pretória, em que, como escreve Margaret Courtney-Clarke, "os desenhos abstratos tradicionais se fundiram com formas representativas para criar uma arte única, altamente estilizada, que combina elementos do passado com realidades do presente" (1986: 23). Se a aculturação deriva de uma necessidade de uma atividade artística como a dos Ndebele, ela também sustenta a continuidade de rituais antigos, técnicas e costumes. Além disso, essa arte não só se insere em uma tradição, mas também abraça a luz clara da região do Kwandebele. Assim, surge uma conjunção: espaço, tempo e tradição humana se inter-relacionam. Os belos animais estilizados de MacClintock têm suas contrapartidas, suas variações estilísticas, por exemplo, em narrativas como as pinturas de peixes ou crocodilos feitas por Pilipili; as esculturas de elefantes, leopardos e aves vendidas em lojas turísticas; e até mesmo – por que não? – em obras-primas do Mali, como o cocar de antílope Bamana ou a máscara de antílope Dogon (cf. VOGEL; N'DIAYE, 1985).

As composições Gurunsi ilustram uma coerência estética entre os meios humanos e naturais; os murais das mulheres Ndebele demonstram uma tradição que evolui. Vemos, então, que a obra de arte "não é moldada à distância das coisas e em algum laboratório íntimo do qual somente o artista tem a chave". Isso também significa que "[...] a obra não é um decreto arbitrário e que sempre se relaciona com seu mundo como se o princípio de equivalências através do qual ela manifesta tal mundo estivesse sempre enterrado nela" (MERLEAU-PONTY, 1973: 61). Como escreve Michel Leiris, é preciso "conceber a abordagem global das artes africanas menos como 'uma história de artes e estilos' e mais como a busca por – e a conformação de uma forma espaçotemporal aos – 'produtos visíveis da história de certa sociedade'" (in: PERROIS, 1989: 526).

Conjugando

As pinturas murais Ndebele têm uma história social própria, mas em algum lugar elas se tornam parte de uma transformação do permanente imaginário artístico africano, dos cânones e das habilidades tradicionais, como testemunhado, por exemplo, em peças de diferentes regiões da África Central e Ocidental que foram feitas entre o final do século XVII e o início do século XX e que os especialistas classificam na categoria de arte "extinta". Em meio à variedade de estilos e morfologias, elas ainda conservam características comuns: como a maioria das obras de arte tradicionais, elas foram feitas por autores anônimos, na fusão da consciência do criador com seu grupo social; e podem ser ligadas a vários cânones, tendências e conjuntos de símbolos culturais gerais. Como africano, eu me relaciono com eles por meio de uma dupla articulação. Por um lado, encontro neles uma estrutura significante comum que os faz parecer parte de uma única economia cultural. Por outro lado, vejo também características regionais em cada um deles, as máscaras Grebo da Costa do Marfim, por exemplo, seguem costumes formais estranhos aos das placas de Benin. A primeira articulação é altamente subjetiva, e reflete o clima ideológico da África a partir dos anos de 1960, período em que a noção de unidade cultural africana foi promovida em livros como *The Mind of Africa* (A mente da África), de Willy Abraham, 1966; *L'Unité Culturelle de l'Afrique Noire* (A unidade cultural da África negra), de Cheikh Anta Diop, 1960, e em muitas outras instâncias. A segunda resposta depende da descoberta de antropólogos e historiadores de arte, e permite explorar a individualidade de cada artista, com suas próprias formas morfológicas, características geométricas, técnicas cromáticas e simbolismos.

Na dialética entre as duas articulações, a extinção das tendências artísticas do passado deixa de ser um fechamento. Com efeito, posso creditar os estilos antigos com poder inspirador, e posso analisar peças mais recentes por seus padrões e estilos idiossincráticos. Uma continuidade criativa surge e transcende as rupturas objetivas descritas por especialistas de laboratório. As máscaras Dogon feitas no Mali em meados do século XX e as máscaras Makonde feitas na Tanzânia no início do século XX me parecem parte da mesma ordem cultural (in: VOGEL; N'DIAYE, 1985). Elas podem ser vistas e admiradas não apenas em suas diferenças, mas também como variações espelhando transformações dos arquétipos de um imaginário básico. E por que não deveríamos relacionar o estilo da máscara de antílope Dogon do início do século XX com o que aparece na paisagem africana, que surpreendeu inúmeros artistas africanos antes de Dorcas MacClintock chegar a ela? Essa sugestão coloca as várias formas e estilos da arte africana ao longo do tempo em contato com equivalentes na natureza.

A prática dos artistas tradicionais tem interesse, dizem os especialistas, porque seus trabalhos não são realistas, mas ainda assim participam do estabelecimento do significado da realidade. Eles fornecem metáforas e metonímias para seres reais, coisas, eventos e forças naturais do mundo, ao mesmo tempo em que fazem abstrações sobre o mundo. Sua perfeita inserção na vida comum dos povos africanos levou os estudantes de arte africana a concluir, um pouco preguiçosamente, que essa arte é essencialmente funcional. Tal conclusão apaga a complexidade de seus significados simbólicos e alegóricos. A máscara, por exemplo, nítida objetivação de um significante, refere-se também a outras ordens de sentido sem os quais ela é inútil.

Ao contrário da arte tradicional, a arte popular contemporânea assume algumas das virtudes do realismo, avançando seus quadros como reflexos de uma cultura moderna e de sua história. Preocupada com a política do significante, ela reforça seu realismo com questões éticas (como faz Samba) ou, mais geralmente, com uma variedade de funções sociológicas, distanciando-se assim da atividade simbólica e decorativa característica das tendências de ateliês e escolas de arte a partir dos anos de 1940.

Em resumo

As três tendências da arte africana atual – inspirada na tradição, modernista e popular – são recentes: os exemplos mais antigos datam do primeiro quarto do século XX. Por isso, é possível ficar tentado a relacionar sua gênese ao impacto da era colonial; porém, alguns de seus temas e motivos – reproduções de crucifixos, madonas, referências bíblicas etc. ao longo da costa ocidental do continente – são parte de uma história de aculturação que remonta aos séculos XV e XVI. Vista à luz da história, a distinção entre a arte inspirada na tradição e as tendências modernistas nas artes africanas contemporâneas, embora útil para fins de análise, indica no final uma espécie de fascínio pela arte tradicional. Pois essas duas tendências, de fato, constituem uma única corrente. O primeiro ponto comum é que ambas as obras são criadas principalmente em ateliês e escolas de arte e, mesmo quando são feitas por artistas autodidatas, expõem a aculturação colonial das sociedades africanas; segundo: ao contrário de obras efetivamente tradicionais, as duas tendências revelam a consciência e a identidade artística de seus criadores; e o terceiro ponto: ambas têm como razão de ser não a imitação da realidade, mas a criação da beleza.

O primeiro desses três pontos comuns descreve o contexto sociocultural do novo imaginário artístico. O segundo é filosófico, indica uma revolução espiritual e intelectual de longo alcance e sua nova legitimidade num meio social aculturado. O terceiro ponto é estético e joga luz sobre o fato de as duas tendências envolverem processos interpretativos e simbólicos de codificação do que está lá fora, em vez de renderizações miméticas da realidade. Ademais, tanto a arte inspirada na tradição como os impulsos modernistas muitas vezes se fundem no trabalho de um artista, por exemplo Malangatana, N'Diaye, ou Twins Seven-Seven.

As obras de arte popular se situam de alguma forma entre essas duas tendências. Elas frequentemente se relacionam com uma determinada região e sua história. Como narrativas, elas desconstroem a memória dessa história a partir da perspectiva de um único indivíduo. Em muitos aspectos, os produtos artísticos populares, pinturas em sua maioria, são estruturados como uma *histoire immédiate*, na expressão de Benoît Verhaegen; elas são literalmente uma captura de histórias e eventos comuns e banais (um mercado, uma festa com bebidas, um evento político), de violência e tragédia (guerra civil, assassinato), ou de motivos mitológicos, por exemplo, Mami Wata[87]. Em suas manifestações extremas, as artes populares se aproximam da publicidade e da propaganda.

Às regras acadêmicas de representação e às técnicas de apreensão do "belo", os artistas populares opõem outra proposta de visão. Eles querem transmitir uma mensagem explícita, reivindicam a virtude da verdade sociológica e histórica, e tentam nomear e desvendar até mesmo o inominável e o tabu. Aqui, as falhas técnicas se tornam marcas de originalidade. O artista surge como o herói "indisciplinável", que desafia instituições sociais, incluindo as práticas artísticas, em particular as acadêmicas. Mas esse sujeito "desgarrado", que às vezes ataca tanto uma tradição quanto suas correntes modernas, encarna nitidamente o local de seu confronto. Na arte popular, a política da mimese insere no território "materno" da tradição uma prática que questiona tanto a arte quanto a história em nome do sujeito. Esse é um trabalho que visa unir a arte, o passado e os sonhos da comunidade por um amanhã melhor.

---

87. Mami Wata é uma divindade feminina vinculada às águas, à fertilidade e à cura, cultuada na África Central, na Ocidental e na do Sul, bem como nas Américas, por culturas africanas e afro-diaspóricas [N.T.].

Literatura africana: mito ou realidade?

Numerosos livros e artigos têm sido escritos sobre literatura africana. Eles descrevem o que hoje é comumente aceito como uma "jovem" literatura em línguas africanas ou europeias, bem como a experiência oral tradicional de negros africanos, apesar de essas literaturas serem muito antigas: a literatura oral ou oratura remonta à própria fundação das comunidades humanas; quanto à escrita, pondo de lado questões complexas relativas aos grafismos africanos, notemos brevemente que se pode encontrar no dicionário de Donald Herdeck (1973) uma apresentação de autores africanos (*African Authors: A Companion to Black African Writing*). Os primeiros autores africanos ali mencionados viveram nos séculos VI e VIII d.C.: Antar (aproximadamente 550-615) da Arábia e Abu Dulama Ibn al Djaun (aproximadamente 720-777). Posso, por curiosidade, ir mais longe e me referir a numerosos norte-africanos que, na *oikoumene* grega ou romana, escreveram em grego e latim. A literatura cristã durante vários séculos, do século I ao final do século III, é quase completamente dominada por pensadores de origem africana. Para ser mais específico e focar apenas na tradição latina, por mais de dois séculos, precisamente desde o período da primeira versão da Bíblia latina, que os especialistas datam de cerca de 160 d.C., durante o reinado de Marco Aurélio, até o final do terceiro século, os escritores africanos são os mais importantes contribuintes para a constituição do pensamento cristão. Tertuliano, Minúcio, Félix, Cipriano, Comodiano, Arnóbio, Lactâncio e outros pensadores menores são da África. O que teria sido a tradição cristã sem eles? Eles vieram antes – e prepararam a possibilidade – de um Agostinho de Hipona, um africano, um dos mais poderosos pensadores da história do cristianismo.

É possível retroceder ainda mais. Em 1979, publiquei, em um livro especializado, *Africa et Roma* (*Acta Omnium Gentium ac Nationum Conventus Latinis Litteris Linguaeque Fovendis*[88]. Roma:

---

88. Anais da Convenção de Todos os Povos e Nações para a Promoção das Letras e Línguas Latinas [N.T.].

L'Erma di Bretschneider), um breve artigo sobre um escritor pouco conhecido, Florus. Ele viveu sob o domínio dos imperadores romanos Domiciano e Adriano, no final do século I e no início do século II. Depois de se frustrar com a literatura, ele deixou Roma e decidiu se estabelecer em Tarragone. Lá ele conheceu um viajante que o reconheceu. O endereço do estrangeiro é, por si só, uma declaração notável. "Então", disse ele ao escritor, "Você é Florus, o africano que unanimemente quisemos coroar [em Roma como o melhor poeta]! Infelizmente, o imperador rejeitou nossa decisão. Ele não tinha nada contra sua juventude. mas simplesmente não queria que a coroa de Júpiter fosse para a África". Essa história não é bela?

Em todo caso, devo dizer o seguinte: a classificação dos autores por ordem cronológica feita por Herdeck nos dá uma noção da riqueza e variedade das contribuições africanas. Podemos citar quatro escritores negros antes do século XVIII: da Guiné, Juan Latino, que viveu na Espanha e escreveu versos em latim; do Mali, Mahmud Kati, Ahmad Baba e Abdulrahman as-Sadi, que escreveram contos em árabe. Até onde vai meu conhecimento, o primeiro texto de poesia na Somália foi publicado por Ugaas Raage por volta de 1730; e temos também versos em suaíli, publicados por Abdallah Saiyid da África Oriental em meados do século XVIII.

Esta digressão é um sinal. Deve-se ter cuidado ao manipular o conceito de literatura africana. Essa literatura antiga tem implicações históricas e remete ao próprio conceito de África. Também devemos ter em mente que alguns escritores africanos escrevem em línguas africanas desde o século XVIII. Geralmente, especialistas em literatura africana, quando falam dela, concentram-se no início desse século e vinculam a promoção da literatura africana em línguas africanas ou estrangeiras à experiência colonial, que dividiu o continente e nos impôs novas línguas, especificamente, francês, inglês, português, espanhol, e assim por diante. Há uma história da literatura em línguas africanas que deve ser feita. Temos alguns livros sobre o assunto, mas eles dependem principalmente da epistemologia colonial e de sua atividade política de conversão dos africanos. Assim, quando se fala de literatura africana a referência é feita tanto a um corpo de textos cujos autores são conhecidos quanto a discursos anônimos que carregam sucessivos depósitos de imaginários supostamente desconhecidos. Isto já é um problema e, até agora, não tem sido tratado de forma convincente por especialistas em estudos africanos. É a visão desses corpos existentes de textos escritos e discursos orais que explica grande parte da generosidade intelectual daqueles que acreditam na África, bem como a atividade puramente estética daqueles que utilizam estes textos como objetos de curiosidade exótica ou de exigências literárias e ideológicas. Seria possível pensar que a crítica literária africana cresceu não tanto como uma necessidade, nem como um projeto original dentro da estrutura de uma tradição acadêmica que interroga a massa dos discursos, mas como consequência de um processo que inventa e organiza algo mais.

Seria possível lidar aqui com uma hipótese e um desejo? Eu gostaria, por um lado, de indicar em que condições a literatura africana é, hoje em dia, concebível e, por outro, formular, em termos de realizações possíveis, as bases a partir das quais as análises e comentários a respeito dos discursos africanos formariam um ponto de vista mais útil para a compreensão das experiências africanas. É possível determinar uma norma explicativa sobre a real natureza da literatura africana que a coloque em algum tipo de relação com outras literaturas e não retorne essa sensação desconfortável de que ela é uma espécie de imitação indigenista de outra coisa, ou uma reprodução adaptada dos gêneros e de suas misturas importadas do Ocidente? Novas perspectivas poderiam responder a essa pergunta. Até agora, a crítica literária tradicional e até mesmo a interpretação ideológica de discursos a partir de uma perspectiva afrocêntrica não trouxe, creio eu, as contribuições que suas premissas implicam. Mas é justamente nesta impotência que podemos encontrar os sinais de novas interpretações possíveis sobre a literatura e os discursos africanos (cf. CHINWEIZU et al., 1983).

A literatura africana como *commodity* é uma invenção recente, e tanto os autores como os críticos e especialistas na área tendem a resistir a tal fato. Eles parecem estar mais interessados nessa literatura não pelo que ela é como discurso e pelo que, na variedade de seus acontecimentos e sentidos, ela poderia significar num contexto maior com outros discursos locais e regionais, mas sim por sua importância como espelho de alguma outra coisa, por exemplo, a luta política da África, os processos de aculturação ou a conquista dos direitos humanos. Essa orientação é explicada pelo fato de que o mundo da literatura é sustentado pelo universo real e o reflete, particularmente as relações sociais de produção e o impacto silencioso dos sinais ideológicos. Ainda que o mundo literário pudesse muito bem ser um espaço mítico, ele parece revelar a experiência concreta das comunidades humanas. Por exemplo, o livro de Lilyan Kesteloot a respeito da gênese da literatura da Negritude (1965) e o estudo de Jean Wagner sobre a literatura negra nos Estados Unidos (1962) são ambos válidos como críticas histórico-sociais e literárias. Na mesma linha, as considerações de Janheinz Jahn sobre a literatura neoafricana (1961; 1968) atestam a corrente dinâmica simbólica, bem como a racionalidade intelectual e sociológica das culturas negras.

No entanto, o que esses monumentos fornecem de forma mais nítida são, por um lado, processos de promoção das criações e, por outro, procedimentos que limitam o sentido e a multiplicidade dos discursos. Graças a esses livros, a arte e a importância dos discursos africanos são comentadas, celebradas e compradas com base no valor que adquirem como indicações de regras funcionais de criatividade. Mas tais regras não são as referências eficientes que formam a base da validade acadêmica nos trabalhos de Kesteloot ou Jahn. Elas são sinais da possibilidade aberta por um conceito recente da literatura africana, uma "invenção" pela qual Jahn, Kesteloot, Wagner e a maioria de nós – críticos e autores literários – podemos trabalhar e viver.

Por certo, os alunos de Michel Foucault já entenderam para onde estou me dirigindo. Em seu ensaio "A ordem do discurso", o então professor de História dos Sistemas de Pensamento no Collège de France distinguiu três grandes tipos de regras de interdição (FOUCAULT, 1982: 215-227): 1) Procedimentos externos tais como o *interdito* ("tabu do objeto, ritual de circunstância, direito privilegiado ou exclusivo do sujeito que falar"; p. 216), *a oposição entre razão e loucura* e a *vontade de verdade* (que integra os anteriores e os ordena num projeto); 2) Procedimentos internos realizados por discursos de controle – procedimentos que estão diretamente relacionados a "princípios de classificação, ordenação e distribuição": primeiramente, o *comentário*, ou seja, a filologia em termos de reconstrução e leitura de textos primários, mas também a crítica literária como exercício intelectual realizado sobre determinados documentos; em segundo lugar, o *autor* como centro de coerência, local de referência e tema da unidade de suas obras; finalmente, a *organização das disciplinas*, cuja prescrição lembra, como disse Foucault, "que não se pressupõe num ponto de partida algum significado a ser redescoberto, nem uma identidade a ser reiterada; mas o que é necessário à construção de novos enunciados" (p. 223); 3) O terceiro tipo de procedimento de exclusão inclui sistemas de rarefação de discursos como o *ritual*, que "[define] as qualificações exigidas do orador" (p. 225); as *sociedades do discurso* – que encontrariam um exemplo bastante elucidativo nas revistas acadêmicas de estudos africanos, com suas políticas de promoção de artigos, pesquisas e nomes; por fim, a *apropriação social do discurso*, que Foucault exemplifica ao falar da educação como um "instrumento pelo qual cada indivíduo, numa sociedade como a nossa, pode ter acesso a qualquer tipo de discurso" (p. 227).

É evidente que esse quadro de sistemas de exclusão pode servir como uma ordem para novas iniciativas intelectuais que ao mesmo tempo poriam à prova as teses de Foucault e questionariam a padronização e uniformidade da assim chamada literatura africana em relação à suposta desordem dos discursos africanos em geral. Alguns poucos exemplos ilustrarão o que quero dizer:

a) O trabalho de Aimé Césaire pode ser entendido como uma criação contra procedimentos de interdição e divisão da razão. O terror e a violência no trabalho de Césaire atestam mais esses procedimentos do que as dimensões vitalistas e fálicas observadas por Sartre em *Orfeu negro*. Assim, em vez de ser símbolos de um "Orfeu negro", tal trabalho poderia indicar uma forma de questionar uma vontade de verdade; b) Tem sido sugerido que existem duas explicações sociológicas principais para a gênese da literatura africana em línguas europeias: primeiro, que essa literatura é uma consequência direta da colonização; segundo, que ela se tornou possível graças ao sistema ocidental de escolarização. Em outras palavras, tais explicações implicam que as obras literárias africanas, assim como os comentários sobre elas, dependem e, ao mesmo tempo, podem ser explicadas pelas normas europeias de apropriação social do discurso. Assim, essa literatura, se fizesse sentido, só o faria na medida em que tais condições externas de possibilidade a determinassem como literatura; c) Pode-se dizer que a mera existência dessa nova literatura africana deriva de uma extensão africana das sociedades do discurso ocidentais. Portanto, apesar de todos os convites para uma perspectiva afrocêntrica feitos nesses últimos anos, a própria linguagem de nossos acordos e desacordos poderia estar fundamentalmente marcada por uma coerência surpreendente e óbvia: um espaço epistemológico.

O que há de interessante no questionamento de tais hipóteses? Em princípio, é óbvio que elas, em termos de perspectivas teóricas, confirmariam ou invalidariam a proposta de Foucault: "suponho que em toda sociedade a produção do discurso é ao mesmo tempo controlada, selecionada, organizada e redistribuída de acordo com um certo número de procedimentos, cuja função é exorcizar seus poderes e perigos, controlar seus aleatórios acontecimentos, esquivar sua materialidade pesada e temível" (FOUCAULT, 1982: 216). Por outro lado, poderia ser útil descobrir, por meio desta hipótese, se processos similares de domesticação de discursos funcionam ou não na África, e sob quais condições.

Minha própria hipótese é a de que duas grandes regras de exclusão forneceram, de forma radical, os passos para a "invenção" e organização da literatura africana: elas estão pautadas nas noções de comentário e de autor, tal como usadas pelos mitos do africanismo desde o século XVIII. Tylor e Uvy-Bruhl limitam suas indagações à questão da evolução. Como consequência, eles satisfazem seus interesses intelectuais e científicos na leitura de experiências não ocidentais como discursos fragmentados e corpos anônimos estranhos. Textos antropológicos surgiram no século XIX como comentários sobre organizações silenciosas e irracionais, enfatizando duas questões principais: os antecedentes dos teóricos e o relativo anonimato dos objetos dos estudos. No primeiro caso, o comentário descreve a história da humanidade a partir da exterioridade de uma história africana silenciosa e exótica. Como exemplos, vejamos rapidamente dois casos paradoxais de *Einfühlung*[89]. Frobenius, no início do século XX, poderia vagar pela África negra lendo os relatórios de Pigafetta e dos viajantes portugueses em vez de ouvir seriamente os africanos. E nos anos de 1920 e 1930, Wilhelm Schmidt, na Áustria, após seus numerosos antecessores germanófonos, contribuiu para a antropologia reiterando a suposição de uma absoluta inexistência de escritos nitidamente assinados nas sociedades africanas.

No entanto, é no interior da violência desses comentários sobre exotismo que, por meio dos elementos ideologicamente significados pela relação dialética entre civilização e primitividade, surgiu a nova realidade de um "autor africano" no sentido ocidental. Nos anos de 1940, por exemplo, enquanto Marcel Griaule (1948), numa espécie de revelação, reconheceu Ogotommeli como sujeito do conhecimento que obviamente interpretava em seu próprio discurso aquilo que havia recebido, Placide Tempels (1949) ainda estava favorecendo a oposição clássica e explorando a chamada

---

89. Em geral, traduzido por "empatia", o termo *Einfühlung*, associado principalmente à psicologia da forma (*Gestalt*), é utilizado por diversos saberes para pensar o modo como um ambiente é percebido [N.T.].

ruptura existente entre a sabedoria anônima do Banto tradicional e a corrupção moral dos *évolués*, aquelas cópias malfeitas do individualismo europeu.

Essa ruptura indica o fundamento daquilo que, depois de Jack Goody (1977), pode ser chamado de "grande dicotomia", pois determina, dentro da pesquisa acadêmica atual, os tipos de estruturas econômicas e situações sociais, bem como o campo de estudos que nos é familiar, da literatura africana. Nas oposições binárias notamos as seguintes lacunas ou tensões: no nível econômico, a sociedade agrária dominada por estruturas econômicas de subsistência *versus* os processos altamente sofisticados de produção e relações sociais da civilização urbana e dos mercados internacionais; no nível sociocultural, a oralidade e os costumes qualificados como espaço monocultural *versus* os complexos contextos pluriculturais das grandes cidades; no nível das superestruturas religiosas, sociedades caracterizadas por uma integração do sagrado e do profano *versus* sociedades que funcionam com base no princípio da distinção entre o sagrado e o profano. Não exagero se afirmar que, em vez de analisar a complexidade dos discursos africanos, a maioria de nossos livros didáticos e monografias ainda está essencialmente preocupada com esta dicotomia e seus sinais. Basta analisar o que há de melhor neles para encontrar premissas básicas da dicotomia. Primeiro: as formas e o conteúdo da literatura oral devem atestar e traduzir uma experiência monocultural que, até agora, ainda é chamada de civilização "primitiva" em antropologia. Segundo: os processos de ocidentalização e cristianização sob o domínio colonial fizeram surgiram dois novos tipos de expressão: a literatura escrita em línguas africanas e europeias, que descrevem contradições e problemas implicados pela metamorfose manifesta na colonização. Em terceiro lugar, essa conversão promoveu textos autorais, que, embora fundamentalmente diferentes de textos do passado, não constituem um hiato em termos de experiências africanas vitais. Quarto ponto: a noção de literatura neoafricana marca uma dimensão histórica e sociológica interna, mas não significa e nem pode significar que sua possibilidade seja encontrável em outro lugar que não numa exterioridade desta mesma literatura.

Aprendemos a conviver com essas pressuposições contraditórias. Com efeito, elas são normas e sistemas, pois são ao mesmo tempo referências paradoxais das nossas atividades profissionais e dos acontecimentos que tornam pensáveis nossas práticas literárias. Além disso, dependendo de nosso estado de espírito, essas normas nos permitem todas as liberdades que desejamos. A partir delas podemos hoje decidir que as obras de Chinua Achebe e E. Mphahlele são partes internas da literatura inglesa, que as obras de Senghor, Rabemananjara, ou Camara Laye pertencem à literatura francesa. Amanhã, com a mesma convicção, poderíamos demonstrar exatamente o contrário e celebrar nossos autores como espelhos da autenticidade africana. De modo pessimista, lembro que Northrop Frye certa vez escreveu: "a literatura tal como outros temas, tem uma teoria e uma prática: poemas, peças e romances formam o lado prático, e o centro da crítica é a teoria da literatura" (1975: 206). Que teoria séria poderia apoiar as liberdades fantásticas de nossas investigações na literatura africana se em essência, por um lado, concordamos com a urgência de analisar as condições de existência desta literatura e, por outro, não aceitamos a hipótese de que a crítica africana poderia não ser uma prática africana no fim das contas? Christopher Miller e Bernadette Cailler enfrentam esse desafio em duas obras polêmicas que eu gostaria de interrogar a partir de um ponto de vista psicanalítico.

Cartas de referência

> *Estamos vendo, contudo, que as feridas que nós estamos infligindo no corpo de nossa civilização são feridas que devemos tratar, mas tratar mais profundamente do que as temos tratado.*
> GLASSMAN, M. *Borderlines*, Toronto, 15, p. 25, 1989.

Le sujet n'est sujet que d'être assujettissement synchronique dans le champ de l'Autre[90]

LACAN, J. O *seminário*, 20/05/1964.

Uma história bem conhecida pode nos apresentar alguns problemas essenciais relativos à ideia de África como "diferença" nos estudos acadêmicos atuais acerca da literatura africana.

É um dia comum no consultório de um psicanalista francês altamente prestigiado. A cada hora sai um paciente e entra outro. O que nós temos aí é um ritual. O grande homem conhece seu papel: confortavelmente sentado em uma poltrona de canto, condescendente mas sincero, ele escuta generosamente seus sucessivos pacientes. Nesse dia em particular, ele parece um pouco cansado. Como de costume, porém, as atendentes fazem um trabalho notável, administrando as idas e vindas dos pacientes. As horas passam. Por volta das 17h, o último paciente, um obsessivo, ainda está no sofá: falador, orgulhoso de sua fluência de expressão, ele comenta longamente alguns de seus voos verbais. Quando o tempo acaba, muito satisfeito consigo mesmo e com seu desempenho, ele se levanta e, olhando o psicanalista pacificamente à vontade em sua poltrona, conclui: "foi uma sessão maravilhosa, não foi?" Silêncio. Hesitante, o paciente se recolhe e repete o ritual das palavras finais favorecidas pelo próprio psicanalista: "Muito bem; vamos parar aqui por hoje". Silêncio. Alguma coisa não está certa. O psicanalista parece anormalmente alheio, distante. Está dormindo? Não, mas ele está muito pálido, muito frio. As atendentes entram e se encarregam da situação. Um médico é convocado, chega, verifica o corpo. O diagnóstico é simples: o psicanalista está morto há mais de três horas.

A história que contei é um resumo do relato de Serge Leclaire em *Démasquer le Réel* (Desmascarar o real, 1971), uma coleção de ensaios sobre o objeto da psicanálise, e é significativa, como

---

90. O sujeito só é sujeito sendo assujeitamento sincrônico no campo do Outro [N.T.].

mostra Leclaire, na medida em que narra um tipo particular de desejo de morte. O paciente quer a morte do psicanalista como a maioria de nós, conscientemente ou não, deseja a morte das pessoas no poder. Tal desejo não tem nada a ver, pelo menos em princípio, com amor ou ódio; ou, mais exatamente, ocorre ao lado ou além do que tais sentimentos possam significar. A história ilustra uma fantasia entretida por muitos pacientes confinados dentro de uma "relação analítica" e que, em todo o mundo, jogam simbolicamente com ela.

Para tornar seu argumento mais claro, Leclaire acrescenta outro caso, que realmente aconteceu e no qual se pode observar os efeitos de bumerangue da primeira história. Outro conhecido psicanalista parisiense está recebendo um paciente. Dessa vez, o contexto é diferente: o paciente está passando por um "treinamento" de análise para se tornar ele mesmo um analista. Assim, temos, de um lado, um "guia" e, de outro, um "discípulo" que tem que passar por seus próprios pesadelos para ter acesso à profissão. Um dia, na última sessão do dia, nosso discípulo-paciente começa a comentar sobre a própria história que acabo de resumir. O "mestre-guia" reage com humor: "Então, você gosta dessa história, não é mesmo?" O discípulo balança os ombros: "Por que não?"

Esse adendo torna mais fácil tirar lições dessa história. Dois temas principais vêm à mente. Primeiro, ao imaginar a morte do poderoso em um relacionamento, o que se quer realmente é matá-lo. Assim, alguém que pode decodificar a história pode muito bem perguntar: "Então, você realmente quer matar seu 'mestre'?" Ou, de uma forma mais dramática: "Você realmente tem desejado a morte de seu pai?" Mas a história também ilustra algo mais, ou seja, que o psicanalista encarna o silêncio. É ele quem é pago para ouvir e, ocasionalmente, para guiar, mas não para falar. Ele é exatamente o contrário de um professor. O psicanalista é, portanto, o especialista em um "silêncio mortal" que, como Leclaire nos lembraria, simplesmente simboliza a morte na maior parte de nossos próprios sonhos. Por outro lado, pode-se perguntar: O que dizer do paciente? Deitado no sofá, ele ou ela está frequentemente em silêncio, como uma coisa morta, como se estivesse esperando por alguém que pudesse "colocá-la" em outro lugar, em seu lugar. Não é o paciente que mais obviamente significa a morte?

A prática da palavra

É interessante notar que, quando a noção de morte, real ou simbólica, surge em uma relação psicanalítica, o analista, em princípio, sempre se referirá a três chaves principais: desejo ou medo da morte, identificação com a morte, representação simbólica da morte.

Quero começar minha meditação sobre "teorias africanas" com duas das declarações de Leclaire, que resumirão o que eu apresentei (traduções em inglês feitas pelo autor).

> Certamente, se o analista está em silêncio, há, de fato, também pacientes que brincam de estar mortos [...] e eles lhe dizem isso. E essa situação pode durar muito tempo (1971: 124).

> Em resumo, parece-me que o interesse dos analistas, sendo Freud uma exceção, tem mirado principalmente, do ponto de vista do assunto que estamos discutindo, o tema da morte, como se tematizá-lo permitisse melhor encobri-lo. Pelo contrário, o que propomos é [...] reintroduzir a questão da morte, tal como ela é vivida, por exemplo, por pacientes obsessivos (1971: 127).

O livro de Christopher Miller *Theories of Africans* (*Teorias de africanos*, 1990) ilustra o que poderia ser descrito como pesadelos obsessivos sobre uma possível morte real ou simbólica. Que tal obsessão, após o tráfico de escravos, a exploração colonial e na atual era neocolonial pós-independência, possa ser bem-fundada não é, porém, tema do projeto. A pesquisa de Miller é bem-delimitada e foca na "Literatura e Antropologia Francófona". E ainda sugere imagens que poderiam ser decodificadas pelas três chaves utilizadas pelo psicanalista quando ele enfrenta um paciente obsessivo.

Primeiro, há o medo da morte (simbólica ou real), expressando-se em um desejo de desaparecimento do "pai": Afinal, o que ele realmente sabe dos meus problemas? O que ele ainda está fazendo por aí? O discurso do pai não aborda minha experiência real, parece completamente absurdo, e eu não posso me submeter a ele. Desse ponto de vista, a rejeição da crítica ocidental, tão amargamente exemplificada pelos nigerianos Chinweizu, Jemie e Madubuike em seu livro *Toward the Decolonization of African Literatura* (Pela descolonização da literatura africana, 1983), torna-se um sinal transparente: ela deseja – e como deseja! – a morte de pais simbólicos. Em segundo lugar, há uma identificação com a morte na própria base das ideologias africanas mais importantes: "*Negritude*", "personalidade africana", "pan-africanismo". Refiro-me à identificação – por boas, sagradas e altamente respeitáveis razões – com as milhões de vítimas do tráfico de escravos e à identificação com aqueles que resistiram ao processo de colonização e foram mortos. Essa identificação é acompanhada de formas de introjeção e incorporação, que apresentam sinais explícitos e conflitantes tanto de um desejo como de uma recusa de morrer. Mas estas ideologias africanas de autoafirmação também são assombradas pelo espectro da morte *cultural*, que elas associam, por exemplo, com as políticas francesas de *assimilação*. Portanto, temos finalmente de considerar a representação simbólica da morte, o silêncio dos conquistados, que, no sofá do psicanalista, representam outro silêncio, o silêncio maciço e vergonhoso dos homens que se descobrem incapazes de explicar a seus filhos o que aconteceu. Aqueles que se *submeteram* agora enfrentam dúvidas sobre si mesmos, querem saber o que está errado com eles e enfrentam uma pergunta horrível: Será que o outro, o "conquistador" ou o "colonizador", tem uma resposta para sua situação difícil? Com efeito, esse tem uma resposta. Mas vamos notar outra coisa. Outro silêncio, assustador, permanece dentro da economia geral de novas palavras, línguas e teorias africanas que comentam a catástrofe e articulam de novas maneiras outros objetos de desejo: as mulheres africanas parecem não falar. Em suma, sua presença no campo da literatura francófona tem sido, até muito recentemente, marcada pelo silêncio.

Gostaria primeiro de dar uma visão geral do livro de Miller, e depois voltar a esses problemas que ele levanta. O livro está dividido em seis seções. A primeira, a introdução, "Lendo através de olhos ocidentais", trata das principais questões teóricas que dominam a investigação intelectual mais ampla de Miller. Dentre elas, duas parecem centrais, a utilidade da antropologia e do dialogismo.

> Pensar programaticamente abordagens ocidentais da literatura africana me leva a uma hipótese importante, em torno da qual o resto deste livro irá girar, qual seja, a de que uma leitura ocidental justa das literaturas africanas exige envolver-se com a antropologia, até mesmo depender dela. A demonstração desse ponto parte da premissa de que uma boa leitura não pode ser resultado de ignorância e que os ocidentais simplesmente não sabem o suficiente sobre a África (MILLER, 1990: 4).

> Se a antropologia se tornar dialógica, infundida com as complexidades e contradições dos sistemas de pensamento com os quais ela interage, parece que todos ganharão com isso. O abandono da falsa transparência pode tornar mais difícil "procurar" o significado de um "símbolo", mas os significados que conseguiremos construir serão consequentemente mais válidos. Entretanto, se a própria descrição e representação forem recusadas, se o foco da etnografia mudar completamente do observado para observador, então seu valor de uso como interlocutor do trabalho crítico sobre as literaturas africanas vai acabar se perdendo (MILLER, 1990: 27).

A ideia de reunir a antropologia e a literatura africana *en bloc* parece original. Até agora, os especialistas conceberam essa colaboração apenas entre antropologia e literatura oral. Miller vai além disso. Seu objetivo expresso de colocar a literatura e a antropologia em diálogo representa um avanço em relação àqueles que exaltariam a antropologia como um espelho dos contextos e realidades africanas.

A segunda seção do livro, "Etnicidade e ética", começa com uma análise conceitual da "etnicidade" e sua relação com a "ética" e o "*ethos*". Miller argumenta que "etnicidade e ética de fato constituem o tópico central na crítica da literatura africana" e sugere uma distinção "entre as etnografias que são 'éticas' e aquelas que carecem de crítica ética". Ele então aplica essa lição à crítica marxista da etnicidade, como ilustrado principalmente em um livro coletivo editado por Georg M. Gugelberger, *Marxism and African Literature* (Marxismo e literatura africana, 1985). Essa coleção de ensaios, argumenta Miller, tende ao mesmo tempo a considerar e deixar de lado a etnicidade.

Esse argumento é relevante, pois Miller vincula explicitamente as teorias de Amilcar Cabral e Frantz Fanon a questões de vida e morte. Ele usa como exemplo o que ele chama de "A casa de detenção da Guiné", e comenta a execução do escritor e artista Keita Fodeba, que "não foi acusado por apoiar uma etnia que nos é conhecida, exceto no sentido etimológico, dado que Sékou Touré o tornou um pagão, um herege, exilado de um reino no qual certo discurso reinava" (p. 61-62). Com efeito, Miller distingue, de um lado, "o uso local 'pragmático' da ideologia marxista no sentido cínico" de Sékou Touré, e, de outro, por exemplo, o marxismo no livro de Gugelberger, na invocação da violência como meio de libertação política em Fanon, e na própria loucura política de Sékou Touré. É possível notar que Miller é crítico em relação a tal interpretação possível de seu argumento:

> A sequência de eventos que descrevi permanece aberta a uma variedade de interpretações, e não ofereço o destino de Keita Fodeba como uma consequência necessária do marxismo ou das teorias de Fanon, ou como um conto cuja moral é a de que nada pode mudar [...]. O fato de Sékou Touré se envolver com o discurso marxista e fanoniano torna Fanon responsável pelo reinado de terror na Guiné? A questão faz lembrar os debates sobre a relação de Nietzsche com o

> nazismo: Até que ponto um autor é responsável pelas leituras corretas e equivocadas de seus textos? Uma leitura completa e atenta dos textos de Fanon pode revelar um sistema "aberto" que foi erroneamente "fechado" pelos críticos; mas o problema que me preocupa é precisamente como os paradoxos textuais na escrita de Fanon se traduziram numa opressão política inequívoca por um "mal leitor" como Sékou Touré (MILLER, 1990: 62).

A questão é importante: se permitirmos que Fanon seja culpavelmente implicado pela suposta (e realmente bastante mistificadora) relação entre sua obra e a prática de Sékou Touré, então até onde se deve ir com o deslocamento de responsabilidades e com o indiciamento das pessoas? A quem condenar, Aristóteles ou seus discípulos europeus que amontoaram, em seu nome, teorias elaboradas de justificação do tráfico de escravos? Quem deve ser acusado – Paulo e Tomás de Aquino de um lado, ou, de outro, as práticas e ideologias contra as mulheres que duraram séculos nas Igrejas cristãs? Quem deve ser vilipendiado, os antropólogos culturais dos séculos XIX e XX, que inventaram tribos e modelos africanos, ou, por outro lado, seus discípulos africanos que exploraram esses artifícios para suas políticas criminosas de "autenticidade"?

Abordei em outros textos as ambiguidades intelectuais e políticas, e a generosidade, dos marxistas de formação francesa. Eles não correspondem, em geral, à caricatura descrita por Miller. Ao contrário da maioria dos colonos, dos africanistas não marxistas e de outros missionários enviados por Deus, os marxistas tiveram a coragem de expor publicamente, em toda sua ingenuidade, as lições tiradas de seu compromisso africano.

De todo modo, a complexidade e a feiura de toda a questão nos trazem de volta ao ponto de partida. Sabemos que o filho deseja a morte do pai, o escravo deseja a morte do mestre, o colonizado deseja a morte do colonizador, o paciente deseja a morte do psicanalista, uma ideia bem exemplificada no trabalho de Fanon. No entanto, como agir diante de tal desejo? Sartre, por exemplo, expôs tal alternativa num texto pouco conhecido e controverso, *Entre existencialismo e marxismo* (1974: 189-223). E o que pensar e fazer quando, em nome de uma vontade irresponsável de verdade, esse desejo se transforma em atos de pura loucura? Prudentemente, Miller se concentra nos fundamentos. Contra o discurso de Fanon sobre o direito à violência e sua aplicação "antiética" feita por Sékou Touré, Miller observa: "o que *é* ético seria uma relação dialética entre uma verdade transcendental e o respeito pelo outro, pela diferença. Uma relação consigo mesmo tem poucos problemas éticos. Neste sentido, *não existe uma verdadeira ética sem etnicidade*, sem a presença inquietante e desordenada do outro" (MILLER, 1990: 63).

O capítulo 3 trata da "Oralidade por meio da alfabetização", focalizando a "arte verbal do Povo Mande"; o capítulo 4 analisa o contexto antropológico e o conteúdo do conhecido romance *L'Enfant Noir* (A criança negra) de Camara Laye; o capítulo 5 faz uma crítica, a partir do livro *Les Soleils des Indépendances* de Ahmadou Kourouma, da ideologia "francófona" e, analiticamente, examina a política interna do próprio livro; por fim, o último capítulo do livro de Miller é dedicado às "Escritoras senegalesas". Estes estudos de caso, escreve ele, constituem sua "resposta ao elo com o relativismo" e são "um reflexo do meu meio, mas igualmente um reflexo do campo discursivo que existe nos estudos africanos". Significativamente, Miller acrescenta que ele "não pretende transcender ou abandonar a cena acadêmica norte-americana, mas a partir dela [...] tentar um diálogo com outra cena, cujas questões e linguagem são parcialmente, *problematicamente*, diferentes: a África francófona" (1990: 67). Em seu todo, os estudos tratam com elegância "a ética da projeção" e, com uma brilhante consciência teórica, comentam o que o próprio Miller chama de "a diferença entre projetar para outra pessoa ou para outro povo" (1990: 296).

Três questões importantes animam o projeto de Miller, um projeto que prossegue sob a rubrica das "Teorias de africanos", mas que encontra sua coerência em uma leitura particular dessas teorias à medida que elas brotam de seu contexto. A primeira dessas questões é a de uma ideia de África como circunscrita por uma série de "etnicidades" ou diferenças. Ao menos na literatura acadêmica contemporânea, o conceito de "etnicidade" representa uma corrente recente que (em oposição à ideia de uma África culturalmente unificada, comum na década de 1960) enfatiza a alteridade de algumas entidades culturais básicas definidas por uma língua e uma história particular. A segunda questão decorre de a antropologia – ou mais precisamente uma bibliografia antropológica – aparentemente ser um recurso necessário para decodificar "etnias", bem como "a complexidade das questões culturais na África e sua tradução para o entendimento ocidental" (1990: 5). Por fim, há uma questão bastante delicada: a política da morte simbólica e, infelizmente, real, que se reflete insistentemente na discussão de Miller sobre etnografias e projeções éticas.

"Pensar antropologicamente é validar a *etnicidade* como categoria, e isto se tornou uma ideia problemática", escreve Miller (1990: 31). Talvez valha a pena notar que, por "antropologia", nesse e em outros textos, Miller que dizer antropologia cultural, uma tradição que engloba escolas evolucionistas, difusionistas e funcionalistas. As origens da antropologia cultural, como argumentei em outro lugar, estão no desejo ocidental de descobrir seu próprio passado, e ela construiu uma trajetória imaginária que começa com a chamada civilização primitiva e culmina nas conquistas da civilização europeia. Esse *telos* oculto pode continuar a tingir até mesmo as escolas de antropologia que renunciam ostensivamente a ele. Quero insistir, no entanto, que essas preocupações não contrariam a tradição kantiana da antropologia filosófica, tal como exemplificada pela validação da diferença na filosofia da alteridade de Emmanuel Lévinas. (Por mais surpreendente que pareça, eu diria que é a essa tradição kantiana que a antropologia estruturalista associada a Claude Lévi-Strauss pertence apropriadamente.)

Miller correlaciona "etnicidade" e "alteridade"; e, referindo-se à desconstrução que Jean-Loup Amselle faz do conceito de "etnicidade africana", concorda que as *"etnias"* africanas foram "construídas pelos colonizadores a fim de dividir e conquistar". Ele então faz uma pergunta: "Isso significa que a própria etnicidade é uma ilusão, uma categoria inútil de interpretação?" Sua preferência é preservar tal categoria "em uma investigação sobre as noções de identidade e diferença. Miller a define como "um sentido de identidade e diferença entre os povos, fundada sobre uma ficção de origem e descendência, e sujeita às forças da política, comércio, língua e cultura religiosa" (1990: 34-35). Ainda assim, a fragilidade da noção de etnicidade se torna evidente na própria leitura que Miller faz a respeito do "espaço" cultural Mande, e quando ele reconhece que "as fontes etnográficas sobre o Povo Mande – desde o final do século XIX até o final da década de 1980 – estão cheias de brigas terminológicas e desacordos substantivos" (1990: 75). Por que, então, Miller escolhe manter um conceito cujo valor ele mesmo colocou em questão?

A resposta está em sua fé na antropologia – ou seria melhor chamá-la de "resignação vigilantemente céptica"? "Tomada pelo valor de face", escreve ele, "minha hipótese significa simplesmente que qualquer leitor não africano (ou mesmo um leitor africano de uma área cultural diferente) que procure cruzar a lacuna de informação entre si mesmo e um texto africano será muito provavelmente obrigado a procurar em livros classificados como antropologia" (1990: 4). Miller está bem consciente dos perigos dessa abordagem. Em primeiro lugar, as representações encontradas na biblioteca antropológica não são a melhor nem a mais confiável introdução às imagens africanas da alteridade. Como ele reconhece, o "acesso a sistemas não ocidentais" que tal biblioteca parece oferecer é "mediado por uma disciplina que foi inventada e controlada pelo Ocidente". Em segundo lugar, porém, as tensões metodológicas e ideológicas, bem como as mudanças de modelos evolucionistas para modelos funcionalistas e estruturalistas em antropologia ocorreram de tal modo que, com o tempo, todo o campo dessa disciplina e suas representações se transformaram. E Miller sabe disso. Ele se submete à antropologia, mas é muito crítico em relação a sua autoridade. Também observa que, na política do início da era da pré-independência, a antropologia era "o modo mais poderoso de discurso colonial". Se sua dependência da antropologia implica (como ele escreve) uma "rendição a esse paradoxo", eu apenas insistiria que isso não implica a rendição de nossa consciência crítica a respeito das eventuais falhas de confiabilidade das fontes e leituras antropológicas. Como Miller reconhece, "fazer uso da antropologia é pedir problema emprestado".

Há outras questões que surgem do privilégio que Miller dá à antropologia cultural e não, digamos, à história. Eu ainda me pergunto o que teria acontecido se ele tivesse assumido o risco de trazer para suas análises, explícita e sistematicamente, a perspectiva da antropologia filosófica mais do que da antropologia cultural. De qualquer forma, a sucessão cronológica dos temas escolhidos – arte verbal Mande, *L'Enfant Noir* de Laye, *Les Soleils des Indépendances* de Kourouma e as escritoras senegalesas – se encaixa magnificamente em um quadro histórico da literatura francófona. Além disso, em vez de meramente refletir aqueles valores mudos e confrontos socioculturais que são a reserva de antropologias estáticas, seus temas avançam, descrevem, revelam uma história africana particular em construção.

Contudo, deixarei de lado essas difíceis questões para poder tratar dos quatro capítulos antropológicos-literários. O autor explora uma série de questões delicadas sobre a origem dos textos e a conquista da fala, a *prise de parole* das mulheres senegalesas. Ao mesmo tempo, ele teoriza sobre os personagens e a complexidade sociocultural dos textos escolhidos. Aqui, então, podemos trazer de volta a preocupação analítica com a qual começamos. Leclaire escreve:

> Alguém, na frente de outra pessoa, fala. Ele interroga o que ele é. Ele se pergunta, de maneira muito singular, como ele – que, com mais ou menos felicidade (ou infelicidade), crê ser alguém mais ou menos distinto – se situa em conexão com os outros, todos os que estão mortos ou vivos; por sua vez, que tipo de vazio pode

criar seu desaparecimento, ou que lugar ocupa sua presença? (LECLAIRE, 1968: 175).

Este *quelqu'un* (um qualquer) é múltiplo. De fato, ele fornece um relato do diálogo de Christopher Miller com os escritores francófonos africanos sobre os quais ele comenta. O *quelqu'un* também pode servir como uma figura para a forma como os leitores de Miller podem se situar em uma conversa com o autor e estabelecer um discurso sobre o discurso de Miller, como eu faço neste ensaio. Os leitores também podem trazer para a conversa sua própria compreensão dos textos e contextos básicos que Miller emprega. De qualquer forma, ao final de *Teorias de africanos*, os leitores saberão a que foram submetidos. Eles podem, de forma variada, rejeitar ou integrar, total ou parcialmente, uma interpretação acerca de uma peça primária, o "complexo zero" que Camara Laye e Ahmadou Kourouma afirmam narrar. Seja como for, eles terão de lidar com a antropologia e, a propósito de *L'Enfant Noir*, com cenários intelectuais relativos à evolução dos seres humanos.

Aproveitando as análises de Miller, gostaria agora de me concentrar em três temas relacionados a poder e morte simbólica e, ao fazer isso, mostrar a força da contribuição desse autor para o campo da literatura africana. Os temas são a infância africana como metáfora, a língua francesa como sinal do poder masculino e a voz recusada das mulheres africanas como o outro lado de um cânone intelectual e social.

A criança africana, em *L'Enfant Noir*, enuncia sinais e regras de uma ordem cultural que nos diz como é bom viver em comunhão dentro do que parece ser uma afinidade excepcional entre cultura e natureza. Ela está mentindo? É provável, como muitos críticos já disseram. Estará ela jogando com um mito "político"? Não é impossível. A visão da infância se enquadra no texto de Laye como um cenário romantizado, cujos movimentos e equilíbrios secretos formam um quadro surpreendente. Devemos imaginar uma armadilha, uma vez que o volume real aparentemente enfrentado pela história não é explicitamente nomeado? Será que a narrativa de

Camara Laye não celebra um espaço mítico, um ambiente idealizado? Há sinais contraditórios, tais como algumas tecnologias ocidentais. No geral, porém, a narrativa apenas decora uma espécie de experiência zero, primitiva, imediata, experiência imaginada na qual um garoto brilhante usa sua infância como um jogo de poder e conjuga, em seu campo *stretto*, suas brincadeiras complicadas com as brincadeiras dos adultos. Mas é a criança ou o escritor que está manipulando o leitor? Christopher Miller credita o escritor como responsável por "uma metáfora astuta, uma tática usada para ganhar influência e, em última instância, um comentário irônico sobre a política do conhecimento" (1990: 128).

Dedicado à mãe, o livro faz uma revelação surpreendente sobre a relação existente entre o pai e o filho: "deixei meu pai muito cedo". O comentário de Miller apreende esse ponto: o narrador "afirma uma razão muito simples, muito significativa: ele deixou seu pai cedo demais. O pai é conhecimento; nas páginas seguintes, começará a revelar alguns de seus conhecimentos secretos ao filho" (1990: 134). Como já podemos adivinhar, do ponto de vista do filho, o segredo supremo está no próprio nome do pai. Neste traço de sua origem e, portanto, de uma possível identificação com o que o tornou possível, o filho pode tornar-se alguém como seu pai. Miller especifica a complexidade do desejo:

> A identidade da figura paterna, *le nom du père*, é a condição à qual o narrador aspira e à qual ele parece não obter acesso. Na passagem de *Le Maître de la parole* pertencente a Fran Camara, Camara Laye estava trabalhando sobre o mesmo problema de origem, identidade e *status*. Ser "pai-filho" (*faden*[91]) é

---

91. Entre os Mande, o termo *faden* indicaria, em princípio, os filhos do mesmo pai; porém, a palavra tem um uso mais complexo, que inclui ancestrais, irmãos, primos, a *fadenya* indicando, em geral, os conflitos patrilineares e a dinâmica política dos mande (cf. KOUYATE, M. *La variabilité dans quatre versions de l'épopée mandingue*. Vol. 2. Tese de doutorado em linguística. Université Bordeaux Montaigne, 2015, p. 127) [Disponível em https: //tel. archives-ouvertes.fr/tel-01203724/file/These_Mamadou_KOUYATE_annexes. pdf – Acesso em 25/01/2022 – N.T.].

ter ou buscar uma certa relação com o totem do pai. Assim, quando lemos sobre a relação do antepassado com uma cobra em *Le Maître de la Parole*, explicando genealogicamente a relação totêmica, estaremos em melhor posição para continuar lendo *L'Enfant Noir* (1990: 142).

Dessa forma, o jogo da criança com a serpente na história torna-se uma metáfora. Ela deve matá-la para, finalmente, conhecer os segredos do pai ou (para concordar com Freud e afirmá-lo teoricamente) para que ele possa transcender o complexo de Édipo? Miller insiste corretamente que, nesse caso específico, "a identificação é *total* dentro do que Freud chama de realidade física, e sua explicação do 'retorno do totemismo na infância' como uma manifestação atávica do complexo de Édipo pode ser aplicada a uma leitura de *L'Enfant Noir*". Há aqui imensos problemas. A partir de *Totem e Tabu* de Freud, pode-se seguir a análise de Miller de hipóteses – como as de Malinowski, Lévi-Strauss, os Ortigues etc. – relativas a Édipo e a evolução dos humanos. No final, é preciso enfrentar a declaração de Miller:

> Entre os Mande, o totem parece realmente ser "o que resta de uma totalidade diminuída", sendo a totalidade os sistemas ordenados de relações, costumes e crenças que remetem aos dias de glória do império. O épico Sunjata é o principal lembrete da última plenitude; a arte verbal dos griôs procura reviver a totalidade, mas é suspeita de diminuí-la. O totemismo é outro lembrete (1990: 154).

Há então o caso do livro de Ahmadou Kourouma *Les Soleils des Indépendances*. É um "romance antropológico", como diz Miller, em que, "nos momentos quando o narrador personificado emerge e lembra ao leitor seu conhecimento superior, uma estrutura autoritária se expõe e é submetida à ironia; ironia porque a autoridade deste personagem narrador é limitada pela troca dialógica da qual ele participa com o leitor" (1990: 224). Pode-se considerar outra possibilidade: *Les Soleils des Indépendances* como um romance sociológico sobre um passado que enfrenta um presente e inscreve sua agenda política de acordo com novas determinações de desigualdade e diferenças. A língua francesa, neste caso, torna-se um símbolo de poder. Confrontá-lo, desestruturá-lo em nome de uma "africanidade", que tentação! Por sua vez, Miller, após uma análise cuidadosa da "ideologia da francofonia", faz comentários sobre os modos como Kouroma africaniza os franceses, insere-os em seu dialeto, dialetiza-os, em nome daquilo que propus chamar de "complexo zero". Pode parecer misterioso o fato de que esse livro deveria então ser celebrado pela "francofonia". Contudo, tais são os caprichos da história. Miller cita a esperança expressa por Senghor de que sua "participação como um dos 'imortais' da Academia Francesa lhe permitirá 'trabalhar' [...] na mestiçagem da língua francesa [...]. Espero introduzir no dicionário da Academia Francesa palavras como *négritude*" (1990: 199). Kourouma pôs em ação esse sentimento, dialetizando o francês e inscrevendo-o como a encruzilhada entre a velha política tradicional Mande e os novos e despedaçados sonhos de modernidade.

O prazer de falar, o domínio da palavra, revela o jogo de múltiplas vozes e representa símbolos estilhaçados, enuncia ironias acerca das línguas e, portanto, acerca do limite, da origem; em suma, esse discurso relaciona o luto de um objeto perdido, uma identificação com uma figura morta mas significante. Miller glosa o final do romance de Kourouma: "uma utopia Mande foi perdida na Terra, mas a implicação é que ela sobrevive na mente. A política pertencerá às novas estruturas, mas a cultura permanecerá inalterada" (1990: 239).

Por fim, Miller aborda a questão da ausência das mulheres na literatura francófona: "a ausência gritante de mulheres romancistas antes de 1976 – um silêncio ensurdecedor – comanda qualquer abordagem deste tema e exige explicação" (1990: 247). Há razões para essa ausência. Entre as mais visíveis estariam padrões de controle na África pré-colonial e colonial, a política colonial de alfabetização e "a ambígua aventura da educação". Eu gostaria de insistir, brevemente, em uma correlação. Miller comenta, várias vezes, que o livro de Camara Laye é dedicado à mãe. Na verdade, a dedicação vai além da mãe, Daman, e inclui todas as mulheres negras, todas as mães africanas: "Femme noire, femme africaine, ô toi ma mère je pense à toi". "Mulher negra, mulher africana, ah você, minha mãe, eu penso em você". Agora, observemos que, na cultura, o *discurso* é apresentado como feminino. Resumindo os livros *Gens de la parole* e *Paroles très anciennes*, de Sory Camara, Miller observa:

> A representação que ele faz dos sexos em conflito na cultura Mande e das mulheres como subordinadas e mudas ("um tipo de cidadão que é um eterno menor de idade") é confirmada e ampliada em seu trabalho subsequente, *Paroles très anciennes*. Nesse estudo etnopsicanalítico da cultura Mande, Camara interpreta a circuncisão, a caça, a agricultura e a poligamia como estratégias simbólicas pelas quais o herói masculino Mande (agindo em nome da *fadenya*, o estado pai-filho) procura contornar a mulher e engendrar a si mesmo (1990: 263).

Simbolicamente, portanto, se a fala é feminina, a cultura é masculina e suas origens estão nas mãos de especialistas assexuais e neutros, os griôs. Neste contexto, o pai encarna a lei que o herói de *L'Enfant Noir* gostaria, como já vimos, de ter enfrentado mais cedo. Sensível aos privilégios da mãe, mas sujeito às exigências determinantes da cultura, o herói reúne os dois polos conflitantes: ele é o "objeto" amado de uma mãe, e o "filho" de uma cultura, isto é, o "filho" de seu pai. Poderíamos então, como hipótese, imaginar o autor, ao se romancear e ao dedicar o livro à mãe, formulando de forma muito decisiva o que Jacques Lacan chamou a relação da mãe com o discurso do pai? Mais um passo e o pai não será mais a "referência recusada" ou, especificamente, o "referido" e o "recusado" que, na mente do herói (e do autor), ficariam do lado oposto à figura central, amorosa e equilibrada da mãe *genitrix*.

Há uma ausência notável nesse espaço conflitivo que pode muito bem explicar o "silêncio emudecedor" da mulher, descrito por Miller: a ausência da *genitrix* da mãe e de sua ordem. Gostaria de usar essa ausência como uma chave para minha leitura do livro de Bernadette Cailler *Conquérants de la nuit nue: Edouard Glissant et l'H(h)istoire antillaise* (Conquistadores da noite nua: Eduard Glissant e a H(h)istória das Antilhas, 1988).

A morte dos pais falsos

Na conclusão de seu estudo sobre Glissant, Bernadette Cailler observa que o escritor caribenho "quer tratar da crise do espaço psíquico em que reside a aventura caribenha do texto" (1988: 172). Em questão está a experiência da história para alguém que está excluído dos próprios arquivos da história. O que significa ser um intelectual e refletir sobre o significado da história para alguém como Glissant, alguém que não tem outra escolha senão pensar dentro da tradição francesa, mas que não pode esquecer que seus ancestrais vieram para o Caribe como escravos? Esta crise, pensa Cailler, "lança suas raízes profundamente na morte dos pais (falsos pais), produtores de discursos que foram codificados previamente; uma crise na qual os discursos de amor são corroídos de buracos em todos os lados, e na qual os mitos da filiação crescem indistintos; uma crise na qual, a cada dia, a conexão exige sofrimento, uma abertura que deságua num fazer de conta" (1988: 172). A tese é fascinante.

Gostaria primeiro de elucidar o conceito de pai falso, então abordar o livro de Cailler de modo crítico e avaliar seu interesse e relevância expandindo algumas das questões que ele levanta dentro do registro psicanalítico adotado por ela.

Consideremos certas complexidades da relação da criança com seu pai. É nosso pai que, em nome dos privilégios do sangue, da Antiguidade, da tradição, convoca-nos em nossas fantasias e nos estabelece dentro de uma ordem de deveres e ambições concebidas por uma memória antiga que ele representa. O pai é tradição. Ele é o que veio antes, e encarna a lei da sobrevivência e o sinal do futuro. Ele assim o ordena: Não temas, filho, este é o passado do nosso povo.

A autobiografia do pai aqui se torna uma espécie de história. Sua palavra recebe uma permanência que nos segue de lugar em lugar e ao longo dos anos. Ela se torna a memória do mundo. Daí o peso de gerações que é transmitido na frase "eu sou seu pai". A criança, esmagada por tal autoridade, retira-se para uma posição de fraqueza enquanto, ao mesmo tempo, gostaria de afirmar uma nova autoridade e a voz de novos caminhos a serem seguidos. Mas um discurso soberano, o do pai, expõe nitidamente uma recusa mortal ao desejo de poder da criança. "Vou procurar em outro lugar", pensa a criança, e assim levanta suspeitas que ditam uma releitura da memória familiar. "E se meu pai estivesse errado?"

E se o pai a que você se submeteu for um impostor: um falso pai que usurpou erroneamente a posição de autoridade? O que acontece então com o filho? E quanto ao *status* da memória: se eu estiver enfrentando um falso pai que me impôs uma palavra falsa, que tipo de memória estou rejeitando? Esse tem sido o caso há muito tempo na África negra colonizada: depois de perfurar dos livros aquela fala sobre "nossos ancestrais gauleses", o que acontece quando você acorda e descobre que seus ancestrais não eram tais gauleses? Você permanece silencioso – ou grita até ficar rouco? Quais são as implicações aqui para uma prática e política de patrimônio e tradição?

Usando um modelo psicanalítico para o deslocamento histórico do sujeito colonial, Cailler oferece uma figura convincente para a paternidade, o poder e a memória. Quem é realmente meu pai? Há muito mais por trás desta pergunta do que a miragem de tentar identificar, digamos, o inventor da caneta esferográfica ou do filtro de cigarros. Com efeito, trata-se do dilema de inserir-se numa genealogia do sangue, de definir-se como descendente de uma memória que faz parte de uma determinada história; e para alguém como Glissant, significa a tarefa de tentar articular uma continuidade, uma história, um futuro. O livro de Cailler indica de forma persistente o que está em jogo: Onde está o pai? Como nomeá-lo e a seu poder? A memória da criança deve corresponder à de seu pai, e seu discurso deve estar de acordo com o de seu pai?

298

Cailler começa com uma imagem de pesar, a da figura do *maroon* – ou seja, do escravo fugitivo[92] – como entrada no trabalho de Glissant. Pois é seu objetivo mapear a experiência histórica do *maroon* sobre o percurso único que Glissant percorreu. Quanto à experiência histórica, a autora a desenvolve em grande parte por meio da releitura de um capítulo do livro de David Patrick Geggus *Slavery, War and Revolution* (Escravidão, guerra e revolução, 1982) e de dois livros de Richard Price: *Maroon Societies* (Sociedades Maroon, 1973) e *First-Time: The Historical Vision of an Afro-American People* (Primeira vez: a visão histórica de um povo afro-americano, 1983), além de se basear nos testemunhos de escritores anteriores como Moreau de Saint-Mery, Cesar de Rochefort, Jean-Baptiste Dutertre e Jean-Baptiste Labat. Em resumo, a epopeia do escravo fugitivo é feita para representar a negação da escravidão, e será considerada sob essa luz. A fuga do escravo é uma simples fuga para uma nova sorte ou, como tem sido celebrado, um ato político que rejeita a servidão em termos absolutos: liberdade ou morte? Cailler nos diz que "pesquisadores sérios hoje concordam em estabelecer o amor à liberdade como a primeira prioridade entre as causas da fuga dos escravos". Assim, ela pode revelar a emoção de seus notáveis sacrifícios: "Enraizadas numa forte negritude primeira (o escravo suicida que engole sua língua, o escravo que salta ao mar, o sufocamento dos filhos de um escravo...), as histórias dos *maroons* tinham de ser, deveriam ser escritas algum dia" (1988: 66).

Como reflexo desse marco histórico de escravos fugitivos, o autor detalha um percurso simbólico e político percorrido por Edouard Glissant, como um novo sinal do *maroon*. Nascido de uma respeitável família em Bezaudin, educado em Lamentin e depois no Lycée Schoelcher em Fort-de-France, Glissant partiu para a França em 1946, onde estudou filosofia e etnologia. Cailler enfatiza certos

---

92. Em territórios do Caribe, *maroon* era o termo que designava os africanos que escapavam e se libertavam da escravidão, formando comunidades independentes, tal como os quilombos no Brasil [N.T.].

encontros que Glissant teve ao longo do caminho. Por exemplo, ele teve Aimé Césaire como professor no Lycée Schoelcher. No início dos anos de 1940, "aparentemente, Glissant queria muito manter distância da negritude concebida por Césaire [...]" (1988: 40); e, uma vez na França, "parece que ele vivia bastante isolado [...]; algumas páginas do ensaio poético *Soleil de la Conscience* (Sol da consciência) publicado em 1955 evocam este difícil ajuste à paisagem francesa; são páginas introspectivas nas quais já é evidente toda a ambiguidade da relação com o Outro, mas também a força da 'intenção poética' que resiste ao impasse, à errância sem rumo, bem como à segregação" (1988: 41).

A questão é apresentada em termos simples: Até que ponto tal resumo da biografia de Glissant reproduz a paixão dos *maroons* históricos e os riscos que eles correram? Ora, entre os amigos ou conhecidos de Glissant estavam intelectuais negros como René Depestre, Frantz Fanon e o escritor argelino Kateb Yacine. Mas Glissant era também um intelectual francês, cuja dissertação para o *Diplôme d'études supérieures* tratava de poetas franceses: Césaire, Reverdy, Char e Claudel. E ainda assim Césaire está entre eles: sua presença não valida a ordem daquela ambiência intelectual?

Para estabelecer uma correspondência entre a estrada percorrida por Glissant e a do escravo fugitivo, Cailler na verdade nos convida a dar um salto da vida do autor para seus textos à medida que eles se transformam a partir dos anos de 1950. E não precisamos parar em Glissant. Frantz Fanon, por exemplo, seria um *maroon* de primeira ordem. Ou poderíamos apontar para figuras ainda mais evocativas, como o cubano Esteban Montejo, um *maroon* de mais de 100 anos que, no livro de Miguel Barnet (1968), diz que, para ele, a fuga era um espírito, uma vocação. O paralelo que Cailler desenvolve entre o itinerário do intelectual caribenho e o do escravo fugitivo visa celebrar o primeiro por referência ao martírio do segundo. Devemos observar, entretanto, que, se as palavras de Glissant têm origem na fuga dos escravos, é porque esses se recusam a deixar as páginas da história correrem em silêncio. Metaforicamente, Fanon reencenou o gesto de Montejo. Glissant, em um movimento diferente, escolhe manter o significado *textual* de um discurso *oral* sobre liberdade.

Mas Cailler sugere que o *maroon* seja entendido como um "negador", ou melhor, como uma "metonímia" (1988: 59n. 30). Desta vez, a divisão entre as duas histórias poderia ser superada. O primeiro gênero estabelece a memória do passado na história escrita dos historiadores. Assim, os experimentos de história feitos pelo próprio Glissant podem ser sobrepostos ao tempo histórico e à versão da história representada pelo discurso do "pai". Não é, portanto, um acidente que o maior sinal desse segundo negador reflita a sombra de Hegel. Glissant escreve:

> Na verdade, cada história (e, consequentemente, cada Razão da História concebida e nela projetada) existiu decididamente à exclusão de outras: é o que me consola por ter sido excluído do movimento histórico por Hegel.
> "O que entendemos sob o nome África é um mundo a-histórico, subdesenvolvido, inteiramente prisioneiro do espírito natural, cujo lugar ainda se encontra no limiar da história universal." Nisso a razão totalizante era menos poética, astuta, que o relativismo tolerante de Montaigne. A investigação hegeliana do mundo, tão belamente sistemática e tão vantajosa para as metodologias ocidentais, muitas vezes tropeça nos detalhes em que se exerce o interesse muito vigoroso de Montaigne (in: CAILLER, 1988: 54).

Diante desse confronto, Cailler elabora quatro respostas principais. Em primeiro lugar, a reflexão de Glissant sobre o tema da história tem origem "no interior do triângulo intercontinental; o que se acrescenta às visões europeias e africanas sobre a África, para quem medita sobre isso, são as visões europeias, norte-americanas, africanas e, no fim das contas, planetárias sobre o Caribe; tudo isso vem ofuscar a visão do Caribe sobre seu passado, um passado cujo ancestral ainda não foi definido, no qual a importância – ou o absurdo – de quem está 'do outro lado das águas' ainda não encontrou sua verdadeira medida" (1988: 55).

Em segundo lugar, deve-se notar que a busca de Glissant por suas raízes se desdobra como uma busca por uma história negada ou, pelo menos, não muito conhecida: "de que forma os africanos do passado viveram sua percepção da História?" Contudo, diante de tal historiografia, diante do legado da filosofia hegeliana, encontramos uma profunda ansiedade:

> Na obra de Glissant existe uma tensão constante entre o sentimento de impotência, tristeza, diante da "deficiência" histórica, e a convicção de que a necessidade última não é o conhecimento de "fatos", mas a aquisição de um sentimento de duração, começando com "uma nova onda de documentos", ou, como ele diz novamente, com um "registro": como se a carência documental ainda assim servisse como um trampolim para a meditação, frutífera para todos, sobre o que constitui a consciência coletiva (CAILLER, 1988: 56).

E é isso que explica a importância aparentemente atribuída por Glissant ao *nós*, o plural em primeira pessoa, como uma "realidade concreta ou noção abstrata", tanto a montante como a jusante de um sentimento real de impotência.

Eu gostaria de parar por um momento e levantar algumas questões. Primeiro, é preciso observar que Hegel esmaga Marx nessa leitura de Glissant. Há um certo desespero que parece ser ocasionado pelas afirmações hegelianas. Não podemos nomear uma história silenciosa, pois ela não pode ser pensada exceto em relação a um esquema hegeliano no qual a África é um vazio. Como, então, retratar a incursão de Hegel dentro do pensamento africanista? Seria possível recorrer a Marx. Ou, caso esse pareça assustador demais, que ao menos se invoque Bergson, que nos ensinou que a criatividade é comparável a um jogo de paciência.

Talvez a sensação de impotência que perpassa o discurso de Glissant se origine menos na história que ele deseja, mas que não pode lhe satisfazer, e mais no próprio fato da busca pela própria história negada. "Falsos pais", mestres de uma fala soberana e eficaz – eficaz no mesmo sentido da eficácia da fala dos patriarcas bíblicos –, teriam, de fato, condenado antecipadamente tal busca. Em todo caso, o projeto parece se definir como uma função de falta, ou seja (para citar Serge Leclaire), como o que finge ser e se afirma "no lugar de", o espaço vazio que existe entre "o que nunca é alcançado" e "o que está constituído desde toda a eternidade" (LECLAIRE, 1968: 144).

É possível propor uma abordagem alternativa. Talvez se possa interrogar o estatuto de repositório de verdades reivindicado por tal história. Poderíamos seguir Husserl, digamos, e aceitar que a afirmação de uma verdade é meramente a asserção de uma proposição subjetiva que reflete apenas nossas experiências individuais – e, consequentemente, que sua força normativa é apenas uma miragem. Que credibilidade ainda gozaria a história caribenha ou africana no esquema hegeliano, e vice-versa? Mas é óbvio que um ceticismo ou exigência de "verdade" tão rigorosos não são necessários para lançar dúvidas sobre a "geografia" intelectual de Hegel e suas implicações. Por outro lado, não se deve deixar que esse ceticismo mais exaustivo invalide, no nível ingênuo em que me encontro, toda a pertinência do jogo que estou esboçando com a oposição entre a cena hegeliana e a dúvida radical de Husserl.

Eu exagerei ao extremo as tensões que Bernadette Cailler leu no trabalho de Glissant. Alguém poderia me censurar por negar a possibilidade de alguma coerência histórica. Em suma, minha tendência seria conceber a história, toda a história, como uma invenção do presente. O que quer que o historiador delimite no passado como forma de sistemas, de instituições ou de comportamentos – sabemos disso cada vez melhor hoje graças às obras de Paul Veyne em particular (p. ex., 1984) – é com respeito ao presente que ele lhes dá significado e os compreende. Dessa perspectiva, o pesadelo de Glissant poderia ser dissipado. Ele não apenas encarna a história, mas a escreve de forma a criar para si mesmo uma visão distinta e, portanto, um objeto de conhecimento.

Entre a noite e a luz, então, a memória se ergue como um sinal, ou, para retomar termos de Cailler, como um negador. Ela nomeia e analisa outros negadores: o personagem, a terra, o texto. No entanto, a memória os reúne na medida em que é o limite e a linguagem que podem fornecer o inventário de uma consciência.

> No Caribe, a consciência do passado passa necessariamente por uma contemplação da "referência" (*acte imageant*) imposta por uma escrita estrangeira da História; assim, passa não apenas pela ausência de documentos, mas pela presença de certos documentos que devem, no entanto, ser postos para funcionar no intuito de pôr o poder condutor de uma história de volta nos trilhos (e o poder condutor de outras histórias conectadas, no limiar de "novas" civilizações de que se imagina serem, sem dúvida, futuras receptoras) (1988: 133).

Nesse contexto, surge uma pergunta: como narrar o horror e por que motivo? Amargo, Glissant comenta superlativamente: "Aquele que reunir forças e ter paciência para fazer uma autópsia em si mesmo deixará páginas imortais sobre o assunto. A escravidão não deixa documentos atrás de si, não deixa uma única imagem coerente de si mesma para a posteridade" (in: CAILLER, 1988: 134).

Mas a memória permanece, mestre, soberana, trabalhando o material do passado, nomeando sujeitos e objetos de desejo. Na escrita que pode refleti-la, ela se torna uma proposta de vontade de verdade e uma história ainda por vir. "Não a obra", pensa Cailler, "mas um capítulo de uma narrativa comovente e instigante, o texto vai, pouco a pouco, entre 'noite' e 'luz', 'história' e 'ficção', 'referente' e 'referência', fazer o leitor vislumbrar a identidade narrativa de um povo em ação. É a construção dessa identidade, dentro de seus próprios limites, entre terra sonhada e terra real", que ela pretende descrever (1988: 142).

O que Bernadette Cailler demonstra com sucesso neste livro notável é o lugar ambíguo no qual o ser caribenho se cruza com a negritude. A recusa de ser reduzido à história do Outro se estabelece como um paradoxo: questiona sua própria criatividade no espaço do Outro e, simultaneamente, encontra suas razões na alteridade de uma memória e de uma experiência que só são concebíveis em referência ao Outro. É essa armadilha que desacreditou a negritude. Mas Cailler nos assegura que o choque ideológico representado pela obra de Glissant é de outra dimensão. Isso indicaria não apenas uma rejeição de todos os gaguejos miméticos, mas também um confronto com um (falso) pai. Esse último, para emprestar uma expressão feliz de Jacques Derrida, ocupa "o lugar da forma, da linguagem formal. Tal lugar é insustentável e ele (o pai) só pode, portanto, *tentar* ocupá-lo – falando a língua do pai apenas nessa medida – pela forma" (DERRIDA, 1983: 285).

> Parece-me [escreve Cailler] "que a obra [de Glissant] quer resolver a crise do espaço psíquico, na qual a aventura caribenha do texto reside da seguinte maneira: em um processo de auto-organização inscrito em um jogo de sistemas abertos. Essa crise tem raízes profundas na morte dos pais (de falsos pais), produtores de discursos que foram codificados antecipadamente; uma crise na qual os discursos de amor são corroídos por buracos de todos os lados, e na qual os mitos da filiação se tornam confusos; uma crise na qual, a cada dia, a conexão exige sofrimento, uma abertura para o imaginário" (1988: 172).

Entretanto, no discurso africano ou caribenho e suas experiências cotidianas, a abertura ao faz de conta estabelece outro reinado e um regime único: aquele da força e do amor dos avós, particularmente da avó, muitas vezes percebida e definida como depositária e matriz da memória da família, do grupo social e da comunidade. Ela transcenderia, além disso, o arquétipo da mãe, segundo Jung, já que ela é do universo das deusas e dos deuses (JUNG, 1980: 81). Com efeito, ela é a mãe da mãe e, com base nisso, a mais grandiosa, ou seja, a *grande* mãe que pode reunir em si mesma o conhecimento positivo (sabedoria) e o conhecimento negativo (feitiçaria). Ela encarnaria todas as fórmulas de poder e suas fabulosas e misteriosas virtudes (JUNG, 1980: 102). Por outro lado, nas "relações jocosas", atestadas tanto no Caribe como na África, que a ligam com seus netos, a avó significa, sob o signo do jogo, a materialização de uma continuidade suave. Com base nisso, o discurso da avó é uma reatualização do que foi e do que será novamente, ao mesmo tempo como testemunho e como jogo da história. Cailler reuniu tais elementos (p. ex., p. 112), mas, infelizmente, não deduz explicitamente a conclusão a ser tirada: o reinado da avó é o outro lado da presença do pai (pouco importa se efetivo ou não), pai cujo poder é questionado pelo sorriso e pela memória da avó. Sabe-se, no contexto psicanalítico, que lançar luz sobre a falta de ordem literal (significante) – como sugere Serge Leclaire em seu *Démasquer le Réel* (Desmascarar o real, 1971) – constitui a essência da cura. Leclaire concebe o significante como "o fenômeno da estrutura, o jogo combinatório das letras (significantes), que é a armadura de toda e qualquer construção representacional (ou significativa)". E, como ele nos lembra no mesmo livro, "o trabalho do psicanalista não seria deixar-se levar pelo jogo literal (significante), mas sim trazer ao ar livre a falta que é sua força motriz e, de alguma forma, sua 'causa absoluta'" (LECLAIRE, 1971: 23).

Miller e Cailler realizaram soberbamente a tarefa terapêutica de trazer à luz o medo da morte e da história que atormenta a literatura "negra". Suas análises são exemplares e estão à altura da amplitude dos textos autorais analisados a ponto de chegarem ao mesmo nível deles. E adquirem assim a importância de modelos para a releitura de muitos escritores caribenhos e africanos.

Você disse filosofia "africana"?

O argumento de Kwasi Wiredu em sua pesquisa em andamento sobre a filosofia Akan (cf. MUDIMBE, 1992) procede por meio de três posicionamentos. Ele inicia considerando o que pensa ser uma base comum conceitual sutil entre naturalistas e seus oponentes na tradição filosófica ocidental, concentrando-se precisamente numa grade de contrastes (material *versus* não material, natural *versus* não natural, natureza *versus* sobrenatureza). Em seguida, ele aplica esta grade ao seu campo e afirma que nenhum destes contrastes é inteligível dentro do pensamento Akan. Ele passa então a analisar a cosmologia do Povo Akan e conclui que a forma de pensamento deles é empírica, que eles acreditam numa ordem percorrendo a criação (cf. MUDIMBE, 1992). Essa conclusão confirmaria a hipótese geral de Placide Tempels (1949) sobre a ontologia dos "povos primitivos"? Ou as teses principais de Kagame sobre o Povo Banyarwanda, afirmadas no livro *La Philosophie bantu-rwandaise de l'être* (A filosofia banto-ruandesa do ser, 1956) até sua obra *La Philosophie bantu comparée* (A filosofia banto comparada, 1976)? Em alguns pontos específicos, ela diverge dos paradigmas de R. Horton (1981) sobre o "pensamento tradicional africano e a ciência ocidental".

Não é meu objetivo questionar a credibilidade dessas teses e hipóteses que cruzam a análise de Wiredu sobre a visão de mundo Akan. Gostaria de insistir simplesmente em três questões de método para elucidar os procedimentos intelectuais que permitem a conclusão de Wiredu e de seu projeto filosófico.

Primeiro, em que sentido se pode dizer que tal projeto traduz a visão de mundo Akan numa interpretação *apropriada*? É possível colocar dois problemas provisoriamente: o do *instrumentarium* filosófico que permite tanto sua análise quanto minha crítica, e a noção de descolonização conceitual de Wiredu.

A distinção entre o apropriado e o não apropriado é útil do ponto de vista filosófico. De uma perspectiva filosófica moral, por exemplo, uma boa leitura significa espremer uma compreensão ética positivada a partir de um conjunto de símbolos, declarações ou regras de comportamento. Em outras palavras, o filósofo pode investigar um sistema cultural e suas positividades, a fim de enfrentar as seguintes questões: Por que estamos aqui? Quais são as verdadeiras razões por trás das motivações e ações do Povo Akan? A pessoa Akan de tal e tal jeito? A leitura do significado simbólico ou real seria então não apenas descritiva, mas normativa. Em outras palavras, os valores que o filósofo ganense ou inglês projeta nos dados e a conclusão, portanto, refletem, de alguma forma uma série de discretos pressupostos iniciais. Por outro lado, na ciência, e mesmo na filosofia, uma conotação diferente surge da expressão "interpretação apropriada". Antes da mecânica quântica, os cientistas costumavam aceitar as leis newtonianas. A obtenção da verdade última dependia então da precisão instrumental, e se supunha que, tão logo aperfeiçoadas as ferramentas dos experimentos, o cientista podia, em princípio e de fato, chegar ao ponto de simultaneidade entre imagens virtuais e reais. Em um sentido metafísico, os símbolos mediando o elo entre o saber científico e seus supostos transcendentais desapareceriam, e o cientista veria uma realidade nua e despojada. Em comparação com o filósofo, o cientista newtoniano poderia assumir uma postura não normativa.

Há uma última noção de "interpretação apropriada" situada em algum lugar entre o cientista social e o filósofo. Ela é maravilhosamente exemplificada no trabalho de Claude Lévi-Strauss, filósofo por educação e antropólogo por profissão. Com tempo suficiente para analisar e compreender uma cultura estrangeira, um antropólogo, em princípio, poderia traduzir o conteúdo de todo o conjunto de símbolos ou de rituais e mitos para um sistema de grades simbólicas e culturais. De todo modo, Lévi-Strauss, no caso dos povos ameríndios, e Luc de Heusch, no caso dos africanos banto, sustentam que o jogo de preconceitos subjetivos que necessariamente complicam a tradução do antropólogo deve ser aceito como mais um reflexo da atividade da mente, de sua universalidade e, portanto, deve ser igualmente merecedor de atenção.

Assim, deveria ser óbvia a possibilidade de avaliar uma leitura apropriada ou não a partir da divisão cartesiana entre o subjetivo e o objetivo. Aparentemente, as proposições de Wiredu devem ser compreendidas na circulação de um instrumental filosófico pós-cartesiano, e na representação que ele pressupõe. Uma metáfora sobre os modos à mesa pode esclarecer o problema. Um colega franco-americano, perfeitamente bem-educado, contou-me recentemente a seguinte história: ele estava numa refeição com sua família francesa, pegou uma fatia de pão, rasgou suavemente um pedaço e colocou no lugar da fatia na mesa, sem perceber que a colocara de cabeça para baixo, gesto que, em alguns meios franceses, é um sinal de desagrado com a refeição e um insulto para o anfitrião.

O anfitrião na leitura da visão de mundo Akan realizada por Wiredu é o Akan comum, que eu diria estar se olhando como que refletido pela leitura subjetiva que Wiredu faz de sua própria *Weltanschauung*. Surpreende-me que, ao longo de seu projeto, Wiredu não faça uma distinção explícita entre *conhecimento* e *pensamento* entre os Akan. Com efeito, deveria ser possível separar, de um lado, aquilo que na cosmovisão desse povo é *Verstand*, ou seja, conhecimento como conjunto de princípios e normas verificáveis para o domínio daquilo que é o que é; e, de outro lado, aquilo que nessa mesma cosmovisão é *Vernunft*, ou seja, pensamento, impulso para compreensão. Esta distinção kantiana, que certamente está presente, ainda que de modo implícito, na discussão de Wiredu sobre os conceitos Akan de *okra* e *sunsum*, poderia ter explicado qual visão de mundo podemos obter a partir da análise de Wiredu.

Para citar outro exemplo, é possível comparar o projeto de Wiredu, que identifica sua subjetividade com uma cultura, ao empreendimento prudente de Henri Maurier, que publicou seu livro com o título *Philosophy of Black Africa* (Filosofia da África negra, 1976) e não *Black African Philosophy* (Filosofia africana negra). A distinção lhe permitiu descrever criticamente o espaço de um exercício filosófico em relação às práticas africanas da vida cotidiana.

Pessoalmente chamo de *invenção* esse processo por meio do qual Wiredu se apropria de significados que estabelecem um presente relativo a um tempo e um lugar. É uma *invenção* nos dois sentidos da palavra latina: *in* + *venire* como encontro com, mas também como descoberta e apropriação do que Michel De Certeau chamou polidamente de um contrato com outro ser. Concentremo-nos num

309

maravilhoso "pecado" de Wiredu para então observar o que ele diz sobre um determinado ser, o Ser Supremo. Gentilmente, ele zomba de J.J. Maquet e de sua invenção inconsistente de um deus transcendente ruandês, supostamente imaterial. Em oposição a essa concepção, Wiredu menciona o deus do pensamento cosmológico Akan, que é um ancestral idealizado *ad indefinitum*. Ora, ocorre que conheci, em livros, outros deuses imateriais: o do Povo Mongo, como descrito por Hulstaert (1980), ou o do Povo Luba, como descrito por Van Canaeghem (1956). O problema aqui não é – e receio que não pode ser simplesmente – resolvido pela oposição entre seres e fenômenos físicos e quase-físicos. Do ponto de vista de um sapateiro, imagino que é realmente possível se perguntar por que antropólogos tão cuidadosos como Hulstaert (1980), Van Canaeghem (1956) e outros inventaram deuses imateriais, ao passo que estudiosos africanos de filosofia, como Tshiamalenga (1977a; 1977b; 1980) e Wiredu – tendem a descobrir apenas um modelo antropocêntrico de deuses africanos. Sim, eu sei, é possível invocar a exigência de rigor e consciência epistemológica. Porém, gostaria de poder compreender a inconsistência metodológica de Alexis Kagame (1956; 1976), que acolheu o risco de construir sua filosofia sobre um *corpus* linguístico e que parece concordar notavelmente com os antropólogos. Mais importante, sobre esta questão, por que a tendência não deveria ser seguir e confiar nos antropólogos? Kagame era provavelmente mais uma espécie de antropólogo do que um metafísico.

Em honra ao Povo Akan, devo ser explícito e afirmar que, seguindo Foucault – e essa é minha segunda questão de méto-do – eu levaria o discurso filosófico até suas próprias margens e o forçaria a enfrentar práticas discursivas não filosóficas. Como ilustração possível, pode-se invocar, por exemplo, o manuseio que Clifford Geertz faz da noção de descrição densa de Gilbert Ryle. Eis o motivo:

> Um piscar de olhos é simplesmente a contração me-cânica de um olho. No entanto, se contrair um olho pode não ter significado nenhum, uma piscada – um

gesto igualmente mecânico – implica que algum tipo de conspiração se inicia. Outra possibilidade é uma pessoa, ao notar um amigo tentando piscar o olho discretamente, piscar exageradamente para zombar dele. Como consequência, a ação mecânica da contração de um olho assume outro significado. A descrição densa exige que o etnógrafo seja capaz de interpretar a distinção entre todos esses diferentes gestos, com base no papel que eles desempenham em um contexto particular (GEERTZ, 1973).

Feita essa celebração da antropologia, devo ser claro e dizer que não sou um empirista. Desconfio muito do empirismo por ser uma espécie de simplificação do fenômeno que comenta. Concretamente, pode-se dizer, usando uma frase aparentemente ambivalente, que a cosmologia Akan é o que não é. Com efeito, eu pessoalmente penso nela como um discurso produzido por uma multiplicidade de seres para si mesmos. E, estritamente falando, para usar o vocabulário de Sartre, esses seres não podem ser apenas o que são. Não há como reduzi-los ao *status* de um *vago em si* como os etnofilósofos comuns fazem. Em outras palavras, eu gostaria muito que Wiredu pudesse falar mais explicitamente de sua própria localidade existencial como sujeito. Mais abstratamente, eu diria que o *Cogito* representa um modo de pensamento radical e autoconsciente que pode ser elaborado em um discurso em que a autoinvenção e suas derivações podem se tornar esquemas de ciência social.

É, portanto, sobre um paradoxo que posso insistir – e essa é minha última questão de método –, um paradoxo relativo ao problema da mediação linguística: Wiredu está falando em uma "língua inglesa". Estou lendo-o em "francês". O que isso implica para a visão de mundo Akan em particular e para a filosofia "africana" em geral? O conceito de alienação ao qual ele se refere em seu chamado para uma descolonização conceitual poderia ser usado a propósito de nosso difícil diálogo. Entretanto, talvez isso seja uma maravilhosa armadilha. O que está em jogo aqui parece mais uma questão de método. É, suspeito, um problema a respeito de nossas respectivas escolhas subjetivas para pensar a prática filosófica na África. Como tal, nosso desacordo testemunha o que ambos acreditamos: a filosofia como pensamento crítico, mesmo no que diz respeito ao Povo Akan, só pode ser antidogmática, pois, como disse um colega uma vez, ela é sempre uma luta contínua em busca do significado, busca necessariamente insegura, incerta e, logo, irredutível a todos os resultados e axiomas, mesmo os seus próprios.

E agora trabalho como editor-chefe de uma enciclopédia de religiões e filosofias africanas na qual Wiredu é um dos protagonistas. Isso deriva do próprio conceito de filosofia "africana". Permitam-me reformular tal ambição de praticar filosofia na África; ou, mais especificamente, a ambição de filósofos que são, por acaso, acidentalmente, negros. Na verdade, não posso deixar de me referir à minha própria experiência e, portanto, à minha própria subjetividade.

Há alguns anos, um colega africano da *École Pratique des Hautes Études en Sciences Sociales* de Paris vem trabalhando como editor no projeto de uma enciclopédia de culturas africanas. Por seu escopo e ambição, a iniciativa traz à mente os empreendimentos bem-sucedidos de duas séries históricas monumentais: os múltiplos volumes da *Cambridge History of Africa* (História da África de Cambridge, 1975) e a série da Unesco. No campo da literatura, Ambroise Korn, de Camarões, editou recentemente um dicionário enciclopédico de literatura africana. Agora, nos Estados Unidos, Ruth Stone, da Universidade de Indiana, está editando uma enciclopédia de música africana, que estará em competição com outra sobre o mesmo assunto patrocinada pela Unesco; e John Johnson, da mesma Universidade de Indiana, está editando uma enciclopédia de folclore africano. Quando a Garland Publishing Company me convidou para ser o editor-chefe de uma enciclopédia de religiões e filosofias africanas, pensei em assegurar a colaboração de estudiosos respeitados nas áreas de humanidades, ciências sociais e teologias africanas. Dentre os intelectuais a quem escrevi, estava John Middleton, professor emérito de Antropologia da Universidade de

Yale, a quem convidei para fazer parte do conselho editorial. Ele respondeu, concordou em fazer parte do projeto e me informou que poderíamos estar competindo, já que ele estava trabalhando para Simon e Schuster como editor-chefe de uma enciclopédia da África Subsaariana.

Obviamente algo estava acontecendo, algo que me pareceu tanto paradoxal quanto interessante. Todas essas enciclopédias significavam alguma coisa em termos tanto de reavaliação de nossos conhecimentos prévios sobre a África quanto de produção de novos conhecimentos, mais atualizados. O que estava ocorrendo era surpreendente quando se levava em conta uma série de fatores: a recessão; o número limitado de africanistas em comparação, digamos, ao exército de especialistas na civilização europeia; e a crise e os orçamentos limitados dos centros e programas de Estudos Africanos e Afro-americanos. O paradoxo parece assim uma questão – ou, mais exatamente, levanta uma série de questões: a) Como se pode explicar que tais investimentos financeiros e intelectuais estejam ocorrendo agora? b) Que tipo de urgência exigiria tal esforço? c) Seria possível sugerir que alguns editores se tornaram milagrosamente produtores de conhecimento dedicados, a ponto de promover ou, mais precisamente, de tentar tornar visível uma nova vontade de verdade que alguns de nós poderiam relacionar com as tendências que vêm reorganizando nossos campos de estudo desde o final dos anos de 1940 e início dos anos de 1950? Para apontar apenas alguns nomes nos Estudos Africanos, penso em antropólogos e sociólogos como Marcel Griaule, Georges Balandier, Luc de Heusch e Victor Turner; em historiadores como Catherine Coquery-Vidrovitch, Joseph Ki-Zerbo, Jean Suret-Canale e Jan Vansina; em filólogos como Alain Bourgeois, Engelbert Mveng e Frank Snowden; em teólogos como Henri Gravrand, John Mbiti e Vincent Mulago; em filósofos como Placide Tempels, Alexis Kagame, Frantz Crahay, Paulin Hountondji; e, de fato, em ideólogos como Cheikh Anta Diop, Jomo Kenyatta, Kwame Nkrumah, Julius Nyerere, Jean-Paul Sartre e Leopold Sedar Senghor.

Devemos acreditar num milagre? Como explicar o interesse, o compromisso e a generosidade dos editores? Dado que, por formação e vocação, não aceitamos milagres (*Timeo danaos et dona ferentes*[93]), nos Estados Unidos a maioria de nós, que trabalhamos como editor-chefe de enciclopédias africanas, escolheu, contra a lei capitalista da concorrência, o princípio da colaboração: consultamos uns aos outros no que diz respeito aos nossos projetos, trocamos informações e até trabalhamos em nossos respectivos conselhos consultivos.

Questões de método, questões de filosofia

Como editor-chefe da enciclopédia de religiões e filosofias africanas, aqui estão meus três principais pesadelos: a) Problemas intelectuais e ideológicos; como organizar esse novo conhecimento sobre religião e filosofia da África? E, nesse *corpus*, como distinguir os *savoirs* africanos (saberes em geral) das *connaissances* (conhecimento disciplinado e bem particularizado, por exemplo, matemática, geografia ou filosofia)? b) Problemas de história e epistemologia, no sentido específico descrito e ilustrado por Louis Althusser a propósito de Marx. Para usar um exemplo, como passar de um primeiro nível de generalidade, qual seja, o do êxtase da confusão em que ciência e ideologia se misturam, para um terceiro nível de generalidade, o de uma nova ciência e conhecimento, derivada de um segundo nível de generalidade, o de uma ciência funcional e crítica? Permitam-me ilustrar essa situação. A prática "etnofilosófica" na filosofia africana (ou seja, a crença de que existe "lá fora", na vida cotidiana, uma filosofia implícita que pode ser posta sob a luz por um observador cuidadoso com seu *instrumentarium* filosófico rigoroso), tal como praticada por Placide Tempels e seus discípulos, atesta um culto ocioso, mas sincero, à diferença.

---

93. "Temo os gregos, mesmo quando trazem presentes": frase que, na *Eneida* (II, 49) de Virgílio, Laocoonte teria dito a propósito do célebre cavalo oferecido aos troianos pelos gregos [N.T.].

Eu tenderia a pensar que, após admitir esse ponto, poderíamos, na enciclopédia, inscrever este momento e sua ingenuidade na história da filosofia africana, exatamente da mesma forma como consideramos os pré-socráticos como ancestrais da filosofia grega.

c) Problemas de filosofia, finalmente. E já me referi a eles.

Devo observar que a filosofia, no sentido grego de sua gênese e no significado exato de sua tradição, bem como em suas práticas contemporâneas, define-se como conhecimento e disciplina exatamente como entendemos história, economia, astronomia ou botânica como conhecimentos? No entanto, ela é também muito mais do que aquele tipo designado e específico de conhecimento. Pode-se pensar, por exemplo, na metafórica definição da filosofia como uma árvore, feita por Descartes. Não poderíamos pensar na possibilidade de considerar a filosofia como aquele discurso que pode dialogicamente transcender, para se referir ao trabalho de Paul Ricoeur, três níveis complementares: a) o nível dos discursos e interpretações dos acontecimentos fundadores de uma cultura; b) o nível dos discursos dos especialistas que atualizam as práticas disciplinares ou, dito de forma simples, o que se poderia considerar como discurso científico; c) finalmente, um terceiro nível, ou seja, o da filosofia. Em suma: por filosofia, compreendo um discurso explícito, crítico, autocrítico, sistemático, que se refere à linguagem e à experiência do primeiro e do segundo níveis, sem se confundir com eles, mas sem ser completamente autônomo em relação a eles, dado serem eles que tornaram a filosofia possível e pensável a princípio.

Seria possível, com efeito, fazer perguntas sobre os princípios metodológicos básicos que organizariam não apenas as religiões e filosofias africanas em sua economia geral, mas também a lista de entradas, seu número, a variação de seus tamanhos, bem como sua complementaridade. Eu havia optado por dois princípios essenciais: o primeiro, clássico, inspirado num vocabulário centenário, o *Vocabulário francês de técnica e crítica da filosofia*, comumente conhecido nos círculos francófonos como *Lalande* (derivado do nome de seu primeiro editor). O princípio pode ser lido da seguinte forma: apresentar descrições semânticas que elucidem um conceito e evitar, em absoluto, confusões, erros e sofismas. As definições devem ser histórica e culturalmente fundamentadas. Com efeito, para citar novamente Lalande, e em eco a Schopenhauer, uma filosofia que afirma não ter *a prioris* é um charlatanismo filosófico. No meu caso, tenho de admitir dois *a prioris*: o etnográfico e o técnico.

A filosofia africana em seus dois sentidos (como disciplina crítica, autocrítica e sistemática e como *Weltanschauung*) não tem como deixar de se referir a contextos etnográficos, e, como já notado, a um contexto epistemológico que distingue *savoir* de *connaissance*. Numa nota de sua tradução inglesa de *L'Archeologie du Savoir*, do falecido Michel Foucault, M. Sheridan Smith observa que "a palavra *knowledge* [conhecimento] em inglês traduz as palavras *connaissance* e *savoir* em francês. *Connaissance* refere-se [...] a um *corpus* particular de conhecimentos, uma disciplina particular – Biologia ou Economia, por exemplo. *Savoir*, que é geralmente definido como saber em geral, o total de *connaissances*, é a palavra utilizada por Foucault mais como algo subjacente do que como algo global". Para complicar ainda mais esta distinção, o mesmo Foucault afirma que "pela palavra *connaissance* indico a relação do sujeito com o objeto e as regras formais que o regem. *Savoir* se refere às condições que se revelam necessárias num determinado período para que esse ou aquele tipo de objeto seja dado à *connaissance* e para que esse ou aquele enunciado seja formulado" (1982: 15). Basicamente, a distinção em francês deriva de uma separação entre duas áreas conceptuais bem-definidas na maioria das línguas românicas. A palavra *savoir* em francês, por exemplo, é a equivalente de *saber* em espanhol e de *sapere* em italiano. Elas significam "saber como, ser capaz, estar ciente". Por outro lado, *la connaissance*, um substantivo relacionado com o verbo *connaître*, tem, como equivalentes, em espanhol *conocimiento* e *conocer*, e em italiano *conoscenza* e *conoscere*, cujos significados básicos são "conhecer, estar familiarizado com ou ter experiência com".

O segundo pressuposto, um pressuposto técnico, está inspirado nas diretrizes de André Jacob em sua recém-publicada *Encyclopedie Philosophique*. Ele se relaciona estritamente a princípios organizacionais: a) apresentar um máximo de entradas conceituais dentro de um espaço mínimo e, ao fazê-lo, respeitar as exigências de inteligibilidade e eficiência intelectual; b) conseguir uma distribuição racional entre o clássico e o contemporâneo, o conhecido e o desconhecido da tradição filosófica. Tenho aqui em mente o desejo que Michel Foucault enuncia em *A ordem do discurso*: "se a filosofia deve realmente começar como um discurso absoluto, então o que dizer da história, e que início é esse que começa com um indivíduo singular, dentro de uma sociedade e uma classe social, em meio a uma luta?" Em si mesmos, esses dois princípios já são programáticos. Eles exprimem algumas das questões mais difíceis que tive de enfrentar: a) a universalidade de certos conceitos (finitude *versus* infinitude, bem *versus* mal etc.); b) a pertinência de comparações baseadas em textos traduzidos; c) o conceito de "etnocentrismo" como sinal da incomensurabilidade entre textos e culturas, e também como um ponto de interrogação. Para enfatizar o último ponto: nós, todos nós, falamos e analisamos situações a partir de algum lugar, e só o fato de fazer esse questionamento fato já é, em si mesmo, um gesto relevante. Uma saída fácil seria olhar para a prática concreta da etnografia.

Filosofia e a prática da etnografia

Eis uma ilustração exemplar e perturbadora: *The Missionary and the Diviner* (O missionário e o adivinho, 1987), livro de Michael C. Kirwen. Nas palavras de Laurenti Magesa, que escreve a introdução, a obra "aborda o que talvez seja uma das preocupações mais centrais para a teologia africana de hoje. Qual é, de uma perspectiva cristã, o valor da automanifestação divina pré-cristã na África"? (KIRWEN, 1987: vii). Esse livro se inscreve explicitamente na problemática da teologia africana da enculturação. Michael C.

Kirwen, missionário de Maryknoll na Tanzânia desde 1963, relata uma experiência pessoal. Kirwen escreve:

> Durante os mais de vinte anos em que vivi na África como missionário, fui profundamente afetado e mudado por meus amigos africanos. Não me "converti" do meu cristianismo, mas cheguei a entender e viver minha religião de um modo diferente e melhor por meio daquilo que aprendi com eles. Muitos de meus amigos africanos realmente se converteram para o cristianismo; eu ficaria envergonhado se isso não significasse também que eles passaram a apreciar mais plenamente suas próprias crenças africanas, de modo a se tornarem pessoas melhores (1987: xiv).

Esse livro é uma ferramenta pedagógica: ele introduz uma prática de missionarismo atual na África. Kirwen conversa com um médico adivinho e feiticeiro sobre assuntos como a ideia de Deus, a fonte do mal, a adivinhação, a reminiscência ou a ressurreição etc. Os diálogos são contextualizados e favorecem uma epistemologia explicitamente pluralista. Eles afirmam seguir "o estilo conversacional [...] [de] um adivinho Luo da Vila Nyambogo em Mara do Norte, Tanzânia" (KIRWEN, 1987: xxv). Mas a coisa toda é uma *montage*: "o adivinho apresentado no livro é uma figura compósita", porém "os palcos e cenas do livro são descrições de lugares e acontecimentos reais". "Ademais, as conversas relatadas [...] são baseadas em discussões reais; não são inventadas" (KIRWEN, 1987: xxiv). Por outro lado, é preciso notar que o autor insiste na peculiaridade de seu método dialógico:

> [As] palavras, julgamentos e observações [do adivinho] foram extraídas de sessões de pesquisa ao vivo, que eu – juntamente com meus alunos e informantes africanos – conduzi com uma variedade de líderes religiosos africanos durante um período de dez anos, de 1974 a 1984.
> Os comentários que anexei a cada capítulo buscam delinear as questões e dilemas importantes decorrentes de conversas que são relevantes para os cristãos do mundo ocidental. Este tipo de reflexão representa um

tipo de missão inversa na qual a teologia tradicional africana questiona, julga e enriquece a teologia cristã ocidental (KIRWEN, 1987: xxiv-xxv).

Esse livro tem sido elogiado na Tanzânia. "[Trata-se de uma] leitura bem pesquisada [...] e recomendada para qualquer agente pastoral sério e para teólogos transculturais", afirma Joseph T. Agbasiere, do Instituto Pastoral de Gaba. "Kirwen combinou habilmente um profundo conhecimento da teologia cristã, seus muitos anos de trabalho pastoral produtivo na Tanzânia e uma busca sistemática e incansável por explicações empíricas para a complexa coexistência de cristianismo e religiões indígenas africanas", acrescenta B.A. Rwezaura, da Universidade de Dar es Salaam.

A tendência geral é confiar nesses especialistas, apesar de Kirwen embasar seu método em técnicas concordistas que parecem confundir os *documentos* da revelação, o *vouloir dire* [querer dizer] – a mensagem dos deuses apreendida em duas tradições radicalmente diferentes – e o *vouloir entendre* [querer entender], o sentido percebido, que fundamenta as crenças de Kirwen e de seus parceiros africanos. A montagem, em todo caso, produziu um ensaio que é, na realidade, ficção. Ela também poderia ter sido moldada num romance, e sua credibilidade e força não teriam sido transformadas. Com efeito, tanto o ensaio quanto o romance potencial estariam situados no ponto em que crenças e práticas sociais e religiosas africanas se cruzam com a imaginação poética e as técnicas teológicas de Michael Kirwen. Em princípio, podemos, creio eu, de um ponto de vista estritamente etnográfico, perceber e descrever em qualquer sociedade as ligações e as formas de articulação existentes entre *o pensado* (*le pensé*) e *o formulável*, entre o que foi pensado e o que foi ou pode ser formulado, bem como sua relação com o que foi *realizado* e deve ser observável em traços sociais e históricos. Tal análise não pode deixar de ordenar e explicar a inteligibilidade dos comportamentos em relação às representações culturais localizadas e, assim, na pura tradição da antropologia cultural, descrever redes indígenas de *savoirs* e *con-*

naissances locais. Monografias recentes e inteligentes ilustraram, brilhantemente, esse ponto: cito, por exemplo, três dessas publicações: *West African Sufi: The Religious Heritage and Spiritual Search of Cerno Bokar Saalif Taal* (Sufi da África Ocidental: a herança religiosa e a busca espiritual por Cerno Bokar Saalif Taal, 1984), de Louis Brenner, que explora a "busca espiritual de Cerno Bokar" e é, como o próprio Brenner escreve, "um estudo da interação entre, de um lado, a influência de seu ambiente social e religioso e, de outro, seu próprio desejo pessoal de encontrar a Verdade"; o livro de Sally Falk Moore, *Social Facts and Fabrications: "Customary" Law on Kilimanjaro 1888-1980* (Fatos e Fabricações Sociais: Lei "Consuetudinária" em Kilimanjaro, 1888-1980), 1986, que é, fundamentalmente, sobre lacunas e descontinuidades entre "a lei na vida de um povo (o Chagga) e a lei nos tribunais"; e o livro de T.O. Beidelman, *Moral Imagination in Kaguru Modes of Thought* (Imaginação moral nos modos de pensamento kaguru, 1986), que abrange a prática Kaguru de vida, representações e procedimentos cotidianos de constituição de conceitos morais.

Embora a língua inglesa distinga, como as línguas românicas, o conceito de "pensamento" (*thought*) do conceito de "conhecimento" (*knowledge*), ela não separa, em relação a esse último, os valores especializados de dois conjuntos complementares de conceitos: de um lado, *savoir*, *saber*, *sapere*, e, de outro, *connaître*, *conocer*, *conoscere*. É possível imaginar a minha situação difícil. Essa é uma questão fundamental para a enciclopédia. Na verdade, duas ordens conceituais se opõem, seja de modo explícito ou implícito. A primeira, provavelmente a mais visível, indica e articula análises históricas e antropológicas a respeito das transformações que, principalmente desde o contato com o Ocidente, deram origem a uma nova geografia continental e promoveram novos sistemas de *savoirs* e de *connaissances* na África. Essas novas sequências enfrentaram, quebraram ou simplesmente desarticularam antigas formas e práticas de conhecimento. Que essas formas ditas "tradicionais" não tenham desaparecido deveria ser óbvio caso se preste atenção às contradições atuais, que existem em todo o continente, particularmente entre os processos de produção e as relações sociais de produção, entre a organização do poder e da produção e, por outro lado, os discursos políticos. De fato, as culturas africanas tinham e têm seus próprios *savoirs* e *connaissances* inscritos nas tradições e dependentes delas. Porém, creio que seria ilusório procurar tradições africanas puramente originárias e definitivamente fixadas, mesmo no período pré-colonial. Nkrumah costumava pensar, a propósito da herança africana (*Consciencism*, 1970), que a experiência colonial e sua poderosa herança exemplificavam algo que, em termos de conhecimento e experiência, vem acontecendo há séculos, a saber, o que os franceses chamam de *métissage* no sentido exposto recentemente por Jean-Loup Amselle em seu *La Raison Métisse* (A razão mestiça, 1990). A realidade das *métissages* desafia a ideia de tradição como uma essência pura atestando seu próprio ser originário. Jan Vansina demonstrou recentemente de forma convincente em seus *Paths in the Rainforests: Toward a History of Political Tradition in Equatorial Africa* (Caminhos nas florestas tropicais: por uma história da tradição política na África Equatorial, 1990) que as tradições não são fixas: elas são, de fato, continuidades, mas também descontinuidades; elas são "processos", "desenvolvimentos únicos que fluem de princípios básicos estáticos". Em resumo, como diz Vansina,

> Tradições são processos de autorregulamentação. Consistem num corpo coletivo de representações cognitivas e físicas em mutação, herdadas e compartilhadas por seus membros. As representações cognitivas são o núcleo. Elas informam a compreensão do mundo físico e desenvolvem inovações para dar sentido às circunstâncias em transformação no domínio físico, e o fazem nos termos dos princípios orientadores da tradição. Tais inovações, por sua vez, alteram a substância do próprio mundo cognitivo (VANSINA, 1990: 259-260).

Assim, temos de estar dispostos a observar descontinuidades históricas e intelectuais, rupturas sociais e negociações políticas no interior das tradições africanas. Formações discursivas na África ou qualquer lugar não constituem genealogias contínuas de *savoirs* e de *connaissances*, mas expõem uma série de dissensões epistemológicas e intelectuais, testemunhas de aculturações fabulosas.

Uma prática africana de filosofia

Em nome da Filosofia, mais exatamente, em fidelidade à prática rigorosa da disciplina, meu colega e amigo Kwasi Wiredu, de Gana, vem, nesses últimos anos, interrogando a concepção dos Akans sobre o universo. Seu principal argumento provém de três pontos. Primeiro, ele faz uma distinção entre naturalistas e seus opositores na prática filosófica ocidental, o que, logicamente, postula interpretações antagônicas sobre certas oposições binárias, tais como natural *versus* não natural, material *versus* não material, natural *versus* sobrenatural etc. Em segundo lugar, a partir das deduções resultantes da análise anterior, Wiredu pode afirmar que estas oposições não são inteligíveis na concepção Akan. No entanto, ao contrário da afirmação de Wiredu, elas são, já que ele mesmo é um filósofo treinado pelo Ocidente, que as comenta e explica aos seus companheiros Akan e a todos nós; e que, em nome da filosofia, afirma transcender ao menos duas tradições, a ocidental e a sua própria. Por fim, ao enfocar a cosmologia Akan, Wiredu descreve suas principais características: é um conjunto empírico baseado na crença de que existe uma ordem inerente à criação. De fato, pode-se perguntar se essa ordem não é a reconstrução de um modelo derivado de uma prática prototípica que Wiredu pensa ter encontrado durante sua pesquisa. Ao longo de seu projeto, ele evita prudentemente uma distinção nítida entre *savoir* e *pensée*, embora faça-lhe alusão na tensão que cria entre *okra* e *sansum*, tensão na qual eu, ingenuamente, tenderia a ler a oposição kantiana entre *Verstand* e *Vernunft*.

A prática filosófica de Wiredu ou da enciclopédia desafia os limites que circunscrevem os conhecimentos, suas migrações e suas capacidades de alterar e transformar memórias. Desde que comecei meu trabalho no projeto da enciclopédia, senti a certeza de ser "colonizado" por três tipos principais de conhecimentos antigos. O primeiro é um conhecimento (*savoirs* e *connaissances*) dependente de um poder político: ele se expande "em nome de Deus Pai, do Filho e do Espírito Santo"; ou, a partir da revelação absoluta do Alcorão: esta é a Palavra de Deus para seu Profeta. Trata-se de conhecimento que, nos termos dos estudos de Pierre Bourdieu, maximiza a riqueza material e simbólica dos profetas e missionários. O segundo tipo é genealógico: por que tenho que voltar a Platão ou Santo Agostinho para enfrentar a história intelectual das culturas africanas? Isto me leva ao último tipo de conhecimento que me confronta: ele é, metodologicamente, secular e, por definição, utilizável por sua eficiência e pela moralidade de seus efeitos em minha mente. Seria, por exemplo, o conhecimento de disciplinas como Antropologia e História.

Todos esses conhecimentos parecem funcionar como ficção para mim. Eles são reais? Em todo caso, eles parecem ser da mesma natureza dos mitos magnificamente analisados por Luc de Heusch em seu *The Drunken King* (O rei bêbado, 1982). Porém, não posso conceber a enciclopédia que estou dirigindo sem eles. Michel De Certeau, em *A invenção do cotidiano* (1984), observou corretamente que "o antigo postulado da invisibilidade do real foi substituído pela postulação de sua visibilidade. O cenário sociocultural moderno se refere a um 'mito'. Este cenário define o referente social por sua visibilidade (e, portanto, por sua representatividade científica ou política); neste novo postulado (a crença de que o real é visível), ele articula a possibilidade de nossos conhecimentos, observações, provas e práticas".

Procurei mostrar, neste livro, que a desordem epistemológica e intelectual representada por minha leitura é também, de fato, uma questão política. O conhecimento articulado na enciclopédia por vir atestará uma vontade de verdade e, portanto, já pode ser questionado.

CONCLUSÃO

On demandait à Socrate d'où il était. Il ne répondait pas: d'Athènes; mais: du monde. Lui, qui avait son imagination plus pleine et plus étendue, embrassait l'univers comme sa ville, jetait ses connaissances, sa société et ses affections à tout le genre humain, non pas comme nous qui ne regardons que sous nous[94].
MONTAIGNE. *Essais*, 2, 26.

Estas são, portanto, minhas histórias para meus filhos. Elas podem parecer difíceis, mas realmente não são. Tudo depende de como elas são contadas. Pode-se perguntar: e por que estas e não outras? E por que, de fato, reduzi a complexidade de tudo aquilo que os capítulos poderiam significar a uma consideração subjetiva? Isso significa que minha reflexão escolheu explicitamente não ir além desse exercício? Em termos de prática dos Estudos Africanos, o que esse gesto implicaria, particularmente quando realizado por um africano?

Há vazios em minhas histórias. Obviamente, organizei temas e motivos, períodos históricos e discursos a fim de transmitir – aos

---

94. Perguntavam a Sócrates de onde ele vinha. Ele não respondia: de Atenas; mas: do mundo. Ele, que tinha uma imaginação mais plena e mais ampla, abarcava o universo como sua cidade, lançava seus conhecimentos, sua sociedade e seus afetos sobre todo o gênero humano; não como nós, que só olhamos o que está sob nossos olhos [N.T.].

meus filhos e àqueles de sua geração que podem eventualmente me ler – tudo que acredito ser a dimensão mais importante de uma alienação e o exercício de suas formulações. Se eu tivesse de enfrentar um adversário que, brincando com meus piores pesadelos, argumentasse, na voz, digamos, do inimigo invisível de Michel Foucault – "é como se você não tivesse usado o trabalho empírico, sério [...], mas dois ou três temas que são realmente extrapolações e não princípios necessários" –, eu diria: falando com meus filhos, tenho falado comigo mesmo; tenho refletido sobre as alienações, e as interpretações que as tornaram possíveis em "línguas" concretas e reais; trabalhei a partir da reativação de lições aprendidas com a geração que antecedeu a minha, e, dentre elas, as de meu ex-professor, Willy Bal – professor emérito da Universidade de Louvaina – a quem este livro também é dedicado. Na minha própria prática de narrar, encarno um desejo silencioso: falando como se estivesse suspenso entre discursos do passado e o silêncio de uma promessa, optei por não excluir conexões (em termos de possíveis analogias) nem mesmo impor uma genealogia intelectual (em termos de interpretar tradições e ideias; analisar, deslocar, expor e resistir a esse passado; essas ideias em que, por sua vez, as genealogias se refletem). Suspenso entre os dois momentos e estranho ao meu passado e ao meu depois, eu sabia que poderia explicitar rigorosamente o tema kantiano da permanência e, nas contradições de meu compromisso metodológico, identificar-me com todas as questões que, *ad vallem*, poderiam se implicar naquilo que Willy Bal vem enfrentando há anos.

Em sua apresentação sobre as Confidences d'un Wallon "wallonnant" et "tiers-mondialiste", feita em 9 de junho de 1990 à Academia Belga, Willy Bal faz comentários a respeito da prática de sua disciplina, numa meditação sobre sua vida e o meio humano; ele expõe uma análise que poderia para muitos funcionar como uma ilustração da fusão entre o Mesmo e o Outro, graças a uma vontade consciente de reunir num análogo memórias que poderiam parecer diferentes e até mesmo antagônicas.

Vejo todos esses homens despojados de sua humanidade, depois registrados e contabilizados apenas como "pedaços de ébano". Ouço o Rei Muito Cristão lançar seus navios em uma conquista "de almas e especiarias". O invólucro carnal das almas pode ser esvaziado pelo escorbuto e pela disenteria, pois, seja como for, a alma é salva pela graça do batismo. As especiarias, no entanto, devem chegar ao porto conservadas em sabor, sãs e salvas, prontas para fluir no caminho de volta ao tesouro real. *Ile de Gorée*: pôr do sol num mar agitado, contemplado entre barras do cativeiro. O confinamento frente ao infinito de um horizonte livre. Quem alguma vez dirá o segredo ou o desespero gritante daqueles corações de madeira de ébano?

Assim percorro a esterilidade dos registros, dos arquivos, das relações, de histórias silenciadas a respeito dos "pequenos", tentando decifrar o palimpsesto dos camponeses. Mas também apalpo a matéria viva de minhas próprias memórias, das coisas vistas, ouvidas e vividas.

Tenho a sorte de ter duas memórias: uma imediata, próxima, bruta, forjada de experiência, incrustada tal como o cálcio doloroso às vezes se deposita em meus ossos, em minhas articulações, meus músculos, minhas mãos; a memória de um boiadeiro, de um lenhador, de um agricultor, de um cativo, de um camarada.

E, além disso, outro tipo de memória, que é profundo, distante, molecular, a memória do salmão que nada contra as correntes e subo represas até as águas da desova, uma memória secreta presa à rocha calcária, que decifra o barulho das águas subterrâneas irrigando meus genes.

Desse modo, vou adiante, reconstruindo um Terceiro Mundo global, do Norte e do Sul, do passado e do presente, de nossos vilarejos e dos distantes *quilombos* amazônicos, das cabanas tradicionais e das periferias, *favelas, musseques* da Modernidade, desde minha terra natal, Odrimont, até a *Bahia de Todos os Santos* (*e de todos os pecados*), amada por Jorge Amado.

Todos estes camponeses, na terra ou sem terra, presos ou arrancados dela, costumavam falar, e ainda falam. Alguns, os enraizados, têm até hoje (ou costumavam ter, até muito recentemente) como único meio de comunicação diária suas línguas tradicionais, locais, regionais. Esses sistemas de comunicação não são geralmente legitimados pelos poderes vigentes, e, por isso, não são chamados de idiomas. Outros, povos desenraizados, errantes, imigrantes, em busca de meios para sobreviver, tiveram de encontrar meios de se comunicar com seres humanos que exibem superioridade econômica, militar e técnica. Correspondentes à economia dos balcões coloniais costeiros, às transações puramente comerciais, temos as chamadas línguas de contato. A economia das *plantations*, construída primeiro sobre a escravidão e a mistura étnica, deu origem à chamada língua crioula vernacular. A colonização e o neocolonialismo da era moderna apresentaram um ao outro línguas e culturas de poder e prestígio desiguais. O resultado é uma interferência linguística, como testemunha a África negra. Outro resultado é o agrupamento de meios de comunicação aproximativos quando a necessidade e a urgência de se comunicar vão muito além das possibilidades de aprendizagem. Assim nasceu o *français-tiraillou*, *petit nègre* e o *pretoguês* de Luanda. Às vezes se forma mais tarde uma língua intermediária, como o francês "popular" marfinense.

Em resumo, toda a variedade cumpre um papel, aquele mosaico de línguas de todas as origens, de todas as funções, que os honestos autores franceses de séculos anteriores chamavam, em geral, de acordo com as latitudes e os continentes, por fórmulas tão sintéticas quanto simétricas e sem apelo: "o *patois* dos homens selvagens, o *patois* dos negros, o *patois* dos camponeses". O bom filólogo J. Marouzeau definiu a palavra *patois* (que, digo num aparte, é particular ao francês, não tendo equivalente exato em nenhuma outra língua europeia que eu conheça) nestes termos: "Geralmente se designa por este nome linguagens locais usadas por uma população inferior àquela que representa a linguagem comum circundante". "Era disso que eu estava lhes falando: homens selvagens, negros e camponeses [...]" (BAL, 1990: 112-114).

A partir dessa magnífica formulação de Willy Bal, posso então dizer simplesmente: este livro é um construto feito de afirmações e descrições de uma "ideia" polissêmica de África, ideia sobre a qual tenho me debruçado, convencido de que suas interpretações (no colonialismo, p. ex.) não coincidem com a complexidade das condições para sua formação. Isso se evidencia quando aceitamos, como Bal, o desafio de conceber rigorosa e seriamente a diferença, e quando também nos submetemos às exigências de uma análise regressiva, bem como às demandas que surgem à medida que as consequências estritas dessa ideia são enfrentadas e seguidas até nossos dias. Tentei demonstrar essa ideia, bem como definir sua formação e complexidade, chamando assim atenção para sua presença nas cognitivas. Este livro não deixa também de indicar um *modo* de tratar e interpretar a história dos conceitos, ao ter começado e agora terminar com um monólogo subjetivo sobre memórias e interpretações. Em termos mais mundanos, como Jack Goody afirmou, escrever esta "história" faria dela também um evento moderno? Com efeito,

> A escrita nos dá a oportunidade de [...] um monólogo que as práticas orais muitas vezes impedem. Ela permite que um indivíduo "exprima" seus pensamentos de forma prolongada, sem interrupção, com correções e supressões, e de acordo com alguma fórmula apropriada. É claro que o que é necessário para este fim não é simplesmente um jeito de escrever, mas uma escrita cursiva e os instrumentos que permitem uma inscrição rápida. Com o propósito de registrar discursos internos ou externos, pensamentos e falas, a caneta e papel são bem melhores do que cunha e argila, assim como a taquigrafia é mais eficiente que a escrita usual, e a máquina elétrica mais eficiente do que a máquina de escrever manual (GOODY, 1977: 160).

Pode-se afirmar que ainda hoje há uma ideia de África. No continente, ela é concebida a partir das desconexões coloniais e se articula como uma releitura do passado e como uma busca contemporânea por identidade. Em suas expressões prudentes, essa ideia se apresenta como afirmação de um projeto nascido da conjunção de elementos diferentes e muitas vezes contraditórios, como as tradições africanas, o Islã, a colonização e o cristianismo, tal como Ali Mazrui os une em sua série *The Africans: A Triple Heritage* (Os africanos: uma tripla herança). Em suas operações, esta ideia é também um produto de complexas e incessantes negociações enunciativas e práticas entre, de um lado, as noções polissêmicas de raça, *ethnos*, nação, indivíduo e humanidade (e, portanto, dificilmente pode ser reduzida a uma essência) e, de outro lado, aqueles povos que usam, delimitam ou lidam com esses termos. Na verdade, a ideia é qualificada por conjuntos de memórias complexas, que são sistemas gratuitos de lembrança. Eles reúnem uma série de coisas e experiências; neles é possível escolher enfatizar certos aspectos e – seja voluntariamente, seja acidentalmente – esquecer ou, ao menos, minimizar outros.

A sequência de análises neste livro se concentrou em duas questões significativas: a primeira abordou a tematização greco--romana da alteridade e sua articulação em noções como "barbarismo" e "selvageria"; a segunda tratou do complexo processo que organizou – na Europa – a ideia de África. Seja como for, é preocupante notar que desde o século XV a vontade de verdade na Europa parece abraçar perfeitamente uma vontade de poder. Elas se cadenciam, se justificam mutuamente e, em três eventos recentes extraordinários, comprometeram-se mutuamente na produção de três grandes monstruosidades: o tráfico de escravos, o colonialismo e o nazismo. Com a bênção das mais altas autoridades intelectuais e religiosas, a expansão transmarítima da Europa é paralela à da escravidão e da sua prática em nome tanto da civilização quanto do cristianismo. É em nome desses mesmos ideais que a Europa implementa as regras do colonialismo no século XIX e, no XX, produz, a partir de sua própria estrutura histórica e cultural, uma série de formações problemáticas, dentre elas o nazismo. Essas monstruosidades tiveram um impacto sobre a ideia de África. Assim, pode-se refletir sobre as similitudes e conexões estruturais que elas têm tanto com a vontade ocidental de conhecimento quanto com a vontade de poder. Os casos do tráfico de escravos e do colonialismo parecem óbvios. Quanto ao nazismo, que de alguma forma os resume, deixe-me simplesmente citar a posição forte, radical e polêmica de Aimé Césaire:

> Seria útil estudar clinicamente, em detalhes, o comportamento de Hitler, e do Hitlerismo, e revelar aos burgueses muito distintos, muito humanistas, muito cristãos do século XX que ele tem um Hitler silencioso, que Hitler o *habita*, que Hitler é seu *demônio*; e revelar que, se ele vitupera, é por falta de lógica, pois, em suma, o que ele não perdoa em Hitler não é o *crime* em si, *o crime contra o homem*, não é *a humilhação do homem em si*, mas o crime contra o homem branco, a humilhação do homem branco, o crime de ter aplicado na Europa procedimentos colonialistas que até agora eram reservados aos árabes na Argélia, aos coolies na Índia e aos negros da África (CÉSAIRE, 1955: 12).

Para resumir o essencial do livro, dois pontos parecem evidentes. O primeiro é a complexidade da ideia de África e das múltiplas e contraditórias práticas discursivas que ela suscitou. Receio que tais práticas não estão todas bem e explicitamente descritas, ou mesmo sugeridas, na contribuição feita por esta obra. Gostaria de acreditar que meu foco em textos perfeitamente não representativos (como a fábula sobre Hércules e o tratado de Burton sobre melancolia) ou em questões essencialmente teóricas (como no caso do relativismo cultural e da arte primitiva), apesar de suas limitações, mostra ao menos uma maneira possível de filtrar uma ideia de África a partir de uma literatura imensa e de debates complexos.

O segundo ponto diz respeito à reação provocada por *"essa"* ideia de África. Eu, por exemplo, enfatizei uma grecomania negra porque ela me pareceu atestar uma revolta contra a representação ocidental de si mesma e dos outros. Com efeito, essa revolta faz sua jogada sobre uma das áreas mais importantes e mais frágeis da cultura ocidental. Em nome da filologia e da história, tal revolta articulou seus argumentos como um desafio para uma interpretação mais correta da história grega, para uma compreensão mais confiável da gênese da civilização ocidental.

A ideia de África apresentada neste livro pode parecer, de fato, muito dependente de textos ocidentais. No entanto, acho que essa escolha faz sentido. Para compreender a organização arqueológica dessa mesma ideia de África e suas ressonâncias, parece-me impossível não considerar a literatura ocidental e, particularmente, sua culminação na "biblioteca colonial". Concordo que seria possível partir de um contexto africano e rastrear seus próprios efeitos. Temo, porém, que tal abordagem minimizaria a significação de seus próprios instrumentos conceituais. É verdade que o tráfico de escravos ou a colonização do continente podem ser visualizados de maneira diferente, mas no conjunto tais visualizações perderiam sua coerência histórica e conceitual. Como nota Immanuel Wallerstein: "a economia-mundo capitalista, ao questionar se um conjunto de ideias, ou uma forma de pensar, é universal [europeia] ou africana, leva-nos de volta à amarra dupla que o próprio sistema criou. Se quisermos sair dessa amarração dupla, devemos aproveitar as contradições do próprio sistema para ir além dele" (1988: 332).

Contar histórias é uma forma de desarticular as pretensões de um autor, bem como de reformular as supostas derivações lógicas até mesmo das demonstrações matemáticas. Com efeito, a história organiza suas próprias bases, operações, objetivos e antecipações. O mestre da *performance* narrativa é o ouvinte que, quando entediado, pode parar a qualquer momento ou simplesmente parar de ouvir. Movendo-me em minha biblioteca imaginária, que inclui os melhores e os piores livros sobre a ideia de África, escolhi meu próprio caminho. Ele me levou para além dos limites classicamente históricos (em termos de referências e textos) e, ao mesmo tempo, manteve-me firme em certa linha, uma linha de desolação. Em sua transparência, qualquer que seja o ângulo que se escolha, a vontade de verdade desta história (que afirma retomar aos gregos) exemplifica um paradigma negativo: qualquer vontade de verdade bem-sucedida, convertida em um conhecimento dominante e atualizada como um projeto imperialista (geograficamente interno ou externo), pode se transformar em uma vontade de preconceitos, divisões e destruições "essencialistas". Espero que minhas histórias sobre a ideia de África tenham demonstrado esse paradigma negativo e, ao mesmo tempo, elucidado a singularidade dessa ideia.

REFERÊNCIAS

a) Catálogos

AKA / Circle of Exhibiting Artists. *AKA 88: 3º Annual Exhibition Catalogue.* Enugu/Nsukka/Lagos, 1988.

AKA / Circle of Exhibiting Artists. *AKA 90: 5º Annual Exhibition Catalogue.* Enugu, 1990.

Arte Animista – Ery Camara (AA). México: Sahop, [s.d.].

Contemporary African Art (CAA). Publicado por Studio International e Africana Publishing Corporation como Catálogo de uma exposição de Arte Africana Contemporânea no Camden Arts Centre. Londres, 10/08-08/09/1969.

Contemporary African Artists: Changing Tradition (Caact). Nova York: The Studio Museum in Harlem, 1990.

Contemporary Art from the Republic of Senegal (Cars). Nova York: Galerias Wally Findlay, 27/09-25/10/1983.

From Two Worlds (FTW). Londres: Galeria de Arte Whitechapel, 30/07-07/09/1986.

Iba Ndiaye (IN1). Dakar: Musée Dynamique, 1977. [Realizado e editado pela Agence de Cooperation Culturelle et Téchnique. Paris.]

Iba Ndiaye (IN2). *Un peintre, un humaniste.* Nimes: Capela dos Jesuítas, 19/08-19/09/1987.

Iba Ndiaye (IN2). Munique: Staatliches Museum fur Volkerkunde, 1987.

Moderne Kunst aus Afrika (MKA). Berlim: Festivel der Weltkulturen, 24/06-12/08/1979.

Narrative Paintings – Senegal (SEN). Lafayette: University Art Museum/University of Southwestern Louisiana, 1986.

Neue Kunst in Afrika (NKA). Berlim: Bietrich Reimer, 1980.

Original Prints from the Third Nsukka Workshop. Nsukka: Universidade da Nigéria/Departamento de Belas Artes e Artes Aplicadas, 1987.

Ouattara (O). Editado por Vrij Baghoomian e Michael Warren. Quioto: Kyoto Shoin International, 1989.

Revolution Française sous les Tropiques (RFT). Museu Nacional das Artes Africanas e da Oceania, 09/06-04/09/1989 [Realizado pelo Ministério da Cooperação e do Desenvolvimento].

b) Outras obras consultadas

ABDOULAY, L. (1956). *Les masses africaines et l'actuelle condition humaine.* Paris: Présence Africaine.

ABRAHAM, W.E. (1966). *The Mind of Africa.* Chicago: The University of Chicago Press.

ACHEBE, C. (1958). *Things Fall Apart.* Londres/Ibadan.

ACOSTA, J. (1588). *The Natural and Moral History of the Indies.* Londres: Hakluyt Society.

AGTHE, J. (1990a). *Wegzeichen – Signs: Art from East Africa 1974-1989.* Frankfurt.

AGTHE, J. (1990b). Signs of the Times: Art from East Africa [Não publicado].

AJAYI, J.F.A. (1969). Colonialism: An Episode in African History. In: GANN, L.H.; DUIGNAN, P. (eds.). *Colonialism in Africa 1870-1960.* Cambridge: Cambridge University Press.

ALPERS, E.A. (1988). Representation and Historical Consciousness in the Art of Modern Mozambique. *Canadian Journal of African Studies* 22, 1, p. 73-94.

ALPERS, E.A. (1989). Representation and Historical Consciousness in the Art of Modern Mozambique. In: JEWSIEWICKI, B. (ed.). *Art and Politics in Black Africa.* Canadian Association of African Studies.

ALTHUSSER, L. (1979). *For Marx.* Londres: Verso.

Ammianus Marcellinus (1935-1940). Trad. de John C. Rolfe. 3 vol. Cambridge, MA: Harvard University Press.

AMSELLE, J.L. (1990). *Logiques métisses – Anthropologie de l'identité en Afrique et ailleurs.* Paris: Payot.

AMSELLE, J.L.; M'BOKOLO, E. (eds.) (1985). *Au coeur de l'ethnie: Ethnie, tribalism et état en Afrique.* Paris: La Découverte.

ANON (s.d.). *Magnum Bullarium Romanum Seu Ejusdem Continuatio.* Luxemburgo.

ANON (1900s.). *Thesaurus Linguae Latinae.* Ed. de B.G. Teubneri. Lipsiae.

ARENDT, H. (1968). *Imperialism – II: The Origins of Totalitarianism.* Nova York/Londres: Harcourt Brace Jovanovich.

ARISTOTLE (1936). *Problems* I. 6. Trad. de W.S. Hett. I-XXI. Cambridge: Harvard University Press.

ARISTOTLE (1941). *The Basic Works of Aristotle.* Ed. de R. McKeon. Nova York: Random House.

ARISTOTLE (1955). *Historia Animalium.* I, 6. Trad. de A.L. Peck. I-III Cambridge: Harvard University Press.

ARISTOTLE (1965). *De Generatione Animalium.* Ed. de H.J. Drossaart Lulofs. Oxoni: E. Typografeo Clarendoniano.

ARON, R. (1964). *La lutte de classes – Nouvelles leçons sur Les societés industrielles.* Paris: Gallimard.

ARNOLD, A.J. (1981). *Modernism and Negritude: The Poetry and Poetics of Aimé Césaire.* Cambridge: Harvard University Press.

ARNOLDI, M.J. (1983). Puppet Theatre in the Segu Region in Mali. Tese de doutorado não publicada. Indiana University.

ARNOLDI, M.J. (1987). Rethinking Definitions of African Traditional and Popular Art. *African Studies Review*, 30 (3), p. 79-84.

ASCH, S. (1983). *L'Église du prophète Kimbangu – De ses oigines à son role actuel au Zaïre.* Paris: Karthala.

AUBENQUE, P. (1963). *La Prudence chez Aristote.* Paris.

AXT, F.; BABACAR SY, E.H.M. (1989). *Anthology of Contemporary Fine Arts in Senegal.* Frankfurt am Main: Museum für Volkerkunde.

BADI-BANGA, N.M. (1977). *Contribution a l'étude historique de l'art plastique zaïrois moderne.* Kinshasa.

BADI-BANGA, N.M. (1987). *Art contemporain bantu: deuxième Biennale du Ciciba Kinshasa.* Libreville.

BAL, W. (1963). *Le Royaume du Congo aux XVe et XVIe siecles*. Léopoldville: Inep.

BAL, W. (1990). Confidences d'un Wallon "wallonnant" et "tiers-mondialiste" – Sessão mensal, 09/06. *Bulletin de l'Académie Royale de Langue et de Littérature Françaises*, Bruxelas, 68, p. 105-115.

BALANDIER, G. (1955). *Sociologie des Brazzavilles noires*. Paris: Armand Colin.

BAMBA, N.K.; MUSANGI, N. (1987) *Anthologie des sculpteurs et peintres zaïrois contemporains*. Paris.

BARBER, K. (1987). Popular Arts in Africa. *African Studies Review*, 30 (3), p. 1-78, 105-111.

BARNET, M. (1968). *Biographia de un Cimarron*. Barcelona: Ariel.

BAUDRILLARD, J. (1987). The Precession of Simulacra. In: WALLIS, B. (ed.). *Art after Modernism: Rethinking Representations*. Nova York: Godine.

BEARDSLEY, G.H. (1929). *The Negro in Greek and Roman Civilization – A Study of the Ethiopian Type*. Baltimore: The Johns Hopkins University Press.

BEIDELMAN, T.O. (1986). *Moral Imagination in Kaguru Modes of Thought*. Bloomington: Indiana University Press.

BEIER, U. (1968). *Contemporary Art in Africa*. Londres: Frederick A. Praeger.

BEIER, U. (1971). Signwriters Art in Nigeria. *African Arts*, 4 (3), p. 22-27.

BEIER, U. (1976). Middle Art: The Paintings of War. *African Arts*, 9 (2), p. 20-23.

BEN-AMOS, P. (1977). Pidgin Languages and Tourist Arts. *Studies in the Anthropology of Visual Communication*, 4 (2), p. 128-139.

BENABOU, M. (1976). *La Resistance africaine à la romanisation*. Paris: Maspero.

BENJAMIN, W. (1974). *Gesammelte Schriften*. Frankfurt am Main: R. Tiedemann H. Schweppenhauser.

BENOT, Y. (1969). *Idéologies des indépendances africaines*. Paris: Maspero.

BENVENISTE, E. (1973). *Indo-European Language and Society*. Coral Gables: University of Miami Press.

BERNAL, M. (1987/1991). *Black Athena – The Afroasiatic Roots of Classical Civilization.* New Brunswick: Rutgers University Press; vol. I: *The Fabrication of Ancient Greece 1785-1985*; vol. II: *The Archeological and Documentary Evidence.*

BERNAL, M. (1989). *Black Athena* and the APA. *Arethusa*, ed., esp., p. 17-38.

BERTHELOT, A. (1927). *L'Afrique saharienne et soudanaise, ce qu'en ont connu les Anciens.* Paris.

BERTIEAUX, R. (1953). *Aspects de l'industrialisation en Afrique Centrale.* Bruxelas: Institut des Relations Internationales.

BHABHA, H.K. (1986). The Other Question: Difference, Discrimination and the Discourse of Colonialism. In: BARKER, F.; HULME, P.; IVERSEN, M.; LOXLEY, D. (eds.). *Literature, Politics and Theory.* Londres: Methuen.

BHABHA, H.K. (ed.) (1990). *Nation and Narration.* Londres.

BIAYA, T.K. (1989). L'impasse de la crise zaïroise dans la peinture populaire urbaine, 1970-1985. In: JEWSIEWICKI, B. (ed.) (1989). *Art and Politics in Black Africa.* Ottawa. Canadian Association of African Studies, p. 95-120.

BIEBUYCK, D.P. (ed.) (1969). *Tradition and Creativity in Tribal Art.* Berkeley/Los Angeles: University of California Press.

BLOCH, R. (1963). *Les Prodiges dans l'antiquite classique.* Paris: Presses Universitaires de France.

BOEMUS, J. (1611). *The Manners, Lawes, and Customes of All Nations.* Londres: Eld and Burton.

BONTINCK, F. (1966). *Aux origines de l'État Indépendant du Congo.* Paris/Lovaina: B. Nauwelaerts.

BOOTH, N.S. (ed.) (1977). *African Religions: A Symposium.* Nova York: Ndk.

BORYNACK, J.R. (1983). *Contemporary Art from the Republic of Senegal.* Nova York.

BOURDIER, P.; MINH-HA, T.T. (1985). *African Spaces – Designs for Living in Upper Volta.* Nova York: African Publishing Company/Holmes and Meier.

BOURDIEU, P. (1984). *Distinction – A Social Critique of the Judgement of Taste.* Cambridge, MA: Harvard University Press.

BOURDIEU, P. (1990a). *The Logic of Practice.* Stanford: Stanford University Press.

BOURDIEU, P. (1990b). *In Other Words.* Stanford: Stanford University Press.

BOURDIEU, P. (1991). *Language and Symbolic Power.* Cambridge: Harvard University Press.

BOURDIEU, P.; PASSERON, J. (1977). *Reproduction in Education, Society and Culture.* Londres: Sage.

BOURGEOIS, A. (1971). *La Grèce antique devant la négritude,* Paris: Presence Africaine.

BRAIN, R. (1980). *Art and Society in Africa.* Londres/Nova York: Longman.

BRAUDEL, F. (1980). *On History.* Chicago: The University of Chicago Press.

BRAUN, L. (1973). *Histoire de l'histoire de la philosophie.* Paris: Ophrys.

BRAVMANN, R.A. (1973). *Open Frontiers: The Mobility of Art in Black Africa.* Seattle/Londres.

BRENNER, L. (1984). *West African Sufi: The Religious Heritage and Spiritual Search of Cerno Bokar Saalif Taal.* Berkeley/Los Angeles: University of California Press.

BRETT, G. (1986). *Through Our Own Eyes – Popular Art and Modern History.* Filadélfia: New Society Publishers.

BROWN, J.L. (1939). *The Methodus ad facilem historiarum cognitionem of Jean Bodin: A Critical Study.* Washington: Catholic University of America Press.

BRUNSCHWICG, H. (1963). *L'avenement de l'Afrique Noire.* Paris: Armand Colin.

BUCHMANN, J. (1962). *L'Afrique Noire indépendante.* Paris: R. Pichon/R. Durand-Auzias/Librairie Generale de Droit et de Jurisprudence.

BURGIN, V. (1986). *The End of Art Theory: Criticism and Postmodernity.* Atlantic Highlands, NJ: Humanities Press.

BURN, M. (1948). *The Modern Everyman.* Londres: Rupert Hart-Davis.

BURNS, V.F. (1974). Travel to Heaven: Fantasy Coffins. *African Arts*, 7 (2), p. 24-25.

BURTON, R. (1932). *The Anatomy of Melancholy.* Ed. de H. Jackson. Nova York: Random House.

CAILLER, B. (1988). *Conquérants de la nuit nue: Edouard Glissant et l'H(h)istoire antillaise.* Tubingen: Gunter Narr Verlag.

CALAME-GRIAULE, G. (1965). *Ethnologie et langage: la parole chez les Dogon.* Paris.

CALVEZ, J.Y. (1956). *La pensée de Karl Marx.* Paris: Seuil.

CESAIRE, A. (1955). *Discours sur le colonialisme.* Paris: Presence Africaine.

CHAMBERS, I. (1990). *Border Dialogues: Journeys in Postmodernity.* Londres.

CHARLES, P. (1956). *Études missiologiques.* Louvaina: Museum Lessianum/Desclee De Brouwer.

CHATELET, F. (1962). *La Naissance de l'histoire.* Paris: Minuit.

CHINWEIZU; JEMIE; MADUBUIKE. (1983). *Toward the Decolonization of African Literature.* Washington, D.C.: Howard University Press.

CHOME, J. (1959). *La passion de Simon Kimbangu.* Bruxelas: Les Amis de Présence Africaine.

COLUMBUS, C. (1960). *The Journal of Christopher Columbus.* Trad. de Jane Vigneras. Londres.

CORNET, J.A. (1975). African Art and Authenticity. *African Arts*, 9 (1), p. 52-55.

CORNET, J.A. (1989). Precurseurs de la peinture moderne au Zaïre. In: CORNET, J.A.; CNODDER, R.; TOEBOSCH, W. (1989). *60 ans de peinture au Zaïre.* Bruxelas: Les Editeurs Associes, p. 9-57.

CORNET, J.A.; CNODDER, R.; TOEBOSCH, W. (1989). *60 ans de peinture au Zaïre.* Bruxelas: Les Editeurs Associes.

COTGRAVE, R. (1611). *A Dictionnaire of the French and English Tongues.* Londres: Adam Islip.

COURTNEY-CLARKE, M. (1986). *Ndebele – The Art of an African Tribe.* Nova York: Rizzoli.

COUSSEMENT, G. (1932). L'Action Catholique dans les Missions. *Les Actes de la Première Conférence Plénière des Ordinaires de Missions du Congo belge et du Ruanda-Urundi.* Léopoldville: Imprimerie du Courrier d'Afrique, p. 185-199.

CUYPERS, L. (1970). La cooperation de l'État Independant avec les missions catholiques". *Revue d'Histoire Ecclesiastique,* 65 (1), p. 30-50.

DAKAR MUSEE DYNAMIQUE (1975). *Art negre et civilisation de l'universel* – Atas do colóquio "Picasso, Art Negre et Civilisation de l'universel", 1972. Dakar/Abidjan.

DE BOSSCHERE, G. (1969). *Les deux versants de l'histoire.* Paris: Albin-Michel.

DE CERTEAU, M. (1975). *Politica e mística – Questioni di storia Religiosa.* Milão: Jaca-Book.

DE CERTEAU, M. (1982). *La Fable mystique.* Paris: Gallimard.

DE CERTEAU, M. (1984). *The Practice of Everyday Life.* Berkeley: University of California Press.

DE CORTE, M. (1959). Colonisation et morale. *Lovania,* Elisabethville, 50.

DE DEKEN, J. (s.d.). Notre ami Pierre Romain-Desfossés. *Hommage à Pierre Romain-Desfossés.* Elisabethville: Cepsi, p. 5-10.

DE HEMPTINNE, J.F. (1911). Une fondation Benedictine au Katanga. *Bulletin des oeuvres et Missions Benedictines au Brésil et au Congo.* Abadia St. Andre, p. 122-132.

DE HEUSCH, L. (1982). *The Drunken King.* Bloomington: Indiana University Press.

DE HEUSCH, L. (1987). *Écrits sur la royauté sacrée.* Bruxelas: Université Libre de Bruxelles.

DE JONGHE, E. (1947). Contre le colonialisme, pour la colonisation. *Bulletin des Séances,* 17, Bruxelas.

DELANGE, J. (1967). *Arts et peuples de l'Afrique Noire.* Paris: Gallimard.

DELAVIGNETTE, A. (1960). *Christianisme et colonialisme.* Paris: A. Fayard.

DE MOREAU, E. (1944). *Les Missionnaires Belges de 1804 a nos jours.* Bruxelas: Éditions Universitaires.

DEPELCHIN, J. (1992). *De l'État Indépendant du Congo au Zaïre contemporain 1885-1974.* Dakar: Codesria.

DERI, M. (1921). *Die Neue Malerei: Sex Vortrage.* Leipzig: Seeman.

DERRIDA, J. (1983). Le Retrait de la Métaphore. In: TYMIE-MECKA, A.T. (ed.). *Analecta Husserliana*, vol. 14, p. 273-300.

DETIENNE, M. (1967). *Les Maîtres de verité dans la Grece archaïque.* Paris: Maspero.

DE VLEESCHAUWER, A. (1947). Courants actuels d'idées sur les peuples non autonomes. *Bulletin des Seances*, Bruxelas, 18, p. 700-713.

DIETERLEN, G. (1989). Masks and Mythology among the Dogon. *African Arts*, 22 (3), p. 34-43.

DIETERLEN, G. (1990). Mythologie, histoire et masques. *Journal de la Societé des Africanistes*, 59 (1/2), p. 7-37.

DIETERLEN, G.; ROUCHE, J. (1971). Les fêtes soixantenaires chez Jes Dogon. *Africa*, 41, p. 1-11.

Diodorus Siculus (1933-1967). Trad. de C.H. Oldfather, C.L. Sherman, C. Bradford Welles, R.M. Geer e F.R. Walton. 12 vol.

DIOGENES LAERTIUS (1925). *Lives of Eminent Philosophers.* Trad. de R.D. Hicks. 2 vol. Londres: William Heinemann.

DIOP, C.A. (1954). *Nations nègres et culture.* Paris: Présence Africaine.

DIOP, C.A. (1960). *L'Unité culturelle de l'Afrique Noire.* Paris: Présence Africaine.

DIOP, C.A. (1967). *Antériorité des civilisations nègres.* Paris: Présence Africaine.

DREWAL, H.J.; DREWAL, M. (1983). *Gelede: Art and Female Power among the Yoruba.* Bloomington: Indiana University Press.

DUBOIS, J.; LAGANE, R.; LEROND, A. (s.d.). *Dictionnaire du Français de la Langue Classique.* Paris: Larousse.

DUCHET, M. (1971). *Anthropologie et histoire au siècle des lumières.* Paris: Maspero.

DUMEZIL, G. (1980). *Camillus: A Study of Indo-European Religion as Roman History.* Berkeley: University of California Press.

ELOKO-A-N. (1976). L'Imaginaire et l'argumentation. In: MUDIMBE, V.Y. *Le Vocabulaire politique Zaïrois – Une étude de sociolinguistique.* Lubumbashi: Centre de Linguistique Theorique et Appliquée.

ESTIENNE, R. (1740). *Thesaurus Linguae Latinae.* Basileae: Typis J.R. Turnisiorum.

ESTIENNE, R. (1816-1818). *Thesaurus Graecae Linguae.* Londini: Vapianis.

FABIAN, J.; SZOMBATI-FABIAN, I. (1980). Folk Art from an Anthropological Perspective. In: QUIMBY; SWANK, S. (eds.). *Perspectives on American Folk Art,* I. Nova York: W.W. Norton.

FAGG, W. (1963). *Nigerian Images.* Nova York: F.A. Praeger.

FAGG, W. (1965). *Tribes and Forms in African Art.* Nova York.

FAGG, W. (1970). *Divine Kingship in Africa.* Londres: The British Museum.

FANON, F. (1961). *The Wretched of the Earth.* Nova York: Grove Press.

FANON, F. (1967). *Black Skin White Masks.* Nova York: Grove Press.

FANON, F. (1968). *Toward the African Revolution.* Nova York: Grove Press.

FECI, D. (1972). *Vie cachée et vie publique de Simon Kimbangu selon la littérature coloniale et missionnaire belge.* Bruxelas: Cedaf.

FERNANDEZ, J.W. (1982). *Bwiti: An Ethnography of the Religious Imagination in Africa.* Princeton University Press.

FETTER, B. (1973). L'UMHK, 1920-1940: la naissance d'une sous-culture totalitaire. *Les Cahiers du Cedaf,* 6.

FETTER, B. (1974). African Associations in Elisabethville, 1910-1935: Their Origins and Development. *Études d'Histoire Africaine,* VI, p. 205-223.

FINLEY, M.I. (1987). *The Use and Abuse of History.* Nova York: Penguin.

FOCILLON, H. (1934). *La Vie des formes.* Paris.

FORDE, D. (ed.) (1966). *The New Elites of Tropical Africa*. Oxford: Oxford University Press.

FORTES, M.; EVANS-PRITCHARD, E.E. (eds.) (1940). *African Political Systems*. Londres: Oxford University Press.

FOSU, K. (1986). *20th Century Art of Africa*. Zaria.

FOUCAULT, M. (1973). *The Order of Things: An Archaeology of the Human Sciences*. Nova York: Random House.

FOUCAULT, M. (1982a). *The Archaeology of Knowledge*. Nova York: Pantheon.

FOUCAULT, M. (1982b). The Discourse on Language. Apêndice de *The Archaeology of Knowledge*. Nova York: Pantheon.

FREUD, S. (1927-1931). *The Complete Psychological Works of Sigmund Freud*. Ed. de J. Strachey. Londres.

FRY, J. (ed.) (1978). *Twenty-Five African Sculptures*. Ottawa.

FRYE, N. (1975). Expanding Eyes. *Critical Inquiry*, 2 (2), p. 206.

GADAMER, H.-G. (1979). The Problem of Historical Consciousness. In: RABINOW, P.; SULLIVAN, W.M. (eds.). *Interpretive Social Science*. Berkeley: University of California Press.

GEERTZ, C. (1973). *The Interpretation of Cultures*. Nova York: Basic Books.

GEERTZ, C. (1988). *Works and Lives: The Anthropologist as Author*. Stanford University Press.

GEORIS, P. (1962). *Essai d'acculturation par l'enseignement primaire au Congo*. Bruxelas: Cemubac.

GILLS, C.A. (1960). *Kimbangu, fondateur d'Église*. Bruxelas: Librairie Encyclopedique.

GOLDWATER, R. (1986). *Primitivism in Modern Art*. Belknap: Harvard University Press.

GOODY, J. (1977). *The Domestication of the Savage Mind*. Cambridge: Cambridge University Press.

GORDON, R.L. (ed.) (1982). *Myth, Religion and Society*. Cambridge: Cambridge University Press.

GOUARD, C. (1989). Fodé Camara ou L'oeuvre ouverte: Essai d'approche anthropologique d'une jeune peinture Sénégalaise. Dissertação de Mestrado em Estética, não publicada. Université Paris I/ Pantheon Sorbonne.

GREVISSE, F. (1950). *Le Centre Extra-Coutumier d'Elisabethville – Quelques aspects de la politique indigène du Haut-Katanga industriel.* Gembloux: J. Duculot.

GRIAULE, M. (1938). Masques Dogons. *Travaux et Mémoires de l'Institut d'Ethnologie*, Paris, 33.

GROETHUYSEN, B. (1953). *Anthropologie philosophique.* Paris: Gallimard.

GUERNIER, E. (1952). *L'Apport de l'Afrique* a *la pensée humaine.* Paris: Payot.

GUGELBERGER, G.M. (ed.) (1985). *Marxism and African Literature.* Trenton, NJ: African World Press.

GUILBERT, D. (1956). Le Droit de la colonisation. *Lovania*, Elisabethville, v. 38, p. 15-43; v. 40, p. 67-87.

HAMMOND, D.; JABLOW, A. (1977). *The Myth of Africa.* Nova York: The Library of Social Science.

Hannon's Periplusi (1882). In: MULLER, C. *Geographici Graeci Minores.* Paris: Firmin Didot.

HARDING, S. (1991). *Whose Science? Whose Knowledge? Thinking from Women's Lives.* Ithaca: Cornell University Press.

HAUSER, M. (1982). *Essai sur la poétique de la négritude.* Lille.

HERDECK, D. (1973). *African Authors.* Washington: Black Orpheus.

Herodotus. Trad. de A.D. Godley (1920-1925). 4 vol. Cambridge, MA: Harvard University Press.

HERSKOVITS, M. (1929). The Civilizations of Prehistory. In: BROWNELL, B. (ed.). *Man and His World.* Nova York: Van Nostrand Company.

HERSKOVITS, M. (1940). *The Economic Life of Primitive Peoples.* Nova York: Knopf.

HERSKOVITS, M. (1941). *The Myth of the Negro Past.* Nova York/ Londres: Harper.

HERSKOVITS, M. (1967). *The Human Factor in Changing Africa.* Nova York: Knopf.

HERSKOVITS, M. (1972). *Cultural Relativism*. Ed. de Frances Herskovits. Nova York: Random House.

HERSKOVITS, M.; BASCOM, W.R. (1959). *Continuity and Change in African Cultures*. Chicago: Chicago University Press.

HERSKOVITS, M.; HERSKOVITS, F. *Dahomean Narratives* [s.n.t.].

HIRSCHMAN, A. (1979). The Search for Paradigms as a Hindrance to Understanding. In: RABINOW, P.; SULLIVAN, W.M. (eds.). *Interpretive Social Science – A Reader*. Berkeley: University of California Press.

HOBSBAWM, E.; RANGER, T. (eds.) (1983). *The Invention of Tradition*. Cambridge: Cambridge University Press.

HODGEN, M.T. (1971). *Early Anthropology in the Sixteenth and Seventeenth Centuries*. Filadélfia: University of Pennsylvania Press.

HOMER (1919). *The Odyssey*. Trad. de A.T. Murray. 2 vol. Cambridge, MA: Harvard University Press.

HOMER (1924/1925). *The Iliad*. Trad. de A.T. Murray. 2 vol. Cambridge, MA: Harvard University Press.

HORTON, R. (1981). African Traditional Thought and Western Science. In: WILSON, B.R. (ed.). *Rationality*. Oxford: Basil Blackwell.

HOUSTON, D.D. (1985). *Wonderful Ethiopians of the Ancient Cushite Empire*. Baltimore: Black Classic.

HULME, P. (ed.) (1986). *Colonial Encounters – European and the Native Caribbean 1492-1797*. Londres/Nova York: Methuen.

HULSTAERT, G. (1980). Le Dieu des Mongo. *Religions africaines et christianisme*, Kinshasa, 2, p. 33-84.

HUNTINGFORD, G.W.B. (1980). *The Periplus of The Erythraean Sea*. Londres: The Hakluyt Society.

HUSSERL, E. (1959). *Erste Philosophie. Husserliana*. Vol. 8. The Hague: Martinus Nijhoff.

HUSSERL, E. (1970). *The Crisis of European Sciences and Transcendental Phenomenology*. Evanston: Northwestern University Press.

ILUNGA, K. (1984). Déroutante Afrique ou la syncope d'un discours. In: JEWSIEWICKI, B. (ed.). *État Independant du Congo,*

Congo Belge, République Démocratique du Congo, Republique du Zaïre. Quebec: Safi.

IMPERATO, P.J. (1971). Contemporary Adapted Dances of the Dogon. *African Arts*, 5 (1), p. 28-33, 68-72, 84.

IRELE, A. (1965). Negritude-Literature and Ideology. *The Journal of Modern African Studies*, 3 (4), p. 499-526.

IRELE, A. (1981). *The African Experience in Literature and Ideology.* Londres.

IRELE, A. (1986). Contemporary Thought in French Speaking Africa. In: MOWOE, I.J.; BJORNSON, R. (eds.). *Africa and the West: The Legacies of Empire.* Nova York: Greenwood.

ISIDORE OF SEVILLE. (1911) *Isidori Hispalensis episcopi, Etymologiarum sive originum libri* XX. Ed. de W.M. Lindsay. Oxford: Clarendon.

JACKSON, H. (ed.) (1932). *The Anatomy of Melancholy by Robert Burton* (1621). Nova York: Random House.

JACQUEMIN, J.P. (1990). Saint Cheri Samba, vie et oeuvres (im) pies. *Ostend: Provinciaal Museum voor Moderne Kunst*, p. 9-33.

JAHN, J. (1961). *Muntu – An Outline of the New African Culture.* Nova York: Grove Press.

JAHN, J. (1968). *A History of Neo-African Literature.* Londres: Faber and Faber.

JANSON, H.W. (1986). *History of Art.* Nova York: Abrams.

JEWSIEWICKI, B. (1984) *État Independent du Congo, Congo Belge, République Démocratique du Congo, République du Zaïre.* Quebec: Safi.

JEWSIEWICKI, B. (1985). *Marx, Afrique et Occident.* Montreal: McGill University/Centre for Developing Area Studies.

JEWSIEWICKI, B. (1986a). Collective Memory and the Stakes of Power. A Reading of Popular Zairean Historical Discourse. *History in Africa*, 13.

JEWSIEWICKI, B. (1986b). Collective Memory and Its Images: Popular Urban Painting in Zaire – A Source of "Present Past". *History and Anthropology*, 2.

JEWSIEWICKI, B. (1989). Presentation: Le Language politique et les arts plastiques en Afrique. In: JEWSIEWICKI, B. (ed.) (1989).

Art and Politics in Black Africa. Ottawa. Canadian Association of African Studies, p. 1-10.

JEWSIEWICKI, B. (ed.) (1989). *Art and Politics in Black Africa.* Ottawa. Canadian Association of African Studies.

JEWSIEWICKI, B.; NEWBURY, D. (eds.) (1986). *African Historiographies: What History for Which Africa?* Beverly Hills: Sage.

JEWSIEWICKI, B. et al. (eds.) (1990). *Moi, l'autre, nous autres: Vies zaïroises ordinaires, 1930-1980 – Dix récits.* Quebec/Paris.

JULES-ROSETTE, B. (1977). The Potters and the Painters: Art By and About Women in Urban Africa. *Studies in the Anthropology of Visual Communication,* 4 (2), p. 112-127.

JULES-ROSETTE, B. (1984). *The Messages of Tourist Art: An African Semiotic System in Comparative Perspective.* Nova York.

JULES-ROSETTE, B. (1987). Rethinking the Popular Arts in Africa: Problems of Interpretation. *African Studies Review,* 30 (3), p. 91-98.

JUNG, C.J. (1980). *The Archetypes and the Collective Unconscious.* Trad. de R.F.C. Hull. Princeton: Bollingen Foundation e Princeton University Press.

KAGAME, A. (1956). *La philosophie bantu-rwandaise de l'être.* Bruxelas: Academie Royale des Sciences Coloniales.

KAGAME, A. (1976). *La philosophie bantu comparée.* Paris: Presence Africaine.

KANDINSKY, W. (1914). *The Art of Spiritual Harmony.* Londres: Constable.

KANE, C.H. (1961). *L'aventure ambigue.* Paris: Julliard.

KARP, I. (1988). Laughter at Marriage: Subversion in Performance. *Journal of Folklore Research,* 15 (1-2), p. 35-52.

KEITA, F.B.; ALBARET, L. (1990). *Bogolan et arts graphiques du Mali.* Paris.

KELLER, A.S.; LISSITZ YN, O.J.; MANN, J.F. (1938). *Creation of Rights of Sovereignty through Symbolic Acts 1400-1800.* Nova York: Columbia University Press.

KESTELOOT, L. (1965). *Les écrivains noirs de langue francaise: Naissance d'une littérature.* Bruxelas: Institut de Sociologie.

KILSON, M. (1975). *New States in the Modern World.* Cambridge/ Londres: Harvard University Press.

KIRWEN, M. (1987). *The Missionary and the Diviner.* Nova York: Orbis Books.

KI-ZERBO, J. (1972). *Histoire de l'Afrique d'hier à demain.* Paris: Hatier.

KI-ZERBO, J. (ed.) (1980). *General History of Africa – Vol. 1: Methodology and African Prehistory.* Londres.

KLUCKHON, C. (1955). Ethical Relativity and Value Conflict. *Philosophy of Science*, 12, p. 54-57.

KLUCKHON, C.; MURRAY, H.A. (1940). *Personality in Nature, Society and Culture.* Nova York: Knopf.

KOLOSS, H.J. (1990). *Art of Central Africa: Masterpieces from the Berlin Museum fur Volkerkunde.* Nova York.

KRISTEVA, J. (1980). *Desire in Language – A Semiotic Approach to Literature and Art.* Nova York: Columbia University Press.

LACAN, J. (1975). *Le Séminaire – Livre* XX: *Encore.* Paris: Seuil.

LAROUI, A. (1967). *L'idéologie arabe contemporaine.* Paris: Maspero.

LAS CASAS, B. (1951). *Historia de las Indias.* 3 vols. Cidade do México: A. Millares Carlo.

LEACH, E.R. (1980). Genesis as Myth. In: MIDDLETON, J. (ed.). *Myth and Cosmos.* Austin: University of Texas Press.

LEACH, E.; AYCOCK, A.D. (1983). *Structuralist Interpretations of Biblical Myth.* Cambridge, MA: Cambridge University Press.

LECLAIRE, S. (1968). *Psychanalyser.* Paris: Seuil.

LECLAIRE, S. (1971). *Démasquer le Réel.* Paris: Seuil.

LE FEBVE DE VIVY, L. (1955). *Documents d'histoire precoloniale belge* (1861-1865) – *Les idées coloniales de Léopold, duc de Brabant.* Bruxelas: A.R.S.C.

LEIRIS, M. (1948). La Langue secrète des Dogons de Sanga (Soudan Français). *Travaux et Mémoires de l'Institut d'Ethnologie*, Paris, 50.

LENIN, V.I. (1967). *On Literature and Art.* Moscou: Progress.

LEVI-STRAUSS, C. (1952). *Race et Histoire.* Paris: Unesco.

LÉVI-STRAUSS, C. (1963). *Structural Anthropology*. Nova York: Basic Books.

LÉVI-STRAUSS, C. (1966). *The Savage Mind*. Chicago: University of Chicago Press.

LÉVI-STRAUSS, C. (1976). *Structural Anthropology*. Vol. II. Chicago: University of Chicago Press.

LÉVI-STRAUSS, C. (1978). *The Origin of Table Manners*. Nova York: Harper and Row.

LITT, J.L. (1970). *Analyse d'un processus d'acculturation – Les débuts de l'enseignement supérieur au Congo et la constitution d'une élite orientée vers le statut*. Lovaina: Université Catholique de Louvain.

LOHISSE, J. (1974). *La Communication tribale*. Paris: Universitaires.

LONIS, R. (1981). Les Trois approches de l'Ethiopien par l'opinion gréco-romaine. *Ktema*, 6.

LOTAR, L. (1923). Le statut des immatriculés. *Congo*, 1 (4), p. 451-466.

LOTAR, L. (1937). L'immatriculation des indigènes a l'État-civil. *Bulletin des Seances*, Arsom, 6 (1), p. 54-58.

LOUGHRAN, K.S.; LOUGHRAN, J.L.; JOHNSON, J.W.; SAMATAR, S.S. (eds.) (1986). *Somalia in Word and Image*. Washington, D.C.: Foundation for Cross-Cultural Understanding.

MABANZA, K. (1979). *Politique coloniale et stratification sociale*. Dissertação de licenciatura. Lubumbashi: Unaza.

MacCLINTOCK, D. (1984). *African Images*. Ilustr. de Ugo Mochi. Nova York: Charles Scribner's Sons.

MacGAFFEY, W. (1983) *Modern Kongo Prophets – Religion in a Plural Society*. Bloomington: Indiana University Press.

MAQUET, J. (1967). *Africanité traditionnelle et moderne*. Paris: Presence Africaine.

MARCUS, G.; FISCHER, M.M.J. (1986). *Anthropology as Cultural Critique: An Experimental Moment in the Human Sciences*. Chicago: University of Chicago Press.

MASSON, J. (1936). *Le Roi Albert et Les missions*. Louvaina: Aucam.

MATUMELE, M. (1976). Mouvement general du vocabulaire de 1959 a 1963. In: MUDIMBE, V.Y. *Le Vocabulaire politique Zaïrois – Une étude de sociolinguistique.* Lubumbashi: Centre de Linguistique Theorique et Appliquée.

MAURIER, H. (1974). *Philosophie de l'Afrique noire.* St. Augustin/Bonn: Verlag des Anthropes-Instituts.

MAZRUI, A. (1972). *Cultural Engineering and Nation-Building in East Africa.* Evanston: Northwestern University Press.

MBITI, J. (1971). *New Testament Eschatology in an African Background.* Oxford: Oxford University Press.

McEWEN, F. (1970). The Workshop School. *Camden Arts Centre.* Londres.

MELS, B. (1946). *Instructions.* Luluabourg: Pro Manuscripto.

MERCIER, P. (1966). *Histoire de l'anthropologie.* Paris: Presses Universitaires de France.

MERLE, M. (1969). *L'Anticolonialisme européen de Las Casas a Marx.* Paris: Armand Colin.

MERLEAU-PONTY, M. (1973). *The Prose of the World.* Evanston: Northwestern University Press.

MERLIER, M. (1962). *Le Congo de la colonisation belge a l'indépendance.* Paris: Maspero.

MILLER, C. (1990). *Theories of Africans – Francophone Literature and Anthropology in Africa.* Chicago: University of Chicago Press.

MILLER, J. (1975). *Art in East Africa: A Guide to Contemporary Art.* Londres/Nairóbi.

MINON, P. (1957). Quelques aspects de l'évolution recente du CEC d'Elisabethville. *Bulletin du Cepsi,* 36.

MOMMSEN, T. (1921). *Römische Geschichte* II. Berlim.

MOMMSEN, T.; MARQUARDT, J. (1892). *Manuel des Antiquités Romaines,* XI, II.

MONHEIM, C. (s.d.). *Le Congo et les livres.* Bruxelas: Dewit/Anthologie Coloniale.

MOORE, S.F. (1986). *Social Facts and Fabrications: "Customary" Law on Kiliman*jaro, 1880-1980. Cambridge: Cambridge University Press.

MOORE, W. (1971). *Les changements sociaux*. Gembloux: Duculot.

MOUNT, M.W. (1973). *African Art: The Years Since 1920*. Blooming-ton/Londres: Indiana University Press [Reimpr. com nova introdução. Nova York: Da Copo, 1989].

MOURALIS, B. (1975). *Les Contre-Littératures*. Paris: Presses Universitaires de France.

MOURALIS, B. (1988). L'Afrique comme figure de la folie. *L'Exotisme*. Paris: Didier.

MUDIMBE, V.Y. (1979). Le chant d'un africain sous les Antonins. *Africa et Roma*. Roma: L'Erma di Bretschneider.

MUDIMBE, V.Y. (1986). African Art as a Question Mark. *African Studies Review*, 29, p. 1.

MUDIMBE, V.Y. (1988). *The Invention of Africa*. Bloomington: Indiana University Press.

MUDIMBE, V.Y. (1991). *Parables and Fables*. Madison: The University of Wisconsin Press.

MUDIMBE, V.Y. (ed.) (1992). *The Surreptitious Speech*. Chicago: The University of Chicago Press.

MULLER, C. (1882). *Geographi Graeci Minores*, Paris: Firmin Didot.

MVENG, E. (1965). *L'Art d'Afrique Noire*. Paris: Mame.

MVENG, E. (1972). *Les Sources grecques de l'histoire négro-africaine depuis Homère jusqu'à Strabon*. Paris: Presence Africaine.

MVENG, E. (1980). *L'Art et l'artisanat africains*. Yaounde: CLE.

NIMAL, N. (1935). Le Droit de colonisation. *Revue de l'Aucam*, 10, p. 3-256.

NKRUMAH, K. (1970). *Consciencism*. Londres: Panaf Books.

NORA, P. (1989). Between Memory and History: Les Lieux de Mémoire. *Representations*, 26.

NORTHERN, T. (1973). *Royal Art of Cameroon*. Hanover, NH: Dartmouth College.

NZONGOLA, G.N. (1970). Les classes sociales et la révolution anti-coloniale au Congo-Kinshasa: le rôle de la bourgeoisie. *Cahiers Economiques et Sociaux*, Ires-Kinshasa, vol. 8, n. 3.

OLBRECHTS, F.M. (1959). *Les Arts Plastiques du Congo Belge*. Bruxelas/Anvers.

OLEMA, D. (1984). Societe zaïroise dans le miroir de la chanson populaire. *Canadian Journal of African Studies*, 18 (1), p. 122-130.

PAGDEN, A. (1982). *The Fall of Natural Man.* Cambridge: Cambridge University Press.

PEEK, P.M. (1981). The Power of Words in African Verbal Arts. *Journal of American Folklore*, 94 (371), p. 19-45.

PEEK, P.M. (1985). Ovia Idah and Eture Egbede: Traditional Nigerian Artists. *African Arts*, 18 (2), p. 54-59, 102.

PERIER, G.-D. (1948). *Les Arts Populaires du Congo Belge.* Bruxelas.

PERROIS, L. (1989). Through the Eyes of the White Man. From "Negro Art" to "African Art". *Third Text*, 6.

PETILLON, A.M. (1967). *Témoignage et réflexions.* Bruxelas: La Renaissance du Livre.

PHILOSTRATUS, F. (1614). *Les Images.* Trad. de Blaise de Vigenère. Nova York/Londres: Garland, 1976.

PHILOSTRATUS, F. (1931). *Imagines.* Trad. de A. Fairbanks. Cambridge, MA: Harvard University Press.

PHILOSTRATUS, F. (1970). *Life of Apollonius.* Trad. de C.P. Jones. Ed. de G.W. Bowersock. Harmondsworth: Penguin Books.

PIGAFETTA, F.; LOPEZ, D. (1591). *Description du Royaume de Congo et des contrée environnantes.* Ed. e trad. de W. Bal. Lovaina/ Paris: B. Nauwelearts.

Pindar (1915). Trad. de Sir J. Sandys. Cambridge, MA: Harvard University Press.

PIROTTE, J. (1973). *Periodiques missionaires belges d'expression franiçaise – Reflets de cinquante années d'évolution d'une mentalité (1889-1940).* Lovaina.

PLINY (1938-1952). *Natural History.* Trad. de H. Rackham, W.H.S. Jones (livros XX-XXIII) e D.E. Eichholz (livros XXXVI-XXXVII). 10 vol. Cambridge, MA: Harvard University Press.

POGGIOLI, R. (1968). *The Theory of the Avant-Garde.* Cambridge: Harvard University Press.

POIRIER, J. (1966). Dépendance et aliénation: de la situation coloniale à la situation condominiale. *Cahiers Internationaux de Sociologie*, 40, p. 73-88.

POLYBIUS (1922-1927). *The Histories.* Trad. de W.R. Paton (1922-1927). 6 vol. Cambridge: Harvard University Press.

POULANTZAS, N. (1968). *Pouvoir politique et classes sociales,* Paris: Maspero.

PRICE, S. (1989a). *Primitive Art in Civilized Places.* Chicago: The University of Chicago Press.

PRICE, S. (1989b). Our Art-Their Art. *Third Text,* 6.

PRUSSIN, L. (1986). *Hatumere, Islamic Design in West Africa.* Berkeley/Los Angeles/Londres: University of California Press.

RAD, G. (1962). *Theology of the Old Testament* – Vol. I: *Theology of the Historical Tradition of Israel.* Edimburgo: Oliver and Boyd.

RALEGH, W. (1848). *The Discovery of the Large... empire of Guiana... performed in the year* 1595. Londres: Hakluyt Society.

RAY, B.C. (1991). *Myth, Ritual and Kingship in Buganda.* Nova York: Oxford University Press.

REY, P.P. (1973). *Les alliances de classes.* Paris: Maspero.

RICOEUR, P. (1965). *History and Truth.* Evanston: Northwestern University Press.

RICOEUR, P. (1974). *The Conflict of Interpretations* – *Essays on Hermeneutics.* Evanston: Northwestern University Press.

ROBERTS, A.; MAURER, E. (1985). *Tabwa* – *The Rising of a New Moon: A Century of Tabwa Art.* Ann Arbor: The University of Michigan Museum of Art.

ROBERTS, A.; MAURER, E. (1987). "Insidious Conquests": Wartime Politics Along the South-western Shore of Lake Tanganyika. In: PAGE, M. (ed.). *Africa and the First World War.* Londres: MacMillan Press.

ROBERTS, A.; MAURER, E. (1989). History, Ethnicity and Change in the "Christian Kingdom" of Southeastern Zaire. In: Vail, L. (ed.). *The Creation of Tribalism in Southern Africa.* Londres: James Curry.

ROELENS (s.d.). *Esquisse psychologique de nos Noirs.* Namur.

ROELENS (1913). *Situation des Missions Catholiques du Congo Belge* – *Historique de la Campagne.* Anvers: De Vlijt.

ROELENS (1932). La formation du Clergé Indigène. *Actes de la Première Conférence Plénière des Ordinaires de Missions du Congo-*

-*Belge et du Rwanda-Urundi*. Léopoldville: Imprimerie du Courrier d'Afrique.

ROELENS (1938). *Instructions aux Missionnaires Peres Blancs du Haut-Congo*. Baudouinville: Vicariat Apostolique du Haut-Congo.

ROEYKENS, P.A. (1957). *La période initiale de l'oeuvre africaine de Léopold II* (1875-1883). Vol. 10. Bruxelas: Academie Royale de Sciences Coloniales.

ROEYKENS, P.A. (1958). *Léopold II et l'Afrique* (1855-1880). Vol. 14. Bruxelas: Academie Royale de Sciences Coloniales.

RORTY, R. (1979). *Philosophy and the Mirror of Nature*. Princeton: Princeton University Press.

RUBBENS, A. (ed.) (1945). *Dettes de guerre*. Elisabethville: L'Essor du Congo.

RUBBENS, A. (1949). Le colour-bar au Congo belge. *Zaïre*, 3 (5), p. 503-513.

RUBBENS, A. (1958). La politique congolaise. *La Revue Nouvelle*, 27, p. 59-65, 01/01.

RUBBENS, A. (1970). *Le Droit Judiciaire Congolais. – Tomo I: Le pouvoir, l'organisation et la competence judiciaires*. Bruxelas: Ferdinand Larcier/Université Lovanium-Kinshasa.

RYCKBOST, J. (1945). Liberté d'association au Congo. *Lovania*, 53, p. 1-28, 1959.

RYCKMANS, P. (1945). *Messages de Guerre*. Bruxelas: Ferdinand Larcier.

RYCKMANS, P. (1946). *Etapes et jalons*. Bruxelas: Ferdinand Larcier.

Sallust (1921). Trad. de J.C. Rolfe. Cambridge, MA: Harvard University Press.

SAMB, I. (1989a). Criticism of Representation. In: AXT, F.; BABACAR SY, E.H.M. (1989). *Anthology of Contemporary Fine Arts in Senegal*. Frankfurt am Main: Museum für Volkerkunde, p. 129-130.

SAMB, I. (1989b). The Social and Economic Situation of the Artists of the "Ecole de Dakar". In: AXT, F.; BABACAR SY, E.H.M. (1989). *Anthology of Contemporary Fine Arts in Senegal*. Frankfurt am Main: Museum für Volkerkunde, e Babacar Sy, p. 117-120.

SANGARI, K. (1989). Representations in History. *Journal of Arts and Ideas*, 17-18, p. 3-7.

SARTRE, J.-P. (1956). *Being and Nothingness*. Nova York: Washington Square Press.

SARTRE, J.-P. (1974). *Between Existentialism and Marxism*. Nova York: Pantheon.

SCHILDKROUT, E.; KEIM, C.A. (1990). *African Reflections: Art from Northeastern Zaire*. Seattle/Londres/Nova York: University of Washington Press.

SCHNEIDER, B. (1972). Malangatana of Mozambique. *African Arts*, 5 (2), p. 40-45.

SENGHOR, L.S. (1977). *Liberte III: Négritude et civilisation de l'universel*. Paris: Seuil.

SENGHOR, L.S. (1988). *Ce que je crois*. Paris: Grasset.

SENGHOR, L.S. (1989). Introduction. In: AXT, F.; BABACAR SY, E.H.M. (1989). *Anthology of Contemporary Fine Arts in Senegal*. Frankfurt am Main: Museum für Volkerkunde, p. 19-20.

SERRES, M. (1979). The Algebra of Literature: The Wolf's Game. In: HARARI, J.V. *Textual Strategies*. Ithaca: Cornell University Press.

SIEBER, R.; WALKER, R.A. (1987). *African Art in the Cycle of Life*. Washington: National Museum of African Art/Smithsonian Institution Press.

SIEBOLD, P.F. (1843). *Lettre sur l'utilité des Musées Ethnographiques et sur l'importance de leur création dans les états européens qui possèdent des colonies*. Paris: Librairie de l'Institut.

SINDA, M. (1972). *Le messianisme congolais*. Paris: Payor.

SLADE, R. (1959). *English Speaking Missions in the Congo Independent State*. Bruxelas: Academie Royale de Sciences Coloniales.

SNOWDEN JR., F.M. (1970). *Blacks in Antiquity*. Cambridge, MA: Harvard University Press.

SOHIER, A. (1949). Le problème des indigènes évolués et la Commission du Statut des Congolais civilisés. *Zaïre*, 3 (8), p. 843-880.

SOHIER, A. (1951). La politique d'intégration. *Zaïre*, 5 (9), p. 899-928.

STINGERS, J. (1965). L'anticolonialisme liberal au XIXe siècle et son influence en Belgique. *Bulletin des Séances*, p. 481-521.

STRABO (1917-1932). *The Geography of Strabo.* Trad. de H.L. Jones. 8 vol. ambridge, MA: Harvard University Press.

SURET-CANALE, J. (1958). *Afrique noire occidentale et centrale.* Paris: Sociales.

SZOMBATI-FABIAN, I.; FABIAN, J. (1976). Art, History and Society. In *Studies in the Anthropology of Visual Communication*, 3, p. 1.

TEMPELS, P. (1949). *La Philosophie bantoue.* Paris: Presence Africaine.

TEMPELS, P. (1969). *Bantu Philosophie.* Trad. de C. King. Paris: Presence Africaine.

TEMPELS, P. (1962). *Notre Rencontre I.* Léopoldville: Centre d'Etudes Pastorales.

TEMPELS, P. (1979). *Philosophie bantu.* Versão adaptada da tradução inglesa de A.J. Smet. Kinshasa: Faculté de Théologie Catholique.

THOMPSON, J.O. (1948). *History of Ancient Geography.* Cambridge: Cambridge University Press.

THOMPSON, R.F.; CORNET, J.A. (1981). *The Four Moments of the Sun: Kongo Art in Two Worlds.* Washington, D.C.

TODOROV, T. (1984). *The Conquest of America.* Nova York: Harper and Row.

TSHIAMALENGA, N. (1974). La Philosophie de la faute dans la tradition luba. *Cahiers des Religions Africaines*, 8, p. 167-186.

TSHIAMALENGA, N. (1977a). Que'est-ce que la "philosophie africaine". *La Philosophie africaine*, Kinshasa, p. 3-46.

TSHIAMALENGA, N. (1977b). Langues bantu et philosophie – Le cas du ciluba. *La Philosophie Africaine*, Kinshasa, p. 147-158.

TSHIAMALENGA, N. (1980). Denken und Sprechen: Ein Beitrag zum linguistischen Relativitäts Prinzip am Beispiel einer Bantusprache (Ciluba). Dissertação. Johann Wolfgang Goethe Universität.

TYLOR, E. (1871). *Primitive Culture.* Londres: Murray.

VAN BILSEN, A.A.J. (1977). *Vers l'indépendance du Congo et du Ruanda-Urundi.* 2. ed. Kinshasa: Presses Universitaires du Zaïre.

VAN CAENEGHEM, P.R. (1956). *La notion de Dieu chez les baluba du Kasai.* Bruxelas: Academie Royale de Sciences Coloniales.

VAN LIERDE, J. (1963). *La Pensée politique de Lumumba*. Paris: Présence Africaine.

VANSINA, J. (1961). *De la tradition orale – Essai de methode historique*. Tervuren: Musee Royal de l'Afrique Centrale.

VANSINA, J. (1978). *The Children of Woot: A History of the Kuba Peoples*. Madison: The University of Wisconsin Press.

VANSINA, J. (1984). *Art History in Africa*. Londres: Longman.

VANSINA, J. (1990). *Paths in the Rainforests – Towards a History of Political Tradition in Equatorial Africa*. Madison: The University of Wisconsin Press.

VANSINA, J.; MAUNY, R.; THOMAS, L.V. (eds.) (1964). *The Historian in Tropical Africa*. Londres: Oxford University Press.

VAN ZUYLEN, P. (1959). *L'échiquier congolais ou le secret du Roi*. Bruxelas: Charles Dessart.

VERHAEGEN, B. (1974). *Introduction à l'Histoire Immédiate*. Gembloux: Duculot.

VEYNE, P. (1984). *Writing History*. Middletown, CT: Wesleyan University Press.

VEYNE, P. (1988). *Did the Greeks Believe in Their Myths?* Chicago: University of Chicago Press.

VIDAL-NAQUET, P. (1986). *The Black Hunter*. Baltimore: The Johns Hopkins University Press.

VIGENERE, B. (1614). *Les Images ou Tableaux de Platte Peinture des Deux Philostrates Sophistes Crées*. Trad. de Blaise de Vigenère. Paris: Chez la Veuve Abel L'Angellier.

VIRET, P. (1551). *De la Source et la Difference*. Genebra: Jean Gerard.

VOGEL, S.; EBOND, I. (eds.) (1991). *Africa Explores*. Nova York: The Center for African Art.

VOGEL, S.; N'DIAYE, F. (1985). *African Masterpieces from the Musée de l'Homme*. Nova York: The Center for African Art.

WAGNER, C. (1967). L'enseignement dans l'État Independant du Congo et le Congo Belge – Objectifs et Réalisations (1890-1918). Dissertação de Licenciatura. Université Catholique de Louvain.

WAGNER, J. (1962). *Les poètes noirs des États-Unis*. Paris: Istra.

WALLERSTEIN, I. (1983). The Evolving Role of the African Scholar in African Studies. *Canadian Journal of African Studies*, 14, p. 9-16.

WRIGHT, R. (1975). *The Art of Independence*. Nova York: The Alicia Patterson Foundation.

YOUNG, C. (1978). Zaire: The Unending Crisis. *Foreign Affairs*, p. 167-185.

YOUNG, C. (1984). Zaire: Is There a State? In: JEWSIEWICKI, B. *État Indépendant du Congo, Congo Belge, Republique Democratique du Congo, Republique du Zaïre*. Quebec: Safi.

ÍNDICE

Abraham, Willy 268

Abu Dulama Ibn al-Djaun 272

Academia de Belas Artes (Zaire) 251

Aethiopia
uso do termo 65-66

África
clima ideológico a partir dos anos de 1960 e obras de arte tradicionais 268-271
"descoberta" europeia da 50-54
e reativação de textos antigos 54-64
ideia de 11-20, 328-333
imagem da e natureza na arte africana contemporânea 266
na *Anatomia da melancolia*, de Burton 30-31, 33, 40
nomeação e metaforização pelos europeus 64-70
cf. tb. Congo Belga; Zaire

Africa et Roma (Mudimbe) 272

African Images (MacClintock) 264-266

Africanismo
na antropologia 84-88

Agbasiere, Joseph T. 319

Agostinho de Hipona 64, 272

Akoto, Anthony 261-262

Albertus Magnus 29

Alexandre VI, Papa 71-83

Alfabetização
mulheres e a política colonial de 295-296

Alteridade
negritude e 304-305
tematização greco-romana da 330

Althusser, Louis 314

Amazonas
nas narrativas etnográficas gregas 141-150

América
imagem da em *Anatomia da melancolia*, de Burton 30-31, 33, 40

Amselle, Jean-Loup 88, 108, 110-111, 112, 289, 321

Anatomia da melancolia
(Burton) 30-47

Anaximandro 141

Antar 272

Antissemitismo
crítica de Bernal ao do
modelo ariano 166-167,
172-174

Antropologia
conceito de "interpretação
apropriada" 308
crítica da "razão etnológica"
de Amselle 108-112
e africanismo 84-88
e colonialismo nos séculos
XVIII e XIX 69-70
e literatura africana
contemporânea 285
historicização das culturas
no século XVIII 67-69
relativismo cultural e 98-109

Antropologia cultural
conceito de etnicidade na
288-290

Aprendizado
conceito de nas sociedades
da África Ocidental
126-127

Arendt, Hannah 168

Aristóteles 57, 83, 147, 148,
153, 155, 161, 287

Arquitetura
vernacular e cultura Gurunsi
em Burkina Faso 267, 268

Arte
conceito de primitivismo na
112-118
enunciações e estratégias na
África contemporânea
246-271

Arte popular
como antítese da aculturação
estética 256
como narrativas 248, 263,
271
classificação da arte africana
contemporânea 254
realismo na 269
sentidos diferentes no
contexto da arte africana
contemporânea 261, 263

Asch, Susan 239-243

Ásia
imagem em *Anatomia da
melancolia*, de Burton
30-31, 33, 40

As palavras e as coisas
(Foucault) 85

as-Sadi, Abdulrahman 273

Associação Internacional
Africana (AIA) 176

Baba, Ahmad 273

Bal, Willy 70, 326, 329

Balandier, Georges 93

Barnet, Miguel 300

Beardsley, Grace Hadley 62

Beidelman, T.O. 320

Beier, Ulli 254, 257, 259-260, 267

Belga
colonização do Congo 175-183
cf. tb. Congo Belga

Benjamin, Walter 112

Bergson, Henri 302

Bernal, Martin 60, 63-64, 158-171, 173-174

Berthelot, A. 55

Black Athena (Bernal) 158-174

Blacks in Antiquity (Snowden) 63

Blomfield, Tome 252

Bonifácio VIII, Papa 74, 82

Borynack, James R. 257

Bourdier, Jean-Paul 267

Bourdieu, Pierre 15, 210, 323

Bourgeois, Alain 13, 54-60, 173

Brain, Robert 124

Brancusi, Constantin 114

Braun, Lucien 16

Brenner, Louis 320

Brerewood, Edward 41

Bricolagem
conceito de 104-105

Budge, E.A. Wallis 171

Bulas papais
e o início do colonialismo europeu 71-83

Burkina Faso, cultura gurunsi e arquitetura vernacular 267, 268

Burn, Michael 70

Burton, Robert 31, 33-37, 39-48

Cabral, Amilcar 286

Cailler, Bernadette 280, 297-301, 303-306

Camara, Ery 261

Camara, Fode 260

Camara, Sory 296

Camp, Sokari Douglas 260

Carrol, Kevin 252

Carruthers, Jacob 63-64

Cartago
exploração da África 52, 130

Catolicismo
bulas papais e o início do colonialismo europeu 71-83
e a colonização belga do Congo 176-183, 228-229
estratégias de conversão no Congo Belga 183-211
cf. tb. Cristianismo

Centre Extra-Coutumier (C.E.C.) 211-219

Césaire, Aimé 56, 95-96, 277, 300, 331

Chinweizu 284

Ciência
conceito de "interpretação apropriada" 307
valores e 103, 193

Cipião 64

Classe
arte popular e 256
colonialismo e construção do social da 216

Colonialismo
e a conversão religiosa no Congo Belga 200-210
e antropologia nos séculos XVIII e XIX 69-70
e as bulas papais 71-83
e educação em arte 255, 261
e o conceito do falso pai 297
e o discurso de Mobutu sobre a independência política do Zaire 239
estratégias de domesticação no Congo Belga 190-200
Europa e a ideia de África 330-331
geografia e memórias africanas no Congo Belga 210-230
história da literatura africana 273-274
mulheres e política da alfabetização 295-296
museus etnográficos e arte "primitiva" 117-118
tendências da arte africana contemporânea 270
cf. tb. Descolonização

Colombo, Cristóvão 78-79

Comte, Auguste 89

Congo Belga
Bernard Mels e o programa católico de conversão no 200-210
colonialismo, geografia e memórias africanas no 210-230
colonização do pelos belgas 175-183
Victor Roelens como paradigma de conversão no 183-200
cf. tb. Zaire

Conquerants de la nuit nue: Edouard Glissant et l'H (h)istoire antillaise (Cailler) 297-306

Cosmologia, Akan 306-307, 309-311

Courtney-Clarke, Margaret 267

Cristianismo
e arte africana contemporânea 253
influência de escritores africanos antigos 272
cf. tb. Catolicismo

Crítica da razão dialética (Sartre) 89

Cultura
descrição dos costumes em *Periplus of the Erythraean Sea* 53
função ritual celebratória de objetos trabalhados 124-128

historicização na antropologia do século XVIII 67-69
invenção de uma nova cultura como objetivo colonial 212-215
profetismo na do Povo Kongo 243-245
cf. tb. Antropologia cultural; História cultural; Relativismo cultural

Dakar
Escola de Arte de 258
Danso, Ofori 261-262
Darwin, Charles 114
De Certeau, Michel 31-32, 37, 141, 205, 209, 210, 219, 309
Descolonização
noção de conceitual de Wiredu 307-312, 322
Démasquer le Réel (Leclaire) 281, 306
Demócrito o Velho 36, 44
Deri, Max 113
Derrida, Jacques 305
Descartes, René 315
Dieng, A. 97
Diodoro Sículo 19, 61, 66, 130, 134, 139-140, 164
Diop, Cheikh Anta 60, 64, 170, 268, 313
Diop, Majhemout 97

Domesticação, colonialismo e conversão no Congo Belga 190-201
Dumezil, Georges 105-106

Educação
nas artes 248-252, 255, 258, 261
Egito
e a teoria da Grécia clássica de Bernal 158-174
interesse de intelectuais negros no antigo Egito 60-62, 64
Enciclopédia de religiões e filosofias africanas 312, 314, 320, 322-323
Entre existentialismo e marxismo (Sartre) 288
Escravidão
bulas papais e 74-76, 82
europeia e a ideia de África 330-331
experiência histórica dos maroons no Caribe 299-301
no Congo Belga 184, 186, 206-207
Espanha
bulas papais e colonialismo 71-73, 78-79
Estienne, Robert 65
Estrabão 150-153, 155-157, 163

Estruturalismo
  relativismo cultural na
    antropologia 103-107
Etnicidade
  conceito na literatura
    acadêmica 288-290
  crítica marxista da 286-288
Etnocentrismo
  relativismo cultural e 103
Etnografia
  análise de MacGaffey da
    conversão no Kongo 244
  filosofia africana e prática da
    317-321
  gregos clássicos e geografia
    da África 130-141,
    151-152
  gregos e amazonas clássicas
    141-158
Etnologia
  museus etnográficos e arte
    "primitiva" 117-128
Exclusão
  regras de análise da
    literatura africana 275-280
Explorações, europeias
  "descoberta" da África 50-54
  grande era das explorações e
    conceitos de primitividade
    e selvageria 67

Fagg, William 259
Fanon, Frantz 286-288,
  300-301

Filosofia
  Akan 306-312, 322
  prática da filosofia africana
    306-323
Filóstrato, Flávio 25-29, 47-48
Finley, M.I. 155
Florus 273
Fodeba, Keita 286
Foucault, Michel
  alteridade e figura africana
    85-86
  sobre a filosofia como
    discurso 317
  sobre a história da ciência
    15-16, 19
  sobre a natureza da verdade
    87-88
  sobre conhecimento e
    ciência 102
  sobre Freud 61
  sobre os estudos de
    Aldrovandi 30
  sobre silêncio e interpretação
    de texto 129
  tipos de regras de exclusão
    275-280
  uso do termo *connaissance*
    314
França
  colonialismo e *terra nullius*
    79
Francesa (língua)
  como símbolo de poder 295
  ordem colonial no Congo
    Belga 228

palavras para "conhecimento" na 316

Frazer, Sir James 171

Freud, Sigmund 61, 251, 283

Frye, Northrop 280

Funerários
descrição dos costumes em *Periplus of the Erythraean Sea* 53

Gadamer, Hans-Georg 98-99

Gama, Vasco da 70

Garret, Henry E. 102

Gauguin, Paul 113, 115-116, 118

Geertz, Clifford 310

Geggus, David Patrick 299

Gênero
divisão na sociedade grega 142-145
cf. tb. Mulheres

Geografia
colonialismo e memórias africanas no Congo Belga 210-230
em *Anatomia da melancolia*, de Burton 40-43, 45-46
etnografia grega clássica da África 131-141, 151-152

Glissant, Edouard 297-306

Gobineau, Arthur de 168

Goldwater, Robert 113, 118

Goody, Jack 279, 329

Grã-Bretanha
colonialismo e *terra nullius* 82

Grécia clássica
África na nomenclatura da 64-66
Amazonas e etnografia da 141-158
ideia de África nos textos da 54-64
mapeamento da África 130-141

Grevisse, F. 211-217

Griaule, Marcel 278

Guernier, Eugene 60

Gugelberger, Georg M. 286

Gurunsi
arquitetura vernacular em Burkina Faso 267-268

Gutsa, Tapfuma 258-259

Harding, Sandra 193-194

Hegel, G.W.F. 301, 302, 303

Henrique o Navegador 73-74

Herdeck, Donald 272-273

Heródoto
etnografia da África 50-52, 57, 61, 66, 130-136, 137-139, 140-142, 143-149, 159-162, 163-165

Herskovits, Melville 88-90, 97-103, 105, 107, 112

Heusch, Luc de 106, 172, 306, 313, 323

Heydt, W. 51

Hirschman, Albert 86

História
  africana e antropologia cultural 291
  africana e reativação de textos antigos 56-61
  análise de Glissant feita por Cailler 297-306
  das artes africanas 247, 268-270
  e causalidade científica 179
  implicações do início da literatura africana 273-274
  mito positivista da causalidade 19
  objetos trabalhados e prática social da 128
  paradigma marxista da 93-94
  questão da credibilidade de Heródoto 164
  relativismo cultural e antropologia 98-99

História cultural
  a ideia de África na história recente da 18
  tendências na arte africana contemporânea 256

Hodgen, Margaret 67-69

Homero 57, 60, 63, 65

Horton, R. 307

Hotentotes 70

Hountondji, Paulin 97

Houston, Drusilla Dunjee 62

Hulstaert, G. 310

Huntingford, G.W.B. 52, 54

Husserl, E. 266, 303

Ícones (Filóstrato) 25, 28, 47

Iluminismo
  historicização das culturas humanas 68-69

Ilunga, K. 253

Império Romano
  províncias africanas do 131, 137

Independência
  discurso político no Zaire 231

Inglesa (língua)
  palavras para "conhecimento" em 320-312

Inter Coetera (1493) 71-73

A invenção da África (Mudimbe) 12, 14, 16-18

Isidoro 65

Israel
  Ricoeur sobre a tradição histórica de 105-107

Italiander, Rolf 252

Jacob, André 317

Jahn, Janheinz 275

Janson, H.W. 113

Jemie 284

Jewsiewicki, Bogumil 97

Johnson, John 312

Júlio II, Papa 72

Jung, Carl 249, 305-306

Kagame, Alexis 307, 310

Kaggwa, Sir Apolo 171

Kalume 261

Kanda-Matulu, Tshibumba 262

Kandinsky, W. 114

Kaoze, Stefano 189, 200, 228

Karp, Ivan 19-20

Kati, Mahmud 273

Keller, A.S. 76-78

Kesteloot, Lilyan 275

Kibwanga, Mwenze 250

Kimbangu, Simon 239-241

Kimbanguismo 240-243

Kintu 172

Kircher, Athanasius 162

Kirwen, Michael C. 317-319

Ki-Zerbo, Joseph 60

Korn, Ambroise 312

Kourouma, Ahmadou 288, 291-292, 294-295

Lacan, Jacques 296

Latim
    África na nomenclatura do 64
    cf. tb. Império Romano

Latino, Juan 273

Laye, Camara 280, 288, 292-293, 296

Leach, Edmund 105, 113, 255

Leclaire, Serge 281-283, 291, 303, 306

Leiris, Michel 268

Leão X, Papa 72

Leão XIII, Papa 177

L'Église du prophète Kimbangu (Asch) 239-244

L'Enfant Noir (Laye) 291, 292, 296

Leopoldo II 175-177, 178, 207

Les Soleils des independances (Kourouma) 294

Les Sources grecques de l'histoire negroafricaine depuis Homere jusqu'a Straban (Mveng) 63, 173

Lévinas, Emmanuel 289

Lévi-Strauss, Claude 99, 103-104, 106, 244, 245, 289, 308

Levy-Bruhl, Lucien 87

Linguagem
    do discurso de Mobutu 231
    metaforização europeia da África 64-70
    ordem colonial no Congo Belga 212-216
    uso da escrita na arte popular 262
    cf. tb. Linguística

Língua suaíli 215

Linguística
e a crítica de Bernal ao
paradigma clássico 165-166
obras de arte africanas como
fenômeno narrativo 248
cf. tb. Linguagem

Lissitzyn, O.J. 76

Literatura
mito ou realidade na África
contemporânea 272-306
ocidental e ideia de África
330-331

Literatura caribenha
análise de Cailler a respeito
da de Glissant 297-306

Litt, J.L. 226-227

Lods, Pierre 252

Logiques métisses (Amselle)
108-112

Lonis, R. 60

Lumumba, Patrice 262-263

Maçons Livres 190-193

Mãe
dedicação de *L'enfant Noir*
para a 296-297
leitura da literatura
caribenha feita por Cailler
304-305

McCoskey, Denise 159

McEwen, Frank 249, 252, 254,
256

MacGaffey, Wyatt 239,
243-244

Maçônico
movimento 190-193

Madubuike 284

Malangatana 261

Malraux, André 122-123

Mann, J.F. 76

Maquet, J.J. 310

Marxism and African Literature
(Gugelberger) 286-288

Marxismo
relativismo cultural e estudos
africanos 88-99, 92, 95

Marx, Karl 89, 92, 161, 165

Matemera, Bernhard 262

Mathew, G. 53

Maurier, Henri 309

Mazrui, Ali 330

Meis, Bernard 200-210

Memória
análise de Glissant feita por
Cailler 301-302
discurso político de
independência do Zaire
230-245
geografia e colonialismo no
Congo Belga 210-230

Mercator, Gerard 32, 49

Merleau-Ponty, Maurice
121-123, 266

Metáfora
África como 69-70

Método
    questão de na filosofia
        africana 314-317
Middleton, John 312
Miller, Christopher 280,
    283-297
Mimese
    política da na arte popular
        271
Minh-ha, Trihn T. 267
Mobutu Sese Seka 236-239
Mochi, Ugo 263
Modernidade
    tendências na arte africana
        contemporânea 255-256
Modern Kongo Prophets
    (MacGaffey) 239, 243-245
Modigliani, Amedeo 118
Moore, Sally Falk 320
Moral Imagination in
    Kaguru Modes of Thought
    (Beidelman) 320
Morte
    conceito na psicanálise
        281-284
Mount, Marshall W. 252-254
Mouralis, Bernard 11
Mouvement Populaire de la
    Revolution (MPR) 237, 238
Mukarobgwa, Thomas 253
Mukomberanwa, Nicholas
    258-259

Mulheres
    etnográfica da Grécia
        clássica sobre as amazonas
        141-158
    literatura francófona e
        ausência de 284-286,
        291, 295
    pinturas de murais de
        Ndebele 267-268
Museus
    arte "primitiva" e etnografia
        116-128
Mveng, Engelbert 63, 173
Myth, Ritual and Kingship in
    Buganda (Ray) 171-174

Napoleão 162-164
Narração
    e verdade 332
Narrativa
    arte popular como 263, 271
    na arte africana
        contemporânea 246-248
Natureza
    na arte africana
        contemporânea 246,
        252-254
Nazismo, Europa e a ideia de
    África 330-331
Ndebele
    pinturas murais de mulheres
        267-268
N'Diaye, Francine 121
N'Diaye, Iba 259, 260

Neco 50, 52

Negritude
Bourgeois e o conceito de 56
influência sobre a arte
africana contemporânea
257-258
intersecção do modo de ser
caribenho com a 304

Nicolau V, Papa 72, 74, 75

Nigritia
uso do termo 66

Nilótica
conceito de imaginação
248-252

Nkrumah, Kwame 91, 92, 313

Nomenclatura
e a metaforização europeia
da África 64-70

Nora, Pierre 128

Ogotommeli 278

Olbrechts, Franz 119

O'Mahoney, Sean 252

Onobrakpeya, Bruce 262

Oral
literatura africana e
tradição 272-273

Orfeu negro (Sartre) 95, 277

O ser e o nada (Sartre) 95

Ouattara 260

Pai
psicanálise e crítica literária
298-305

Périplo do Mar da Eritreia 52

Philosophy of Black Africa
(Maurier) 309

Picasso, Pablo 115, 118

Pilipili 250, 253, 261

Píndaro 57

Pio IX, Papa 176

Platão 161

Plínio 73, 130, 135-139, 152

Plutarco 163

Política
antropologia e colonialismo
290-291
bulas papais e colonialismo
82
crítica de Amselle à "razão
etnológica" 108-111
da conversão no Congo
Belga 181-183
do africanismo marxista
91-98
grega e narrativas amazonas
143-149, 150, 151-153
memórias conflitantes e
discurso de independência
no Zaire 230-245
mulheres e alfabetização na
colonial 295-296

Portugal
bulas papais e colonialismo
72-83

Price, Richard 299

Price, Sally 114

Primitivismo
   África e o conceito europeu de no século XVIII 66-67
   arte e conceito de 112-128
   e a terminologia da conversão 209-210

Profetismo kongo
   análise de MacGaffey 245

Psicanálise
   interpretação da literatura africana contemporânea 281-306

Ptolomeu 53

Raage, Ugaas 273

Raça
   programa católico de conversão no Congo Belga 206
   separação de como elemento geográfico 220

Racismo
   crítica de Bernal ao modelo ariano 166-169

Ray, Benjamin 171-173

Razão etnológica
   crítica da 108-112

Reino Unido
   colonialismo e doutrina da *terra nullius* 82

Relativismo cultural
   teoria do de Herskovits 88-90, 97-107

Reprendre
   implicações do termo 246

Ricoeur, Paul 14, 103-107, 315

Ritual
   como tema da arte popular 261

Roelens, Victor 177, 183-200, 206-210

Romain-Desfosses, Pierre 248-253, 256

Romanus Pontifex (1454) 71-82

Roscoe, John 171

Rwezaura, B.A. 319

Saiyid, Abdallah 273

Samba, Cheri 261

Samb, Issa 258

Sartre, Jean-Paul 95, 100, 277, 287

Sataspes 52

Schmidt, Wilhelm 278

Seligman, Charles G. 173

Selvagem
   imagem do em *Anatomia da melancolia*, de Burton 31-47
   imagem do pigmeu nos *Ícones*, de Filóstrato 25-31
   uso do termo em francês 66-67

Senghor, Leopold Sedar
  conceito de *negritude* 55-56
  influência sobre a arte
    africana contemporânea
    257-258
  língua francesa e 295
  marxismo da 92-93, 95-96
  revisão da história
    tradicional 59-60
Sepúlveda, Padre 76, 83
Serres, Michel 233-236
Seven-Seven, Twins 123
Siebold, P.F. 116-117, 128
Simônides 154
Smith, M. Sheridan 316
Snowden Jr., Frank 63
Social Facts and Fabrications:
  "Customary" Law on
  Kilimanjaro, 1888-1980
  (Moore) 320
Socialismo
  africanismo marxista e 92
Sociedade das Missões
  Africanas 252
Soleil de la conscience
  (Glissant) 300
Stanley, Henry Morton 176
Stone, Ruth 312

Tapeçarias senegalesas
  exposição em 1983
  257-258
Tayali, Henry 262

Tempels, Placide 15, 19, 99,
  278, 307, 313
Terra nullius
  colonialismo e o conceito de
  71-83, 217
Textos
  ideia de África e Ocidente
    331-333
  obras de arte africanas 247,
    262, 271
  paisagens naturais africanas
    264
  reativação de antigos 54-64
The Missionary and the Diviner
  (Kirwen) 317-319
The Negro in Greek and Roman
  Civilization: A Study of the
  Ethiopian Type (Beardsley) 62
Theories of Africans (Miller)
  283-296
Thesaurus Linguae Latinae
  64-65
Todd, Cecil 252
Toebosch, Wim 250
Touré, Sékou 92, 286-288
Toward the Decolonization of
  African Literature 284
Tratado de Tordesilhas (1493) 72
Trowell, Margaret 252
Tshombe, Moise 215-216
Tucídides 164, 165
Tylor, E. 115-116, 278

Unam Sanctam (1302) 82

Universalis Ecclesiae (1508) 72

Utopia
em *Anatomia da melancolia*, de Burton 42-47

Valores
ciência e 103-104, 193-194
culturais na arte modernista e na arte inspirada pela tradição 257
nomes próprios e 219

Van Canaeghem, P.R. 310

Vansina, Jan 58, 93, 119, 125-126, 247, 321

Verdade
antropologia e africanismo 84-88
e teorias da história 302-303
narrativa e 332

Verhaegen, Benoît 89, 271

Veyne, Paul 48, 179, 303

Vidal-Naquet, Pierre 153

Vigenère, Blaise de 26-27, 47

Vogel, Susan 121

Von Rad, Gerhard 103, 106

Wagner, Jean 275

Wallenda, Victor 256

Wallerstein, Immanuel 332

West African Sufi: The Religious Heritage and Spiritual Search of Cerno Bokar Saalif Taal (Brenner) 320

Wiredu, Kwasi 306-312, 322

Wonderful Ethiopians of the Ancient Cushite Empire (Houston) 62

Young, Crawford 232

Zaire
memórias conflitantes e discurso político sobre a independência no 230-245
cf. tb. Congo Belga

Coleção África e os Africanos

- *No centro da etnia – Etnias, tribalismo e Estado na África*
  Jean-Loup Amselle e Elikia M'Bokolo (orgs.)
- *Escravidão e etnias africanas nas Américas – Restaurando os elos*
  Gwendolyn Midlo Hall
- *Atlas das escravidões – Da Antiguidade até nossos dias*
  Marcel Dorigny e Bernard Gainot
- *Sair da grande noite – Ensaio sobre a África descolonizada*
  Achille Mbembe
- *África Bantu – de 3500 a.C. até o presente*
  Catherine Cymone Fourshey, Rhonda M. Gonzales e Christine Saidi
- *A invenção da África – Gnose, filosofia e a ordem do conhecimento*
  V.Y. Mudimbe
- *O poder das culturas africanas*
  Toyin Falola
- *A ideia de África*
  V.Y. Mudimbe